한국의 노동, 어떻게 할 것인가 II

—글로벌 기준과 제도개선

한국의 노동, 어떻게 할 것인가 Ⅱ

—글로벌 기준과 제도개선

남성일, 김영문, 박준성, 김대일, 이종훈,
김재훈, 이정일, 박호환, 이인재, 김태정

서강대학교 출판부

2008

한국의 노동, 어떻게 할 것인가 Ⅱ
—글로벌 기준과 제도개선

초판발행 | 2008년 11월 28일
지 은 이 | 남성일 외 9인
발 행 인 | 손병두
편 집 인 | 우찬제
발 행 처 | 서강대학교 출판부
등록번호 | 1978년 9월 28일 제10-50호

주 소 | 서울특별시 마포구 신수동 1번지
전 화 | (02) 705-8212
팩 스 | (02) 705-8612

ISBN 978-89-7273-144-3 93320

값 22,000원

날씨가 선선해지는가 싶더니 어느새 낙엽이 수북하고 등산길에 장갑이 필요한 계절이 되었다. 시간은 물처럼 흘러 『한국의 노동, 어떻게 할 것인가』가 출판된 지도 어느덧 일 년이 다 되어간다. 『한국의 노동, 어떻게 할 것인가』는 2007년 12월 출판되자마자 언론, 학계, 정책당국 등으로부터 뜨거운 관심을 받았다. 노동시장과 노사관계가 균형과 정상에서 이탈되어 있다는 저자들의 지적이 '용감하다'고 평을 받을 정도로 한쪽으로 치우쳐진 현실에서 이 책은 노동관련 제도와 정책의 방향을 전환하는 데 기여한 것으로 평가된다.

해가 바뀌고 새 정부가 들어서 각종 개혁정책들을 내놓고 있지만 노동 분야의 발걸음은 매우 조심스럽다. 너무 조심스러워 시기를 놓치지 않을까 싶을 정도다. 『한국의 노동, 어떻게 할 것인가』가 제기한 노동시장의 경직성, 노동조합의 권력화 등에 대한 개혁 필요성의 인식은 높아가고 있지만 해결방안을 수립하고 실천하는 것은 이제 시작 단계로 보인다. 그런 가운데 글로벌 금융위기로 인하여 실물경제가 불황으로 치닫고 있고 고용사정은 앞으로 당분간 더 나빠질 것으로 예상된다.

학자들은 학문의 대상을 항상 면밀히 관찰하고 냉정하게 분석하여 가능한 개선 대안을 제시한다. 신노동연구회는 첫 연구결과를 책으로 출판한 이후 후속작업이 지속적으로 필요하다는데 인식을 같이 하였다. 그리하여 지난 5월 이래 발표와 토론을 반복하여 이제 『한국의 노동, 어떻게 할 것인가 II: 글로벌 기준과 제도개선』(이하 『한국의 노동 II』)을 출판하게 되었다.

『한국의 노동, 어떻게 할 것인가』가 우리나라 노동시장과 노사관계 전반에 대한 개혁 필요성을 강조하였다면 『한국의 노동 II』는 보다 구체적으로 분석하고 대안을 제시하고자 하였다. 즉, 노동시장과 노사관계의 현안을 주제로 하였지만 두 가지에 포커스를 두었다. 우선 글로벌 기준을 분석의 초점으로 맞추었다. 우리가 개선되어야 한다고 믿는 현행 제도나 관행에 대해 글로벌 기준은 어떠한가를 우선 조사하고 우리 현실을 이와 비교함으로써 현 위치를 객관적으로 볼 수 있도록 하였다. 이와 같은 글로벌 기준을 토대로 우리의 특수성을 감안할 때 어떤 개선이 가능할지를 모색하였다. 둘째로, 고용창출을 정책목표의 초점으로 맞추었다. 노동시장의 불균형이건 노사관계의 비정상이건 그것이 문제되는 큰 이유는 고용창출을 저해하기 때문이다. 따라서 어떻게 하면 고용을 창출하고 일자리를 유지하도록 하느냐에 관심을 두었다.

지난 NLP 1차 작업 때 참여하였던 노동경제, 노동법, 노사관계의 권위자들 중 몇 분이 빠지고 새로운 권위자들께서 참여하였다. 당초에 참여하였다가 공직을 맡게 되어 필진에서 빠지게 되는 경우도 있었다. 그러나 기본적 구성의 특징은 작년과 동일하다. 즉, 노동경제, 노사관계, 노동법 등 노동관련 3대 학문분야의 권위자들이 모였다. 집필 작업은 작년과 달리 워크숍 방식으로 진행되었다. 즉, 연구진이 구성된 이후 일차로 모여 각자 맡은 주제를 정한 이후, 수개월 동안 세 차례의 워크숍을 통해 초안발표,

수정발표, 최종발표의 순서로 내용을 다듬었고 그때마다 상호토론을 통해 신노동연구회 전체의 입장을 가능한 한 수용토록 하였다. 이와 별도로 현안 이슈들을 정리하고 이에 대한 신노동연구회 전체의 입장을 정리하여 마지막에 결론으로 싣도록 하였다.

이 책은 여러 분야를 대표할 만한 전문가들의 공동저작이다. 각각의 장은 공저자들의 독립적인 연구결과를 싣고 있다. 그러나 각 장의 주제들은 서로 연결되어 있으며 공동발표와 토론을 통해 전체적으로 조화를 이루도록 조율되었다. 그런 면에서 독립적인 book chapter를 단순히 묶어놓은 다른 공동저작과 구분되며 신노동연구회 전체의 시각이 녹아 있는 연합저작이라고 할 수 있다.

지난 6개월 동안 반복되는 워크숍과 회의에 참여하여 성실하게 발표하고 진지하게 토론에 참여해주신 신노동연구회 모두의 노고에 감사드린다. 그리고 신노동연구회의 취지에 동의하고 작년부터 초지일관 신노동연구회의 활동을 지원해주신 장상수 상무님에게 감사하지 않을 수 없다. 그 노력이 없었다면 이 책은 나오기 어려웠을지도 모른다. 마지막 워크숍에 참석하여 꼭 필요한 조언을 해주신 중앙일보사 김기찬 기자에게도 감사드린다. 그동안 우리의 열띤 토론을 녹취하여 제공하고 워크숍 및 출판 준비를 도와준 김수경 조교에게도 고마움을 표하며 좋은 책이 나오도록 협력을 아끼지 않으신 서강대학교 출판부장 우찬제 교수께 감사드린다.

노고인딕에서 저자들을 대표하여

2008년 11월에,

남성일

차례

제4부_결론

제1부_

노동유연성의 평가와 과제

제1장_ 서론: 글로벌 기준에 맞는 유연화의 필요성

남성일

1. 문제의 제기

노동시장에서 일자리는 여러 변수에 의해 영향을 받는다. 경제성장, 임금 등이 대표적 변수이지만 관련 법제, 노동조합 등 제도적 요인이 또한 큰 영향을 미친다. 2003년 이후 우리나라 노동시장의 일자리 증가는 연평균 24만 6천 개씩에 그쳐 1999~2002년 연평균 55만 8천 개의 절반에도 못 미치는 결과를 보이고 있다. 물론 경제성장률이 낮아지는 추세에 따라 고용창출력도 감소하는 것은 당연하지만 그 감소폭이 경제성장률의 하락추세보다 훨씬 급격하다는 데 문제의 심각성이 있다.

신노동연구회는 2007년의 연구저서에서 우리나라 노동시장의 제도적 경직성에 대한 문제제기를 하였고 이에 대한 개혁적 조치가 필요함을 역설하였다. 시장을 둘러싼 제도가 경직화되면 환경변화에 유연하게 대처할 수 없게 되고 이는 결국 비용상승과 경쟁력 약화로 이어진다. 그리하여 노동수요가 생겨도 예상되는 경직성으로 인해 고용창출로 이어지지 못하고 있다. 따라서 신노동연구회는 노동관련 법제의 유연화가 필요하며 노동시장에서 순기능보다는 독점자로서 역기능을 야기하는 노동조합에 대한 개혁이 필요하다고 주장하였다. 이 같은 유연화와 제도개선 필요성은 시간이 갈수록 더욱 중요해지고 있다.

우리나라 노동시장이 얼마만큼 경직적인지에 대한 통일적 답을 구하기는 쉽지 않지만 최근 들어 우리나라 노동시장의 경직성이 최소한 개선되고 있지 않거나 더 악화되고 있다는 것이 공통적인 견해이다. 배진한(2007)은 World Bank 자료를 기초로 하여 우리나라 노동시장 유연성을 국제비교한 결과 외환위기 이후 경기가 회복되는 과정에서 유연성이 개선되지 않고 있고 오히려 노동시장 경직성을 높이는 법제 변화가 대부분이라고 지적하였다.

남성일·전재식(2008)은 노동시장 유연성에 대한 국제기구들의 지표를 분석하고 우리나라 자료를 토대로 분석한 결과 노동시장 경직성이 개선되고 있지 못함을 보였다. 우선 World Bank 자료에 따르면 우리나라 노동시장은 OECD 국가들은 물론 아시아 국가들 중에서도 경직적인 것으로 나타나고 있다. 2003년 한국 노동시장 유연성의 국제 순위는 53위로서 중위권 수준에 위치해 있었으나 이후 유연성 순위가 개선되기보다는 오히려 뒤로 후퇴하여 2005년에는 127위로 중하위권 수준으로 전락하였으며, 2007년에는 131위로서 오히려 2005년에 비해서도 더욱 경직적인 수준을 보이고 있다. 특히 OECD 회원국들을 비교대상으로 할 때, 우리나라의 노동시장 유연성 순위는 총 28개국 중 21위 수준이며, 아시아 국가들과 비교할 때는 매우 심각한 수준이다.

고용 유연성 평가 결과에서 채용 및 해고 등 수량적 고용조정의 경우 우리나라는 세계적으로 경직적인 수준이며, 최근 들어 경직성 정도가 더욱 높아지고 있다. 부문별로 보면, 우선 채용곤란지수를 기준으로 평가한 항목에서는 2005년을 제외하고는 그리 높지 않았으나, 오히려 해고곤란지수의 경우는 2007년 기준으로 세계 98위 수준을 기록하고 있으며, 추세 또한 경직적으로 변화하고 있다. 또한 근로시간 경직성 지수로 평가한 고용경직성 정도는 2007년 119위로서 여타 지수에 비해 상대적으로 매우 경직적인 수준을 기록하고 있는 것으로 나타난 가운데 그 경직화 추세 또한 매우 빠르다.

그리고 IMD의 World Competitiveness Yearbook에 의하면, 2008년도 기준으로 우리나라의 정부의 노동규제 수준은 55개국 중 54위로 매우 강한 수준이다. 즉, 정부 측면에서의 노동시장 유연성에 대한 개선도는 매우 낮다. 특히 이러한 현상은 IMF 경제위기 이후 더욱 악화되고 있었다. 다만 임금유연성에 대한 평가는 비관적이지 않다. WEF는 임금결정의 유연성(flexibility of wage determination)지표를 이용하여 각국간 비교를 수행하고 있는데 우리나라의 경우는 유연성 정도가 보다 개선되고 있는 것으로 평가하고 있다.

노동시장 유연성은 제품시장의 변화 등 경제환경 변화에 대해 고용과 임금 등이 얼마나 신속하고 유연하게 적응하느냐 하는 적응성(adaptability)을 나타낸다. 이 점에서 생산의 변화와 고용의 변화가 어느 정도 밀접한 상관관계를 갖는지 보는 것이 유연성을 체크하는 한 방법이 될 수 있다. 우리나라의 GDP와 고용의 시계열 자료에서 역사적 추세를 제거한 후 나타나는 변동성간의 상관관계를 분석한 결과 GDP와 상용근로자 고용간의 상관계수는 1991~1996년 기간 중 0.259에서 1998~2004년 기간에는 0.226으로, 그리고 2005~2007년 기간에는 0.091로 크기가 감소하고 있는 것으로 나타났다. 이는 생산물 시장의 변화에 대한 고용의 적응도가 점차 떨어지고 그만큼 경직성이 커지고 있음을 반영한다.

최근 우리나라 노동경직성의 변화 여부를 가장 잘 알 수 있는 것은 이른바 비정규직 보호법이 어떤 효과를 미치고 있는지 보는 것이다. 유경준(2008)과 노동연구원(2008)에 따르면 법 제정 이후 기간제 근로자 가운데 정규직으로 전환된 경우가 더러 있어 의도했던 긍정적 효과도 일부 존재하지만 법 제정 당시 우려했던 부정적 효과가 매우 크게 나타났다. 즉, 비정규직 일자리 자체가 줄어들 것이라는 예상대로 한시적 근로자의 규모가 약 40만 명이나 감소하였다. 더욱이 한시적 근로자의 세부 구성이 더 열악한 쪽으로 변한 것으로 나타났다. 한시적 근로자 가운데 상대적으로 근로조건이 양호한 기간제 근로자 및 반복갱신 근로자의 수는 대폭 감소한 반면 근로조건이 열악한 계속근로 불가능 근로자의 수가 대폭 늘어난 것이다. 결국 비정규직 보호법이 아니라 고용감소법이 될 것이라는 우려가 현실로 나타나고 있다.

노동시장 유연화가 고용을 창출하고 특히 청년 및 노인 등 취약계층의 일자리 창출에 유효함은 각국의 경험이 실증적으로 뒷받침한다. 우리의 과제는 이를 어떻게 무리 없이 추진하는가에 있다. 그런 면에서 제도적 개선이 필요한 분야의 글로벌 기준이 어떠한지 살펴보고 우리의 경우와 비교하여 개선안을 도출할 필요가 있다. 신노동연구회는 이런 시각에서 우리나라의 노동환경을 제약하고 있는 법률 및 노사관계 제도를 글로벌 기준을 참고하여 분야별로 분석하였다. 그리고 유연하고 합리적인 방향으로의 제도개선을 통하여 고용창출형 환경을 구축하는 권고안을 제시하였다.

2. 연구의 구성 및 내용

신노동연구회 연구진의 연구결과는 2장부터 11장까지에 담겨 있다. 우선 2장과 3장은 우리나라 노동시장 유연성 문제를 고용과 임금으로 나누어 대안을 제시하였고 4장부터 6장까지는 고용의 중요 이슈인 비정규직과 청년 일자리에 대한 분석과 대안을 실었다. 그리고 7장부터 10장까지는 글로벌 기준에 맞는 집단적 노사관계의 합리화 방안이 담겨 있다. 마지막으로 11장은 연구진의 연구결과와 토론을 바탕으로 각종 노동현안 문제에 대한 신노동연구회 전체 입장에서의 개선안이 제시되었다.

2장에서 김영문 교수는 우리나라 해고법제의 문제점을 분석하고 비교법적 검토들에 근거하여 해고법제 개편방향을 제시한다. 김 교수는 노동시장의 변화에 대응하여 노동법의 유연한 변화가 필요함에도 한국의 법제는 근로자 보호에만 치우쳐 고용창출과 기업의 경쟁력 강화 등 노동법이 지향해야 할 목표에서 멀어지고 있다고 한다. 우리나라의 강한 해고규제 규정은 기업으로 하여금 신규채용이나 재고용을 하지 못하도록 할 뿐 아니라 근로자간 역차별을 가져온다는 것이다. 즉, 엄격한 해고규제로 인해 기업은 비정규직을 선호하게 되고 해고규제에 의해 보호되는 근로자와 비정규직 근로자 사이에 임금격차를 포함하여 사회적 격차를 발생시킨다.

김 교수는 해고법제 개편방향으로 우선 정리해고 규정이 완화되어야 한다고 한다. 프랑스, 독일, 영국 등과의 비교법적 분석을 통하여 우선 현행법상 '긴박한 경영상의 필요성' 요건을 '인원정리의 필요성' 요건으로 바꾸기를 권고한다. 그리고 근로자 대표와의 사전협의는 근참법 내의 협의

사항으로 바꾸고, 도산절차에 있는 기업에 대해서도 긴박한 경영상의 필요성을 인정하기를 권고한다. 또 현행법에는 변경해약고지에 관한 규정이 없는데 이 제도를 도입하기를 권고한다. 김 교수의 대안 중 장기적으로 중요하게 검토해야 할 개편과제는 근로자의 능력이 현저하게 부족한 경우에 해고가 가능하도록 하자는 점이다. 즉, 기대가능성을 기준으로 근로계약의 등가성과 교환성이 심각하게 파괴되면 해고가 가능하도록 하자는 것이다.

3장에서 박준성 교수는 우리나라 임금제도의 유연성을 저해하는 요인을 분석하고 유연성을 강화하는 제도개선 및 정책들을 제시한다. 박 교수는 우리나라의 경우 평균임금의 범위가 지나치게 넓어 이것이 경직성의 원인이 되고 있다고 본다. 또한 통상임금의 범위도 불분명하여 노사간 분쟁의 불씨가 되고 있고, 연공급적 임금체계 및 고정급적 상여금이 임금의 유연한 조정기능을 약화시키고 있다고 한다. 그리고 근로시간 및 초과근로수당의 적용이 지나치게 포괄적이어서 또한 경직성을 강화하고 있다는 것이다.

박 교수는 임금제도의 유연성을 강화하기 위해서는 우선 지급주기가 3개월을 초과하는 임금은 평균임금에서 제외해서 성과연동적 상여를 활성화해야 한다고 주장한다. 그리고 통상임금은 소정근로의 대상을 명료하게 규정하여 시비를 차단할 필요가 있고, 최저임금의 결정을 산업별 지역별로 세분할 필요가 있다고 본다. 그리고 기업들은 연공급적 임금을 줄이고 성과급을 늘이는 성과연동형 임금체계로 전환하여 임금유연성을 강화함으로써 고용안정을 꾀하는 정책을 펴기를 권고한다.

4장에서 김대일 교수는 우리나라 청년층 고용이 왜 악화되었는지 원인을 분석하고 해법을 제시한다. 우리나라에서 청년고용이 위축된 원인 중 수요측면으로는 무엇보다 경제성장 둔화에 따른 고용창출력 둔화와 노동비용의 급속한 증가가 꼽힌다. 특히 대기업의 노동비용이 급속한 증가를 보이고 있고 여기에는 대기업 노조를 중심으로 한 노조부문의 임금상승압력이 중요한 원인이 되고 있다. 또한 고용조정의 경직성이 높은 고용비용의 원인이 되고 있다. 노동공급측면에서는 대학졸업자가 양적으로 늘어나는 대신 질은 상대적으로 하락하여 기업수요에 맞추지 못하고 있다. 반면 대졸자의 기대임금은 높아져 구직기간이 장기화되는 결과를 낳고 있다.

청년고용을 위한 대안으로 김 교수는 우선 기업의 투자활성화를 통한 고용창출력의 회복이 중요하다고 본다. 그리고 기업의 신규채용을 유인하기 위해 고용조정의 유연성이 제고되어야 한다고 주장한다. 예컨대 신규채용에 대해 2~3년 단위의 정규계약직 채용을 허용하는 것 등이다. 아울러 교육성과를 제고하기 위해 대학교육체제가 정비되어야 한다고 본다. 특히 인턴제 등을 통한 산학연계 강화를 통해 학교와 직장간의 전환이 효과적으로 이루어지도록 해야 한다고 권고한다.

우리나라에서 비정규직 근로만큼 논리와 현실이 괴리되고 주장의 대립이 심한 주제도 없을 것이다. 5장에서 이종훈 교수는 비정규직 문제를 이론과 실증적인 면에서 재검토하고 인식의 전환을 촉구한다. 이 교수는 우선 고용형태의 다양화라는 측면에서 이 문제를 봐야 한다고 주장한다. 즉, 기업이 필요로 하는 숙련이 일반숙련과 기업특수 숙련으로 나뉜다는 점, 그리고 각 숙련 내에서도 전문숙련과 단순숙련으로 정도가 다르다는 점을 지적하며 이처럼 숙련의 종류와 정도의 차이에 따라 고용형태가 달라진다는 것이다. 즉, 정규직은 기업특수 숙련이면서 전문성을 필요로 하는 분야에 적합한 것이고 나머지의 경우 다양한 비정규직이 적합하다는 것이다.

이 교수는 비정규직 문제해결의 출발은 비정규직 고용에 대한 부정적

인식부터 거두는 것이라고 주장한다. 그리고 정규직-비정규직 차별문제는 정규직의 과보호 해소를 포함해서 해법을 찾는 것이 바람직하다고 본다. 또 비정규직 보호와 관련하여 고용보호와 임금보호 중 하나로 초점을 맞추는 것이 중요하다고 본다. 예컨대 비정규직 고용은 유지하되 임금에서 차별받지 않도록 하는 것이 필요하다는 것이다. 마지막으로 비정규직에 대한 직업훈련 및 복지강화 등 국가차원의 지원이 강화되어야 한다고 본다.

6장에서 김재훈 교수는 비정규근로 관련법에 대한 최근의 논란을 분석하고 비정규근로의 주요 유형별로 법적 규율방향을 제시한다. 노동시장에 대한 법의 개입에 대해서 영미법계의 소극적 정책과 대륙법계의 적극적 정책을 소개한 후 우리나라의 법체계는 대륙법계에 입각하고 있다는 점을 들어 공공복리를 우선으로 하면서 노동시장의 자율성을 존중하는 방향으로 기본구도가 마련될 필요가 있다고 본다. 특히 고용창출이 우선적인 과제로 인식되는 환경에서 유연안전성(flexicurity)을 강화하는 입장에서 해법을 찾으려고 한다.

김 교수는 기간제 근로와 관련하여 현재의 2년 제한 규정은 오히려 기간제 근로자의 고용안정을 침해하고 근로조건을 악화시킬 수 있으므로 오남용을 규제하는 정도로 원칙을 삼고 구체적 사항은 판례로 해결을 강구하는 것이 바람직하다고 한다. 파견근로에 대해서는 선진국의 경향과 같이 원칙적으로 개방하되 파견근로자들의 실질적 권리를 확보하는 것이 필요하다고 본다. 또한 고용의 다양화, 전문화 추세를 감안하여 직업소개, 근로자공급, 파견, 용역 등 현재의 개별화된 규율을 하나의 통일적 법률로 정비하는 것이 필요하다고 주장한다.

7장에서 이정일 박사는 노동조합 설립과 운영에 관한 각국의 법제도를 비교분석하여 우리나라에 맞는 방안을 제시한다. 우선 노동조합의 설립에 대하여 각국의 제도를 분석하면 한국처럼 제한이 없는 경우도 있으나 최소인원에 대한 제한을 두고 있는 나라도 많다. 그리고 교섭권부여에 있어서는 대부분의 나라에서 일정한 요건을 갖춘 노동조합에 대해서 자격을 부여하고 있다. 관리자의 노동조합 가입은 법과 관례로 제한되어 있으며 실업자의 조합 가입은 유럽의 경우 산별 노조체제여서 직접 고용관계보다 집단자치를 중시하므로 가능하지만 직접고용관계를 중시하는 국가에서는 흔하지 않다는 것이다.

이 박사는 한국의 노동조합 운영과 관련한 법제의 변화에 대해 우선 전체 또는 다수 종업원을 대표하는 노동조합에 한해 교섭권을 인정해야 한다고 주장한다. 그리고 노동조합 설립시 최소인원 규정을 두어 소규모 노동조합의 난립을 막는 것이 노조의 대의성 강화에 바람직하다고 본다. 또한 노동조합의 부당노동행위 규정을 신설해야 하며 실업자의 노동조합 가입은 불허해야 한다고 본다. 또한 관리자의 사용자성에 대해서도 보다 구체적으로 정해 논란의 소지를 없애야 한다고 본다. 마지막으로 사업장 내 조합의 활동범위와 시간과 장소적 제한에 대한 요건을 명문화하여 합리적 조합활동을 유도해야 한다고 본다.

2010년부터 허용되는 복수노조 체제를 앞두고 아직까지 공감대가 형성되지 못하고 있는 것이 교섭창구 단일화 방안이다. 8장에서 박호환 교수는 이 문제를 교섭단위의 획정과 교섭대표권의 인정이라는 두 가지 측면으로 나누어 분석하고 대안을 제시한다. 박 교수는 미국식 배타적 교섭대표제와 영국의 제도를 분석한 후 우리에게 적합한 대안을 제시한다. 우선 교섭단위의 획정에 있어 교섭단위는 노사 자율 결정을 원칙으로 하되 만일 이것이 불가능할 경우 외부전문기관에서 결정하도록 하거는 것이 바람직하다고 본다. 여기서 외부전문기관이라 함은 노동위원회 등을 말한다.

박 교수는 배타적 교섭대표의 선정은 투표방식을 따를 것을 제안한다. 투표참가자는 교섭단위 내 모든 근로자로 하든지, 조합원 신분을 가진 자로 할 수 있다. 그리고 교섭대표권을 획득한 조합은 일정한 기간 동안 대표권을 유지하도록 한다. 그리고 사용자의 반노조 캠페인을 허용하며 교섭대표 인정을 위한 쟁의행위를 금지해야 한다고 본다.

단체교섭 창구단일화와 함께 중요한 이슈는 노동조합 전임자 임금지급 금지문제이다. 9장에서 이인재 교수는 외국의 입법례를 분석하고 이 문제에 대한 기존의 논의를 정리한 후 바람직한 대안을 제시한다. 외국의 경우 노조전임자에게 임금을 지급하지 않는 것을 원칙으로 하고 있다. 다만 일부 선진국에서 사업장 내의 종업원 대표에 대해 유급 전임시간을 허용하는 경우가 더러 있다. 또, 사용자의 노조전임자에 대한 급여지원은 무당노동행위로 보는 것이 보편적 법리이다.

이러한 글로벌 기준에 비추어 이 교수는 우리나라에서 노조전임자 급여지원 금지 규정의 시행은 노사갈등을 유발할 수 있지만 결국 추진되어야 할 것이라는 입장을 보이고 있다. 이 교수는 구체적 방안으로서 기업성격과 규모에 따라 일정한 시차를 두고 순차적으로 시행하는 방안을 제안한다. 즉, 공기업 및 1,000인 이상 사업장은 2010년부터 즉시 시행하고, 기업규모를 줄여가며 순차적으로 시행하여 2017년부터는 100인 미만 사업장까지 확대한다는 것이다. 그리고 이와 함께 노조전임자 급여지급 금지를 위반하는 경우 벌칙이 가해지도록 하여 법의 실효성이 확보되도록 해야 한다고 한다.

10장에서 김태정 박사는 우리나라 파업의 현실을 분석하고, 파업권의 보장과 한계에 대한 선진국들의 제도를 검토한 다음 우리나라의 법제를 개선하기 위한 대안을 제시한다. 우리나라의 파업건수는 최근 들어 줄어들고 있으나 다른 나라에 비해서는 여전히 많은 편이며 파업성향 또한 높은 수준이다. 그리고 경영사항 및 정치적 사항을 파업 목적으로 삼는 경우가 나타나고 있다. 방법에 있어서도 불법파업이 여전하며 폭력행사 등으로 파업에 따른 직, 간접적 손실이 높은 편이다. 그리고 다른 나라에 비해 파업권을 넓게 보장하거나 명확한 기준이 없는 반면 사용자의 대항권에 대해서는 매우 소극적인 태도를 취하고 있다.

김 박사는 법제 개선 방향으로 우선 파업 정당성에 대한 명확한 기준을 마련하고 정당성의 인정범위를 글로벌 기준과 맞추기를 주장한다. 그리고 노동 3권과 함께 경영권도 헌법상의 권리로 인정되는 것을 고려하여 무기 대등성 차원에서 파업권과 균형을 이루는 사용자의 대항권이 인정되어야 한다고 본다. 아울러 공공의 서비스를 보장하는 차원에서 피해최소화를 위한 사전적 조치가 필요하다고 주장한다.

11장은 현안 이슈에 대한 신노동연구회 차원의 종합적인 개선안을 제시한다. 우선 각각의 이슈에 대하여 10장까지 담긴 각 저자의 개선방안 중 전체가 동의하는 것들을 추려 제안으로 제시한다. 그러나 개별 저자의 대안에 대해 신노동연구회 전체가 동의하기 어려운 경우에 별도의 대안을 만들어 제시한다. 예컨대 교섭창구 단일화 대안을 들 수 있다.

11장에서 신노동연구회는 우리나라의 법제도가 고용창출형 제도로 변화되어야 한다고 주장한다. 그러기 위해서 고용 및 임금제도가 유연해져야 하며 비정규직 관련 법제는 시장기능을 인정하되 근로자 보호는 개별사안을 검토하는 방향으로 바뀌어야 한다고 본다. 그리고 집단적 노사관계에 대해서는 단결권의 행사를 자유롭게 보장하되 단체교섭은 합리적 기준에 따라 낭비를 줄이는 방식으로 교섭이 이루어져야 하며 파업권의 남용은 규제되어야 한다고 본다. 마지막으로 부작용 없는 고용창출을 위해서는 사회안전망이 강화되어야 하며 인적자본의 질적 개선을 위한 정책적 노력이 강화되어야 한다고 본다.

참고문헌

남성일 · 전재식(2008), 「한국 노동시장의 유연안전성 평가」, 노동부 연구용역보고서.

배진한(2007), 「노동시장 유연성 평가와 개선방향」, 「한국의 노동 어떻게 할 것인가?」, 서강대학교 출판부.

유경준(2008), 「비정규법의 고용효과 분석: 최근의 고용부진과 관련하여」, 한국노사관계학회 2008 추계 정책토론회 발표논문, 한국노사관계학회.

한국노동연구원(2008), 「비정규직보호법의 효과 및 개선방향」, 미발간 연구보고서.

IMD, The World Competitiveness Report, 각 연도.

World Economic Forum(2007), The Global Competitiveness Report 2007~2008.

World Bank, Doing Business, 각 연도.

제2장_ 고용유연화: 해고법제 개편 방향

김영문

1. 해고보호법리와 노동시장 유연성의 조화

1) 노동시장의 변화에 조응한 노동법의 변화 필요성

경제가 세계화되어감에 따라 기업들의 생존을 위한 경쟁 압력도 강화된다. 또한 지식정보가 홍수처럼 쏟아지는 와중에 한국 경제의 위기 상황도 예견되고 있다. 이러한 하부구조의 상황 변화는 노동시장과 노동환경에도 영향을 미치고, 상부구조로서 노동법에도 영향을 미친다. 따라서 변화하는 노동환경에 대응하기 위해서는 노동시장을 유연화하고 이를 뒷받침하기 위한 틀로써 노동법도 유연화해야 할 것이다. 노동시장과 노동법이 경제의 변화에 유연하게 대처하시 않고, 경직상태를 유지한다면 이는 기업의 고정비용을 증대시키고 경쟁력을 약화시켜 기업의 생존능력을 저하시킴과 동시에 도산을 가져와 근로자에게도 불리하게 작용하는 부메랑효과를 가져오게 된다. 변화하는 경제환경에 기업이 유연하게 대처하는 방법

중의 하나는 인건비의 절감 내지 인력의 구조조정이다. 다른 방법으로는 비정규직과 같은 저렴한 인력을 활용하는 방법이다. 그러나 과학기술의 진보는 인간노동력을 불필요하게 만들어 고용총량의 축소를 가져온다. 이는 역설적으로 고용총량이 수축되므로 일자리 공급을 늘려야 하지만, 그러한 일자리 공급은 이미 한계에 봉착해 있기 때문에 수축된 일자리 내에서 일자리를 적정하게 분배해야 한다는 것을 의미하고 이는 노동의 유연화를 요청하는 것이기도 하다. 이와 같이 고용총량의 축소로 실업이 구조적으로 발생하기 때문에 실업문제에 직면하고 있는 각 선진국에서는 여러 노동시장 정책 중에서 노동법이 실업 방지에 어떻게 기여할 수 있는가, 노동법이 고용창출에 어떻게 기여할 수 있는가를 두고 고심하고 있다. 다른 한편으로 노동법, 특히 근로기준법은 정규직 근로자의 보호를 모델로 하기 때문에 노동시장 아웃사이더의 시장 진입 장벽이 되는 경우가 발생한다는 것은 주지의 사실이다. 특히 기업별 노동조합 중심으로 되어 있는 우리나라의 현실에서 개별적 근로관계법은 실업자와 신규 노동시장 진입자 등 취업희망 근로자와 비정규직 근로자의 이해관계를 배려할 수 있는 시스템이 취약하여 취업 희망자의 시장 진입에 장벽이 된다. 따라서 예를 들어 해고보호와 관련하여 단체협약이 일정 연령의 근로자를 해고할 수 없도록 한다면 이는 직장 선택의 자유를 갖고 있는 아웃사이더들의 노동시장 참여 기회를 제한하는 결과로 나타나므로 개별적 근로관계법은 고용안정이나 고용창출 등의 실업문제와 연계되어 재검토되지 않으면 안 된다. 여기서 개별적 근로관계법이 갖는 노동시장 기능 강화 필요성이 요청된다. 말하자면 개별적 근로관계법은 그와 연계된 효과로서 고용안정과 고용창출 및 실업방지의 요소를 고려하지 않으면 안 되며, 개별적 근로관계법이 취업 희망자의 노동시장 진입에 너무나 높은 장벽이 되어서는 안 된다. 그런 의미에서 근로기준법의 노동시장 기능을 강화할 필요가 있다. 그 중에는 해고보호법제를 완화하여 고용을 창출해야 한다는 것도 포함될 것이다.

근로자들의 일자리 유지와 근로조건의 안정적 유지를 위해서는 기업이 생존해야 한다는 것과 생존을 위해서는 경쟁력을 갖추어야 한다는 것은 자명하다. 반대로 말하면 기업의 존속과 발전이 있어야 근로자들의 고용안정과 근로조건의 개선이 이루어진다는 것이다. 그러나 많은 논의구조 속에서는 이러한 '기업의 존속과 발전'은 논의되지 않은 채, 이를 당연히 전제된 것으로 하고 근로자들의 보호를 논의한다. 그러나 실제 현실에서 기업의 생존과 발전은 그렇게 쉽지 않으며, 여기에 노동법이 제한요소가 되는 경우가 많다. 따라서 기업의 생존과 경쟁력의 강화가 노동시장과 노동법의 개정논의에서 원래의 위치를 차지할 필요가 있다. 마지막으로는 노동법의 규제가 때로는 사회구성원간의 격차를 가져온다. 예를 들면 해고규제에 의해서 보호되는 근로자와 비정규직 근로자 사이에는 소득격차를 포함하여 사회적으로 큰 격차가 발생하게 된다. 따라서 격차의 해소가 노동법이 담당해야 하는 중요한 요소가 된다. 이상과 같이 고용창출과 격차의 해소, 그리고 기업의 생존과 경쟁력의 강화는 노동법이 지향해야 하는 목표가 된다.

2) 현행 해고 규정과 문제점

(1) 현행 근로기준법의 내용

현행 근로기준법은 제23조에서 일반조항의 형식으로 '해고는 정당한 이유가 있을 것'이라고 규정하고 있다. 이는 사용자의 해고의 자유에 대해 일정한 제한을 가하고 있는 것이다. 전통적 노동법이론에 의하면 사용자에 의한 근로계약 해지의 자유는 경제적으로 또는 사회적으로 약자의 지위에 있는 근로자에게 보다 좋은 직장을 얻을 수 있는 기회가 없는 한 대부분의 경우 직장 상실을 의미할 뿐이라고 본다. 따라서 사회복지국가를 택하고 있는 우리 헌법의 가치질서 체계에서는 근로자의 직장 보호를 위하여 사용자의 해고권에 대한 노동보호법적 규제가 불가피하다는 것이다. 이에 상응하여 현행 근로기준법은 근로자의 의사에 반하는 근로관계의 종료를 일응 해고제한에 의한 보호 대상으로 삼고, 일반적으로 정당한 이유가 없는 해고를 제한한다. 이에 따라 근로기준법은 제24조에서도 정리해고가 정당성을 갖기 위한 요건으로서 4가지 요건, 즉 실질적 요건으로서 '긴박한 경영상의 필요성', 절차적 요건으로서 i) 해고회피노력의무, ii) 합리적이고 공정한 선발의 원칙, iii) 근로자대표와의 사전협의의무를 규정하고 있다. 이 4가지 요건은 정리해고 효력발생의 절대적 요건으로서 학설상으로는 정리해고가 유효하기 위해서는 4가지 요건을 모두 충족해야 한다고 본다.

(2) 문제점

(가) 물론 위와 같은 해고규제 규정은 사용자의 자의적인 해고권 행사를 저지하여 근로자의 고용안정을 도모하는데 그 목적이 있다. 그러나 해고법제는 미시적으로는 기업이 노동시장 변화에 탄력적으로 대응하여 인력을 유연하게 활용하는 것을 저지하여 기업의 생존과 경쟁력을 약화시킨다는 비판이 있다. 또한 거시적으로는 일자리를 희망하는 자의 노동시장 진입을 저지하고, 일단 채용하면 해고가 어려워 기업으로 하여금 신규채용

이나 재고용을 못하도록 함으로써 고용의 창출과 실업 극복에 대해 순기능을 하지 못한다는 지적이 있어왔다. 따라서 기업의 생존을 위한 인력 활용의 탄력성을 부여하고, 고용을 창출하거나 실업률을 낮추기 위해서는 획일적이고 엄격한 해고규제는 완화되어야 한다는 것이다.[1]

(나) 강한 해고규제 규정이 갖는 또 하나의 역기능은 근로자간 격차를 가져오는 것이다.[2] 해고규제가 엄격한 경우 대개의 사용자는 인건비 절감 등의 이유로 비정규직 활용을 선호하게 된다. 그 결과 해고규제에 의해서 보호되는 근로자와 비정규직 근로자 사이에는 소득 격차를 포함하여 사회적으로 큰 격차가 발생하게 된다. 이를 위한 해결방안으로서 비정규직을 정규직화하는 것을 상정할 수 있다. 그러나 이미 기술 변화와 고비용의 임금구조로 촉발된 총고용량의 절대적 축소, 상당한 정도로 진전된 탈정규직화, 사용자가 고비용이 소요되는 정규직 활용을 기피하리라는 전망 등으로 인하여 이는 해결방안이 못된다. 해고규제와 관련하여 정규직과 비정규직

1 해고규제가 완화되어야 하는 논거로서는 다음과 같은 것들이 주장된다: i) 현재의 해고규제는 노동시장과의 관계에서 시장상황의 변화와는 전혀 관계없이 구축되어 있다는 점. 말하자면 현행 해고보호제도는 현재 일자리를 갖고 있는 자(인사이더)만을 보호하는 법으로 인식됨. 따라서 노동시장으로의 진입을 도모하는 취업희망자(아웃사이더)들에 대해서는 오히려 개별적 노사관계법이 장해요인이 되고 있다는 점. 따라서 해고규제법이 노동시장의 법이 되기 위해서는 노동자보호를 전제로 하여 인사이더와 아웃사이더의 보호를 위하여 노동시장에서의 일자리 분배원칙에 상응하도록 재구성되어야 한다는 점, ii) 해고보호가 변화된 경제상황, 특히 기업의 경제위기 상황에 대해 적응하려는 사용자의 조치를 방해하거나 저지하는 경우, 또는 근로자의 유책한 행위에도 불구하고 해고보호를 함으로써(해고가 중대한 사유로 제한되어 있는 점을 참조) 기업의 생산성을 저해하거나, 생산성이 없는 근로자의 근로관계를 존속시킴으로써 기업의 이윤이 저하되는 경우에는 해고보호규정은 부정적으로 작용하게 된다는 점, iii) 획일적인 해고규제는 기존 근로자의 권익을 보호할 수 있을지 모르나, 시장의 다양성을 침해하여 생산성을 저하시키고, 그 결과 고용기회의 위축, 실업증가, 성장률 하락을 초래한다는 점, iv) 열악한 근로조건의 발생원인을 충분히 분석하여 시장친화적으로 대처하는 노력보다 손쉬운 제도적 보호 장치로만 접근할 경우 시장기능과 심각한 모순이 발생한다는 점. 노동비용을 증가시키는 근로자 보호법규는 재화수요가 확대되어도 투자유인을 위축시켜 노동수요가 확대되지 못하는 모순을 초래한다는 점. 특히 해고규제는 기존 취업자를 보호하는 역할은 할 수 있으나, 구직자의 취업의 기회를 위축시키는 부작용을 초래한다는 점 등이 주장된다.

2 무엇보다 일본에서의 실증적 연구로 福井秀夫 · 大竹文雄, 『脫格差社會と雇用法制』, 日本評論社, 2006 참조.

의 격차를 해소하기 위해서는 비정규직을 정규직화하는 것이 아니라, 해고보호 법제의 완화에 의해서 정규직 진입의 장벽을 없애는 방법이 더 효과적일 수 있다. 다만 문제는 정규직과 비정규직의 왕래 시에 발생하는 비용과 근로조건의 차이 해소는 여전히 남아 있는 문제인데, 이 문제는 차별시정 제도와 같이 별도의 방법으로 해결해야 하는 것이지, 이 문제 때문에 해고규제를 완화해서는 안 된다고 주장할 수 없을 것이다.

3) 현행 해고규정의 경직성

이와 같이 해고규정이 여러 가지 문제점을 가지고 있다면, 우리나라의 해고규정은 어느 정도 경직되어 기업의 생존과 경쟁력에 장애요인이 되고, 고용창출에 저해요인이 되는지를 살펴볼 필요가 있다. 해고규정의 경직성에 대해서는 국제 비교가 있다. 세계은행은 사업환경 보고서(2008)에서 한국의 고용·해고 관련 사업 환경 여건을 178개국 중 131위로 평가한다.[3] 고용경직성이 OECD 평균·전체 평균보다도 높은 수준으로, 특히 해고비용은 OECD 평균 대비 2.3배 높아 순위 하락의 주요인으로 작용하고 있다.

OECD가 1999년 작성한 해고법제 지수에 따르면 우리나라는 조사 대상 27개국 중 포르투갈에 이어 해고가 가장 어려운 국가로 평가되었다. 2006년도 OECD 고용보호법제(EPL) 지수는 OECD 전체 27개국 중 한국의 종합평가가 16위(단순평균)로 나타나 있다. 이는 미국(1위), 영국(2위), 일본(11

3 고용 · 해고 부문은 3가지 항목으로 구성하고 표준적인 근로자와 회사를 가정하고 법률가들을 상대로 설문조사를 실시한 것이다.

세계은행의 고용 · 해고규제 평가 기준(2008)

범위	하위 범위	최하위 범위
고용경직성	채용 경직성	• 계약근로의 사유 제한 여부
		• 계약의 최대기간
		• 근로자 1인당 부가가치 대비 법정 최저임금 비율
	근로시간 경직성	• 야간 및 주말근로 허용여부, 주당 초과근로시간, 유급휴가부여
	해고 경직성	• 정당한 해고의 사유, 정부나 노조에게 해고사실의 보고의무, 정부나 노조의 해고 동의요건 존부, 해고 전 훈련이나 재배치 의무, 해고자에 대한 우선 채용 의무 등
고용비용	• 실업보험료, 산재보험료, 퇴직기금 분담금, 건강보험료 등 사회안전망 관련 비용 (=근로자 임금 중 몇 %)	
해고비용	• 해고예고 비용 및 해고비용: 20년 근속자의 해고비용	

세계은행의 고용 · 해고규제 평가 결과(2007)

구분		한국(순위)	OECD 평균	전체 평균
고용경직성(3개 지표 평균)		37(96위)	30.8	24.1
경직성 지표	채용의 경직성 지표	11	25.2	32.4
	근로시간의 경직성 지표	60	39.2	38.5
	해고의 경직성 지표	**40**	**27.9**	**31.3**
고용비용(비용/임금×100)		13(81위)	20.7	15.2
해고비용(weeks)		**91(150위)**	**25.7**	**18.3**

* 각 지표는 0과 100 사이의 값을 가지며 높을수록 경직적임(세계은행 발표(2007. 8))

위) 등에 비해 유연성이 매우 낮은 수준임을 보여주고 있다. 또한 국제경영개발원(IMD)의 세계 경쟁력 연감도 2006년 OECD 전체 27개국 중 한국의 노동시장 규제를 22위로 평가한다.[4] 그러나 미국(3위), 일본(5위), 영국(11위) 등은 규제가 낮은 것으로 평가하고 있다.

보테로(Botero)[5] 등이 수행한, 1997년을 기준으로 후진국을 포함한 세

4 고용 · 해고의 관행 등 노동시장 규제의 정도를 경영자의 설문조사를 통해 평가하였다.

노동시장 규제의 정도(IMD 평가: 1996~2006년)

국가	노동시장 규제의 정도										
	2006년	2005년	2004년	2003년	2002년	2001년	2000년	1999년	1998년	1997년	1996년
오스트리아	5.77 (8)	5.32 (7)	5.33 (7)	5.10 (11)	4.31 (15)	4.68 (13)	3.73 (22)	3.77 (22)	2.90 (22)	4.63 (14)	4.22 (15)
캐나다	6.33 (4)	6.51 (4)	6.00 (4)	6.30 (4)	6.41 (5)	6.20 (7)	6.48 (7)	5.89 (9)	5.58 (10)	6.48 (8)	6.64 (8)
덴마크	8.18 (1)	7.60 (1)	7.79 (1)	6.83 (3)	6.92 (4)	7.24 (4)	7.40 (2)	7.22 (4)	7.59 (1)	7.54 (3)	8.08 (1)
프랑스	2.73 (25)	2.34 (27)	2.58 (26)	2.47 (26)	1.75 (27)	2.13 (27)	2.77 (26)	2.42 (24)	1.95 (27)	2.84 (23)	4.00 (16)
독일	2.45 (27)	2.35 (26)	1.88 (27)	1.19 (27)	1.88 (26)	3.04 (23)	2.94 (25)	2.31 (26)	2.33 (25)	2.38 (26)	3.38 (21)
아일랜드	5.29 (10)	4.96 (10)	5.23 (9)	5.96 (6)	6.04 (7)	6.36 (6)	6.17 (9)	6.15 (8)	6.15 (8)	6.11 (9)	5.47 (9)
이태리	4.04 (16)	3.88 (16)	4.11 (15)	3.56 (20)	3.31 (22)	2.62 (26)	2.50 (27)	2.13 (27)	2.32 (26)	2.14 (27)	2.64 (26)
일본	**6.09 (5)**	**5.78 (6)**	**5.62 (6)**	**4.58 (15)**	**4.13 (16)**	**4.31 (17)**	**5.46 (13)**	**5.23 (12)**	**4.85 (12)**	**5.28 (11)**	**3.97 (17)**
한국	**3.12 (22)**	**3.28 (21)**	**3.17 (22)**	**2.61 (25)**	**3.74 (20)**	**4.08 (18)**	**4.57 (18)**	**3.83 (20)**	**3.55 (19)**	**3.18 (22)**	**3.29 (24)**
네덜란드	3.61 (18)	3.68 (18)	3.95 (18)	3.87 (16)	4.52 (13)	4.94 (12)	5.27 (14)	5.06 (13)	4.75 (13)	4.17 (17)	3.51 (20)
노르웨이	5.46 (9)	4.43 (13)	4.70 (12)	5.0 2(14)	4.34 (14)	3.89 (19)	4.80 (17)	4.42 (16)	4.56 (15)	5.19 (12)	4.44 (14)
포르투갈	3.42 (21)	3.22 (23)	3.39 (21)	3.03 (23)	2.50 (25)	3.74 (21)	4.08 (21)	3.83 (20)	4.03 (17)	4.49 (16)	3.31 (23)
스페인	3.79 (17)	3.28 (21)	4.23 (14)	3.73 (18)	3.82 (18)	3.59 (22)	4.09 (20)	4.23 (18)	3.15 (21)	3.35 (21)	2.64 (26)
스웨덴	3.45 (20)	3.84 (17)	4.03 (17)	3.38 (21)	3.97 (17)	3.79 (20)	3.37 (23)	2.34 (25)	2.44 (24)	2.54 (25)	3.91 (18)
스위스	7.41 (2)	7.48 (2)	7.67 (2)	7.61 (1)	7.79 (2)	7.45 (1)	7.49 (1)	7.40 (2)	7.19 (4)	6.58 (7)	7.44 (2)
영국	**5.15 (11)**	**5.02 (9)**	**4.74 (11)**	**5.54 (8)**	**5.92 (8)**	**6.60 (5)**	**6.24 (8)**	**6.60 (6)**	**7.38 (3)**	**8.28 (2)**	**6.98 (5)**
미국	**6.76 (3)**	**6.55 (3)**	**6.37 (3)**	**7.06 (2)**	**7.86 (1)**	**7.26 (3)**	**6.86 (4)**	**6.35 (7)**	**6.88 (7)**	**6.95 (6)**	**6.82 (6)**

* 사용자의 고용 · 해고 자율성 지수를 순위화(높은 값을 가진 국가가 규제가 낮음).

** 괄호 안의 순위가 일련으로 매김되지 않은 이유는 의미가 없는 일부 국가를 배제하였기 때문임.

계 85개국 노동시장 규제 3대 부문의 지수(2004) 분석 결과 중 고용관계법 지수는 전체 85개국 중 36위를 기록하고 있다.

고용관계법 규제지수(2004년)

구분	대체적 고용계약	근로시간 연장의 비용	해고비용	해고절차	총계
한국	0.656(47위)	0.193(40위)	0.617(70위)	0.286(33위)	0.446(36위)
평균값	0.611	0.444	0.467	0.429	0.488

이와 같은 국제 비교를 통해서 보는 바와 같이 한국은 고용과 해고에 대한 법제의 규제가 OECD의 선진국에 비하여 높은 수준을 보이고 있다. 특히 채용비용과 해고비용의 경직성은 매우 높게 나타나 있고, 채용과 해고 절차 자체의 경직성도 OECD의 선진국에 비하여 높은 수준을 보이고 있다. 물론 이와 같이 해고규제의 정도가 다른 나라에 비하여 높다고 하여도 이로부터 해고규제 규정이 고용창출 방해의 직접적인 요인이 되는 것인지, 그리고 구체적으로 어느 규정이 어느 정도로 실업률 증가에 인과관계에 있는지에 대해서는 논란의 여지가 있다. 이 문제는 우리나라의 문제일 뿐만 아니라 해고를 규제하고자 하는 또는 해고를 완화하고자 하는 각국에서 제기되는 보편적인 문제의 하나라고 할 수 있다.

5 Botero, Djankov, La Porta, Lopez-de-Silanes, Shleifer(2004), "The Regulation of Labor", Quarterly Journal of Economics 119, pp. 1339~1382.

2. 해고규제와 고용창출

1) 해고규제가 노동시장에 미치는 영향

해고규제가 노동시장에 어떠한 영향을 미치는가에 대해서, 특히 해고규제가 취업률과 실업률에 대해서 어떠한 영향을 미치는가에 대해서는 실증분석마다 차이가 있다. 크게 대별하여 해고규제는 취업률을 낮추고 실업률을 높인다는 입장과 노동시장의 불안정성을 전제로 해고규제는 안정적 일자리를 제공하여 소비의욕을 고취시키고 따라서 경제의 활성화와 일자리 창출에 기여한다는 상반된 입장이 대립하고 있다. 전자는 전체적으로 장기불황으로부터 본격적으로 벗어나기 위해서는 노동시장의 구조개혁이 불가피하다는 것을 강조하며, 개혁조치의 하나로서 해고법제의 발본적인 개혁과 재정비를 행하고, 저성장 분야로부터 고성장이 기대되는 분야로 원활한 노동력의 이동을 촉진해야 한다고 주장한다. 후자는 해고규제를 완화하는 것은 고용불안을 야기시키고, 소비의욕을 감퇴시켜, 불황을 일층 심각하게 한다고 본다. 따라서 해고규제의 완화는 고용창출과는 정반대의 결과를 가져온다는 것이다.

지금까지 노동경제학에서 해고규제가 노동시장, 즉 고용과 실업에 미치는 영향을 둘러싸고 전개된 논쟁을 보면 해고규제가 고용창출이나 실업률 수준에 미치는 영향에 관해서는 무엇을 기준으로 분석하는가, 노동시장 상황을 어떻게 전제할 것인가, 해고규제가 직접적으로 취업률을 저하시키고 실업률을 증가시킨다는 인과관계의 입증이 가능한 것인가, 해고규제는 징후적으로 실업률을 증가시킬 뿐이고, 실업률의 증가와 취업률의 저하는 다른 요인과 함께 복합적으로 발생하는 것이므로 실업률 증가의 주범으로 해고규제를 지목하기에는 실증분석을 더욱 진행하여야 하는가에 대해서 논자마다 다른 잣대로 판단하기 때문에 각 실증분석마다 차이가 있고, 상이한 의견이 존재하여 해고규제가 실업률에 미치는 영향에 대해서는 컨센스를 얻을 수 없다.

2) 해고규제와 취업률 저하·실업 증가 관계

해고규제가 고용과 실업률에 미치는 영향관계를 실증하는 연구는 많지만, 해고법제가 실업률 증가에 결정적 원인인지를 실증하는 연구 결과는 없다. 그러나 해고규제와 실업극복의 불명확한 인과관계에도 불구하고 OECD는 2006년도 신고용전략의 일환으로서 고용관련법제와 임금설정 관행을 적응시켜 제품시장 경쟁을 촉진한다면 고용창출과 실질임금의 확대가 촉진될 가능성이 있다고 전망하고 있다.[6] 즉, OECD의 신고용전략에 따르면 그 하나의 수단으로서 고용보호법제를 노동시장에 적응시켜야 한다고 본다. 고용보호법제와 전체적인 실업과의 상관관계는 이론상으로는 불명확하지만 실제 각국의 상황에 따라 좌우된다고 보면서 엄격하게 과하여진 고용보호법제에 의하여 노동이동성이 방해되고, 경제의 동태적 효율이 저하되어 고용창출이 억제된다고 본다. 그렇게 되면 청년, 여성, 장기실업자로 구성된 특정층의 고용진밍은 익화된다는 것이다. 또한 OECD에 따르면 정규계약은 그대로 둔 채, 임시·파견계약에 의한 채용을 촉진하는 부

6 OECD(2006), Employment Outlook 2006, "Boosting Jobs and Incomes", OECD(2006), The Restated OECD Jobs Strategy-Boosting jobs and Incomes.

분적 개혁에 의하여 일부 국가에서는 임시·파견고용이 촘촘하게 되고, 노동시장에 양극화가 발생하는 리스크가 초래되어 장기적으로는 노동시장 작동에 악영향을 미치게 된다는 것이다. 따라서 노동수요에의 노동·재화시장 장벽의 해소에 대처하는 방법의 하나는 노동보호법제를 노동시장의 다이나미즘에 맡겨두는 것이다. 고용보호법제가 과도하게 엄격한 국가에 있어서는 부당해고에 대해서는 제재를 가하는 한편으로(성별·연령·민족·인종에 의한 차별에 기초한 해고의 금지), 경제적 사유에 기한 해고제한을 완화함으로써 고용보호법제를 개혁해야 한다는 것이다. 또한 퇴직 코스트와 행정 절차의 예견 가능성을 향상시키고, 사법상의 불확실성도 경감시켜야 한다고 본다.

엄격한 해고규제에 의해 기업의 고용조정이 억제된다면 기업은 효율적인 생산수준을 달성할 수 없고, 근로자의 고용수준도 악영향을 받을 수 있다. 물론 엄격한 해고규제가 실제로 취업률을 감소시키고 실업률을 증가시키는 효과를 가져오는가에 관해서 노동경제이론만으로 명확한 결론을 이끌어낼 수는 없다. 예를 들어 라지어(Lazear)는 노동시장이 완전한 경우 정부가 과하는 해고비용의 영향은 최적의 근로계약에 의하여 완전히 상쇄된다고 본다. 그러나 불완전한 시장에서 이러한 상쇄는 일어나지 않고, 해고비용의 증액이 고용량의 증가를 가져올 것인가, 감소시킬 것인가 하는 것은 노동수요의 상태와 노동공급의 탄력성에 의존하기 때문에 해고규제의 영향은 불투명하다는 것이다.7 또한 경기순환을 통하여 장기적인 해고규제의 영향을 평가하는 경우에는 i) 현재의 해고와 장래의 신규채용에 대한 기업의 할인율의 차이, ii) 근로자의 자발적인 전직에 의하여 해고를 행

7 Lazear E. P.(1999), "Personnel Economics: Past Lessons and Future Directions", Journal of Labor Economics; Lazear E. P.(1990), "Job Security Provisions and Employment", Quarterly Journal of Economics 105, pp. 669~726; Lazear E. P.(1988), "Employment-at-will, Job Security, and Work Incentives", R. A. Hall ed., "Employment, Unemployment and Labor Utilization", ch. 3 Unwin Hyman, 참조.

할 필요성이 없게 될 가능성 등의 요인도 함께 고려하는 것이 중요하다. 해고규제의 효과를 정확하게 파악하기 위해서는 실제 노동시장의 기능을 정밀하게 조사할 필요가 있고, 이를 위해서 선진국에서는 빈번하게 실증연구가 행해져왔다. 많은 연구는 OECD제국의 데이터를 대상으로 엄격한 해고규제가 고용률과 고용량에 미치는 영향은 부정적이라든가, 유의하게 영향을 미친다는 결론이 혼재하고 있다. 실업률과 장기실업률에 대한 해고규제의 영향에 관해서도 마찬가지이다.8 최근에는 규제의 국내 변동을 이용한 연구가 증가하고 있다.9 국제비교분석의 결론이 불투명하다는 것에 대하여 국내의 데이터를 이용한 분석의 대부분은 해고규제의 강화가 고용률을 저하시키고, 근속연수와 고용으로부터의 유출입률(流出入率)을 증가시킨다고 하는 추정 결과를 보이고 있다. 구체적으로는 정리해고무효판결이 유효판결을 상회하고 있는 해에는 취업률이 유의로 약 0.2% 감소하는 것으로 분석한 연구도 있다. 또한 성별·연령별 분석을 행하여 해고무효판결이 남성고령노동자의 실업을 증가시키고, 40대 여성노동자와 연소근로자의 노동참가를 방해하는 효과를 가져온다는 것과 특정 노동자의 고용불안을 해소하기 위해서 행하여지는 해고규제의 강화에 의하여 노동시장에 신규로 또는 재진입하려는 노동자의 취업기회가 박탈될 가능성이 있다는 실증분석도 있다.10

8 Heckman and Pages-Serra(2000), "The Cost of Job Security Regulation: Evidence from Latin American Labor Markets", NBER Working Paper, No. 7773; Heckman and Pages-Serra(2004), "Law and Employment: Lessons from Latin American and the Caribbean", University of Chicago Press 참조.

9 Autor, D. H., Donahue III, J. J, and Schwab, S. J.(2006), "The Costs of Wrongful-Discharge Laws", Review of Economics and Statistics, vol. 88, pp. 211~231은 미국의 해고자유의 원칙에 대한 임의고용계약의 예외규정이 주마다 다른 시기로 인정된다는 사실을 이용하여 법원에 의하여 과해진 해고규제가 노동시장에 미치는 영향을 분석하고 있다. 그 결과 예외를 인정하는 판결이 나타난다면 고용률이 일시적으로 감소하게 되고, 예외규정의 대상으로 되지 않는 파견노동자가 증가하는 것으로 나타났다.

이상과 같은 점들을 요약하면 다음과 같다. 해고규제의 고용에 대한 영향이 어떻게 되는가에 대한 상반된 견해에도 불구하고, 해고규제가 실업률과 취업률에 영향이 없다는 입장은 엄밀히 말해서 현상 유지를 원한다. 그러나 대다수 기업들은 생존과 경쟁력의 확보를 위하여 해고규제의 완화를 요구하고 있고, 해고규제의 완화가 기업 인력운용의 유연성을 강화하고 생존력을 높이고 있다는 점은 자명하다. 기업의 생존과 경쟁력의 확보는 개별 근로자의 이해관계와는 별개로 전체로서 근로자 집단의 고용안정을 도모하는 수단이 된다. 다만, 기업들이 해고규제의 완화로부터 나오는 비용절감 부분을 어느 정도로 고용을 창출하는데 활용할 것인지에 대해서는 알 수 없다. 그러나 해고규제에 관해서는 근로자의 직장 보전의 이익과 유연한 인력 활용을 통한 기업주의 생존과 경쟁력 확보의 이해관계가 대립한다. 따라서 양자의 이해관계가 충돌하는 해고규제의 범위와 원래의 해고규제의 보호목적인 근로자 보호의 경계선을 정함에 있어서는 원칙을 정하는 것이 중요하다. 이 경우 해고규제와 관련하여 대립하는 이해관계의 조절은 비례성의 원칙에 의하여야 한다. 비례성의 원칙에서 우선적으로 고려되어야 하는 것은 공익의 고려이다. 일자리의 창출이나 격차의 해소는 공익적 요소이다. 따라서 해고규제가 일자리 창출에 억제적인 요소가 되면 공익의 보호를 위해서 해고의 규제는 완화되어야 하는 것이 비례성의 원칙에 합당한 것이다. 그러한 점에서 해고규제의 완화에 반대하는 입장들은 공익적 요소를 고려하지 않는 현상유지의 이론들에 지나지 않는다고 할 것이다. 특히 해고규제는 정규직과 비정규직의 격차를 고착화하여 불평등을 심화하는 것이므로 비정규직을 정규직화하는 것이 아니라, 해고규제에 의해서

10 예컨대 奧平寬子 (2008), 「整理解雇判決が勞働市場に与える影響」, 『日本勞働研究雜誌』 572, p. 76 이하 참조.

단단해진 정규직의 장벽을 허무는 것이 더 중요하다 할 것이다. 또한 해고규제는 생산성이 낮은 중고령 근로자를 강하게 보호하고, 학력과 기득권은 없지만 생산성이 높은 청년근로자들을 해고규제에 의하여 불이익을 주는 결과도 발생하므로 이를 시정하는 것이 바람직하다.

3. 해고규제 완화 방향

근로자의 직장존속보호와 기업의 생존과 경쟁력의 확보를 위해 해고규제 규정의 중심을 이동하는 것, 이 관계에서 공익적 가치로서 고용을 창출하고 격차를 해소하기 위해서는 다음과 같은 개별 규정들이 문제될 것이다.

1) 정리해고 규정의 완화

(1) 현행제도의 역사와 문제점

근로기준법 제24조의 정리해고에 관한 규정은 1997년 3월 노동관계법의 개정 시 도입되었다. 이때 도입된 규정의 틀, 즉 긴박한 경영상의 필요성, 해고회피노력의무, 합리적이고 공정한 선발, 노동조합과의 사전협의의 4요건은 이미 오랫동안 판례법이 확정한 요건을 법제화한 것이다. 그러나 정리해고 법제화가 정리해고를 고착화한다는 의미로 이해되어 노동법 개악저지 투쟁의 빌미를 제공하기도 하였다. 위 4가지 요건은 이미 판례에서 1990년대 초부터 사용하던 요건이었는데, 판례는 이 4요건을 정리해고의 절대적 효력발생 요건으로 보는 것이 아니라, 개별사례 상황에 따라 탄력적으로 운용하려 했다는 점에서 법제화와 판례법 사이에는 간격이 있게 되었다. 그러나 1997년 입법 당시에 4요건을 근로기준법 제24조(당시 제27조)로 법제화하였다고 해서 동 규정은 엄격한 요건 설정으로 사용자의 정리해고를 제한하고 근로자를 보호하려는 입법목적만을 가진 것은 아니다. 오히려 1997년 당시 노동법의 개정은 WTO체제로 대표되는 세계경제의 무한경쟁시대의 개막과 OECD의 가입이라는 경제환경에 대처하고, 한편으로는 당시 한국경제가 처하고 있는 경제적 위기상황을 극복하기 위하여 '고비용·저효율구조'의 체질을 변화시키고 기업의 경쟁력을 강화하기 위해서 마련된 것이었다. 이러한 목표를 위해 노동관계법의 개정은 무엇보다 노동시장의 규제완화와 유연성의 제고를 중점 방향으로 설정하였다. 따라서 정리해고 요건의 법제화는 엄격요건주의에 따른 근로자 보호목적 보다는 정리해고를 제도적으로 보장하되 그 요건을 설정함으로써 규제 완화와 유연성의 제고를 달성하려는 것이 일차적인 목표였다. 그런 점에서 판례가 정리해고 4요건의 엄격성을 완화하는 것은 당연한 것이었다. 그럼에도 일반적으로는 법률이 4요건을 법제화하였기 때문에 엄격하게 이를 적용하여 사용자의 정리해고를 규제하여야 한다는 인식이 지배하고 있다.

법률의 규정 형식상 정리해고를 위해서는 4가지 요건을 갖추어야 하고, 따라서 이 요건 중의 하나라도 결여하면 정리해고를 무효로 보는 것은 결국 정리해고 규정의 경직성을 의미한다. 현행 정리해고에 대한 규정의 경직적 이해는 기업이 인력 운용을 탄력적으로 하여 기업을 소생시키고 경쟁력을 갖추는데 장애요소가 된다. 그러나 정리해고의 유연성은 고용조정비용의 차원에서 보다 '신규진입을 도모하는 기업의 투자위험을 감소시켜

투자증대를 유도하는 기능'의 의미에서 더 중요하다. 해고가 어려울수록 투자 결과가 성공 아니면 파산으로 이분법화되므로 해외자본유치 및 국내 자본의 산업자본화에 높은 위험을 부과하게 된다. 신규 진입을 위한 자본의 투자가 위축되면 노동수요도 그만큼 위축되므로 해고가 어렵다면 최소한 파산 절차라도 간소화하여 파산 부담을 경감시킬 필요가 있다. 청년층의 경우 해고의 유연성은 채용비용을 낮추어 직장 탐색을 활성화시키기 때문에 인력 배치의 효율성이 증대되고 결과적으로 취업의 기회가 확대되는 효과를 가져오게 된다.

(2) 판례의 태도와 문제점

판례는 이미 정리해고의 엄격한 4요건을 완화하고 있었다. 즉, H전자 채용내정 취소 사건에서 노동조합과의 사전협의의무 조항을 위반한다고 하여도 정리해고의 유효성에는 영향이 없다는 입장을 취하고 있었다.[11] 또한 대법원[12]은 '4요건종합설'을 취하여 "4가지 요건은 여러 사정을 전체적, 종합적으로 고려하여 당해 해고가 객관적 합리성과 사회적 상당성을 지닌 것으로 인정될 수 있어야 한다"고 하면서 "위 각 요건의 구체적 내용은 확정적·고정적인 것이 아니라 구체적 사안에서 다른 요건의 충족 정도와 관련하여 유동적으로 정해지는 것이므로 구체적 사건에서 경영상 이유에 의한 당해 해고가 위 각 요건을 갖추어 정당한지의 여부는 위 각 요건을 구성하는 개별사정을 종합적으로 고려하여 판단하여야 한다"고 한다. 이

11 대판 2000. 11. 28, 2000다51476.

12 대판 2003. 11. 13, 2003두4119; 대판 2000. 9. 8, 99다42308; 대판 2002. 8. 27, 2000두6756, 2000두3061; 대판 2002. 7. 9, 2001다29452.

로써 판례는 정리해고의 엄격한 4요건 주의로부터 '개별사례상황에 대한 전체적 종합적 고려설'로 전환하여 정리해고 정당성 여부를 매우 유연하고 탄력적으로 판단하고자 한다. 판례는 근로기준법 제24조의 엄격한 적용을 탈피하여 통상해고와 마찬가지로 각 요건을 종합하여 해고의 효력을 판단한다는 점에서 고용유연화의 관점에서 이에 대해 찬동한다. 그러나 판례의 종합설은 개별사례 상황을 전체적으로 종합하여 판단하므로 당사자인 사용자나 근로자는 정리해고의 정당성 여부에 대해서 예측할 수 없어 불가피하게 법적 불안정성이 초래된다. 이는 엄격한 법적용보다도 기업에게 예측가능성을 부여하지 못하여 기업의 투자활동을 위축시킬 여지가 많다.

(3) 비교법적 검토

비교법적으로 볼 때 일본은 정리해고의 4요건을 정한 법률규정은 없지만, 판례법으로 정리해고의 4요건을 4요소로 해석하고, 정리해고의 유효성은 이들 4요소를 종합하여 판단하거나, 인원 삭감의 필요성에 관해서는 기업의 경영 판단을 존중하여 사법심사를 배제하는 재판례가 증가하고 있다.[13]

프랑스는 정리해고에 대해 법률로 비교적 상세한 규정을 두고 있다. 어느 해고든 '진실하고 중대한 사유'가 있어야 하고(L.122-14-3조) 정리해고에 있어서 진실하고 중대한 사유는 3가지 요건, 즉 i) 당해 해고가 고용의 폐지·변동 또는 근로계약의 주요요소의 변경에 대한 근로자의 거부를 원

13 일본에서는 경제학적인 측면이나 법적인 측면에서 고용창출과 격차해소를 위해 해고규제의 완화를 둘러싸고 이미 많은 논의가 진전된 바 있다. 이에 관해서는 무엇보다 荒木尚志·大內伸哉·大竹文雄·神林龍, 雇用社會の 法と經濟, 有斐閣(2007), 4면 이하; 常木淳, 經濟學と法理學, 勁草書房(2008), 79면 이하; 猪木武德·大竹文雄, 雇用政策の經濟分析, 東京大學出版會(2001), 3면 이하; 大竹文雄/大內伸哉/山川隆一 編, 解雇法制を考える, 勁草書房(2004), 3면 이하 참조.

인으로 할 것, ii) 이것이 특히 경제적 곤란 또는 신기술의 도입 및 기업경쟁력의 보호를 목적으로 하는 재편성 및 활동정지(판례)의 결과로서 행하여질 것, iii) 해고를 회피하기 위하여 사용자가 적응의무 및 재배치의무를 이행할 것 등이다. 해고대상자 선정 기준은 단체협약에 정함이 있으면 그에 따르고, 협약에 정함이 없으면 종업원대표의 자문을 얻어 사용자가 결정하지만, 가족책임, 당해 기업에서의 근속연수, 재취직이 특히 곤란하게 된 근로자의 상황(특히 장애자 및 고령자), 직종별로 평가된 직무능력을 고려하여야 한다(L.321-1-1조). 이들 요소는 개별적 해고의 경우 인선에서도 적용된다(동조 3항). 그러나 인선 기준이 부적합한 경우에 당해 근로자는 손해배상을 청구할 수 있지만, 해고의 효력에 영향은 없다. 프랑스의 경우 이와 같은 정리해고의 실체적 요건을 위반한 경우 근로자는 복직을 관철시키는 것보다는 금전의 배상으로 사건으로 종결하는 것이 대부분이다. 따라서 우리의 입장에서 보면 정리해고를 위한 법정요건을 준수하여야 하는가, 따라서 정리해고가 무효가 되어 사용자가 복직을 허용해야 하는가가 큰 문제가 되지 않는다. 프랑스에서는 정리해고가 진실하고 중대한 사유가 없는 경우 근로자는 기업 규모와 근속연수에 따라 배상금을 청구할 수 있다.

독일의 경우는 법률로 사용자의 해고의 자유를 제한한다. 즉, 법률 또는 양속 위반의 해고는 무효(민법 제134, 138조, 242조)가 되며, 해고는 사회적으로 정당한 경우에만 허용된다(해고제한법 제1조 2항). 판례는 긴박한 경영상의 필요성에 의한 해고의 경우 해고사유가 존재하는가에 대해 4단계에 걸쳐 심사를 한다. 즉, i) 근로자를 고용할 수 없다는 기업주 결정이 있을 것, ii) 영속적으로 또는 예측할 수 없는 기간내 고용가능성이 없을 것, iii) 시간외 근로, 사외근로의 폐지, 다른 빈 일자리로의 배치전환, 경우에 따라서 기대가능한 계속훈련 또는 재훈련조치 또는 근로조건의 변경을 행할 것,

iv) 해고대상자 선발시 사회적 선발(비교 가능한 그룹 확정, 사회적으로 보호 필요성이 가장 적은 대상자의 선발, 근로자의 계속적 근로에 대한 사업장의 정당한 필요성이 인정되는 근로자는 제외)을 할 것 등이다. 즉, 해고대상자의 선발에 있어서 연령, 근속연수, 부양의무, 장애를 고려하지 않는 경우 그 해고는 사회적 정당성을 결하는 것으로 본다(해고제한법 제1조 3항). 이 4단계 요건을 지키지 않은 경우 정리해고는 각각 무효가 되어, 독일은 비교적 4요건주의를 엄격하게 지키고 있다. 그러나 각각의 요건이 충족되어 있는지에 대해서는 판례의 판단 여지가 크게 작용한다. 그리하여 i)의 기업주 결정은 원칙적으로 사법심사의 대상에서 제외된다. 즉, 기업가의 결정의 자유는 기본법적으로 보호되는 것으로(기본법 제12조 1항, 제14조) 그의 객관적 정당성 또는 그의 합목적성에 대해서 심사하는 것이 아니라, 기업주의 결정이 명확하게 이유가 없고 불합리 또는 자의적인가 하는 것만이 사법심사의 대상이 된다. 이 기업주의 결정을 권리남용으로 본 판례는 매우 드물다.

영국은 해고규제와 관련하여 이원적이다. 즉, 제정법률에 의해 불공정한 해고를 규제함(Employment Rights Act 1996 〔이하 'ERA'로 함〕 제94조)과 동시에 커먼로상 근로계약위반의 해고를 위법해고(wrongful dismissal)로 취급한다. 전자는 계속근로연수 1년 이상의 근로자를 보호대상으로 하지만, 후자는 이 요건이 필요하지 않다. 제정법상의 불공정해고법제에 있어서 해고의 '공정성'(fairness)의 판단은 2단계로 한다(ERA 제98조). 우선 사용자는 법률에서 정한 공정한 해고이유, 즉 근로자의 능력부족, 비위행위, 과잉인원정리해고, 위법성, 기타의 상당한 이유에 해당하는 것을 증명해야 한다(동조 1항, 2항). 사용자가 상기의 공정성이 인정되는 해고이유를 증명하지 못한다면 이 단계에서 해고는 불공정한 것으로 본다. 사용자가 앞의 증명을 한다면 다음 단계로 넘어가 사용자가 취한 행동·대응의 합리성에 대해 심사한다.

이 합리성은 '(사용자의 사업의 규모 및 경영상의 재원을 포함) 제반사정에 비추어 사용자가 당해 해고이유로써 근로자를 해고할 충분한 이유로 취급하여 합리적으로 행동한 것인가 아닌가를' '형평과 사안의 실질적인 시비곡직(是非曲直)'에 따라 판단하여 결정한다(ERA 제98조 4항). 정리해고, 영국에서는 정확하게 과잉인원정리해고는 제정법에 의해 공정한 해고사유의 하나로서 예시되어 있다(ERA 제98조). 그러나 과잉인원정리해고에 대해서도 합리성의 판단 단계에서 불공정한 과잉인원정리해고가 되는 경우가 있다. 합리성 판단의 원칙과 관련하여 고용심판소는 i) 피용자에 대한 사전통지와 협의, ii) 공정한 해고대상자 선정기준의 설정과 공정한 적용, iii) 해고회피조치로서의 대체고용의 신청 유무를 심사해야 한다. 그러나 이 요건들은 실무상 지침(guidelines)에 지나지 않고, 법준칙(rules of law)은 아니다. 따라서 이들 요건 중 어느 하나라도 충족하지 않으면 불공정이 인정된다고 하는 관련항목(shopping list)으로 보는 것은 아니라는 것이다.[14] [15]

2) 개정의 방향

(1) 긴박한 경영상의 필요성 요건

(가) 무엇보다 실업률의 감소를 위하여 엄격한 4요건주의로부터 탈피

14 Simpson v Reid & Findlater(1983) IRLR 401.

15 미국은 고용계약의 임의계약성(contract at will) 원칙에 따라 임의로 근로자를 해고할 수 있다. 해고예고나 정리해고에 대한 원칙도 없다. 다만, 피용자 수백 인 이상의 사업장은 사업장 폐쇄 또는 대량의 레이오프를 할 경우에는 60일 전에 교섭대표조합 또는 각 피용자 및 행정기관에 서면으로 통지할 필요가 있다.

할 필요가 있다. 정리해고 요건의 엄격성은 고용률에 부정적 효과를 나타낸다는 실증적 분석도 있다. 또한 판례가 가져오는 법적 불안정성을 제거해야 한다는 요청에 부응해야 한다. 이러한 요구에 부응하지 않는 요건이 '긴박한 경영상의 필요성'의 요건이다.

긴박한 경영상의 필요성은 도산과 그에 준하는 사태를 넘어서 합리화 조치로 인한 인원삭감의 필요성, 장래의 경영위기에 대비한 예방적 인원조정 등을 포함하는 것으로 확대해석하는 것이 판례의 입장이다.16 이러한 판례의 입장은 인원조정 내지 구조조정시 사용자의 경영적 판단을 중시하는 태도로 보인다. 따라서 긴박한 경영상의 필요성보다는 사업주의 기업주로서의 결단의 자유와 경영판단을 원칙적으로 인정하되, 그러한 조치들의 결과 나타나는 '인원정리의 필요성'을 기준으로 내세우는 것이 논리적으로나 실제적으로 타당하다고 생각한다. '명백하게 객관성이 없거나 자의적인 것이 아닌 한 기업주의 결단에 근거하여 하나 혹은 다수 근로자의 고용수요가 일시적으로도 상실된 경우 경영상의 사유는 해고를 정당화한다'는 방식으로 긴박성의 요건을 없애고 고용수요 탈락의 요건을 두는 것을 고려해볼 수 있을 것이다. 긴박한 경영상의 필요성은 거의 모든 경우 기업주의 결정의 자유에 속하고, 예외적인 경우에 남용통제의 대상이 되는 것이므로, 기업주의 결단의 자유의 표현인 구조조정 자체를 둘러싼 불필요한 분쟁을 회피하고, 노사 당사자는 인원정리의 필요성 단계에서 논의구조로 들어가야 한다고 생각된다. 다만 인원정리의 필요성에 대해 근로자에게 정보의 제공과 설명의무 및 노동조합과의 사전협의 등 절차적 보호 규정을 강화하는 것이 타당하다고 본다.

16 대판 2002. 7. 9, 2001다29452, 2000두9373.

(나) 비교법적으로 볼 때 일본은 정리해고의 4가지 요건 내지 요소와 관련하여 실질적 요건으로서 '긴박한 경영상의 필요성' 대신에 '인원삭감의 필요성'을 들고 있다. 이 요건은 인원삭감의 조치—이를 내용으로 하는 기업의 축소, 정비, 합리화계획—의 실시가 불황, 사양화, 경영부진 등에 의한 기업경영상의 충분한 필요성에 기하거나 부득이한 조치이면 충족된 것으로 본다. 따라서 인원삭감의 필요성을 가져오는, 말하자면 인원삭감 필요성의 원인인 기업의 긴박한 경영상의 필요성의 요건은 정리해고의 요건으로 처리되는 것이 아니라, 이미 긴박한 경영상의 필요성의 결과로서 나타나는 인원삭감의 필요성을 정리해고의 실질적인 요건으로 삼고 있다.[17]

프랑스의 경우도 기업의 재편과 활동정지라는 원인과 그 결과로서 나타나는 인원정리의 필요성의 관계를 분명히 한다. 즉, 정리해고를 위한 실체적 요건으로 '진실하고 중대한 사유'가 있어야 하는 바, 먼저 사업장에서 고용의 폐지·변동이 있을 것을 요한다. 고용의 폐지와 변동은 다른 말로 표현하면 인원정리, 인원삭감의 필요성을 말하는 것으로서 이것이 정리해고의 첫 번째 요건이 되는 것이고, 그 다음으로 고용의 폐지와 변동이 특히 경제적 곤란 또는 신기술의 도입의 결과로서 행하여져야 할 것을 요한다. 따라서 프랑스의 정리해고의 요건론은 우리나라처럼 먼저 긴박한 경영상의 필요성이 있고, 그리고 후발적으로 그 결과 인원을 정리하거나 삭감할 필요성이 있는가를 검토하는 것이 아니라, 사업장에서 인원이 불필요한가 등의 고용이 폐지와 변동이 필요한가를 검토한 다음, 왜 그러한 고용폐지와 변동이 발생하게 되었는가, 즉 그것이 '특히 경제적 곤란 또는 신기술 도입의 결과'로 발생하게 되었는가를 묻는다. 따라서 프랑스는 기업의 재

---

17 菅野和夫, 『勞働法』, 第八版, p. 458 이하 참조.

편과 변동과 같은 경영조치와 결단 영역을 함부로 판단하는 것이 아니라, 귀납적으로 인력삭감이 필요한데, 그 원인이 기업의 재편과 변동에 기인하고 있는가를 묻는 선결과 후원인 판단방법으로 행한다.

독일은 우리나라처럼 긴박한 경영상의 필요성의 요건을 정리해고의 실질적 요건으로 법률로 정하고 있다. 그러나 실제 정리해고의 사례에서 긴박한 경영상의 필요성이 존재하는지에 대해서 판례는 매우 유연한 입장을 취하고 있다. 즉, 근로자의 고용필요성이 없으면 정리해고사유가 존재한다는 것이다.[18] 정리해고를 유발하는 원인행위로서 구조조정은 소위 자유로운 기업주결단으로서 그 조직상·경영상의 합목적성에 대해서 법원은 판단하지 않고, 기업주 결단이 자의적이고, 혹은 남용적이었는가에 대해서만 심사하기 때문에 긴박한 경영상의 필요성 문제영역은 거의 빈 공간영역이 되는 것이다. 따라서 정리해고의 실질적 요건으로서 중요한 것은 먼저 근로자의 고용가능성이 존재하는가, 상실하는가이다. 그런 점에서 사용자가 사업장을 재조직하거나 새로운 컨셉에 따라서 지금까지의 활동을 더 이상 유지하지 않는 경우, 근로자들의 지금까지 활동을 독립기업주에 의해서 행사하게 하도록 하는 경우도 근로자들의 고용필요성이 탈락하기 때문에 정리해고 사유가 존재한다는 것이다. 최근 논의되는 근로계약법안 일부도[19] '명백하게 객관성이 없거나 자의적인 것이 아닌 한 기업주의 결단에 근거하여 하나 혹은 다수 근로자의 고용수요가 일시적으로도 상실된 경우 경영상의 사유는 해고를 정당화한다'고 하여 긴박성의 요건을 묻지 않고 고용가능성의 상실을 정리해고의 실질적 요건으로 삼

18 BAG, 13.3.2008 – 2 AZR 1037/06 판결.

19 Preis/Henssler (2007), Diskussionsentwurf eines Arbeitsvertragsgesetzes, NZA Beilage 1(zu Heft 21/2007) 제115조 2항 참조.

고 있다.

영국은 과잉인원정리(redundant)를 공정한 해고 사유의 하나로 본다(ERA 제98조 2항 (c)). 과잉인원정리해고가 공정한가의 판단에 있어서는 먼저 해고이유가 법률에서 공정하다고 인정한 사유에 해당하는가를 사용자의 입증책임 하에 심사한다. 그 다음에 사용자가 취한 행동의 합리성에 대해 심사한다. 이 합리성은 '(사용자의 사업의 규모 및 경영상의 재원을 포함) 제반사정에 비추어 사용자가 당해해고이유로써 근로자를 해고할 충분한 이유로 취급하여 합리적으로 행동한 것인가 아닌가를' '형평과 사안의 실질적인 시비곡직(是非曲直)'에 따라 판단하여 결정한다(ERA 제98조 4항). 따라서 정리해고를 위하여 그 실질적 요건으로서 '긴박한 경영상의 필요성'이라는 좁은 기준을 설정하는 것이 아니라, '합리성'이라는 포괄적이고 불확정적인 기준을 사용한다. 그런데 고용심판소는 합리성 판단도 i) 피용자에 대한 사전통지와 협의, ii) 공정한 해고대상자선정기준의 설정과 공정한 적용, iii) 해고회피조치로서의 대체고용 가능성을 기준으로 심사한다. 따라서 영국의 과잉인원정리해고의 공정성 여부는 '긴박한 경영상의 필요성'으로 제한되는 것도 아니고, 이를 필수요건으로 삼지 않는 포괄적이고 전체적인 사례 상황에 따라 탄력적으로 판단한다. 따라서 지배적 고객으로부터의 압력에 의한 해고, 사용자의 자금상의 이유에 의한 해고 등 합리성의 범위는 상당히 넓게 해석된다.

(2) 합리적이고 공정한 선발의 기준

(가) 정리해고의 기준 중의 하나인 '합리적이고 공정한 선발의 기준'은 일반조항의 형식을 취하고 있다. 따라서 이를 구체화하는 판례는 법적

인 불안정을 야기한다. 물론 해고대상자의 사회적 보호필요성과 '합리적이고 공정한 대상자의 선발'은 차이가 있다. 전자가 해고근로자가 처한 사회적 환경, 즉 부양가족, 근속연수, 연령 등을 우선적으로 고려하여 해고대상자를 선발할 것을 요구하지만, 후자의 요건 하에서는 근로자의 사회적 환경을 반드시 고려할 필요는 없다. 따라서 판례가 해고대상자 선발에서 탄력적으로 해석할 여지가 다분하여 그 점에서는 유연성을 담보하고 있다. 사회적 보호필요성의 요건에 집착하면 해고대상자의 선발기준으로서 근속연수, 연령, 부양가족 수 등만을 고려하여 기업의 업무능력과 기업운영에 필요한 핵심인력이 사회적 보호필요성이 없다는 이유에서 먼저 해고대상자가 될 소지가 있다. 물론 판례는 근로자 측의 기준과 사용자 측 기준(근무성적, 경영사정)을 동일선상에서 제시하여 경우에 따라서는 근로자의 사회적 사항을 고려하지 않고, 기업운영과 이익에 부합하는 대상자를 잔류시키고 있다. 그러나 이러한 판례는 해고권자인 사용자에게 예측가능성을 주지 못하여 법적 불안정성을 야기시킨다는 문제가 있다. 따라서 합리적이고 공정한 선발 기준에 부가하여 기업에 필수적인 인력은 해고대상에서 제외한다는 명문의 규정이 필요하다. 말하자면 사회적 보호필요성에 우선하는 기업의 핵심인사는 해고보호 선발 대상자에서 제외하는 입법조치가 필요하다.

(나) 외국의 사례로서 특히 독일 해고제한법 제1조 3항 2문은 '근로자의 지식, 능력 그리고 성과 또는 사업장의 정당한 인력구조 때문에 이 근로자를 계속고용하는 것이 사업장의 정당한 이익이 되는 경우 이 근로자는 사회적 선발의 대상이 되지 않는다'고 규정하고 있다. 물론 독일 이외의 국가에서는 위와 같은 명문의 규정은 없다. 그러나 해고대상자 선발기준이 근로자의 부양의무, 연령, 근속연수, 장애로 엄격하게 제한되어 있는 것이 아니라, 포괄적이고 불특정개념으로서 '합리성'기준에 따라 대상자를 선발

하기 때문에 해고대상자 선발은 유연하게 수행되며, 그 한도에서 위 독일법과 같은 효과를 가져올 수 있다.

(3) 근로자 대표와의 사전 협의 요건

(가) 이 요건은 판례에 의해 정리해고의 절대적 효력발생 요건으로서의 기능을 상실하고 있다. 특히 사전협의가 단체교섭과 혼동되어 법적 분쟁이 발생하지만, 이는 단체교섭이 아니라 노사협의를 의미하는 것이다. 이미 근참법 제19조도 '경영상 또는 기술상의 사정으로 인한 (……) 해고 등 고용조정의 일반원칙'을 노사협의회의 협의사항으로 규정하고 있다. 우리나라에서는 기업별 노동조합의 조직률이 낮더라도 노동조합이 전체 종업원을 대표하는 것이 현실이다. 그러나 정리해고는 조합원에게 국한되는 것이 아니라, 전체 종업원에게 해당되는 사항이고, 노동조합이 언제나 전 종업원을 위해서 활동한다는 보장이 없다. 따라서 근로자 대표와의 사전협의조항은 근참법 내의 협의사항으로 규율하는 것이 바람직하다.

(나) 비교법적으로 볼 때 일본의 경우는 근로자 대표와의 사전협의 의무를 단체협약의 효력의 문제로 처리한다. 즉, 단체협약으로 해고 일반 또는 인원정리에 관해서 사용자에게 노동조합과의 협의 내지 동의를 받도록 하는 의무를 부과하는 조항이 있는 경우 구체적인 해고대상자 선정기준이나 당부에 관해 충분한 협의를 거치지 않는다면 해고는 단체협약 위반으로서 무효가 된다. 따라서 일본은 기본적으로 정리해고에 관한 근로자대표와의 사전협의 요건을 법률로 정하기보다는 협약상의 효력의 문제로 보고 있다. 그리고 그러한 협약이 없는 경우 사전협의 위반 문제를 신의칙상의 문제로서, 따라서—우리나라처럼 정리해고의 절대적 효력발생요건으로 보

는 것이 아니라— 권리남용의 문제로 유연하게 보고 있다. 그리하여 일본 법원은 사전협의에 관한 단체협약상의 규정이 없는 경우에 사용자는 노동조합 또는 근로자에 대하여 정리해고의 필요성과 그 시기·규모·방법에 관해 납득을 얻기 위해 이 자들과 성의로써 협의해야 할 신의칙상의 의무를 부담한다는 것이다. 또한 일본 법실무는 정리해고의 4요건을 엄격하게 정리해고의 효력발생을 위한 절대적 요건으로 보기보다는 정리해고의 유효성 판단을 위한 4개의 포인트(요소)로 이해하여, 정리해고는 이들 요소에 관한 제반 사정을 종합적으로 고려하여 판단해야 한다는 원칙을 세우고 있기 때문에 근로자대표와의 사전협의 요건의 의미는 그만큼 반감되고 있다.

프랑스는 근로자 대표와의 사전협의 절차 위반에 대해서도 정리해고의 실체적 요건을 위반한 경우 복직이나 재고용을 원칙으로 하는 것이 아니라 금전적으로 해결하는 것과 궤를 같이 한다. 즉, 종업원대표에게 정보제공, 자문, 행정관청에 신고를 하지 않는 경우는 사용자는 근로자의 손해에 상응하는 배상금을 지급하여야 하고(L.122-14-4조 3항), 재고용우선권 규정을 지키지 않은 경우는 임금 2개월 분 이상의 배상금을 지불하여야 한다(동조 동항). 다만 대량해고의 경우는 사정이 다르다. 종업원대표가 존재하는 50인 이상의 기업에서 30일 이내에 10인 이상의 해고가 행해지는 대량해고의 경우는 고용보호계획안을 작성·실시하여야 한다(L.321-4-1조). 또한 10인 이상의 근로자가 경제적 이유에 의해 제안된 근로계약의 주요한 요소의 변경을 거부한 것을 이유로 사용자가 이들 근로자의 해고를 행한 경우에도 고용보호계획을 작성·실시할 의무가 있다(L.321-1-3조). 또한 사용자는 사업장 재편계획에 대하여 종업원대표에게 일반적인 정보제공 및 자문(L.432-1조)을 행하지 않으면 안 된다. 그리하여 다시 경제적 해고안에 관한 특별절차로서의 자문(L.321-3조)도 행해야 한다(이 자문은 적어도 2회, 종업원 대표가 공인회계사의 원조를 구하기 위한 경우에는 최저 3회). 사용자는 제1차 회의 3일 전에 해고안에 관한 모든 유익한 정보를 기업위원회에 송부하고 회의를 소집하여야 한다. 이때 고용보호계획도 제출하여야 한다. 그런데 사용자가 이 고용보호계획의 일환으로 근로자재배치계획을 마련하지 않는 경우 기업위원회 종업원대표가 대심재판소에 제소한 경우 해고절차는 무효가 되고 이에 연계하여 행하여진 해고도 무효가 된다(L.321-4-1, L.122-14-4조 1항). 물론 전자의 경우는 당연 복직이 되는 것이 아니라, 무효의 절차를 다시 진행할 뿐이다. 그러나 무효의 절차에 근거하여 행하여진 해고는 무효가 되고 이에 근거하여 근로자가 복직을 청구하면 법관은 복직을 명할 수 있다. 그러나 사업장이 폐쇄되거나 근로자의 복직이 가능한, 빈 일자리가 없어 복직이 불가능한 경우는 법관은 근로자의 복직청구를 기각할 수 있다(L.122-14-4조 1항). 이와 같이 해고가 무효가 된 경우 근로자가 복직을 희망하지 않거나 복직이 불가능한 경우는 임금 12개월분 이상의 배상금을 지불하게 됨으로써 결과적으로 사안은 원직복직 대신에 결국 금전적으로 해결된다.

독일은 고용에이전트에게 신고의무가 있는 대량해고[20]를 계획하고 있는 사용자는 종업원평의회에 지체 없이 서면으로 해고이유, 해고대상자 수와 직업분류, 해고시기, 해고근로자의 선발기준, 해고보상 기준 등에 대해서 정보를 제공해야 한다. 사용자와 종업원평의회는 해고회피, 해고제한, 해고결과를 완화할 수 있는 가능성에 대해 협의해야 한다(해고제한법 제17조 2항 2문). 그리고 사업장 변경 등에 의한 해고로 근로자에게 경제적 불이익이 발생한 경우 종업원평의회와 사용자 사이에는 '사회계획'(Sozialplan)이

20 21인 이상 60인 미만의 사업장에서 6인 이상의 근로자를 해고하는 경우, 60인 이상 500인 미만의 사업장에서 10% 또는 26인 이상의 근로자를 해고하는 경우, 500인 이상의 사업장에서 30인 이상의 근로자를 30일 이내에 해고하는 경우에는 고용에이전트(Agentur für Arbeit)에게 신고하도록 하고 있다(해고제한법 제17조 1항).

책정되어 해고보상금과 전환훈련의 비용지급이 이루어진다. 사회계획은 서면으로 작성하고 사용자와 종업원평의회가 이에 대해 서명을 해야 한다(경영조직법 제112조). 그러나 독일법은 이와 같은 대량해고시 종업원평의회에 정보제공이나 협의의무의 이행을 해고제한법에 규정하고 있으면서, 불이행시 법적 제재에 대해서는 경영조직법에 규율하고 있다. 아마도 사전협의 주체가 노동조합이 아니라 종업원의 경영참여 기구로서 전체 근로자를 대표하는 종업원평의회이기 때문에 이를 규제하는 입법인 경영조직법에 제재조치를 둔 것이 아닌가 생각된다. 동법 제102조에 따라 종업원평의회의 의견청취를 전혀 하지 않은 경우는 무효가 된다. 그러나 사용자는 종업원평의회의 의견을 따를 의무는 없다.

(4) 도산절차에 있는 기업에 대한 정리해고 요건 완화

(가) 회사회생절차에 있는 회사는 정상적인 회사와는 달리 경영이 심각한 위기상태에 빠져 있는 관계로 갱생을 위한 모든 조치의 강구를 필요로 한다. 회사 내부의 인적 조직에 대한 합리적인 조정도 그 중의 하나이다. 그러나 회사회생절차가 개시되더라도 회사근로자의 근로관계는 변동없이 존속한다. 다만 기업이 도산하는 경우 긴박한 경영상의 필요성 요건을 갖춘 것이 되어 정리해고를 실시할 수 있을 뿐이다. 파산의 경우는 기업의 재산을 청산하는 과정 중에 있으므로 파산관재인의 인력구조조정은 해고의 정당한 사유를 구성한다.[21] 회사회생절차의 목적에 충실하게 하기 위하여 다른 정리해고의 경우와는 달리 구조조정을 신속하게 이룰 수 있는

21 서울고판 2002. 12. 11, 2002누10607.

특별한 방안의 강구가 필요하다. 특히 기업부담을 경감하기 위하여 기업변동시 정리해고 요건을 대폭 완화해줄 필요가 절실하다. 그 방안으로서 법원의 감독 하에 행해지는 파산과 회사회생절차의 경우 파산관재인과 법정관리인이 법원의 허가를 받아 정리해고를 하는 경우 정당한 이유가 있는 것으로 보고, 후속적으로 해고회피조치나 합리적이고 공정한 선발의 절차를 거치지 않아도 되도록 하여야 할 것이다. 물론 이 경우 법원의 허가를 받기 전에 근로자대표의 의견을 청취하도록 하든지, 아니면 법원이 정리해고를 허가할 때 근로자 대표의 의견을 수렴하는 절차를 거쳐야 할 것이다. 현행 통합도산법 제62조, 제227조의 근로자대표의 의견청취 속에는 이러한 정리해고 내용들이 포함되어야 할 것이다.

(나) 비교법적으로 볼 때 외국은 도산 등과 같은 절차에서 정리해고에 대해서는 특별 규정을 두거나 해석으로 정리해고의 요건을 완화하고 있다. 독일은 도산절차에 있는 사업을 변경하는 경우는 종업원평의회와의 별도의 합의를 통해 해고제한법·경영조직법상 요구되는 제한사항을 이 합의로 대체할 수 있도록 한다(도산법 제125조, 제128조). 그리고 도산 상태에 있는 기업이 사업변경을 기도하지 않는 경우 양도인이 양수인이 희망하는 바에 따라 정리해고를 실시하는 것을 허용할 것인가에 대해 명문의 규정은 없으나 다수설은 인정하고 있다.

프랑스는 기업의 도산절차가 개시되면 먼저 갱생여부를 판단하기 위한 관찰기간이 개시되는데, 실무적으로는 이 기간 동안 관리인은 수명법관의 승인을 받아 근로자를 해고할 수 있다. 또한 갱생절차 중에 사업 양도를 목적으로 양수인의 희망을 반영한 법원의 결정에 따라 해고대상자를 확정할 수 있다.

영국은 법원에 의한 강제청산의 경우를 제외하고는 채권단에 의한 임의청산 내지 관리명령 등은 근로계약에 영향을 미치지 않는다. 그러나 수탁관리(administrative receiver)가 개시되면 관리인은 불필요한 근로자에 대해 유효하게 즉시해지를 행할 수 있다.

현행	개선방안
• 긴박한 경영상의 필요성의 요건.	• '긴박한 경영상의 필요성' 요건을 '인원정리의 필요성' 요건으로 대치.
• 합리적이고 공정한 선발의 기준.	• 합리적이고 공정한 선발 기준에 부가하여 기업에 필수적인 인력은 해고대상에서 제외한다는 규정.
• 근로자 대표와의 사전 협의조항.	• 근로자 대표와의 사전협의조항은 근참법 내의 협의사항으로 규율.
• 도산절차에 있는 기업에 대한 정리해고 예외 규정 없음.	• 도산절차에 있는 기업에 대해서는 긴박한 경영상의 필요성을 인정하고, 해고회피조치나 해고대상자 선발의 규제는 삭제해야 할 것이다.

3) 임금 등의 근로조건과 고용안정의 교환을 위한 변경해약고지 제도의 도입

(1) 변경해약고지(변경해고)제도의 의의

변경해지(Änderungskündigung)제도란 사용자가 근로관계의 해지와 함께 변경된 근로조건의 내용으로 근로관계를 존속시키고자 하는 청약을 하고, 만약 이를 근로자가 거부하는 경우에는 근로관계가 해지되도록 하는 제도이다. 원래 해고는 조건부로 할 수 없는 것이 원칙이나 변경해지는 그 예외를 이루는 것으로서, 그 조건성취 여부가 근로자의 의사에 달려 있기 때문에 근로자가 변경청약을 승낙하면 해고는 허용되지 않는다. 변경해지가 이루어지기 위해서는 다른 모든 해고의 경우와 마찬가지로 이러한 변경해지가 사회적으로 정당하다는 것을 전제로 한다. 따라서 근로자는 변경해지에 의한 근로조건의 변경이 사회적으로 부당한 것이 아니라는 것을 전제로 하여 변경청약에 대하여 유보부로 승낙할 수도 있다. 유보부 승낙을 한 근로자는 변경해지의 사회적 위법성에 대해 소송을 제기할 수 있으며, 판결이 내려지기까지는 변경된 근로조건으로 계속 근로를 제공할 의무가 있다.

한편 지시권의 구체화로서 사용자에게 그 일방적 결정이 맡겨져 있는 사항에 대해서는 변경해지제도가 적용될 여지가 없기 때문에, 변경해지를 위해서는 기존의 근로조건이 특정되어 있어야 한다. 경우에 따라서는 근로계약의 묵시적 변경을 인정할 수도 있다. 특히 근로조건의 변경이 근로관계에 대해서 직접적으로 작용함에도 불구하고, 사용자가 서면으로 근로조건의 변경을 제안하고 근로자가 제안을 알면서도 유보 없이 계속근로를 하는 경우 근로자가 그 제안을 인식한 후 1개월 이내에 이의를 제기하지 않는 한 계속근로는 근로조건의 변경 제안을 수용한 것으로 보는 규정을 둘 수도 있다.

(2) 제도도입의 유용성과 한계성

변경해지제도가 없는 상태에서는 사정의 변화에 따라 근로계약 당사자간에 근로계약상의 근로조건을 그대로 유지하기 어려운 경우에도, 당사자간에 근로조건 변경합의가 되지 않으면 해고의 정당성이 인정될 수 있는 경우를 제외하고는 근로관계의 내용은 그대로 유지·존속될 수밖에 없게 되는 경직된 결과를 초래한다. 이에 사용자가 근로자에 대하여 근로조건의 변경에 관한 청약과 함께 승낙이 없는 경우 근로관계의 해지가 가능하도록 하는 변경해지제도의 필요성과 도입여부가 논의될 수 있다. 취업규칙이나 단체협약에 의하여 근로조건이 집단적으로 규율되는 경우에는 이보다 불리한 근로조건으로 변경하는 개별 계약당사자간의 합의나 변경해지는 그 효력이 없게 된다는 점에서, 변경해지의 기능 내지 적용영역이 그다지 넓지는 않을 것이다. 그럼에도 근로계약관계에서의 사정변경 원칙의 구체화라는 측면에서 이에 관한 규정을 신설하는 것은 이론적으로 가능할 뿐만 아니라, 근로자에게 근로조건의 (불이익)변경이냐 아니면 이를 거부하여 해고되느냐에 대한 선택권을 준다는 점에서 현실적 유용성도 어느 정도 인정될 수 있을 것이다. 다만, 사용자의 근로조건 변경 청약 자체의 정당성을 전제로 근로자가 승낙을 할 수 있는 이른바 유보부 승낙제도와, 이 경우 근로조건 변경의 정당성을 다툴 수 있는 가능성이 수반되어야 할 것이다. 물론 단순한 임금감액을 위한 변경해지는 허용될 수 없다. 그것은 사용자의 경제위험 영역에 속하는 것이기 때문이다.

노사관계 선진화 방안에서는 이 제도에 대한 일반적 이해의 부족, 제도도입에 따른 불안심리 확산이나 편법적 이용위험 등에 비추어 이에 대한 근거규정을 마련하는 것이 어렵다고 판단되어 향후 연구검토 과제로 남겨두었다. 그러나 실제 현실에서 변경해약고지 제도는 행위기초 탈락 이론에 의해 변화된 상황에 근로계약관계를 적응시키는 수단으로 활용됨과 동시에 근로자의 고용안정을 도모하는 수단이 되기도 한다. 따라서 이러한 유용성이 있는 제도에 대해서 부정적 효과가 있다고 하여 이를 외면할 것은 아니라고 본다. 그러한 부정적 효과 즉, 동 제도가 근로조건 악화에 기여하게 되거나 해고를 용이하게 할 것이라는 우려는 동제도의 도입시, 남용통제와 내용통제와 같은 안전장치를 설치함으로써 예방할 수 있다. 고용안정을 대가로 한 근로조건의 저하는 유리한 조건 우선의 원칙과의 관계에서도 검토될 수 있다. 그리고 동 제도에 대한 반대 이유로서 변경해약고지가 근로조건의 하향조정을 가져와 규범적 효력을 갖는 취업규칙과 단체협약과의 관계에서 문제가 발생한다는 점을 들고 있다.[22] 물론 해석론적 차원에서 이 문제를 해결하기는 매우 어려운 문제이지만, 입법론의 차원에서 이 문제는 얼마든지 수용이 가능하다고 생각된다.

(3) 비교법적 검토

비교법적으로 볼 때 일본은 변경해약고지를 입법적으로 규정하지 않는다. 그러나 근로관계를 계속하면서 취업규칙을 합리적으로 변경하는 절차가 있기 때문에 변경해약고지의 필요성이 없지만, 변경한 근로조건이 개별계약으로 정하여 있는 등 취업규칙으로 대처할 수 없는 경우는 변경해약고지의 필요성을 인정한다.[23] 일부 판례는 집단적 인원정리 가운데 근로조건을 전체적으로 변경하는 경우,[24] 호텔서비스맨의 임금을 계산방법 변경, 수당 폐지 등에 의하여 삭감하기 위하여 해고를 활용하는 경우 근로조건 변경에 대한 유보부 승낙을 인정하는 경우,[25] 인원삭감과 근로조건 변경을 동시에 달성하고자 하는 변경해약고지 사례[26]를 다루고 있다. 최근에는 사업의 재구축·재편성을 행하는 가운데 근로조건의 변경을 위한 해고가 여러 가지 형태로 행해지고 있다.

22 김형배, 앞의 책, p. 601.

23 菅野和夫, 前揭『勞働法』, p. 466 이하 참조.

24 스칸디나비아 航空事件, 東京地決 平7.4.13 判例時報 1526号 35면.

25 日本ヒルトン 事件, 東京高判 平14.11.26 勞判 843号 20면; 大阪勞働衛生センタ 事件, 大阪地判 平10.8.31 勞判 751号 38면.

26 關西金屬工業事件, 大阪高判 平19.5.17 勞判943号 5면.

프랑스의 경우 근로조건의 변경 수단은 집단적 규범의 변경과 개별적 변경으로 나뉘는데, 전자는 단체협약의 변경과 파기, 기업내 관행의 파기가 있다. 프랑스에서는 집단적 규범과 개별적 계약은 원칙적으로 다른 법원(法源)이기 때문에 집단적 규범이 개별계약으로 화체되지 않는다. 따라서 집단적 규범을 변경하여도 개별적 근로계약 조건이 변경되는 것은 아니다. 그런데 프랑스는 집단적 규범 변경은 자체 협약상 당사자의 약정으로 자유롭게 인정하여 근로조건 변경의 유연성을 확보하고 있지만, 근로계약상의 근로조건의 변경은 비교적 엄격성을 유지한다. 근로계약의 변경에 관해서는 경제적 이유에 의한 근로계약의 주요요소의 변경 등의 특별한 경우를 제외하고는 법률에 의한 규제는 존재하지 않고, 주로 판례에 의해서 그 법리가 형성되어 있다. 경제적 이유에 의한 근로계약의 주요요소의 변경에 관해서는 원칙적으로 이를 제한하는 것이 아니라 절차적 합리성만을 규정한다. 즉, 사용자는 경제적 이유에 의한 계약변경을 당해근로자 명의의 수령증명부 서류우편으로 통보하고, 이때 근로자가 거부하고자 하는 경우 수령으로부터 1개월 이내에 회답할 것을 명기하여야 한다. 변경통지 후 근로자가 1개월의 검토기간 내에 거부의 의사표시를 하지 않으면 그 변경을 수락한 것으로 본다(L.321-2조). 판례는 정리해고와 관련한 해고회피조치로서의 근로계약의 변경을 제안하는 경우에는 1개월의 회답기간 등 경제적 이유에 의한 계약변경 절차는 적용되지 않는다고 본다.[27]

독일법상 근로조건의 변경은 사전유보된 권한범위 내의 일방적 변경,[28] 변경해약고지, 합의에 의한 변경으로서 변경계약으로 구분된다. 이

27 파훼원 사회부(2002. 5. 29) Cass.soc.

28 여기에는 노무지휘권의 행사에 의한 변경, 근로계약의 통일적 규제를 집단적으로 변경하는 경우, 변경·철회권의 유보가 있다.

중 변경해약고지는 해고제한법으로 규정되어 있다(해고제한법 제2조). 이에 따라 사용자가 근로관계의 해약고지와 동시에 변경된 근로조건으로 근로관계를 계속할 것을 제안한 경우 근로자는 당해 근로조건변경의 사회적 정당성에 관해 유보를 전제로 당해 제안을 받아들여 근로관계를 계속할 수 있다.

영국의 경우 변경해약고지에 대한 명문의 규정은 존재하지 않는다. 그러나 판례법상 계약조항 자체를 변경하는 경우 근로자의 명시적·묵시적 합의가 없으면 무효가 되지만, 비계약적인 조건의 변경의 경우 피용자는 동의하지 않아도 그 변경에 구속된다. 다만 제정법상 근로조건 명세서에 기재된 근로조건을 변경하는 경우 변경 후 1개월 이내에 서면으로 해야 한다(ERA 1996 제11조). 어느 경우든 근로자의 동의가 없으면 계약조항의 변경은 계약위반이 되어 근로자는 그것이 진실하고 중대한 것인 경우에는 일단 이직을 하여 해고무효를 다툴 수 있으며, 변경된 근로조건이 구 계약과 상당한 거리가 있는 경우 이의를 제기하여 계속근무하면서 불공정해고에 대한 구제를 받을 수 있다. 그 밖에 커먼로상의 손해배상청구도 가능하다. 다른 한편 근로계약은 장기간에 걸쳐 계속되는 것이기 때문에 사용자의 경영환경 변화 등에 의해 그 내용을 변화시키지 않으면 안 되는 상황이 발생한다. 이 경우 사용자는 근로자가 근로계약조건의 변경에 동의하지 않는 경우 해고할 수 있다. 이 경우 근로자는 당해 해고의 불공정성에 대해 다툴 수 있는 바, 근로자가 근로계약조건의 변경에 대한 동의를 거절한 것이 잠재적으로 공정한 해고사유의 하나로서 규정되어 있는 '기타의 상당한 이유'(ERA 1996 제98조 1항 (b)호)에 포함될 수 있다는 것이 판례의 입장이다. 따라서 불공정해고인가의 여부는 '(사용자의 사업의 규모 및 경영상의 재원을 포함) 제반사정에 비추어 사용자가 당해해고이유로써 근로자를 해고할 충분한 이유로 취급하여 합리적으로 행동한 것인가 아닌가를' '형평과 사안의 실질적인 시비곡직(是非曲直)'에 따라 판단하여 결정한다(ERA 제98조 4항). 이 판단은 변경조건이 근로자로부터 보아 합리적인가 아닌가를 기준으로 판단하는 것이 아니라 합리적인 사용자라면 당해 변경조건의 거부를 이유로 근로자를 해고할 것인가의 관점에서 판단한다. 따라서 근로자가 불공정해고소송에서 승리하는 것은 무급으로 시간외 근로를 무제한적으로 실시하는 것과 같이 불합리성이 현저한 경우로 한정된다. 영국 판례29는 변경내용의 불합리성에도 불구하고 근로자들은 변경된 근로조건을 수용한다는 것을 중시하여 근로조건의 변경을 거부한 근로자의 해고를 불공정하다고 보지 않는다. 전체적으로 볼 때 영국 판례는 경영이 직면한 경제적 압력과 그에 대한 사용자의 대응의 합리성을 직시하여 사용자의 '건전타당한 경영상의 이유'에 기초한 근로계약조건의 변경을 근로자가 거부한 경우의 해고에 대해서는 공정성 판단을 완화하고 있다. 이 때문에 제정법상의 불공정해고법제는 사용자의 일방적인 근로조건의 변경에 대하여 적절한 제재수단이 되지 못한다고 지적된다.

미국은 근로조건의 변경에 대해서 특별한 명문의 규정을 두지 않는다. 임의계약원칙 하에서 사용자는 일방적인 제안으로 근로계약관계를 종

현행	개선방안
• 변경해약고지에 관한 규정 없음.	• 변경해약고지 제도 도입. • 해고 압박수단이나 근로조건 저하 수단으로 남용되는 것을 예방. • 취업규칙과 단체협약의 규범적 효력과 변경해약고지의 위상을 입법적으로 설정.

29 St John of God (Care Services) Ltd v Brooks (1992) ICR 715; Catamaran Cruisers Ltd v Wikkiams (1994) IRLR 386.

료시킬 수 있기 때문에 사용자로부터 근로조건 변경 제안을 받은 근로자가 이를 받아들이지 않으면 스스로 사직하든지 해고된다.

4) 근로자의 능력에 따른 해고조치

(1) 현행제도의 연혁과 문제점

정리해고 사유는 근로계약 이외의 사용자 측에 존재하는 경영상의 사유로 인해 근로계약을 해소하는 것이지만, 근로자의 일신상의 사유나 행태상의 사유에 의한 해고는 근로계약에 합당한 급부를 근로자가 적기에 이행하지 못하거나 못할 정도의 사정이 발생한 경우에 행하여진다. 그러나 현행 근로기준법은 이와 같은 근로계약적인 해고의 사유를 규정하지 않는다. 이 사유들은 판례가 근로기준법 제23조의 '정당한 이유'를 구체화하여 유형화한 기준에 지나지 않는다. 그러나 근로기준법 제23조의 '정당한 이유'는 일반조항으로서 해고가 최후수단이 되어야 한다든가 해고사유가 사업장의 경영과정을 침해할 정도로 중대하여야 한다고 규정한 것은 아니다. 오히려 판례법이 이를 설정해놓은 것이다. 또한 근로자 측에 귀책사유가 있는 일신상의 해고나 행태상의 해고 시에 판례와 학설은 인사고과에 의한 근무성적이 나쁜 경우에도 그 사실만으로는 근로자를 해고할 수 없고, 근로자의 직무능력이 현저히 부족하다는 것이 객관적으로 판명된 경우에만 해고의 정당성을 인정한다. 마치 근로자 측의 고의·과실의 요건이 존재하여도 중대한 경우에만 해고가 가능한 것처럼 판결한다. 따라서 능력이 부족한 근로자에 대한 해고가 매우 어렵게 되어 있다. 그러나 해고가 최후수단으로 행사되어야 한다고 하여도 기업운영의 측면에서 능력이 부족하거나 하자가 있는 근로자를 작업공정에 계속 투입하는 것은 문제가 있다. 따라서 근로자의 능력 부족은 '중대성'보다는 '기대가능성'의 기준에 따라 판단하여야 하며, 이때의 기대가능성은 근로자의 일신상의 사유와 행태상의 사유가 근로계약의 교환관계 내지 등가관계에 장애를 초래하였는가를 기준으로 판단해야 할 것이다.

근로자 측에 일신상, 행태상의 해고사유가 존재하는 경우는 대부분이 채권법적 교환계약으로서 근로계약의 등가성이나 교환관계가 파괴된 경우이다(해고의 구성요건으로서의 교환 내지 등가관계의 파괴). 따라서 교환관계의 장애가 해고사유가 되고, 보충적 기준으로서 등가관계의 장애가 고려되어야 한다. 이렇게 보는 것이 해고의 근로계약 정합성을 보장하는 것이 될 것이다. 물론 이 경우는 임금감액을 사용자가 근로자에게 제시하고 근로자가 이를 거부하면 해고할 수 있는 이른바 '변경해약고지'가 인정되어야 할 것이다. 그러나 변경해약고지 자체의 결정은 사용자에게 전속되어 있는 것이므로 근로자들이 사전에 충분히 그 사정을 알 수 있도록 사용자에게 정보제공의무와 설명의무를 부과하고 협의절차를 거치도록 해야 할 것이다. 다만 '교환관계의 장애와 등가관계 파괴'의 요건을 법률로 정할 것인지, 판례의 해석으로 남겨둘 것인지가 문제되지만, '정당한 이유'의 탄력적이고 유연한 해석을 통해 교환관계 장애의 기준이 반영될 수 있기 때문에 판례에 맡기는 것이 적절하다고 생각된다.

(2) 비교법적 검토

비교법적으로 볼 때[30] 일본은 해고권남용법리에 관한 판례법을 입법으로 수용하여 노동계약법 제16조는 '해고는, 객관적으로 합리적인 이유를 결하고, 사회통념상 상당성이 인정되지 않는 경우는 그 권리를 남용한 것으로서 무효로 한다'고 규정한다. 물론 객관적 합리성과 사회통념상 상당성의 기준은 교환관계의 장애와 같이 근로계약에 정합한 판단기준은 아니다. 일본의 판례와 학설은 해고사유가 객관적으로 합리적인 이유가 있어도 당해해고가 '사회통념상 상당하여 시인할 정도가 아닌 경우도 해고권 남용으로 무효라고 본다. 판례는 해고사유가 중대한 정도에 달하거나, 다른 해고회피수단이 없거나, 근로자 측에 용서할 사정이 남아 있지 않은 경우에 비로소 사회통념상의 상당성이 있다고 본다. 따라서 이 점은 해고가 최후수단의 원칙으로서 중대한 경우에만 인정된다고 보는 우리나라의 입장과 동일하다. 그러나 이러한 사회적 상당성의 엄격한 판단경향은 일본의 장기고용시스템 하에서 계속적으로 근무하고 있는 정규직사원을 모델로 하고 있는 것이다. 버블경제가 붕괴된 이후 장기고용시스템에 근본적 변화가 일어나고 있는 일본에서도 해고요건의 엄격성은 상당히 완화되는 추세에 있다.[31]

정리해고의 요건이 법정화되어 있는 독일은 근로자의 귀책사유로 해고하는 경우 판례는 상당수 사례에서 해고의 구성요건으로서 교환과 등가관계의 장애를 내세워 행태상의 해고요건을 체계화함으로써 법적 불안정

....

30 프랑스는 근로자 일신상, 행태상의 사유를 포함하는 인적 사유에 의한 해고를 비교적 엄격하게 제한한다. 그리하여 해고의 실체적 요건으로서 '진실하고 중대한 사유'가 법률로 규정되어 있다. 해고의 진실성은 해고이유가 실제로 존재하는가, 그 이유가 해고의 진정한 이유인가, 해고의 중대성은 기업에서 노동의 계속이 불가능하여 해고를 필요로 하는가 하는 관점에서 판단된다. 근로자의 비행에 의한 해고의 경우 중대한 사유의 판단은 그 비행의 정도가 '중대한 비행'에 해당하는가를 기준으로, 신뢰의 상실과 불화 등의 주관적 이유는 그 자체는 해고사유가 아니지만 이를 표시하는 객관적 요소만을 해고사유로 할 수 있다.

31 이에 관해서는 盛誠吾, 整理解雇法理の意義と限界, 勞働旬報 1497号 6면; 土田道夫, 整理解雇, 判例百選 7版 170면 참조.

성을 제거하고 있다.[32] 교환관계와 계약에 내재하는 등가관계에 의해서 특징지워지는 근원적인 계약내용에 대해서 사용자는 비례적인 방법으로 근로관계의 종료에 개입할 수 있는 바, 비례성과 기대가능성의 범위에서 사용자에게 부담이 되는 심각한 등가관계의 장애의 경우 해고가능성을 인정할 수 있다는 것이다. 이것은—질병에 의한 것이든, 근로자의 다른 일신상의 사유에 의한 것이든, 경영상의 사유에 의한 변경해고에 있어서 노무급부의 변경에 의한 것이든— 행위기초론에서 그 구체화를 경험하는 비례성명령의 요건으로서 질병으로 인한 등가장애의 경우에 사용자의 경제적 부담으로 인한 해고도 체계적으로 이해할 수 있다는 것이다.

영국은 근로자 측의 중대한 근로계약위반행위를 즉시해고 사유로 본다. 즉, 근로자의 중대한 비위행위(gross misconduct), 적법하고 합리적인 명령의 고의적인 불복종(willful refusal to obey a lawful and resonable order), 중대한 태만(gross neglect), 불성실(dishonesty) 등은 '현저성', '중대성'에 비추어 최후적으로 행사되어야 할 통상해고사유로 보는 것이 아니라, 즉시해고사유로 본다. 따라서 이 한도에서 해고의 근로계약과의 정합성이 보장된다.

현행	개선방안
• 근로자의 일신상, 행태상의 사유에 의한 해고시 근로자의 해고는 객관적으로 중대한 경우 허용.	• 기대가능성을 기준으로 근로계약의 등가성과 교환성이 중대하게 파괴되면 해고가 가능하도록 함.

32 이에 관해서는 무엇보다 Greiner, Störungen des Austausch- und Äquivalenzverhältnisses als Kündigungstatbestand, RdA 2007, 22ff. 참조.

5) 해고시 금전보상제의 보충

(1) 현행제도의 연혁과 문제점

해고시 금전보상제도는 2006년 12월의 노사관계 선진화 입법에 의해서 도입된 제도이다. 동 제도는 부당해고에 대한 구제내용과 방식의 다양화를 위하여 노동위원회의 구제명령으로서 금전보상 제도를 도입하였다. 노사관계 선진화 입법의 목표처럼 근로자 보호와 노동시장의 유연화 제고를 조화하고 균형을 맞추기 위하여 부당해고시 근로자 보호 목적에서 원직복직의 구제명령을 받게 하면서도 근로관계 유지의 기대가능성이 없으면 금전적 보상을 대가로 탄력적으로 근로관계를 해소할 수 있도록 하였다. 그러나 현행 제도는 금전보상의 주체를 근로자로 한정하고, 사용자는 금전보상을 청구할 수 없도록 하고 있다. 그 이유는 우리나라의 노사관계 여건상 사용자에 의한 해고의 남용이 우려된다는 것이었다. 따라서 금전보상의 신청 사유도 '근로자가 복직을 원하지 않는 경우'로 한정하였다.

(2) 개정내용

사용자도 해고시 금전배상의 신청이 가능하도록 해야 한다. 근로관계 유지가 기대가능하지 않다는 점은 근로자나 사용자에게 동일한 상황이기 때문이다.

금전보상제를 사용자에게도 허용하는 것은 위법한 해고가 금전으로 유효가 된다는 비판이 있다. 그러나 해고가 무효인 경우에 근로자의 종업원으로서의 지위가 존속한다는 것을 전제로 금전배상을 지불하는 것이므로 그 후의 근로계약관계를 해소하는 것이기 때문에 위법한 해고가 금전지급에 의해 유효가 되는 것은 아니다.

사용자 측의 금전배상 신청은 아무 때나 인정하는 것이 아니라, 차별 등의 공서양속에 반하는 경우와 사용자의 고의·과실이 아닌 경우로서 근로자의 직장복귀의 기대가능성이 없을 정도의 특별한 사정이 있는 경우로 한정하여 남용의 위험을 방지할 수 있다. 또한 금전배상 신청 남용은 신청을 위한 전제조건으로서 개별기업에서 집단적 노사의 합의가 이루어질 것을 요건으로 하여 예방할 수 있을 것이다.

금전배상액의 기준은 개별기업에서 노사 사이에 집단적으로 해결금액의 기준합의가 사전에 되고 있었을 경우에만 금전배상 신청이 가능하도록 하여 그 기준에 의하여 해결금의 액수를 정하는 방법도 있다. 해결금의 액수가 부당하게 낮은 경우에 대비해서 사용자가 금전배상을 신청하는 경우 그 최저기준을 정하는 방법도 고려해 볼 수 있다.

근로자 측의 신청과 관련하여 종업원 지위 확인을 구하는 소송에서 승소한 경우 지위 확정 시점 이후에 본인의 사직신청과 교환하여 금전배상을 요구하는 경우가 대부분이므로 동일 법원에서 근로자의 의사를 확인하여 이를 병합하여 판결하는 것도 고려해야 할 것이다. 해결금의 액수의 기준에 대해서는 미리 합의가 된 경우에 한해서만 인정해야 할 것이다.

(3) 비교법적 검토

비교법적으로 볼 때 프랑스의 경우 정리해고의 실체적 요건을 위반한 경우 근로자는 복직을 관철시키는 것보다는 금전의 배상으로 사건을 종결하는 것이 대부분이다. 따라서 우리의 입장에서 보면 정리해고를 위한 법정요건을 준수하여야 하는가, 정리해고가 무효가 되어 사용자가 복직을 허용해야 하는가가 큰 문제가 되지 않는다. 프랑스에서는 정리해고가 진실하고 중대한 사유가 없는 경우 근로자는 기업규모와 근속연수에 따라 배상금을 청구할 수 있는 바, 첫째 11인 이상의 기업에 근무하는 근속 2년 이상의 근로자는 재판관에 의한 복직의 제안 또는 복직이 되지 않는 경우 임금 6개월 분 이상의 배상금이 규정되어 있다(L.122-14-4조 1항). 복직은 재판관이 당사자들에게 제안하는 것일 뿐, 당사자는 이를 거부할 수 있다. 따라서 실제에서도 복직의 제안이 이루어지는 경우는 극히 드물다. 둘째, 11인 미만의 기업에 근무하는 근로자 또는 근속 2년 미만의 근로자는 입은 손해에 응하여 산정한 손해배상을 청구할 수 있다(L.122-14-5조). 절차적 요건의 경우에도 마찬가지이다. 일정규모의 근로자를 해고하는 경우, 고용보호계획을 작성·실시해야 하는 경우 이를 위반하면 복직에 중심이 두어지는 것이 아니다. 이 경우 기업의 규모 및 근속연수에 응하여 i) 11인 이상의 기업에 근무하는 근속 2년 이상의 근로자는 절차의 추완 및 임금 1개월분을 상한으로 하는 배상금을 지불해야 한다(L.122-14-4조 1항). 다만, 판례는 이를 유연하게 해석하여 절차의 추완이 유익하지 않다고 생각되는 경우는 근로자의 청구를 물리칠 수 있다. 실제로도 많은 소송에서 배상금의 지불로 종료된다. 실제적 요건과 절차적 요건이 경합하는 경우에도 전자의 제재로 종료된다. ii) 11인 미만의 기업에 근무하는 근로자 또는 근속 2년 미만의 근로자의 경우 입은 손해에 응하여 산정된 배상금이 지급된다(L.122-14-5조). 종업원대표에게 정보를 제공하지 않거나 자문을 받지 않은 경우, 행정관청에 신고를 하지 않은 경우와 같이 정리해고시 특별절차를 위반한 경우 사용자는 근로자의 손해에 상응하는 배상금을 지불하여야 한다(L.122-14-4조 3항). 재고용우선권의 불이행의 경우도 또한 같다(동조 동항). 고용보호 계획의 경우도 해고절차가 무효가 되고 이에 의하여 행해진 해고도 무효가 된다. 이 경우 근로자가 복직을 청구하면 재판관은 복직을 명할 수 있지만, 2005년도 1월 18일 법에 의해서 특히 사업장 폐쇄 및 당해 근로자의 복직을 가능하게 하는 빈자리가 없어 복직이 불가능한 경우 재판관은 복직청구를 기각할 수 있다(L.122-14-4조 1항). 근로자가 복직을 희망하지 않는 경우 또는 복직이 불가능한 경우는 임금 12개월 분 이상의 배상금을 지불하여야 한다(L.122-14-4조 1항). 합리적이고 공정한 선발을 하지 않은 경우에도 사정은 마찬가지이다.

독일의 경우는 해고보호소송에서 해고가 무효인 경우 근로관계의 존속이 기대될 수 없다는 것을 노사의 일방이 신청한 때는 노동법원은 상당한 액의 보상금을 교환으로 근로관계의 해소를 명할 수 있다(재판에 의한 근로관계의 해소: 해고제한법 제9조 및 제10조). 이와 같이 독일에서는 해고무효와 원직복직이 원칙이지만, 예외적으로 보상금지급에 의한 근로관계의 해소 가능성도 인정되고 있다(해고제한법 제10조). 해고제한법은 '존속보호법이지 보상금법이 아니지만', 해고제한법 제9조는 해고가 무효임에도 불구하고 일방 당사자의 신청에 의해 법원이 근로관계를 해소할 수 있다고 하는 점에서 해고제한법의 근본 목적인 존속보호의 원칙을 깨트리는 것이다. 1951년 이전에는 부당해고의 구제에 관하여 사용자는 해고를 철회하든지 금전배상을 선택하든지 하는 것이었지만, 1951년 법에서는 사회적 상당성을 결한 해고는 무효로 하고 원직복귀가 원칙이었다. 그러나 전체적으로 복직을 강요하는 것은 타당하지 않은 것으로 보고 근로관계의 존속이 기대가능하지 않은 경우(근로자의 신청으로), 사업목적에 봉사하는 협동의 계속이 기대가능하지 않은 경우(사용자의 신청으로) 노동법원이 보상금의 지불을 명하고 해소판결에 의하여 근로관계를 해소하게 되었다. 그 후 1969년도 법에서는 사용자측의 신청에 대한 입증책임이 엄격하게 되었다. 이와 같이 독일에서는 해고무효와 원직복직이 원칙이지만, 예외적으로 보상금지급에 의한 근로관계의 해소 가능성도 인정되고 있다. 여기에는 근로자와 사용자 각각 서로 다른 이유가 필요하다. 근로자 측에서는 근로관계의 존속이 기대가능하지 않다는 것, 사용자측으로서는 사업목적에 봉사하는 복직 후의 협동이 기대가능하지 않다는 것이다. 사용자와 근로자는 항소심 최종구두변론종결 시까지 근로관계의 해소를 신청할 수 있다. 해소판결에 의해서 명해지는 보상금액의 상한은 12개월분 임금상당액이다. 그러나 근로자가 50세 이상으로 근로관계가 최소 15년 이상 계속된 경우는 임금의 15개월분까지, 근로자가 55세 이상으로 근로관계가 20년 이상 존속한 경우는 임금의 18개월분까지 인상된다(해고제한법 제10조). 물론 해고제한법 제9조에 의해 해소판결이 내려진 경우는 드물다. 독일의 해고제한 소송의 상당수가 금전적 해결로 종료되는 것은 해고제한법 제9조의 해소판결에 의한 것이 아니라, 소송변론 전에 행하여진 강제적 화해변론절차 혹은 그 후의 소송변론에서의 화해 때문이다. 즉시해고의 경우는 무효가 확인된 경우 근로자에게 근로관계의 계속이 기대가능하지 않은 경우 노동법원은 근로자의 신청에 의해서 상당한 보상금의 지급을 교환으로 근로관계의 해소를 명할 수 있다(해고제한법 제13조). 이 경우 사용자 측의 해소신청은 인정되지 않는다. 이 밖에 경영조직법 제78a조 4항 2호에 의해 직업훈련생대표위원회, 종업원평의회, 승무원대표 또는 선단승조원대표위원회의 위원인 교육훈련생을 직업훈련관계 종료 후 기간의 정함이 없는 근로관계로 받아들이지 않은 경우 및 당해 직업훈련생과의 직업훈련관계 종료 후에 설정된 근로관계를 해소하는 경우는 사용자 신청에 의하여 계속고용이 기대가능하지 않다는 것을 노동법원이 확인한 경우는 종료한다.

영국의 경우 제정법에 위반한 불공정해고에 대한 구제방법은 제1차적인 구제로서 복직(reinstatement) 또는 재고용(reengagement)이지만, 이를 피해고피용자가 원하지 않을 때, 또는 이것이 실행불가능하다고 고용심판소가 판단할 때는 제2차적인 구제로서 보상금의 재정(award of compensation)이 이루어진다(ERA 1996 제112조). 복직 또는 재고용의 명령을 할 것인가의 판단에 있어서 고용심판소는 i) 당해피용자가 복직 또는 재고용을 원하고 있는가, ii) 당해 피용자가 복직하는 것 또는 재고용되는 것이 실행가능한가, iii) 당해피용자가 해고에 상당한 원인을 제공하거나 기여하고 있는 경우에는 복직 또는 재고용을 명령하는 것이 타당한 것인가를 고려하여야 한다(동법 제116조). 이로써 복직 또는 재고용명령을 내릴 것인가, 또는 보상금재정에 의한 금전해결을 할 것인가의 선택은 피해고피용자의 선택과 고용심판소에 의한 타당성의 판단에 맡겨져 있다. 복직 또는 재고용의 명령이 이행되지 않은 경우에는 고용심판소는 보상금의 재정 또는 부가재정을 해야 한다(동법 제117조). 2003~2004년도 불공정해고로 인정된 4,363건 중 제1차적인 구제로 되어 있는 복직 또는 재고용이 명령된 것은 11건(0.25%)으로 매우 적다. 보상금재정이 이루어진 것은 불공정해고로 인정된 4,363건 중 2,843건으로 65.16%이었다. 불공정해고로 인정되어도 보상금의 재정이 이루어지지 않은 것은 1,509건으로 34.59%이었다. 또한 보상금재정액의 평균은 7,275파운드였다. 운용실태를 보면 금전적 해결이 거의 대종을 이루고 있다.33 사용자가 피용자를 고용한 사업을 정지 또는 폐쇄하거나 또는 피용

33 이와 같이 제1차적인 구제로서 복직 또는 재고용이 적은 이유로서는 다음과 같은 것이 지적된다. i) 불공정해고에서는 일단 고용계약은 유효하게 종료시키는 것이기 때문에, 잃어버린 직으로 복귀명령 또는 재고용명령에 의하여 피용자를 되돌려주는 것으로 되지만, 이것은 통상재판소의 중지청구의 경우와 같이 고용계약이 주장되고 있는 사용자의 계약위반 전의 상태, 즉 고용계약이 존속하고 있는 상태를 현상으로 하여 이를 유지하는 것과 비교한다면 극히 어렵다는 것이다. ii) 전술한 바와 같이 복직 또는 재고용의 명

자에게 특정 종류의 일을 시킬 필요가 없거나 필요성이 감소한 것 혹은 그 것이 예상될 것(ERA 1996 제139조 1항)을 이유로 하는 해고를 할 때는 사용자는 해고대상피용자 중 근속 2년 이상의 자에 대하여 그의 연령, 주급액 및 계속고용연수에 응한 과잉인원정리수당(redundancy payment)을 지불할 필요가 있다(ERA 제135조 등). 정년연령 또는 65세 이상의 피용자는 제외된다(ERA 제156조).

현행	개선방안
• 노동위원회의 부당해고의 구체신청시에만 적용. 금전보상의 신청주체는 근로자. 원직복직을 허용하지 않는 경우로 매우 제한적인 경우에 인정. 사용자에게는 허용되지 않음.	• 법원에게도 허용. • 사용자에게도 예외적인 경우에 허용.

6) 해고확인소송의 포기

(1) 의의

해고로 인하여 근로관계의 존부를 다투는 경우에는 이미 근로자와 사용자의 신뢰관계는 파괴되어 근로관계를 지속하는 것이 당사자에게도 기대할 수 없는 경우가 많다. 이를 위해서 현행법은 금전보상제를 두고 있다. 그러나 해고무효확인소송을 제기하면 노사 양당사자는 장기간의 전체 소

령이 이행되지 않았던 경우의 실효성 확보를 위한 페널티가 약하다는 것이다. iii) 특히 영세한 사업장에서 피해피고용자는 노조도 없어 그의 지원도 기대할 수 없다는 점, 해고에 관해서 책임을 갖는 매니저와 사업주가 직접 접촉하는 것으로부터 복직 또는 재고용을 기대하기 어렵다는 것이다. iv) 고용심판소는 복직 또는 재고용명령의 가부판단에 있어서 그의 수용가능성 및 실행가능성에 관해서의 사용자의 견해에 많은 관심을 주기 때문에 사용자가 반대하고 있음에도 불구하고 복직 또는 재고용명령이 발하여지는 것은 드물다는 것이다.

송기간에 걸쳐 법정 다툼으로 인한 시간과 비용의 낭비는 물론 상호간의 불신으로 근로관계 지속이 회의적일 수가 있다. 이러한 경우에는 당사자의 약정으로 해고보호소송을 포기하고, 그에 대한 대가로 금전을 제공하는 것(Abfindung)이 근로자와 사용자의 이해관계에 상응할 수 있다. 물론 해고무효확인소송 포기약정은 일방적으로 근로자에게 불리할 수 있기 때문에 보통거래약관형식의 내용통제를 받아야 할 것이다. 그러한 포기약정의 일방당사자인 사용자가 타방당사자인 근로자를 신의와 성실에 반하여 부적절하게 불이익하게 하거나 근로자가 반대급부(Abfindung)를 받지 않고서 해고보호소송을 포기한다면 그것은 부적절한 불이익취급으로서 무효가 된다. 이로써 해고무효확인 소송의 포기약정을 원칙적으로 허용하되 이를 약관의 내용통제를 받게 한다면 근로자에게 크게 불리하지 않다는 점에서 입법할 가치가 있는 제도이다.

(2) 내용

특히 정리해고시 해고무효확인소송의 제기는 시간이 경과할수록 입증책임과의 관계에서 근로자에게 불리할 수 있다. 따라서 사용자가 정리해고를 하는 경우 근로자에게 서면의 의사표시로 근로자가 제소기간이 경과할 때까지 근로관계가 해고에 의해서 종료되지 않았다는 확인소송을 제기하지 않을 것을 전제로 보상을 제안하는 경우 근로관계는 제소기간의 경과와 함께 소멸되는 것으로 볼 필요가 있다. 물론 이 경우 보상액으로서 일정액이 사용자의 제안으로 확보되어야 하지만, 사용자가 보상액을 거명하지 않는 경우에는 보상은 근로관계 존속년 매해 월급액의 0.5의 액으로 약정된 것으로 본다는 규정도 가능할 것이다.

(3) 비교법적 검토

독일의 경우 해고제한법 제1a조는 정리해고보호소송을 철회하면 그에 대한 보상으로서 근로자에게 보상금(Abfindung)을 청구할 권리를 부여한다. 즉, 정리해고시 3주간의 제소기간 내에 제소하지 않은 경우 사용자는 보상금을 청구할 수 있다는 뜻을 근로자에게 전달하고 근로자가 실제로 제소하지 않은 경우는 근속연수 1년에 내해 월급의 반액의 보상금 칭구권이 발생한다(해고제한법 제1a조). 존속보호에 대신하여 금전보상이 해고분쟁의 해결을 위하여 효과적인 제도인가에 대해서는 논란의 여지가 있지만, 2003년도 법 개정에 의해 3주간의 제소기간을 경과한 경우에 근로자에게 보상금청구권이 신설되었다. 요건으로는 i) 사용자가 해고제한법 제1조 2항 1문에 기한 정리해고를 할 것, ii) 사용자가 해고의 의사표시를 할 때 당해 해고가 긴박한 경영상의 필요에 의한 것이라는 것, 또한 제소기간이 도과하면 보상금을 청구할 수 있다는 것을 근로자에게 전달할 것, iii) 근로자가 해고제한법 제4조 1문의 기한이 도과할 때까지 근로관계가 해고에 의하여 해소되지는 않는다는 확인을 구하는 소를 제기하지 않을 것을 요건으로 한다. 결과적으로 사용자가 해고통보를 한 후에 근로자는 해고보호소송을 제기하거나 수행하는 것을 약정으로 포기할 수 있다.34 이러한 약정은 독일 민법 제305조 1항에 따라 보통거래약관이 되고, 사법상의 내용통제가 가능하다. 따라서 형태를 갖추어야 하는 해고보호소송의 포기의 의사표시는 민법 제307조 1항 1문의 내용통제를 받으며, 따라서 사용자가 적절한 보상적 반대급부를 제공하지 않는 한, 근로자를 부적절하게 불이익하게 하

34 BAG 6.9.2007 –2 AZR 722/06.

는 것으로서 무효가 된다.

현행	개선방안
• 현행법 규정은 없음.	• 당사자의 약정으로 해고보호소송을 포기하고, 그에 대한 대가로 금전을 제공함(Abfindung). • 사용자가 정리해고를 하는 경우 근로자에게 서면의 의사표시로 근로자가 제소기간이 경과할 때까지 근로관계가 해고에 의해서 종료되지 않았다는 확인소송을 제기하지 않을 것을 전제로 보상을 제안하는 경우 근로관계는 제소기간의 경과와 함께 소멸되는 것으로 봄. 물론 이 경우 보상액으로서 일정액이 사용자의 제안으로 확보되어야 하지만, 사용자가 보상액을 거명하지 않는 경우에는 보상은 근로관계 존속년 매해 월급액의 0.5의 액으로 약정된 것으로 본다는 규정도 가능.

7) 해고규제 유예제도

현행 해고규제는 산업별, 기업규모별, 성별, 세대별, 직분별로 구별하지 않고 포괄적이고 획일적이면서 통일적으로 적용된다. 그러나 경우에 따라서는 이와 같은 해고규제의 일괄적 적용이 근로관계의 속성에 부합하지 않거나 고용창출을 위해서 바람직스럽지 않은 경우가 있을 수 있다. 청년실업에 대비하여 취업할 청년근로자들이 일자리를 공유한다는 차원에서, 그리고 청년실업과 중고령자 취업의 이해관계가 대립하는 경우 해결책을 도모한다는 차원에서 해고규제의 일괄적 적용에 유연화를 할 수 있다. 그러한 유연화가 고용창출과 격차해소와 같은 공익적 성격이 있는 경우는 더욱 시행할 가치가 있다. 청년고용시 일정기간은 해고의 자유에 맡김으로써 청년고용의 유연화를 도모하고, 진입장벽을 허물어 세대간, 청년간 이동성을 보장하는 최초계약제나 신규계약제는 실업극복을 위한 일자리 공유의 차원에서 도입을 고려해볼 만하다. 무엇보다 이러한 제도가 노동시장에의 참가 기회를 확보해주는 한 공익적 성격의 제도로서 더욱 권장할 만한 것이다.

비교법적으로는 프랑스에서 최초계약제나 신규계약제를 시도한 바 있다. 프랑스에서 청년층 실업완화 수단으로서 채택한 '신규채용계약(CNE): 상시 근로자 20인 이하의 중소기업에 채용된 26세 미만의 신규근로자에 대해서는 2년간 민법규정에 의해 고용을 해지할 수 있도록 한 계약규정'과 입법화가 되지 못한 '최초채용계약(CPE): 20인 이상 상시 근로자를 사용하는 기업에 채용된 26세 미만의 신규근로자에 대해서 유사한 해고규제완화를 내용으로 하는 계약'은 청년층 해고규제의 유연성을 보여주는 제도이다.

참고문헌

김형배(2007), 「노동법」(신판 제4판), 박영사.

이승길(2006), 「해고법제의 국제비교연구」, 한국경영자총협회.

福井秀夫·大竹文雄(2006), 「脫格差社會と雇用法制」, 日本評論社.

奥平寛子(2008), 「整理解雇判決が勞働市場に与える影響」, 日本勞働研究雜誌 No. 572.

菅野和夫(2008), 「勞働法」, 第八版, 弘文堂.

盛誠吾, 「整理解雇法理の意義と限界」, 勞働旬報 No. 1497.

土田道夫, 「整理解雇」, 判例百選 7版.

荒木尙志·大內伸哉·大竹文雄·神林龍(2007), 「雇用社會の法と經濟」, 有斐閣.

常木淳(2008), 「經濟學と法理學」, 勁草書房.

猪木武德·大竹文雄(2001), 「雇用政策の經濟分析」, 東京大學出版會.

大竹文雄/大內伸哉/山川隆一 編(2004), 「解雇法制を考える」, 勁草書房.

Autor, D. H., Donahue III, J. J, and Schwab, S. J.(2006), "The Costs of Wrongful-Discharge Laws", Review of Economics and Statistics, vol. 88.

Botero, Djankov, La Porta, Lopez-de-Silanes, Shleifer(2004), "The Regulation of Labor", Quarterly Journal of Economics 119.

Greiner, Störungen des Austausch und Äquivalenzverhältnisses als Kündigungstatbestand, RdA 2007, 22ff.

Heckman and Pages-Serra(2000), "The Cost of Job Security Regulation: Evidence from Latin American Labor Markets", NBER Working Paper, No. 7773.

Heckman and Pages-Serra(2004), Law and Employment: Lessons from Latin American and the Caribbean, University of Chicago Press.

Lazear E. P.(1988), "Employment-at-will, Job Security and Work Incentives", R. A. Hal ed., Employment, Unemployment and Labor Utilization, Unwin Hyman, ch. 3.

Lazear E. P.(1990), "Job Security Provisions and Employment", Quarterly Journal of Economics 105.

Lazear E. P.(1999), "Personnel Economics: Past Lessons and Future Directions", Journal of Labor Economics.

OECD(2006), Employment Outlook 2006, "Boosting Jobs and Incomes".

OECD(2006), The Restated OECD Jobs Strategy-Boosting Jobs and Incomes.

OECD(2007), Economics Policy Reforms: Going for Growth 2007.

Preis/Henssler(2007), Diskussionsentwurf eines Arbeitsvertragsgesetzes, NZA Beilage(zu Heft 21/2007).

제3장_ 임금의 유연화 정책

박준성

1. 임금의 유연화는 왜 필요한가?

1) 고령화시대

2000년에 노인인구비율이 7%를 초과하는 고령화 사회(aging society)로 진입하였고, 2019년에는 노인인구비율이 14.4%에 도달하여 고령사회(Aged Society)로 진입할 것으로 전망된다. 2009년이면 실질적인 노동력인 재직근로자(25~54세 연령구간)가 감소하고, 2016년에 생산가능인구가 감소하고, 2020년에는 총인구가 감소될 것으로 예상된다.

선진국이 고령사회로 진입하는데 40~115년이 걸렸지만 우리는 19년이 걸릴 것으로 예상된다. 뿐만 아니라 생산가능인구가 감소하고, 이이시 총인구가 감소하는데 4년이 걸릴 정도로 변화의 속도가 매우 빠르다.

고령화와 인구감소는 경제성장 잠재력을 저하시킬 뿐만 아니라, 투자와 저축의 감소를 초래하고, 연금과 의료비 부담 등의 국민부담률을 증가

〈표 1〉 고령화 관련 용어에 대한 정의

용어	출처
고령자	노동부의 고령자고용촉진법시행령 제2조 ① 법 제2조 제1호의 규정에 의한 고령자는 55세 이상인 자로 한다.
준고령자	노동부의 고령자고용촉진법시행령 제2조 ② 법 제2조 제2호의 2에 따른 준고령자는 50세 이상 55세 미만인 자로 한다.
노인	노인복지법 제26조(경로우대) ① 국가 또는 지방자치단체는 65세 이상의 자에 대하여 대통령령이 정하는 바에 의하여 국가 또는 지방자치단체의 수송시설 및 고궁 · 능원 · 박물관 · 공원 등의 공공시설을 무료로 또는 그 이용요금을 할인하여 이용하게 할 수 있다.
노령자	국민연금법, 공무원연금법 등 연금수급개시연령: 60세
노령층	경제활동인구조사 부가조사에서 노령층을 55~69세로 분류 반면 청년층은 15세~29세 구간으로 분류 일본의 노동후생성의 雇用構造調査(高年齡者就業實態調査)에서는 高年齡者라는 용어로 55~69세 구간을 지칭함.
기타	경제활동인구조사에서 만14세 이상 59세 이하를 생산활동인구로 구분하고 있어 60세 이상을 고령층으로 분류하고 있음. 소년: 0~14세, 청년: 15~29세, 장년: 30~39세, 중년: 40~49세, 중고년: 50~59세, 노년: 60세 이상

시킬 것으로 예상된다.

2) 임금근로자 비율은 낮고, 기간제근로자 비율이 높은 나라

우리나라의 실업률은 3.5%로 OECD 평균 6.0%보다 낮다. 그리고 고용률도 63.7%로 OECD 평균 65.6%보다 낮은 편이다. 특히 취업자 중 임금근로자의 비율이 66.4%로 OECD 평균 85.6% 보다 매우 낮은 편이다. 따라서 자영업자 및 가족종사자의 비중이 상대적으로 매우 높은 편이다.

비경제활동인구 비율은 33.7%로 OECD 평균 29.7%보다 높고, 임시직 비율은 29.4%로 OECD 평균 12.1%보다 높은 편이다. 그러나 파트타이머 비율은 남자 6.3%, 여자 12.3%로 OECD 남자 8.1%, 여자 26.4%와 비교하면 매우 낮은 편이다.

요컨대 취업자 중에 자영업자 및 가족종사자가 많은 편이고, 임금근로자 비중이 낮다. 그리고 비경제활동인구비율은 높고, 파트타이머 비율은 낮아 총체적으로 일자리가 부족하다는 점을 보여주고 있다.

3) 고용정책 방향은?

거시적으로든 미시적으로든 국가나 기업이 부담할 수 있는 고용(량)과 임금(수준)의 총량은 단기적으로는 한정적이다. 때문에 고용과 임금의 효율적인 배분이 중요하다.

독점과 규제로 노동시장의 경직성이 높아 경제성장에 대한 고용량의 탄력성이 상대적으로 높지 않다. 임금의 탄력성 또한 상대적으로 높지 않다.

국제적으로 비교하면 유럽은 고용과 임금의 유연성이 미국보다 상대적으로 낮다. 그리고 일본은 미국보다 낮지만 임금의 유연성은 유럽보다 상대적으로 높다. 우리나라는 상대적으로 고용유연성은 높지만 임금유연성은 낮다.

고용과 임금의 유연성이 높은 미국은 임금근로사 비율이 가장 높고, 실업률이 중간 정도이다. 그리고 임금의 유연성은 높으나 고용의 안정성이 높은 일본은 실업률이 낮은 편이나 파트타이머의 비율이 높다. 한편 고용과 임금의 유연성이 상대적으로 낮은 유럽은 실업률이 높고, 파트타이머 비율도 높은 편이다. 우리나라는 실업률은 매우 낮은 편이고, 파트타이머 비율도 낮은 편이나, 임금근로자의 비율이 매우 낮은 편이다.

우리나라는 외환위기 이후 고용량의 유연성이 높아 고용의 탄력성은 높은 편이나, 경제성장이 고용률의 증가로 연결되지 않고 있다. 기업의 고용창출 역량이 임금의 경직성으로 상쇄되기 때문이다.

고용의 유연성을 확보하는 정책은 노사간에 갈등이 발생하는 등의 장애요인이 많을 뿐만 아니라 고령화 추세에 역행하는 정책이다. 그리고 임금의 유연성이 떨어지기 때문에 고용의 안정성이 저해되는 측면도 있다. 따라서 고용의 유연성보다는 임금의 유연성을 높이는 정책적 노력이 필요하다.

〈그림 1〉 노동시장 유연성의 국제 비교

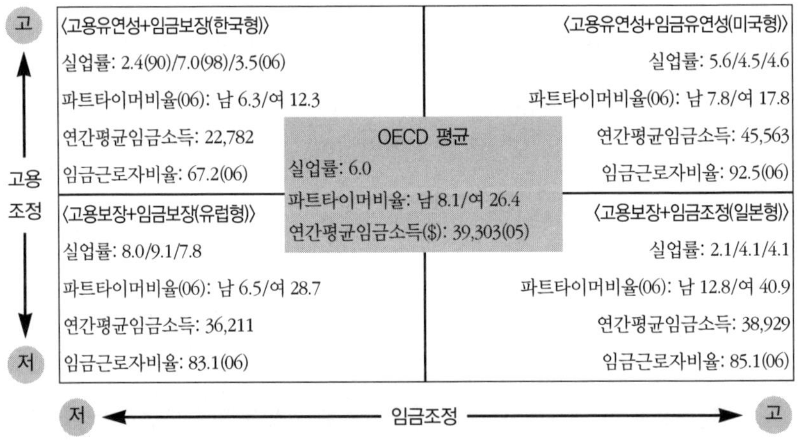

자료원) OECD Empolyment outlook Statistical Annex.

4) 고용을 보장하고, 임금을 양보하는 정책

우리나라의 경우 경제성장과 고용 간에는 유의한 인과관계가 상대적으로 높지 않다는 연구결과가 있다. 고용과 성장이 독립적으로 움직이는 이유는 매우 복잡하다.

먼저 사실상 고용 없는 성장(jobless growth) 현상이 나타나고 있다. 그리고 30인 미만 기업에서 일자리 창출이 부족하고, 고용이 불안하다. 그러나 이슈와 정책은 대기업 위주로 전개되는 정책의 부적합성(miss match)으로 고용창출 정책의 실효성이 떨어진다. 뿐만 아니라 고용문제를 고용정책으로 해결하려는 정책의 부적합 역시 이유가 될 수 있다. 따라서 중소기업에 적합한 고용정책의 개발과 아울러 고용문제를 해결할 수 있도록 임금의 유연성을 제고할 필요가 있다.

임금의 유연성이 부족하다는 점은 임금곡선에 여실히 나타나고 있다. 100인 미만 규모의 기업은 우하향 곡선이지만, 100인 이상 기업의 임금곡선은 모두 우상향이다.

〈표 2〉 기업규모별, 근속년수별 임금 곡선

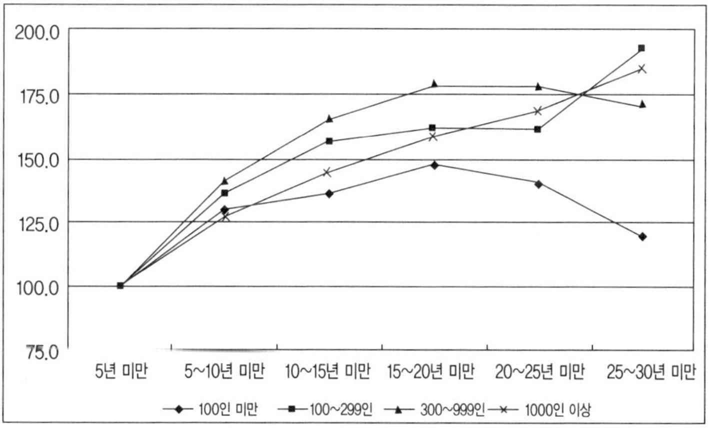

자료: 노동부 「임금구조기본통계조사」, 2003.

이처럼 근속에 따라 지속적으로 임금이 상승하는 우상향 임금 곡선이 지속되면, 인건비 부담이 큰 40대 중고년층의 고용이 불안해진다. 그리고 정년까지 고용이 유지되는 계층도 많지 않다. 뿐만 아니라 장기근속을 전제로 하는 정규직 고용을 기피하고 단기고용을 전제로 하는 비정규직 고용을 선호하게 된다. 이는 장기적으로 신규 고용창출을 제약하는 요인이 된다.

〈그림 2〉 고용을 보장하고 임금을 양보하는 정책

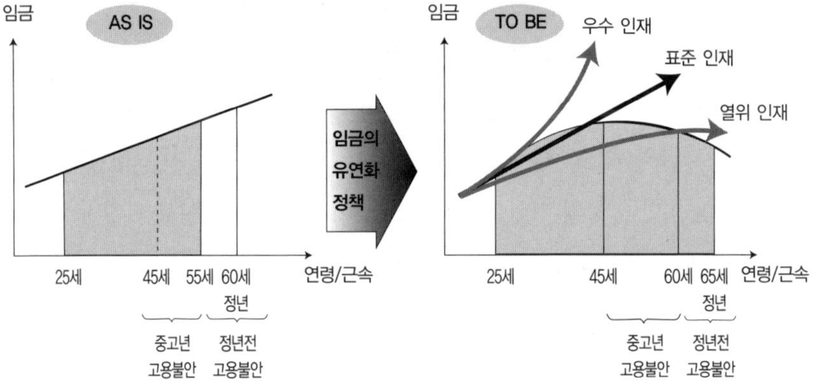

따라서 기업의 인건비부담을 줄여 고용창출 역량을 제고하기 위해서 단기고용-우상향 임금곡선을 장기고용-우하향 임금곡선으로 전환하는 임금유연화 정책이 필요하다. 임금의 유연화 정책으로 중고년 고용안정을 이뤄 사오정, 오륙도를 해소하고, 60~65세 정년시대를 만들어야 하고 정규직 채용도 용이하게 할 필요가 있다.

2. 임금의 유연성을 저해하는 요인

임금의 유연성을 저해하는 요인은 크게 두 가지 측면에서 생각할 수 있다. 하나는 법률적 측면에서 임금의 유연성을 저해하는 요인이고, 다른 하나는 임금체계 측면에서 임금의 유연성을 저해하는 요인이다. 전자는 근로기준법에 명시된 평균임금과 통상임금 문제이고, 후자는 임금체계의 연공성 문제이다.

1) 임금의 유연성을 억제하는 평균임금

임금의 유연성을 저해하는 가장 큰 요인 중에 하나는 평균임금 규정이다. 평균임금은 산정사유가 발생한 날 이전 3개월간에 그 근로자에 대하여 지급된 임금의 총액을 그 기간의 총일수로 나누어 산정한다.[1]

이 규정으로 다음과 같은 문제점이 발생하고 있다.

첫째, 우리나라는 근로의 대상성을 기준으로 임금 여부를 판정하고, 임금인 경우 모두 평균임금에 포함시킨다. 때문에 임금의 유연성을 높여주는 비누적 일시금 형태의 성과연동형 임금이 발전하기 어렵다. 현행 법규하에서 연중에 지급하는 상여는 모두 평균임금에 포함된다. 예외적으로 결산 후 성과에 따라 연말에 지급하는 특별상여만 비정기적, 은혜적으로 지급하는 금품으로 보고 임금이 아닌 것으로 판정하고 있다. 연중에 지급하

1 근기법 제2조 제1항 제6호.

는 상여가 모두 평균임금에 포함되기 때문에 임금의 유연성이 그만큼 부족해진다.

둘째, 평균임금 산정대상 기간이 3개월로 짧아 일시적으로 임금의 변동폭이 큰 경우 평균임금이 불안정하다.

근로자가 퇴직을 예정하고 고의적으로 3개월 동안 월등히 많은 운송수입금을 회사에 입금한 경우 이를 토대로 평균임금 산정하는 것은 부당한 것으로 판시한 사례 등에서 이러한 문제가 지적되고 있다.[2]

셋째, 산정시 제외되는 기간 및 임금(영 제2조 제1, 2항)을 규정하고 있으나 모든 경우를 포괄하고 있지 못하다. 따라서 행정해석과 다른 판례가 등장, 행정의 신뢰성이 저하된다.

직위해제 또는 휴직기간을 산정기간에서 제외시키고 그 전의 3개월의 임금으로 평균임금을 산정한 사례 등에서 이러한 문제가 지적되고 있다.[3]

넷째, 평균임금의 취지상 이를 포함하는 경우 불합리하여 임시로 지급된 임금 및 수당과 통화 외의 것으로 지급된 임금은 임금총액 산정시 제외토록 하고 있다. 법적 위임근거가 없이 시행령에서 규정하고 있어 논란의 소지가 있다.

이 중에 평균임금으로 임금의 유연성을 저해되는 가장 큰 문제점은 첫 번째 지적한 평균임금의 범위 문제다.

자료에서 보는 바와 같이 우리나라의 근로기준법은 임금의 정의와 평균임금의 산정기간은 일본과 거의 동일하나 제외하는 임금이 서로 다르다.

일본은 지급주기가 3개월을 초과하는 임금은 모두 평균임금에서 제외하는 규정을 두고 있다. 때문에 6개월 주기 혹은 1년 주기로 지급하는 상

2 대법원 1995. 2. 28. 선고 94다8631 판결.

3 대법원 1999. 11. 12. 선고998다49357 판결.

여는 평균임금에서 제외된다. 지급주기가 3개월을 초과하는 임금, 즉 상여를 평균임금에서 제외하기 때문에 일본의 상여는 경기변동에 따라 지급하는 변동임금(variable pay) 성격이 강하다. 평균임금에서 제외하기 때문에 정기적으로 지급하지 않고 수시로 지급해도 저항이 적다. 그리고 부서별, 개인별로 차등 지급해도 저항이 적다. 따라서 경기변동이나 경영성과에 연동하여 지급하는 경기연동성이 강하고, 고과성적에 따라 차등 지급하는 성과연동성이 강하다.

반면에 우리나라는 어떤 종류의 상여라도 퇴직금을 산정하는 평균임금에 포함된다. 때문에 상여를 일시적, 변동적으로 지급하면 평균임금이 변하기 때문에 영향을 받는 근로자의 저항이 발생한다. 따라서 교섭으로 지급을 결정하는 교섭상여나 매년 정기적으로 지급하는 고정상여가 많다. 상여의 본래 기능이라고 할 수 있는 경기연동성이나 성과연동성, 동기유발성은 기대할 수 없다. 그만큼 임금의 경직성이 커지게 된다.

〈표 3〉 한국 및 일본의 평균임금 산정방법 등 비교

구분	한국	일본
임금의 정의	사용자가 근로의 대가로 근로자에게 임금, 봉급, 그밖에 어떠한 명칭으로든지 지급하는 일체의 금품을 말한다.	임금, 급료, 수당, 상여, 그 명칭의 여하를 불문하고 노동의 대상으로서 사용자가 노동자에게 지불하는 일체의 것을 말한다.
산정기간	• 사유 발생한 날 이전 3개월 동안의 임금.	• 사유 발생한 날 이전 3개월간의 임금.
제외임금	• 임시로 지급된 임금. • 통화 외의 것으로 지급된 임금. 단, 노동부 장관이 정하는 것은 포함.	• 임시로 지급되는 임금 및 수당. • 3개월 넘는 기간으로 지급된 임금. • 통화 이외의 것으로 지급된 임금으로서 일정범위에 속하지 않는 것. ※ 통화 이외의 것으로 평균임금의 범위에 포함되는 것: 법령 또는 단체협약에 따라 지급되는 통화 이외의 것(시행규칙 제2조).
산정시 제외되는 임금과 기간	• 시행령 제2조 규정.	• 노동기준법 제12조 제3항 규정.

이러한 이유로 경기변동이나 성과에 연동하는 변동임금이 발전하지 못하기 때문에 우리나라의 임금의 유연성은 상대적으로 낮다.[4]

요컨대 일본과 우리나라는 임금과 평균임금에 대한 정의가 매우 유사하다. 그런데 일본은 사유가 발생한 날 이전 3개월이라는 평균임금의 정의 규정을 보충해서 지급주기가 3개월을 초과하는 임금은 평균임금에서 제외한다는 것을 추가로 규정하고 있다. 따라서 해당 근로자의 평균적인 소득이 보상을 결정하는 기준이 된다. 보상을 결정하는 기준임금을 안정적이고 평균적인 임금으로 규정하고 있다. 결과적으로 평균임금에서 제외된 임시적, 변동적인 임금은 임금의 유연성을 높이는 역할을 한다.

그러나 우리나라는 최근 3개월의 의미를 1년간 지급한 임금의 3개월분으로 해석한다. 그래서 1년간 지급된 모든 임금을 평균임금으로 규정하기 때문에 경기연동성, 성과연동성이 높은 변동 상여가 발전하기 어렵다. 이처럼 우리나라는 모든 임금을 평균임금에 포함시키면서도 일부 대기업에서 지급하는 성과배분임금을 은혜적, 임시적 항목이라고 하여 임금이 아니라고 판정하고 있다. 성과배분임금마저 임금이라고 판정하면 기준임금으로 지급하는 평균임금의 변동성이 너무 커지는 문제가 발생한다. 또 해당 기업의 퇴직 충당금 부담이 증가하는 문제가 발생한다. 사법부가 성과배분임금을 임금이 아니라고 판정하는 것은 어느 정도 부작용을 줄이는 효과는 있지만 매우 궁색하다.

국제적으로 성과배분임금은 임금으로 인정되고 있다. 우리나라에서도 세법상 성과배분임금을 근로소득으로 보고 근로소득세를 부과하고 있다. 그럼에도 불구하고 성과배분임금을 임금이 아니라고 해석하는 것은 평

4 경기변동에 대한 고용탄력성은 높으나 임금의 탄력성은 낮다(금재호, 2006).

균임금 규정을 법규대로 해석할 수밖에 없기 때문이겠지만 시정되어야 할 사항이다.

2) 통상임금으로 노사간의 분쟁이 지속

통상임금은 근로자에게 정기적이고 일률적으로 소정 근로 또는 총근로에 대하여 지급하기로 정한 시간급 금액, 일급금액, 주급금액, 월급금액 또는 도급금액을 말한다. 법규에는 없고, 시행령에 규정되어 있다.

'정기적·일률적' 개념이 불명확하다. 이를 둘러싸고 끊임없이 논란이 제기되고 있다. 그리고 통상임금의 범위에 대한 노동부 해석과 판례가 달라 행정의 신뢰성을 저하시키는 문제가 발생하고 있다.

행정해석에서 "정기적"이라 함은 1임금 지급기 안(1개월)에서 계속해서 지급할 것이 정해져야 하고, "일률적"이라 함은 모든 근로자에게 지급하는 것을 의미한다. 그러나 판례에서 정기적·계속적으로 지급될 경우 1개월을 초과하는 기간마다 지급되는 것이라도 통상임금에 포함되며, 일률적으로 지급되는 것이라 함은 '모든 근로자에게 지급'되는 것일 뿐만 아니라 '일정한 조건 또는 기준'에 달한 모든 근로자에게 지급되는 것도 포함되고, 여기서 '일정한 조건'이란 '고정적인 조건'이어야 한다고 판시하고 있다.

요컨대 행정해석은 통상임금을 좁게 해석하지만 판례는 이를 매우 넓게 해석하는 경향을 보이고 있다. 이런 문제가 발생하는 이유는 통상임금의 범위를 구체적으로 규정하지 않았기 때문이다.

시행령에 정기적, 일률적으로 지급하는 임금을 통상임금이라고 규정하고 있지만 구체적이지 않다. 그래서 정기적, 일률적으로 지급하는 임금인지 여부를 사사건건 판례로 판정해야 한다. 그만큼 통상임금 범위와 관련한 분쟁과 소송이 끊이지 않고 있다.

일본은 지급주기가 1개월을 초과하는 임금은 모두 통상임금에서 제외하는 규정을 두고 있다. 그리고 가족수당, 통근수당, 기타 수당(별거수당·자녀교육수당·주택수당)·임시로 지급하는 임금 등 통상임금에서 제외할 항목을 구체적, 명시적으로 규정하고 있다.

〈표 4〉 통상임금 관련 법령의 한일 비교

구분	한국	일본
통상임금 개념정의	• 근로자에게 정기적이고 일률적으로 소정근로 또는 총 근로에 대하여 지급하기로 정하여진 시간급금액, 일급금액, 주급금액, 월급금액 또는 도급금액을 말함(영 제6조제1항).	• 통상의 노동시간 또는 노동일의 임금(노동기준법 37조). • 할증임금의 기초가 되는 임금(노동기준법 제37조제4항).
제외임금 규정여부	• 법령상 명확한 규정 없음. • 노동부 예규에서 예시.	• 법령상 명확하게 규정 가족수당, 통근수당, 기타 수당(노동기준법 제37조제4항). ※ 기타 수당(시행규칙 제21조) 별거수당, 자녀교육수당, 주택수당, 임시로 지급하는 임금, 1개월을 넘는 기간마다 지급되는 임금.

3) 근로시간 등 적용제외제도(exemption)가 필요한 시대

근로기준법 제63조에는 근로시간, 휴게 및 휴일에 관한 규정을 적용하지 않는 대상을 규정하고 있다. 사업의 종류를 막론하고 관리·감독업무 또는 기밀을 취급하는 업무에 종사하는 근로자는 초과근로수당 지급대상에서 제외한다. 이런 규정이 있지만, 관리감독 업무에 종사하는 근로자의 범위가 구체적으로 어디까지인지에 대한 논의가 충분하지 않았다. 그리고 현장에서 이 규정을 적용하여 시간외 수당 지급대상을 적극적으로 제외하지도 않았다. 뿐만 아니라 근로성과가 시간에 비례하지 않고, 시간적으로 자유롭게 근무할 수 있는 관리 감독업무 종사자가 증가하고 이들에게 지급되는 시간외수당의 규모가 커지는 상황임에도 불구하고 근로시간 등을 적용제외하는 제도에 대한 검토가 부족하다.

현장에서 발생하는 문제점도 적지 않다. 초과근로시간 수당을 획득할 목적으로 고의적으로 장시간 근로를 하고 수당을 챙기는 도덕적 해이 현상이 발생하고 있다. 그리고 일반 사무관리 업무나 근로시간이 불규칙적인 프로그램 개발이나 연구개발 등의 업무에 종사하는 근로자들에게 지급하는 시간외수당 부담도 증가하고 있다. 그리고 일정수준 이상의 고소득 근로자가 초과근로를 할 경우에는 시간외근로 수당의 부담이 크기 때문에 아예 지급하지 않는 사례도 적지 않다.

현행 규정은 생산직 근로자들의 장시간근로와 저임금을 억제할 목적으로 제정된 것이다. 시간적으로 자유롭게 일하는 근로자나, 보호의 실익이 적은 고소득 근로자들에게 초과근로수당을 지급하는 것은 여건에 맞지 않는 측면이 있다.

4) 아직도 지배적인 임금체계는 연공급

우리나라 임금체계는 1970년대 이후 경영환경의 변화에 따라 점진적으로 성과주의 임금체계로 변화되고 있는 것으로 나타났다. 그러나 현 시점에도 우리나라의 지배적 임금체계는 연공급 임금체계이다.5

노동부(2006)의 임금제도실태조사(N=6,170) 자료에 의하면, 우리 기업의 임금체계는 호봉급이 56.2%(순수호봉급 35.7%, 병존형 20.5%), 직능급이 20.7%, 직무급이 19.5%로 나타났다. 호봉급을 중심으로 하는 연공급이 지배적인 임금체계로 나타나고 있다.6

경총에서 2005년 정기승급제의 실태를 조사한 바에 의하면 호봉제를 '점진적으로 폐지하겠다'는 기업이 14.7%로 나타났다. 조사에 나타난 것처럼 연봉제, 성과급 등 성과주의 임금체계를 도입하면서 호봉제를 폐지하는 기업이 늘고 있으나 호봉제는 여전히 다수를 점하고 있다. 호봉의 정기승급이 인건비에 미치는 영향은 연간 2% 정도로 추정된다. 이만큼 매년 정기적으로 임금은 우상향하고 있다.

5) 고정급 성격의 상여가 임금조정 기능을 약화시킨다

경총과 대한상공회의소에 의하면 연봉제 도입 기업은 1994년 4.2%, 1996년 7.8%, 1998년 28.0% 등 빠른 속도로 확산되는 추세다.

노동부의 100인 이상 사업장 조사에 의하면 연봉제를 실시하는 기업이 1999년 11월 1.6%에서 2006년 6월 현재 50.6%로 나타났다.

그리고 2005년 6월 현재 2,890개소 중 927개소(32.1%)가 성과배분제를 도입하고 있다. 이는 전년 동기 대비 1.5%p 증가한 것이다. 이처럼 연봉제와 성과배분제를 도입하는 기업이 점차 증가하고 있다. 그러나 우리나라 임금의 하방경직성이나, 우상향 추세는 변하지 않고 있다.

5 노동부(2006), 「임금제도 실태조사」; 김동배(2008. 3. 1), 60.

6 기본급 테이블이 있는 사업장(N=4,364)의 경우 호봉급의 비중은 79.3%로 나타났다(김동배, 2008: 60).

〈표 5〉 우리나라 기업의 연봉제 도입현황

(단위: %)

구분	1996. 11	1997. 10	1999. 1	2000. 1	2001. 1	2002. 1	2003. 1	2004. 6	2005. 6	2006. 6
연봉제 도입률	1.6	3.6	15.1	23.0	27.1	32.3	37.5	43.0	48.4	50.6

호봉제로 인한 누적적인 정기승급이 가장 큰 이유지만, 일시금 형태의 성과연동형 상여가 발달하지 못하였기 때문이다.

우리나라의 상여는 대부분 정률로 지급된다. 때문에 기본급이 인상되면 연동하여 상여 지급액이 증가한다. 그리고 능력이나 업적에 따라 차등 지급되는 고과상여보다 임금교섭으로 지급되는 비고과, 교섭 상여가 더 많다. 연구에 의하면, 특별급여의 경제성장에 대한 탄력성이 일본에 비하여 상대적으로 낮다. 상여의 고정급적 성격이 강하기 때문이다.

요컨대 상여의 변동비적 성격이 약하기 때문에 총체적으로 임금의 경기 완충적인 조정 기능이 약해지는 것이다.

6) 최저임금의 인상으로 일자리가 주는 일은 없어야

2000년 이후 최저임금이 급격하게 상승하고 있다. 연평균 11.3% 상승한 셈이다. 현행 최저임금 제도가 안고 있는 문제점은 다양하다. 최저임금을 결정하는 과정부터 최저임금 수준의 적정성 여부, 산입 범위 문제, 업종별, 지역별로 세분화하는 문제, 연령별로 세분화하는 문제 등이 제기되고 있다.

'매월 1회 이상 정기적으로 지급하는 임금외의 임금' 등 시행규칙으로 정하는 것은 최저임금에서 제외되나, 산입과 미산입 임금을 동시에 규

〈표 6〉 최저임금 상승률 변화 추이

(단위: %)

구분	2000	2001	2002	2003	2004	2005	2006	2007
물가상승률	2.3	4.1	2.8	3.5	3.6	2.8	2.2	2.5
최저임금 상승률	4.9	16.6	12.6	8.3	10.3	13.1	9.2	12.3
중위임금 대비* 최저임금 수준	–	38.9	41.0	39.5	40.7	44.9	44.9	48.6

* 한국노동연구원에서 2001년도부터 통계청의 『경제활동인구부가조사』원 자료(전체 임금근로자 대상)를 가공 · 집계하여 중위 임금액 산출.

※ 중위임금 대비 최저임금 수준=최저임금 시급÷시간당 중위수 임금총액(6~8월 평균)

정하고 있어 혼선이 초래되고 있다. 그리고 실제 수령액이 최저임금을 훨씬 상회하더라도 불합리한 산입범위로 인해 최저임금을 위반하는 사례가 증가하고 있다. 반대로 최저임금 지대에 속한 근로자에 대한 미산입 금품을 산입임금의 범위에 포함시킴으로써 실질적으로 임금소득이 증가하지 않은 채 최저임금을 넘기는 사례도 발생하고 있다. 그러나 지불능력이 떨어지는 일부 중소기업은 기숙사·식사 제공 등 현물로 지급되는 임금 등이 최저임금에 산입되지 않음으로써 부담을 느끼고 있다.

7) 취업규칙 개정의 어려움으로 임금체계 개정이 어렵다

임금체계의 개정은 관리직이나 비조합원을 대상으로 하는 경우가 많다. 때문에 근로계약이나 단체협약의 변경을 통한 경우보다는 취업규칙을 변경하여 추진하는 경우가 많다.

임금체계 개정으로 취업규칙이 불리하게 변경되는 경우에는 개정할 임금체계가 일부 근로자에게만 적용되더라도 당해 사업장 근로자의 과반수로 조직된 노동조합이 있는 경우에는 그 노동조합, 근로자의 과반수로 조직된 노동조합이 없는 경우에는 근로자의 과반수의 동의를 얻어야 한다.7

노동조합이나 근로자의 과반수 동의를 얻기가 쉽지 않다. 따라서 임금체계 개정이 꼭 필요한 사업장일수록 임금체계 개정이 어려워진다.

3. 임금의 유연성 강화 방안

1) 임금관련 법 규정의 개정 방향

임금의 유연성이 낮기 때문에 경기변동과 경영여건의 변화로 인한 고용조정의 탄력성이 높아진다. 따라서 임금의 유연성을 저해하는 법 규정을 개정하여 임금 조정 기능을 강화할 필요가 있다. 임금의 유연화로 기업의 경쟁력을 강화하는 한편 인건비 조정으로 고용의 안정성을 유지할 수 있는 효과를 기대할 수 있기 때문이다.

그리고 소송과 갈등을 줄일 수 있도록 법령을 명료하게 규정할 필요가 있다. 소송 등의 사회적 비용을 줄일 수 있고, 노사간의 갈등과 도덕적 해이를 방지할 수 있다.

또 정보기술 산업화로 인한 고용구조 변화를 반영할 필요가 있다. 현행 임금관련 규정은 시간제, 육체노동자를 보호하기 위한 규정에서 출발한

7 근로기준법 제97조 제1항.

것이다. 산업구조 변화, 고용형태의 다양화, 고령화, 근무형태의 다양화, 화이트칼라화, 여성노동자화 등의 추세를 반영할 필요가 있다.

2) 평균임금과 통상임금 개정안은 발상의 전환이 필요하다

임금이지만 평균임금에서 제외되는 임금으로 변동임금(variable pay)을 운영할 수 있도록 평균임금 규정을 개정해야 한다. 평균임금을 산정하는 기간을 1년으로 연장하면 평균임금의 범위는 명료해진다. 그러나 변동임금을 운영할 수 있는 여지는 더욱 좁아진다.[8]

앞서 문제점에서 강조한 바와 같이 우리나라는 임금의 대가성을 기준으로 임금여부를 판정하여, 임금이면 모두 평균임금에 포함시킨다. 따라

〈그림 3〉 임금의 범위 한일간 비교

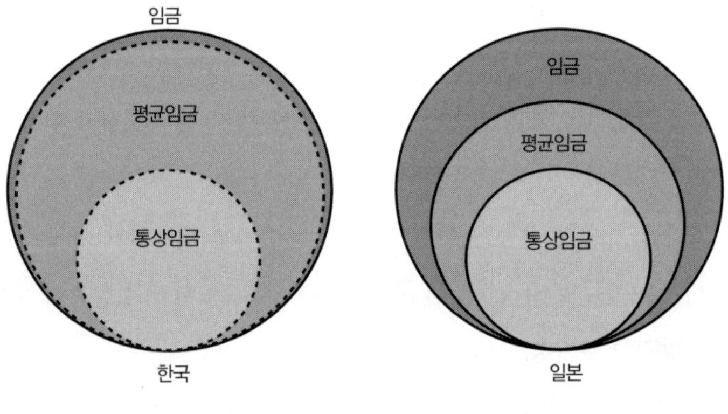

8 한국노동법학회(2007), 「근로기준법제의 중장기적 개선방안」, p. 60에서 평균임금의 산정기간을 1년으로 연장하여 임금의 급격한 변동에 따른 평균임금 산정의 합리화 방안을 제시하고 있다.

서 단기업적에 따라 특정 시기에 지급하는 변동임금(variable pay)이 모두 평균임금에 포함된다. 인건비 부담이 증가하여 변동임금을 활용할 수 없게 된다.

일본처럼 지급주기가 3개월을 초과하는 임금은 평균임금에서 제외해야 경기변동적, 성과연동적 상여를 활성화할 수 있다. 그래야 임금의 유연성을 확보할 수 있다.

평균임금 개정이 미치는 영향이 적지 않다. 따라서 평균임금에 대한 개정 법령은 신규 채용되는 근로자부터 적용하고, 기존 직원은 근로자의 과반수 이상의 동의로 적용 여부를 결정하는 등의 경과조치를 둘 필요가 있다.

한편 통상임금은 소정근로의 대가성을 명료하게 규정하는 방향으로 법령을 정비할 필요가 있다. 통상임금의 근거를 근로기준법에 명시하고, 시행령에 지급주기가 1개월을 초과하는 임금은 통상임금이 아니라는 것을 명시하고, 가족수당 등 구체적으로 제외할 임금을 명시하는 방안도 필요하다. 그리고 산업구조와 고용구조의 변화에 대처할 수 있도록 근로시간 등을 적용 제외하는 규정을 구체적으로 정비할 필요가 있다.

일본은 2007년 1월 후생노동성에서 연봉 900만 엔 이상, 기획·입안·연구·조사·분석업무에 종사하는 근로자로 적용제외 대상자의 범위를 정한 바가 있다. 그리고 미국은 화이트칼라 요건, 주급 455달러 이상, 직무요건을 기준으로 적용제외자(exemption)를 정하고 있다.[9]

관리감독자 및 일반 사무직은 연봉이 상위 20% 수준(예: 연봉 5천만 원)이

9 관리직(관리감독직), 운영직(사무, 재무, 영업, 생산, 컴퓨터 관련업무 종사자)은 10만 달러 이상일 경우 관련 직무요건을 하나만 충족한 근로자, 10만 달러 미만일 경우 모든 요건을 충족한 근로자를 적용제외자로 함. 전문직(고도의 지식노동자, 문학예술가, 연구개발자)은 연봉액과 관계없이 모두 적용 제외자임.

면 적용제외자로 하고 컴퓨터 프로그래머, 웹작업자, 연구개발자 및 교수, 변호사, 회계사 등 전문직 종사자들은 연봉수준과 관계없이 적용제외자로 규정하는 방안을 고려할 수 있다. 근기법시행령 제30조를 개정하여 적용제외자를 구체적으로 명시하면 임금에 대한 합법성이 증가될 수 있다. 시간외 수당에 대한 부담 때문에 기본급의 비중을 줄이고, 제수당을 만들거나, 비고과 고정상여 등으로 기본급외 급여가 남용되는 것을 방지할 수 있다. 그리고 기본급+인센티브로 임금체계가 단순 명료하게 정비되고, 성과급의 발전을 촉진할 수 있다.

3) 최저임금 산입범위는 통상임금에 준하는 기준으로

최저임금의 지속적인 상승으로 부담이 발생하기 때문에 최저임금에서 제외하고 있는 임금을 최저임금에 포함시켜 인상부담을 경감할 필요가 있다. 예컨대 급식수당, 기숙사 현물제공, 교통차량 제공 등 필수적으로 실비(원가)가 발생하는 항목은 최저임금 항목으로 인정하는 것이 불가피하다. 원칙적으로 통상임금과 최저임금을 일치시키는 방향으로 최저임금을 규정하는 것이 바람직하다.

4) 산업별 지역별 최저임금제도가 필요하다

산업별 지역별 임금격차가 크기 때문에 산업별, 지역별 최저임금제를 검토할 필요가 있다. 금융보험업의 월급여액은 '숙박 및 음식업'(150만 원)

의 1.94배, '운수업'(192만 원)의 1.5배, '제조업'(205만 원)의 1.4배 수준이다.[10] 그리고 산업별상용근로자 1인당임금총액은 전기·가스·수도사업(4,649천 원)이 가장 많고, 숙박 및 음식점업(1,622천 원)이 가장 적어서 전자는 후자의 2.9배 수준이다.[11]

그리고 지역별 월급여총액은 전국 평균이 1,999천 원이고, 서울이 2,293천 원으로 가장 많고, 제주가 1,660천 원으로 가장 적다. 서울은 제주의 1.38배이다.[12]

일본의 산업별, 지역별 임금격차는 우리나라보다 그다지 크지 않은 수준이나, 지역별 및 산업별(1986년) 최저임금제를 적용하고 있다.

2007년 10월 기준 일본의 지역별 최저임금은 도쿄가 시급 739엔으로 가장 높고, 오키나와가 618엔으로 가장 낮다. 도쿄는 오키나와보다 1.195배이다. 산업별 최저임금을 적용하는 않는 노동자는 해당 지역별 최저임금을 적용하고, 지역별로 특정 산업을 정하여 산업별 최저임금을 정하고 있다. 일본의 경우 도쿄 도의 경우 각종 소매업이 779엔으로 가장 낮고, 철강업이 822엔(1.055배)으로 가장 높다. 한편 아오모리 현의 경우 각종 소매업이 676엔으로 가장 낮고, 철강업이 741엔(1.096배)으로 가장 높다.

최근 최저임금제도의 바람직한 모습에 관한 연구회 보고서에서 산업별 최저임금제의 폐지를 건의하고 있다. 산업별 최저임금은 그 역할이 지역별 최저임금과 중복되기 때문이다. 지역별 최저임금은 지역별 임금 격차가 크고, 생활보호수준과 관계가 크기 때문에 유지하되, 일정연령 대상에 대한 감액조치를 검토하는 상황이다.

---

10 임금구조기본통계조사(2007. 6).

11 매월노동통계조사(2007. 12).

12 2007년 노동통계연감.

일본과 비교할 때 우리나라는 산업별 최저임금제를 우선적으로 도입하고, 점차 지역별 최저임금제를 도입하는 방안의 검토가 필요할 것으로 보인다. 그리고 고령자와 연소자에 대한 감액 방안은 최저임금수준이 좀 더 높아진 다음에 차차 검토해나가야 할 것이다.

그리고 노사공익위원회가 최저임금을 결정하는 현행 방법도 업종별, 지역별 최저임금제를 도입하면서 시도별로 결정하는 체제로 발전해나가는 것이 필요하다.

5) 임금체계 개정이 쉽도록 취업규칙규정을 보완해야

임금체계 개정으로 근로조건이 불리한 방향으로 개정될 경우 노동조합 등의 동의를 받아야 한다. 불이익 변경인지 여부를 판단하는 일도 간단하지 않고 과반수 동의를 얻는 것도 쉽지 않다. 따라서 임금 조건을 하향하는 체계 개정은 그만큼 어려워진다.

일본은 사용자가 취업규칙을 변경할 때 노동조합 등의 의견을 듣고 이 의견을 기록한 서면을 첨부하여 신고하도록 하고 있을 뿐 불이익변경 요건에 관한 명문 규정이 없다. 뿐만 아니라 사용자의 일방적인 취업규칙 변경은 인정하지 않지만, 사회통념상 합리성이 인정되는 경우 변경이 인정된다는 최고재판소의 판례를 노동계약법에 반영하여 취업규칙 변경을 종전보다 쉽게 할 수 있다.

우리나라도 취업규칙 불이익 변경이 사회통념상 합리성이 있는 변경일 경우 그 변경을 위하여 근로자집단의 동의를 받지 않아도 되는 예외가 인정된다는 판례를 근로기준법에 반영할 필요가 있다.13

6) 성과연동형 임금체계의 도입방안

임금의 유연성을 강화하려면 개별 기업의 연공형 임금체계를 성과연동형 임금체계로 개정하는 것이 필요하다. 즉 기본급+법정수당+인센티브로 임금항목을 정비하면서, 다양한 형태의 성과연동형 임금체계를 도입해야 임금의 유연성을 높일 수 있다.

첫째, 호봉제 형태의 연공적 기본급을 능력급과 연봉제로 개정하여 고과승급(merit pay) 기능을 강화해야 한다. 고과승급은 동기유발 효과가 인센티브보다 크기 때문이다.

둘째, 기본급 성격의 제수당은 모두 기본급으로 통합하여 임금체계를 단순 명료하게 정비하여 기본급의 기능을 강화할 필요가 있다. 통상적 제수당을 기본급으로 통합하면 기본급은 통상임금과 일치하게 된다. 이렇게

〈그림4〉 성과연동형 임금체계 개선 방안

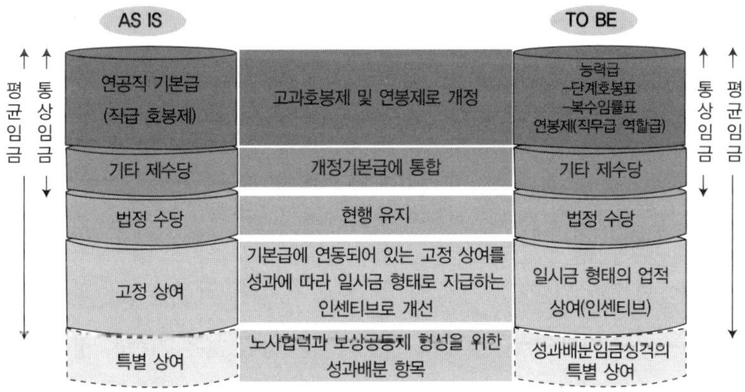

13 대법원 2004. 7. 22 선고 2002다57362 판결 등.

되면 통상임금과 관련한 낭비적인 분쟁을 대폭 줄일 수 있다. 그리고 기본급을 직무가치를 반영할 수 있는 임금으로 쉽게 전환할 수 있다.

셋째, 고정 상여는 단계적으로 기본급으로 통합하고, 일시금 형태의 업적상여(incentive)를 활용하여 임금의 성과연동성을 강화할 필요가 있다. 기본급에 연동하여 인상되는 고정상여를 줄여 인건비의 누적 인상 부담을 줄이거나, 일시금 성격의 업적상여로 전환해야 임금의 유연성을 강화할 수 있다.

7) 고용형태별(직군별) 임금체계의 다양화

고용은 산업의 거울이다. 산업구조가 정보산업화, 지식산업화로 전환하면서 고용형태의 다양화가 진행되고 있다.

최근에 외부노동시장에서 유입이 용이하고, 단순 반복적인 정형적 업무에 종사하는 인력이 증가하고 있다. 이른바 근로 수준이 낮은 비정규직이 증가하고 있는 것이다. 한편 복잡하고 비정형적인 업무에 종사하는 인력을 보충하기 위해 외부노동시장에서 전문인력을 채용하는 경향도 아울러 증가하고 있다. 저수준의 비정규직과 아울러 고수준 비정규직도 증가하고 있는 것이다.

고용형태별 임금체계는 고용형태별로 적절한 임금체계를 적용하여 고용을 안정시키는 방안이다. 즉 인력의 대체성이 낮은 기존의 정규직의 연공급을 능력급이나 연봉제 등과 같은 성과연동형 임금체계로 개정하여 임금의 유연성을 높인다. 정규직의 생산성을 높이고, 연공급의 기득권을 완화하는 방안이다. 그리고 인력의 대체성이 높은 계약직군이나 전문직군 같은 유기계약근로자는 무기계약근로자로 전환하여 고용안정을 보장하되, 단일직무급과 직무성과급 등과 같은 직무급을 적용하여 고용가치에 적합한 임금을 지급하는 방안을 강구할 수 있다. 고용안정을 부여하는 대신 직무급으로 임금부담을 줄이는 방안이다.

이처럼 고용형태별로 적합한 임금체계를 적용하면 정규직의 기득권을 완화하고, 고용형태 간의 불필요한 차별 갈등을 줄일 수 있다. 뿐만 아니라 유기계약근로자를 줄이고 고용을 안정시킬 수 있다.

〈그림 5〉 고용형태별(직군별) 임금체계 개선 방안

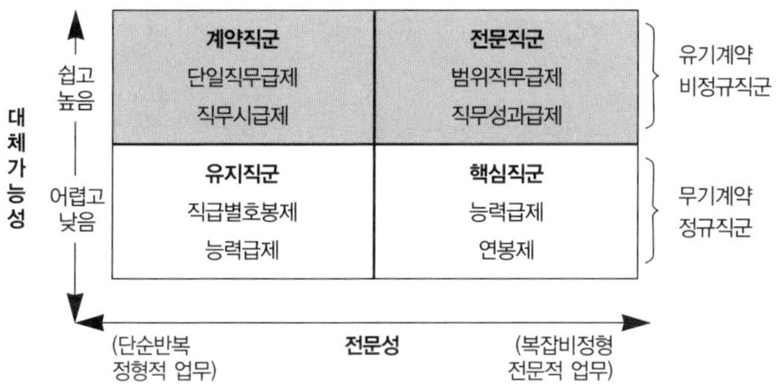

8) 임금을 양보하고 고용을 연장하는 경력단계별 임금체계

임금의 유연성을 강화하면서 경력단계별로 적합한 임금체계를 적용하면, 장기적으로 생산성 곡선과 임금곡선을 일치시킬 수 있다. 결과적으로 생애 고용기간을 늘릴 수 있다.

먼저 채용 초기 육성단계에서는 채용으로 인한 고용차별을 해소하고 직무내용과 가치에 따라 적성에 맞은 인재를 육성할 수 있는 임금체계가 필요하다. 이 단계에서는 기본급의 비중이 높고 인센티브의 비중이 상대적으로 낮은 임금체계를 적용한다.

중기 활용단계에서는 각자의 경험, 역량 및 성과에 따라 관리직군, 전문직군 및 전임직군으로 분류하여 활용하면서 기본급의 비중보다 인센티브의 비중이 상대적으로 높은 임금체계를 적용한다.

후기 선택단계에서는 관리직코스, 전문직코스, 전임직코스 및 파견코스 등 다양한 진로를 각자의 역량과 자격요건에 따라 선택하는 선택진로제도를 활용하면서 정년보장형, 고용연장형 및 정년연장형 피크임금제를 적용할 수 있다.

〈그림 6〉 경력단계별 임금체계 개선 방안

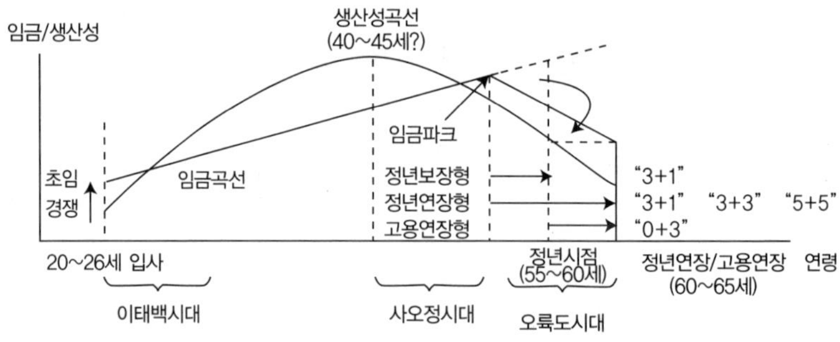

9) 경영여건과 규모를 고려한 임금체계 개선 시나리오

임금의 유연성을 높이려면, 기업의 경영여건과 규모에 따라 적합한 임금체계를 다양하게 선택하고 활용할 수 있어야 한다.

다수의 중소기업은 사용자가 임금을 뭉뚱그려 결정하는 연수형 연봉제를 적용하고 있다. 그러나 사용자가 임의적으로 결정하는 임금은 합리성과 형평성이 부족하기 때문에 한계가 있다. 따라서 직원이 20~30명 정도가 되면 직급별 호봉제와 고정상여제가 결합된 근속보상형, 직급보상형 연공급체계를 갖추는 것이 필요하다.

중견기업으로 성장한 후 성숙단계로 접어들면 개인의 역량과 실적을 중시하는 능력주의형 연봉제로 전환하거나, 차등상여제를 도입하는 방식으로 임금체계를 개정할 필요가 있다. 이 시기에 직급별호봉제를 단계호봉표나 복수임률표와 같은 능력급으로 전환하여 장기근속자, 고직급자의 숙련과 다기능, 전문화를 촉진할 필요가 있다. 중견기업 중에 경영여건의 변화가 큰 기업은 호봉제를 폐지하고, 기본연봉과 업적연봉으로 구분하여 운영하는 혼합형 연봉제를 적용하는 것이 좋다.

일부 대기업이나 지불여력이 보장되어 있는 대규모 공기업은 호봉제

〈그림 7〉 임금체계 개선 시나리오

연공급	연공+능력급	능력급+연봉제	연봉제+직무급	직무급

	소기업	중견기업	대기업
성장기업	• 연수형연봉제 • 직급별호봉제 +고정상여제	• 연수형연봉제 • 능력급제 –복수임률표/단계호봉표 –고정상여제/차등상여제	• 혼합형연봉제 • 능력급제 –복수임률표/단계호봉표 –고정상여제/차등상여제
안정기업	• 직급별호봉제 +고정상여제	• 능력급제 • 혼합형연봉제 –기본연봉+업적연봉	• 혼합형연봉제 • 일시금 비누적 상여 • 수당형직무급제
변동기업	• 연수형연봉제 • 단계호봉표+차등상여제 • 단계호봉표+일시금상여	• 혼합형연봉제 –기본연봉+업적연봉 • 수당형직무급제	• 혼합형연봉제 • 일시금(비누적)인센티브 • 직무급제

누적 고정비 ↕ 비누적 변동비

호봉제 ←→ 고과승급제(비호봉)

를 유지하면서 차등상여제 성격의 연수형 연봉제를 여전히 많이 적용하고 있다. 그러나 많은 대기업에서 혼합형 연봉제를 도입하고 있고, 일시금 형태의 인센티브제도가 증가하고 있다. 그리고 고위공무원단 제도와 같이 직무를 기반으로 운영하는 직급제도와 임금체계를 도입하는 사례가 나타나고 있다. 능력과 성과를 제대로 반영하지 못하는 연공적 직급제도와 임금체계를 개정하여 임금의 유연성을 높이는 노력이 필요하다.

4. 정책제언

경기가 변동할 때마다 임금조정보다 고용조정에 더 많이 의존해온 결과 고용이 불안한 계층이 늘고 있다. 저성장시대에 일자리 창출도 쉬운 일이 아니다. 고령화로 국민부담률이 빠른 속도로 증가할 것으로 예상된다. 일하는 기간을 늘려야 함에도 불구하고, 정년을 채우지 못하고 한창 일할 나이에 일자리를 잃고 있다.

고용은 산업의 거울이다. 고용문제를 고용정책만으로 대처할 수 없다. 고용이면에 있는 임금의 경직성을 완화해서 고용가능성을 높이는 노력이 필요하다.

임금의 유연성을 저해하는 요인은 법률상의 요인과 임금체계상의 요인이 있다. 경기변동이나 경영성과를 고려해서 수시로 지급하는 변동임금의 활용을 제약하는 평균임금 규정이 가장 큰 제약 요인이다. 그리고 초과근로 수당을 둘러싼 분쟁을 유발하고 모든 근로자를 지급대상으로 하여 인건비 부담을 증가시키는 통상임금 규정 역시 임금의 유연성을 저해한다.

〈그림 8〉 임금의 유연성 강화 방안

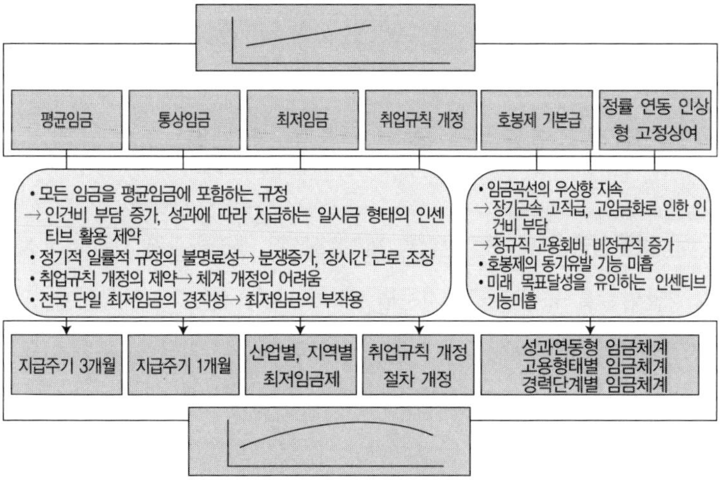

그리고 전국 단위로 하나의 임률을 제시하는 최저임금제 역시 산업별, 지역별 기업 여건이나 임금 차이를 반영하지 못하고 있다. 뿐만 아니라 임금체계를 개정하려면 취업규칙을 개정해야 하나 근로자 과반수의 동의를 얻는 일이 쉽지 않다.

그리고 직무가치나 성과와 관계없이 근속에 따라 임금이 인상되는 호봉제 기본급과 성과연동성이 없는 고정상여로 구성된 연공형 임금체계는 임금의 경직성을 고착화시키고 있다. 연봉제 등의 임금체계 개선 노력이 증가하고 있지만 이름만 연봉제일 뿐 연공급의 기득권을 그대로 유지하고 있는 사례가 적지 않다.

따라서 저성장, 고령화시대에 고용의 유연성을 높여 기업의 경쟁력을 부여하는 방안도 중요하지만 그에 못지않게 임금의 유연성을 높여 기업의 고용 가능성을 높여주는 방안이 필요하다.

임금의 유연성을 제약하는 근로기준법의 개정방안과 임금체계의 유연성을 높이는 방안을 제시하고자 한다.

1) 임금의 유연성을 제약하는 근로기준법 개정

① 평균임금을 정의한 근기법 제2조 제1항 제6호 관련 시행령 개정

평균임금을 규정한 근로기준법 제2조 제1항 제6호의 시행령에 "임시로 지불한 임금 및 3개월을 초과한 기간별로 지불된 임금 및 통화 이외 것으로 지불된 임금으로 일정의 범위에 속하지 않은 것은 산입하지 아니 한다"는 규정을 명시한다.

퇴직금 부담 없이 임시적, 변동적으로 지급하는 상여의 기능을 활성화해야 임금의 경기연동성을 확보할 수 있기 때문이다.

② 통상임금을 정의한 시행령 개정(근기법 시행령 제6조)

통상임금이라 함은 "근로자에게 정기적, 일률적으로 소정 근로 또는 총 근로에 대하여 지급하기로 정하여진 시간급금액, 일급금액, 주급금액, 월급금액 또는 도급금액을 말한다"라고 규정한 근로기준법 시행령 제6조에 "단 1개월을 초과하는 기간에 지급하는 항목은 제외한다"는 단서조항과 수당의 성격상 소정근로에 대한 대가라기보다 생활보장이나 복리후생 혹은 생산 장려 등과 같이 부가적이고 일시적으로 지급하는 "가족수당, 통근수당, 별거수당, 자녀교육수당, 주택수당, 임시로 지불된 임금"을 제외하는 단서조항을 추가하는 것이 필요하다.

통상임금의 범위와 관련한 소모적인 분쟁을 줄일 수 있기 때문이다.

③ 통상임금 적용 제외 규정의 개정(근기법 제63조)

근로기준법 제63조를 개정하여 통상임금의 적용대상을 시급 근로자로 한정하고, 원칙적으로 근로시간과 관계없이 일정 수준 이상의 월급을 받는 근로자는 시간외 근로수당의 지급대상에서 제외하는 법률 개정이 필요하다.

시간외근로수당을 받아야 하는 근로자를 명시하여 명료성을 확보하고, 시간외수당을 둘러싼 도덕적 해이를 방지하고, 법대로 지급하지 않는 편법과 불법을 줄일 수 있기 때문이다. 그리고 임금이 일정 수준 이상인 근로자는 근로시간이 아니라 능력과 성과에 따라 임금이 결정되는 것이 바람직하기 때문이다.

④ 최저임금제의 개정

최저임금의 지속적인 상승으로 인건비 부담이 발생하기 때문에 급식수당, 기숙사 현물제공, 교통차량 제공 등 필수적으로 실비(원가)가 발생하는 항목은 산입을 인정하는 것이 불가피하다. 그러나 원칙적으로 통상임금과 최저임금을 일치시키는 방향으로 최저임금을 구체적으로 규정하여 통상임금이 아닌 항목이 임의로 추가되지 않도록 하는 것이 바람직하다. 그리고 산업별 최저임금제를 우선적으로 도입하고, 점차 지역별 최저임금제를 도입하는 방안의 검토가 필요할 것으로 보인다. 최저임금으로 인해 고용이 위축되지 않아야 하기 때문이다.

⑤ 취업규칙의 작성 · 변경 절차의 개정(근기법 94조)

판례에서 언급하고 있는 사회통념상 합리성을 구체적으로 명시하여 취업규칙의 변경 절차를 완화해야 한다.

그래야 임금체계를 유연하게 개정할 수 있기 때문이다.

2) 유연성을 강화하는 임금체계 확산

① 성과연동형 임금체계 모델

성과연동형 임금체계란 능력이나 성과에 따라 임금을 지급하는 체계이다. 연공급을 성과연동형 임금체계로 개정해야 임금의 유연성을 확보할 수 있다.

기본급을 차등지급하는 '고과승급제'(능력급, 연봉제)로 생산성 향상과 인재육성을 촉진하는 효과를 기대할 수 있다.

기본급에 연동되어 인건비 부담을 과중시키는 고정상여를 기업의 경영 성과에 따라 일시적, 변동적으로 지급하는 '업적상여'(인센티브)로 개정하여 임금의 유연성을 높이는 효과를 기대할 수 있다.

결산 후 성과(이익증가 또는 비용절감)를 기준으로 성과의 일정부분을 배분하는 '성과배분제'는 경영의 투명성을 높이고, 노사협력을 창출하는 효과를 기대할 수 있다.

성과연동형 임금체계로 임금의 동기유발성을 높여야 고임금 저인건비율을 실현할 수 있기 때문이다. 그리고 정규직의 기득권을 줄여 생산성을 높이고, 그만큼 기업의 고용가능성을 확대할 수 있기 때문이다.

② 고용창출형 임금체계 모델

고용형태별 임금체계는 고용형태별로 적절한 임금체계를 적용하여 고용을 안정시키는 방안이다. 정규직의 연공급을 능력급이나 연봉제 등으로 개정하여 정규직의 생산성을 높이고, 연공급의 기득권을 완화하는 방안이다. 인력의 대체성이 높은 계약직군이나 전문직군 같은 비정규직 근로자는 무기계약근로자로 전환하여 고용안정을 부여하는 대신 직무급을 적용하여 임금부담을 줄이는 방안이 필요하다.

고용형태별로 적합한 임금체계를 적용하면 정규직의 기득권을 완화하고, 고용형태간의 불필요한 차별 갈등을 줄일 수 있다. 뿐만 아니라 유기계약근로자를 줄이고 고용을 안정시킬 수 있기 때문이다.

③ 경력단계별 임금체계 모델

임금의 유연성을 강화하면서 경력단계별로 적합한 임금체계를 적용하면, 장기적으로 생산성 곡선과 임금곡선을 일치시킬 수 있다. 초기단계에는 능력급, 중기 활용단계에는 성과급을, 그리고 40대 중반 이후에는 선택정년제도를 도입하고 정년보장형, 고용연장형 및 정년연장형 임금체계를 활용할 필요가 있다.

경력단계별로 다양한 임금체계를 활용해야 조기정년을 막고 생애 고용기간을 늘릴 수 있기 때문이다.

참고문헌

금재호(2005. 11), 「노동시장 양극화의 현황과 전망, 무엇이 잘못되어 있나?」, 한국노동연구원.

김동배 · 박우성 · 박호환 · 이영면(2005), 「임금체계와 결정방식」, 한국노동연구원.

김수곤, 박준양(2007), 「우리나라 임금제도의 변천과 정책적 함의」, 임금직혁신센터 개소 1주년 기념토론회 발표논문, 한국노동연구원.

김훈 · 채인석(1999. 5), 「일본기업의 고용관계의 특성과 HRM 혁신전략」, 한국노동연구원.

박우성(1998. 3), 「성과배분제도의 도입실태와 개선방안」, 한국노동연구원.

박준성(2004), 「임금관리이론과 실제」, 명경사.

———(1995), 「인재육성형 신인사제도: 삼성LG그룹의 혁신사례」, 비북스.

———(1993), 「한국기업의 임금체계 개선사례」, 한국생산성본부.

송태정(2005. 11), 「노동시장의 유연성 개선되었나」, 『경제정보』, LG경제연구원.

선한승(1998. 3), 「연봉제 도입방안 연구: 연구기관 사례를 중심으로」, 한국노동연구원.

신동균 · 전병후(2002), 「실질임금의 경기변동상 변화패턴과 임금곡선」, 『노동경제논집』.

엄동욱(2005. 2), 「고령화 · 저성장 시대의 기업 인적자원 관리방안」, 삼성경제연구소 연구보고서.

이은미 · 엄동욱(2001), 「고령화시대 도래의 경제적 의미와 대책」,삼성경제연구소.

한진희 외(2002), 「한국경제의 잠재성장률 전망: 2003~2012」, 한국개발연구원.

통계청(2005. 1), 「장래인구 특별추계 결과」.

한국노동연구원(1997. 2), 「우리나라의 임금」.

노동부(1993, 2003, 2005), 「임금구조기본통계조사」.

한국노동법학회(2007), 「근로기준법제의 중장기적 개선방안」.

노동부(2006), 「임금제도 실태조사」.

경제단체협의회(1991), 「한국기업 승진 · 승급제도의 실태조사연구」.

양병무 · 안희탁 · 김재원 · 박준성(1992), 「한국기업의 임금관리」, 노동경제연구원.

최종태(1992), 「현대임금관리론」, 박영사.

George T. Milkovich, Jerry M.Newman(2002), “Compensation”, 7th ed. McGraw-Hill Irwin, New York.

西嶋昭(1985), 「賃金制度의 新設計」, 日本生産性本部.

肥後文雄(2003), 「定昇のない業績賃金メリットペイ」, 同友館.

滝澤算織(1991), 「賞與 · 成果配分制度の決め方」, 經營書院.

제2부_ 고용문제의 이슈와 대안

제4장_ 청년층 고용과 노동시장 정책방향

김대일

1. 머리말

근로자로 일생을 살아가는 개인에 있어서 청년기의 노동시장 경험은 매우 중요하다. 첫 취업은 시장경제를 본격적으로 경험하는 출발점이 되며, 청년기의 취업 경험을 통해 자신의 적성과 맞는 일자리를 탐색할 수 있을 뿐 아니라, 자신의 숨은 적성을 발견하는 계기로도 작용한다.[1] 또한 청년기는 노동시장에서 요구되는 기능(marketable skills)을 축적하는 기간이기 때문에, 청년기에 취업 경험이 적거나, 장기간 실업을 경험할 경우, 그 근로자의 생애 생산성(life-time productivity)도 낮아지고, 취업의 질(job quality)도 하락할 가능성이 높다. 결과적으로 청년층의 고용난은 그 세대의 생산성을 하락시킬 뿐 아니라, 궁극적으로는 경제의 성상 삼재력(growth potential)을 되

1 청년기 직장탐색(job-shopping)의 중요성은 Topel and Ward(1992), Acemoglu and Pischke(1998) 등에서도 강조되고 있다. 이들의 결과에 의하면 미국 청년층의 경우 첫 취업 후 10년의 기간 동안 6~7개의 일자리를 경험하는 등, 잦은 취업을 통한 일자리 탐색이 매우 활발한 것으로 보고된다.

보시킨다.

이와 같이 볼 때, 최근 우리나라 청년층의 고용 실태는 상당히 우려스럽다고 할 수 있다. 청년층 실업률은 중·장년층에 비해 높을 뿐 아니라, 경기상황이 호전되어도 중 · 장년층에 비해 개선되는 효과가 상대적으로 작기 때문이다. 또한 남재량(2006), 채창균 외(2008) 등에서 지적하고 있듯이 학업이 종료되었음에도 취업하지 않고, 구직활동도 하지 않는 소위 니트(NEET)족의 규모도 상당한 수준에 이르고 있어, 청년층 유휴 인력화 현상이 심화되고 있다.[2] 이미 언급한 바와 같이, 이러한 문제는 현재 취업난을 겪고 있는 청년층의 문제에 국한되는 것이 아니라, 청년기의 부정적 경험으로 인한 생산성 저하효과를 통해 우리나라 경제 전반의 장기적 성장동력이 약화되는 문제로까지 비화될 수 있는 것이다.

이와 같이 청년층의 고용실태가 악화되고 있는 주요 원인으로는 기본적으로 1990년대 말 경제위기를 겪은 후 경제성장률이 4~5%대로 하향 안정화됨에 따라 우리나라의 고용 창출양상도 과거 고속성장시대에 비해 뚜렷하게 둔화되고 있다는 점을 고려할 수 있다. 그러나 이외에도 우리나라 노동시장의 다양한 특성과 제도적 요인으로 인해 고용창출력이 추가적으로 둔화되고 청년층의 취업이 상대적으로 억제되는 효과도 존재한다. 현재 청년층의 경우, 대학 졸업자의 비중이 빠르게 늘어나는 등 고학력화가 가속화되고 있기 때문에, 과거 세대에 비해 취업이 오히려 용이하여야 할 것으로 예상되지만, 실질적으로는 고학력 청년층 취업이 둔화되고 있어, 단순한 경기적 요인을 넘어 노동시장 관련 제도적인 요인에서도 그 원인을

2 채창균 외(2008)에 따르면 비경제활동 인구 가운데 지난 1주간 주요 활동이 '쉬었음'으로 보고된 협의의 NEET 규모는 2003년 23만여 명에서 2007년 25만여 명으로 증가하여 전체 청년층 인구에서 차지하는 비중이 2.2%에서 2.6%로 상승하였다. 2007년 청년 실업자 규모가 30만 명 수준이었던 점을 감안하면, NEET 규모가 상당한 수준임을 알 수 있다.

찾아야 한다.

이 글에서는 최근 청년층 고용여건이 악화되고 있는 양상과 그 배경 원인을 분석한 결과를 논의한다. 일례로 그간 청년층 고용난의 원인으로 중소기업의 투자 부진 등 여러 요인들이 지적되었지만, 이는 오히려 근본 원인에 의해 나타난 중간단계의 현상이라고 볼 수 있다. 즉, 중요한 점은 중소기업의 투자가 부진하다는 점이 아니라, 왜 투자가 부진할 수밖에 없는지 그 원인을 규명하여야 한다는 점이다. 이를 위해서는 청년층 고용난의 문제를 비단 노동시장에 국한된 문제로 보기보다는, 전체 경제에서 각 시장, 즉, 재화시장, 금융 · 자본시장, 노동시장의 유기적 연계를 충분히 감안한 종합적이고 일반균형적인 시각(general equilibrium view)에서 문제를 풀어나가려는 자세가 필요하다. 이와 같은 관점에서 볼 때, 청년층 고용난, 또는 청년층 실업 심화의 원인으로 전반적인 성장잠재력 하락 이외에, 임금을 비롯한 빠른 노동비용의 상승, 경직적 노사관계, 지나친 고용보호, 그리고 고학력 청년층의 상대적인 생산성 저하 등에 주목할 필요성이 높다.

2. 청년층 고용 현황

1) 청년실업의 심화

우리나라 청년층(15~29세) 실업률은 1990년대 중반까지 하락하는 추세를 보여왔으나, 경제위기를 겪기 이전인 1995년 이후부터 상승세로 반전하였다. 청년층 남성 근로자를 기준으로 할 때 1995년 5.4% 수준이었던 실업률은 2000년대 중반 9% 수준까지로 상승하는 추세이며, 청년층 여성 근로자의 경우에도 실업률은 1995년 4.2%에서 2005년 6.5%로 상승하고 있어, 정도의 차이는 있으나 남성과 마찬가지로 실업률이 상승하는 양상을 보이고 있다(**〈도표 1〉** 참조).

〈도표 1〉 청년층 실업률 변화 추이(남성)

* 자료: 경제활동인구조사, 통계청, 각 연도.

노동시장에서 직장탐색의 순효과(net benefits)가 높은 청년층의 경우 중·장년층에 비해 실업률이 높은 것이 일반적인 현상이지만, 현재 청년층은 과거에 비해 상당히 고학력화되었음에도 불구하고 실업률이 증가하는 양상을 보인다는 점에 주목할 필요가 있다. 또한 신규 청년층의 학력이 높다는 점 이외에도 노동시장으로 진입하는 신규세대의 규모가 지속적으로 감소해왔다는 점을 감안하면 청년층의 취업난은 우려할 만한 수준이라고 평가된다.[3]

청년층의 실업률이 높다는 것은 고학력 청년층 가운데 유휴인력이 많다는 의미이므로 인적 자원이 효과적으로 활용되고 있지 못함을 시사한다. 청년층 남성의 취업 비중이 상대적으로 빠르게 위축되고 있는 배경에는 다양한 원인이 있는 것으로 평가되지만, 우선적으로 채용 수요가 위축되고 있는데서 주요 원인을 찾을 수 있을 것으로 판단된다. 물론 과거에 비해 대학 재학생 수가 증가하였기 때문에 청년층 취업 인구의 비중이 일부 감소한 효과도 있으나, 재학생을 제외한 표본에서도 취업비중은 감소하고 있다. 남성 청년층의 경우 전체 인구에서 재학생을 제외한 인구 가운데 취업자의 비중이 1995년 80.3%에서 2005년 71.5%로 무려 8.8% 포인트 하락하였다.

이와 같은 결과는 남성 청년층 무직자, 소위 NEET족(族)의 비중이 높다는 점을 시사하고 있다. NEET족은 미취업(non-employment)이면서 학교에 재학하지도 않으며(non-education), 직업훈련을 받고 있지도 않은(non-training) 부류를 지칭하는데, 청년층 전체 인구 이러한 인구의 비중은 남성의 경우 1995년 9.1%에서 2005년 13.3%로 4.2% 포인트 증가하였다.[4] 여성의 경우에는 오히려 이 비중이 25.5%에서 19.6%로 하락하고 있어 청년층 실업과 무직문제는 남성에게 집중되어 있음을 재확인할 수 있다.

남성 청년층의 취업이 감소하고, 실업이 증가하는 과정에서, 실업자(구직자)의 평균 구직기간도 증가하는 양상을 보이고 있어 장기실업이 심화되고 있을 가능성이 우려된다. **〈도표 2〉**는 실업 지속기간(completed unemployment spell duration)이 경제위기로 인해 취업난이 극심하였던 1998년

---

3 15~29세 연령층에서 학교에 재학하지 않는 인구의 규모는 1995년 713만여 명에서 2005년 646만여 명으로 9.4% 감소하였다.

4 이는 NEET족이 증가하였다는 남재량(2006)의 결과와 일관된 결과이다. NEET족에 대한 연구로는 남재량(2006)을 참조.

이 가장 길었지만, 그 이후에도 2000년대에 들어 장기화되고 있음을 보이고 있다.[5] 2000년 3.8개월이었던 남성 청년층 실업기간은 2004년 4.3개월로 증가하였는데, 동일 기간 동안 중 · 장년층의 실업기간은 오히려 4개월에서 3.7개월로 감소하고 있어 실업 장기화는 청년층에 집중되고 있음을 알 수 있다.

〈도표 2〉 연령대별 실업지속기간(남성, 개월)

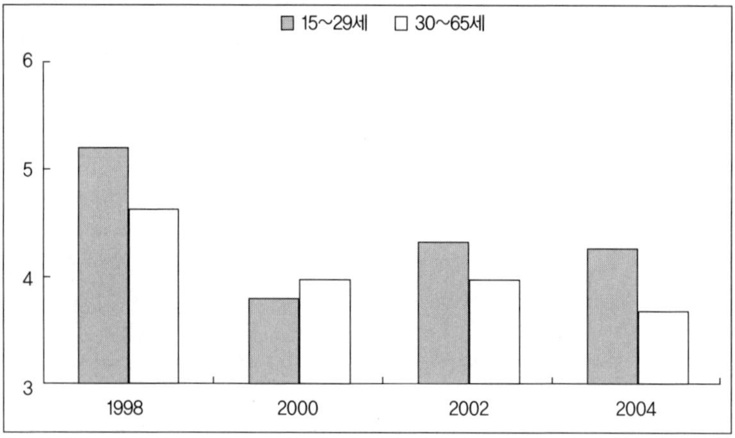

* 출처: 한국개발연구원(2007)에서 인용(원자료: 경제활동인구조사, 통계청, 각 연도).

이러한 실업 장기화 현상은 특히 청년층 가운데에서도 학업을 마치고 노동시장에 진입한 신규 인력에서 두드러지고 있다. **〈도표 3〉**에서는 청년 실업자를 근로경험이 없는 신규 진입자와 근로경험이 있는 경력자로 구분하여 실업기간을 추정한 결과인데, 신규 진입자의 경우 실업기간이 경력자

5 도표에서 실업기간은 특정 시점에서 각 실업자가 구직해온 기간을 기준으로 평가한 것이 아니라, 실업에서 취업으로 전환되는 월별 실업탈출률(monthly exit hazard)을 추정하여 그 역수로 계산한 것이다. 따라서 실업이 시작된 이후 평균적으로 취업까지 소요되는 기간을 의미한다.

의 1.5배 수준에 이르고 있음을 알 수 있다. 또한 경력자의 실업기간은 2000년 3.7개월에서 2004년 3.9개월로 7%가량 증가하였으나 신규 진입자의 실업기간은 4.4개월에서 5.4개월로 23% 증가하고 있어 2000대 실업 장기화 양상은 신규 구직자에 집중되고 있다.

〈도표 3〉 경력 유무별 청년층 실업지속기간(남성, 개월)

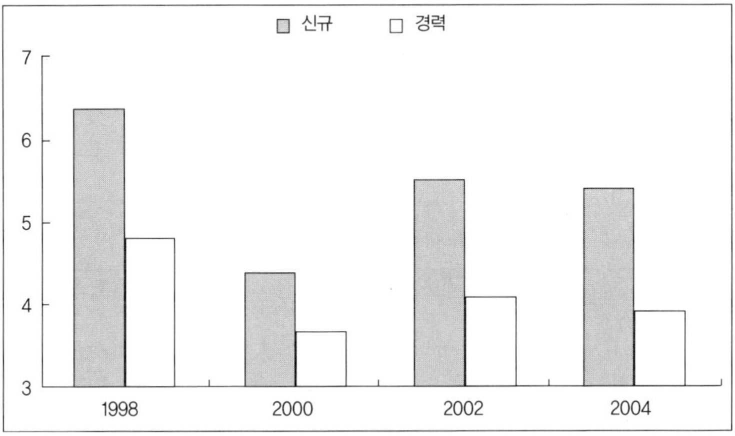

* 출처: 한국개발연구원(2007)에서 인용(원자료: 경제활동인구조사, 통계청, 각 연도).

2) 청년층 고용구조 및 임금의 변화

청년층 노동시장 현황은 비단 취업비중이 감소하고 실업률이 상승하는 양적인 악화(quantitative deterioration)에 그치고 있는 것이 아니라, 취업의 질(quality of jobs)이라는 측면에서도 악화되고 있는 것으로 평가된다. 신규 청년층 인력의 고학력 비중이 증가하였기 때문에 외면적으로는 노동력의 구성이 개선된 것으로 보이지만, 취업내용에 있어서는 하향 취업(occupational downgrading)이 심화되고 있다.

〈도표 4〉에서는 전통적으로 고졸 이하 학력 근로자가 취업하는 직군을 선별하여, 이 직군에 취업하는 청년층 남성 대졸 근로자의 비중 변화를 보이고 있다. 고졸 이하 학력 근로자가 취업하는 직군은 산업 · 직종으로 정의된 일자리들 가운데 고졸 이하 근로자의 비중이 높은 순으로 상위 30%의 직군, 또는 상위 50%의 직군으로 정의하였는데, 그 결과에 의하면 고졸 학력 이하 근로자의 비중이 높은 상위 30% 직군에 취업하는 청년층 대졸 남성 근로자의 비중은 1995년 0.4%에서 2005년 4.2%로 10배 이상 증가하였으며, 상위 50% 직군에 취업하는 비중도 6.4%에서 16.5%로 크게 증가하였다.

〈도표 4〉 청년층 대졸 근로자의 하향 취업 양상(남성)

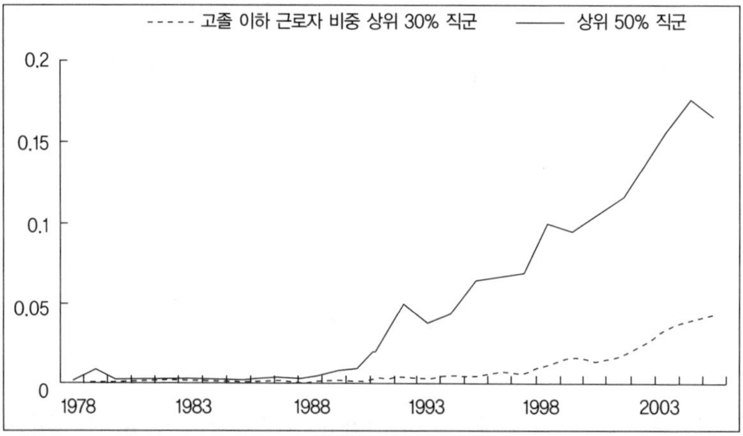

* 출처: 한국개발연구원(2007)에서 인용(원자료: 경제활동인구조사, 통계청, 각 연도).

이와 같이 고학력 청년층의 하향 취업이 일반화되고 있는 추세를 반영하여 청년층의 실질 임금도 중 · 장년층에 비해 상대적으로 하락하는 양상을 보이고 있다. **〈도표 5〉**에 의하면 학력별도 다소의 차이는 있으나, 전반적으로 모든 학력에서 중 · 장년층(30~55세) 대비 청년층(15~29세)의 임금 비율이 하락하고 있으며, 특히 이러한 양상은 2000년대에 두드러지고 있다. 결과적으로 최근 청년층 실업의 문제는 비단 실업인구에 국한되는 문제가 아니라, 청년층의 전반적인 취업여건 악화를 반영하고 있는 것으로 평가할 수 있다.

〈도표 5〉 학력별 청년층/중 · 장년층 임금비율(남성)

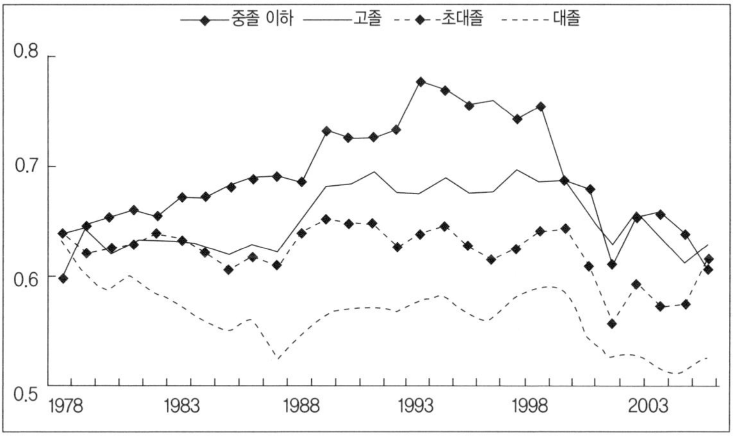

* 출처: 한국개발연구원(2007)에서 인용(원자료: 임금구조 기본통계조사, 노동부, 각 연도).

앞서 **〈도표 2〉**와 **〈도표 3〉** 등에서 본 바와 같이 실업기간이 장기화되는 양상은 일반적으로 구조적 실업의 심화와 연계된다(Juhn, Murphy and Topel, 1991). 실업률은 실업을 경험하는 인구의 규모와 실업이 지속되는 기간에 의해 결정되는데, 실업률 변화에 비해 실업기간의 장기화 경향이 심하다는 것은 소수의 근로자에게 장기 실업이 집중됨을 의미하며, 일반적으로 저기능 근로자에 대한 노동수요의 위축으로 인해 발생하는 구조적 실업의 심화를 반영한다고 볼 수 있기 때문이다. 그러나 우리나라 청년층 실업의 장기화를 구조적 실업으로 해석하는 것에는 무리가 따른다. 왜냐하면 이미 언급한 바와 같이 청년층의 고학력화는 유례를 찾아볼 수 없을 정도로 빠르게 진행되고 있기 때문에, 이들의 기능 수준이 낮아서 발생하는 실업 장기화라고 단정할 수만은 없기 때문이다. 따라서 빠른 고학력화 과정에서도 실업이 증가하고 장기화되는 양상에 대해서는 그 원인을 구조적 실업이 아닌 다른데서 찾아야 할 것이다.

이렇게 볼 때 고학력 청년층 취업 여건의 악화는 노동시장에서의 채용수요 위축에서 그 기본적인 원인을 찾는 한편, 급속한 고학력화 뒤에 숨은 노동공급의 질적 저하도 고려할 필요가 있다. 신규로 진입하는 청년층이 고학력화되는 과정에서 양적으로는 고학력 근로자를 양산하였으나, 동일한 고학력 근로자라고 하여도 질적인 측면에서는 과거와 동일한 생산성을 지니고 있다고 판단하기는 어렵기 때문이다. 이러한 각각의 원인에 대해서는 다음 절에서 보다 구체적으로 짚어보기로 한다.

3. 청년층 취업여건 악화의 원인

1) 노동수요 측면의 요인

청년층의 고용여건을 결정하는 근본 요인은 노동수요와 공급이며, 노동수요가 청년층에게 불리하게 변화할 경우 청년층의 고용여건이 악화되고 실업이 증가하며 실업이 장기화되는 양상이 발생될 수 있다. 따라서 노동수요 측면에서 어떠한 점이 청년층에게 불리하게 작용하고 있는지 살펴볼 필요가 있으며, 여기서는 전반적인 고용창출력의 변화, 고용비용 상승과 대기업 노사관계를 둘러싼 경직성 등을 고려하기로 한다.

우리나라의 산업구조는 중국과의 무역 확대, 기술 진보 등 다양한 원인을 통해 변화되어왔다. 이러한 산업구조의 변화가 노동시장에서의 노동수요에 반영되는 효과를 추정하는 모형은 Katz and Murphy(1992) 등에 의해 활용되었는데, 이를 우리나라 노동시장에 적용하여 추정한 한국개발연구원(2007)에 의하면 전반적인 산업구조의 변화는 오히려 청년층의 수요를 상대적으로 증가시키는 방향으로 작용하여 왔다.[6] 따라서 노동수요는 청년층에게 유리하게 작용되는 잠재적 변화하에서도 실질적인 채용에서는 청년층 근로자의 채용이 위축되고 청년층 근로자의 취업난이 지속되고 있는 원인은, 우리나라 경제의 고용 창출력 둔화와 고용비용(employment costs)이 증가된 데서 비롯되고 있다고 보아야 한다.

1980년 이후 연도별 고용 증가율을 보여주고 있는 **〈도표 6〉**에서와 같이 우리나라의 고용 증가율은 경기에 따른 등락을 거듭하면서 점진적으로 하락하는 추세를 보이고 있다. 점선으로 표시된 추세선의 경우에 기울기가 −0.0007로서 매년 고용증가율이 0.07%포인트 하락하는 경향을 보인다는 것으로 해석될 수 있다. 1980~2007년 기간 동안 평균 고용증가율은 약 2% 수준이므로 이는 고용증가율이 평균적으로 매년 3.5% 하락하는 양상을 반영한다고 볼 수 있다. 이와 같이 고용증가율이 하락함에 따라 신규로 진입하는 청년층에 대한 노동수요는 상대적으로 위축되었을 수밖에 없었을 것으로 판단된다.

6 Katz and Murphy(1992)는 산업구조의 변화에 의해 유발되는 노동수요 변화(ΔD_k)를 $\Delta D_k = \Sigma S_{kj} \frac{W'dX_j}{W'X_j}$로 추정하였다. 여기서 S_{kj}는 k유형 근로자 가운데 j산업에 취업한 비중, W는 근로자 유형별 임금 벡터, X_j는 j산업의 유형별 노동력 투입 벡터를 의미한다.

〈**도표 6**〉 연도별 취업자 증가율

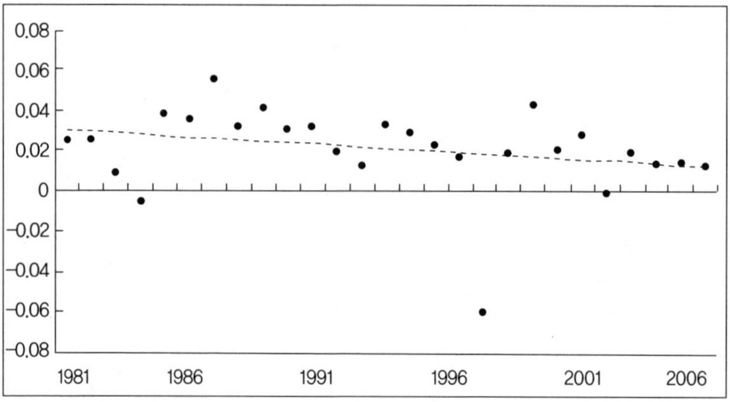

* 자료: 경제활동인구조사, 통계청, 각 연도.

이러한 고용 위축의 원인으로는 빠른 노동비용의 증가, 제도적 요인으로 인한 고용조정의 경직성, 그리고 중소기업의 채산성 악화로 인한 투자 위축 등이 중요하게 작용하였다. 노동부 통계에 의하면 지난 10여 년간 10인 이상 사업체의 근로자 1인당 노동비용은 빠른 속도로 상승하였다. 〈**표 1**〉에서 볼 수 있듯이 1998~2007년 기간 동안 총 노동비용은 2,324.7천 원에서 3,642.5천 원으로 56.7% 증가한 것으로 추정되는데, 사업체 규모별로는 모든 규모에서 두 배가량(100%) 증가하였음을 알 수 있다.[7] 동일 기간 동안 생산자 물가지수는 12.3% 증가하였고, 공산품에 국한하여도 생산자 물가지수는 13.2% 상승한데 불과하여, 생산되는 제품의 가격이 상승한데 비해 노동비용은 훨씬 빠르게 상승하였음을 알 수 있다.

7 전체 노동비용은 각 규모별 노동비용의 가중 평균값이다. 그럼에도 불구하고 전체 변화율이 규모별 변화율의 평균에 훨씬 못 미치는 이유는 동일 기간 동안 각 규모별 고용비중이 변화하였기 때문이다. 보다 구체적으로는 노동비용이 상대적으로 높은 대기업들의 고용비중이 빠르게 하락하였음을 반영한다.

〈표 1〉 기업체 노동비용 변화

노동비용 (천원)	전체	사업체 규모별					
		10~29인	30~99인	100~299인	300~499인	500~999인	1,000+인
1998	2,324.7	1,210.2	1,329.8	1,586.6	1,822.2	1,960.7	2,575.3
2007	3,642.5	2,615.8	2,826.7	3,075.1	3,585.6	4,034.5	5,109.4
증가율	56.7%	116.1%	112.6%	93.8%	96.8%	105.8%	98.4%
현금급여 (천원)	**전체**	**사업체 규모별**					
		10~29인	30~99인	100~299인	300~499인	500~999인	1,000+인
1998	1,409.4	938.0	990.1	1,100.1	1,241.1	1,253.8	1,510.8
2007	2,889.1	2,087.6	2,264.5	2,444.2	2,842.2	3,218.1	4,020.7
증가율	105.0%	122.6%	128.7%	122.2%	129.0%	156.7%	166.1%
법정복리비 (천원)	**전체**	**사업체 규모별**					
		10~29인	30~99인	100~299인	300~499인	500~999인	1,000+인
1998	121.3	82.0	82.2	94.7	100.6	112.1	130.0
2007	243.6	183.6	196.9	211.4	237.1	276.8	325.5
증가율	100.8%	123.9%	139.5%	123.2%	135.7%	146.9%	150.4%

* 자료: 기업체 노동비용조사, 노동부, 각 연도.

이와 같은 노동비용 상승을 주도한 항목은 임금과 각종 수당을 포함한 현금급여이다. 현금급여는 1998년 1,409.4천 원에서 2007년 2,889.1천 원으로 105%(노동비용 상승률의 두 배 수준) 상승하였고, 전체 노동비용에서 현금급여가 차지하는 비중도 60.6%에서 79.3%로 크게 증가하였다. 이와 같은 현금급여의 빠른 상승률은 동일 기간 소비자 물가지수가 27.3% 상승하는데 그친 점에 잘 대비될 뿐 아니라, 제조업의 종업원 1인당 명목 부가가치가 동일 기간 연평균 4.6% 증가한 것에 비해서도 매우 높은 임금증가율이라고 볼 수 있다.8 한편 현금급여 상승률도 사업체 규모별로 구분할 경우 대기업일수

8 연평균 4.6%의 증가율은 9년 동안 명목 부가가치가 50% 증가하였음을 의미한다(산업 총조사, 산업자원부). 제조업의 1인당 부가가치 증가율은 다른 산업에 비해 높기 때문에, 전체 산업에서의 부가가치 증가율은 더 낮을 것으로 판단되며, 이는 임금 및 노동비용 증가율이 1인당 부가가치 증가율을 크게 상회하고 있다는 점을 시사한다.

록 더 높은 상승률을 보이고 있어, 고학력 청년층이 선호하는 대기업의 비용이 더 빠르게 상승하고 있음을 알 수 있다. 이는 노동조합이 집중된 대기업에서 생산자물가 상승을 상회하는 임금인상이 집중되어 있었음을 반영하는 결과라고 할 수 있다. 현금급여 상승률의 경우에도 전체 상승률이 규모별 상승률에 못 미치고 있는데, 이는 상대적으로 임금상승률이 높았던 대기업 부문의 고용비중이 더 빠르게 감소하고 있음을 반영한다.

이와 함께 노동비용을 구성하는 요인 가운데 연금, 보험 등을 포함한 법정 복리비 지출도 빠르게 상승하였음을 알 수 있다. 전체로는 100.8%의 상승률을, 규모별로는 120~150%의 상승률을 보이고 있어, 기업이 근로자에게 직접 지급하는 현금급여 이외에도 법정 복리비 지출 부담이 증가하고 있음을 알 수 있다. 김대일(2004)에 의하면 2000년대 우리나라의 고용창출 과정에서 임금 등 노동비용 상승률이 높은 부문일수록 순 고용창출률이 낮다는 결과가 제시되고 있는데, 양자간의 상관계수는 −0.344에 이르고 있어 노동비용 상승이 고용창출력 둔화의 중요한 원인임을 짐작할 수 있다.

이와 관련하여 대기업 노조를 중심으로 한 노조 부문의 임금상승도 고용창출력 둔화의 중요한 요인으로 작용하고 있다는데 주목할 필요가 있다. **〈도표 7〉**에서는 10인 이상 사업체를 대상으로 노조 부문의 임금 프리미엄과 노조 부문의 고용비중을 비교하고 있는데, 노조의 임금 프리미엄이 상승할수록 고용비중이 빠르게 감소함을 알 수 있다. 도표에 의하면 노조 임금 프리미엄이 1%포인트 높아질수록 노조 부문의 고용비중도 1%포인트 감소함을 알 수 있다.

이러한 결과는 노동조합의 빠른 임금인상이 고용창출력을 훼손시켜 왔음을 의미한다. 노동조합에 의해 임금이 빠르게 인상될 경우, 노조 부문의 고용규모(채용)는 위축될 수밖에 없고, 노조 부문에 취업하지 못한 근로

〈도표 7〉 노조 임금 프리미엄과 고용비중의 관계

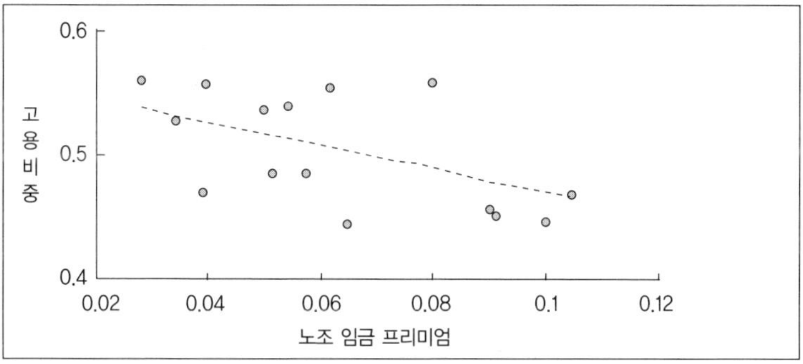

* 자료: 김대일(2007a)에서 인용(원자료: 임금구조기본통계조사, 노동부, 각 연도).

자는 비노조 부문으로 집중되기 때문에, 비노조 부문에서 실업이 증가하거나 임금이 상대적으로 낮아지는 등, 근로조건이 취약해지는 문제를 발생시킨다. 실제 김대일(2007a)의 추정에 따르면, 노조조직률이 10%포인트 높아질수록 순 고용창출률은 0.2%포인트 하락하는 것으로 밝혀졌다.

이와 같이 고용에 부정적인 영향을 미친 것으로 판단되는 노조효과에 더하여, 우리나라 노동조합이 상대적으로 독점력이 강한 부문에 집중되어 있다는 점은 추가적으로 고용창출을 약화시키는 요인으로 작용하고 있다. 우리나라 노동조합이 대기업 부문에 집중되어 있다는 점은 이미 많은 연구에서 밝혀진 바와 같고, 김대일(2007a)에 의하면, 같은 대기업 부문이라도 경제력 집중도(concentration ratio)가 높은 부문일수록 노조조직률도 높고, 노조의 임금도 높은 것으로 나타났다. 우리나라 제조업과 같이 대기업-중소기업산에 하청관계가 복삽하게 얽혀 있는 상황에서는, 하청 중소기업에 대해 수요독점력을 가진 대기업 부문의 경직적 노사관계로 인한 비용이 하청 중소기업에 전가될 가능성이 높다. 실제 우리나라 고용창출력 둔화에 있어서 중소기업의 전반적인 채산성 악화로 인한 효과가 큰 데, 채산성 악화의 배경에 중국 경제가 국제시장에서 중요한 경쟁상대로 대두하고 있는 점도 하나의 원인으로 작용하고 있지만, 대내적으로 대기업 부문의 경직적 노사관계도 중요한 원인으로 작용하고 있다.

대기업 부문의 노사관계가 경직적이라는 의미는 기본적으로 대기업의 임금과 고용이 노동조합이라는 요인으로 인해 시장균형으로부터 괴리된 비효율적 수준에서 결정된다는 의미이다. 대기업의 채산성이 낮아지면, 비록 노조가 조직되어 있다고 하여도 임금과 고용이 시장 상황을 반영하여 조정되어야 하지만, 강력한 노조로 인해 고용도 보장되면서 임금도 계속 인상될 경우 대기업의 비용이 증가하고 생산의 비효율성이 심화될 뿐 아니라, 그 여파가 관련 기업 및 경제 전체에 파급되는 부작용이 초래된다. 특히 대기업은 중소 하청업체에 대해 수요독점력을 보유한 경우가 많기 때문에, 노조의 임금인상과 경직적 고용관행으로 인한 비용을 중소 하청업체에게 하청단가를 낮추는 방식을 통해 전가하게 되고, 그 결과 중소업체의 채산성이 악화되는 한편 중소기업의 투자 여력도 퇴화될 수밖에 없다. Kim(2005)에 의하면 2000년대 초반 임금은 11.1% 상승하는 와중에서도 중소 하청업체의 하청단가는 오히려 평균적으로 2.5~3.2% 하락하는 양상을 보이고 있으며, 이러한 하청단가의 하락폭은 하청업체가 영세할수록 크게 나타나고 있어 발주 대기업의 중소 하청업체에 대한 비용 전가가 현실로 나타나고 있음을 알 수 있다. 즉, 경직적 노사관계로 인해 빠르게 상승한 대기업의 노동비용이 중소 하청업체에 낮은 하청단가라는 형태로 전가될 수밖에 없는 상황이 벌어지면서, 이미 중국과의 경쟁으로 인해 악화된 국내 중소기업의 채산성은 더욱 악화되는 양상이 발생하고 있으며, 이는 중소기업의 고용창출력을 크게 둔화시키는 부작용을 낳고 있는 것이다.

한편 고용비용 증가 원인으로 정규직의 빠른 임금인상 이외에도 고용조정의 경직성이 중요하게 작용하였을 가능성이 높다. Lazear(1998)에 의하면 고용조정이 어려울수록 채용 과정에서 채용 대상 근로자의 생산성에 대한 정보를 수집할 유인이 증가하게 된다. 해고가 용이하다면, 근로자를 일단 채용한 뒤 생산성을 관측하고, 생산성이 임금 수준에 못 미칠 경우에 해고하면 기업의 손실이 크지 않지만, 해고가 어려운 경우에는 생산성이 임금 수준에 못 미치는 경우에도 계속 고용관계를 유지해야 하므로 기업의 손실이 매우 클 수 있다. 따라서 기업들은 해고가 어려운 경우에 채용 당시 생산성이 높은 근로자를 가려내기 위해 다양한 노력을 하게 되고, 그 결과 채용비용이 높아질 뿐 아니라, 상대적으로 생산성이 쉽게 관측되는 경력자가 더 선호된다. Lazear(1998)의 연구에서 특히 눈에 띄는 점은, 해고가 용이할 경우 생산성에 대한 정보가 상대적으로 취약한 신규 구직자를 채용하는 기대가치(option value)가 생산성에 대한 정보가 알려진 경력자를 채용하는 것에 비해 오히려 더 높다는 점이다. 따라서 청년층 신규 구직자에 대한 채용이 활성화될 수 있으려면, 해고의 경직성이 해소되어야 한다는 시사점을 주고 있다.9

실제 1998년과 2007년 사이에 기업체의 모집비용은 150% 상승하였고, 고용조정의 경직성이 높은 대기업으로 갈수록 더 크게 증가하였다. 일례로 10~29인 영세업체의 경우에 모집비용은 50% 증가하였지만, 300~499인 업체에서는 213%, 1,000인 이상 업체에서는 무려 409% 증가한 양상을 보이고 있다.10 즉, 우리나라 사업체들이 과거에 비해 채용과정에 많은 비용을 들이고 있으며, 대기업으로 갈수록 채용과정에 투입되는 비용이 더 큰 폭으로 증가하였다는 의미이다. 이는 대기업일수록 해고에

9 청년실업과 관련된 Lazear(1998)의 연구에 대한 논의는 김대일(2004)을 참조할 수 있다.

10 기업체 노동비용조사(노동부, 각 연도).

대한 규제에 더 노출되어 있을 뿐 아니라 노동조합으로 인해 고용조정이 거의 불가능하기 때문에, 그만큼 채용 과정에 많은 비용을 투입하여 생산성이 높은 지원자를 가려내고자 하는 유인이 높음을 반영한다.

또한 앞서 **〈도표 3〉**에서 보인 바와 같이, 청년층 가운데에서도 신규 구직자의 실업기간이 경력자에 비해 장기화되는 양상도 경직적 노사관계와 고용조정의 어려움으로 인해 채용단계에서 신규 구직자보다는 경력직이 선호되는데 따른 효과로 판단할 수 있다. 실제 1998년 이후 신규채용에서 경력자가 아닌 청년층 신규 구직자가 차지하는 비중이 빠르게 하락하고 있는데 주목할 필요가 있다. 김대일(2004)에 의하면 25~29세 청년층 남성 채용자 가운데 신규 구직자의 비중은 1998년 50% 수준에서 2002년 10%까지 하락하였다. 또한 신규채용 규모도 임금이 높은 부문일수록 억제되는 효과도 관측되어,[11] 전반적으로 높은 임금과 고용조정의 경직성이 청년층 취업을 억제하는 가장 중요한 수요 측면의 요인임을 알 수 있다.[12]

2) 노동공급 측면의 요인

최근 노동시장에 신규로 진입하는 청년층의 가장 큰 특징은 매우 고

11 2000년대 고용 창출과정에서 부문별 임금 상승률과 신규 청년층 채용 비중간의 상관계수는 −0.480으로 추정되었다(김대일, 2004).

12 아울러 교육과정을 통해 신규 근로자의 생산성에 대한 정보가 전달되는 시스템이 약화되면서 신규 노동력 채용에 대한 유인이 추가적으로 하락하고 있다는 해석도 가능하다. 최근 거의 실험적이라고 할 수 있을 정도로 입시제도의 변화가 심하였기 때문에, 대학 졸업자들에 대한 능력 식별효과(screening effectiveness)가 약화되었다는 주장이다. 결과적으로 고용조정이 어려운 환경에서, 기업의 채용비용이 증가될 수밖에 없는 또 하나의 요인을 제공하였고, 이에 따른 채용규모 축소뿐 아니라, 신규 졸업자보다는 노동시장에서 한번 검증된 경력자를 선호할 수밖에 없는 요인으로도 작용하고 있다.

학력화되어 있다는 점이다. 우리나라 고등학교 졸업생 가운데 2년제 대학을 포함한 대학진학률은 1990년 33.2% 수준이었으나, 1995년도에는 51.4%, 2005년에는 82.1%로 빠르게 상승하였다.13 이는 졸업년도에 대학에 진학한 경우만을 포함하고 있기 때문에, 재수 이상을 통해 진학하는 경우까지 포함하면, 실제 대학진학률은 이보다 높을 것으로 판단된다.

이와 같이 대학 진학률이 빠르게 증가하면서 신규 노동력은 고학력화되었으나, 실질적인 노동력 생산성은 대졸 근로자를 중심으로 하락하는 양상을 보이고 있다. 근로자의 임금을 기초로 추정된 4년제 대학졸업 학력 근로자의 노동력의 질(labor quality)은 **〈도표 8〉**에서와 같이 1970년대 출생한 근로자를 중심으로 빠르게 하락하는 양상을 보이고 있는데, 도표의 결과에 의하면 1950년대 초반 출생한 대졸 근로자와 1970년대 후반 출생한 대졸

〈도표 8〉 고학력 근로자(남성)의 출생년도별 노동력의 질(초대졸 평균=1)

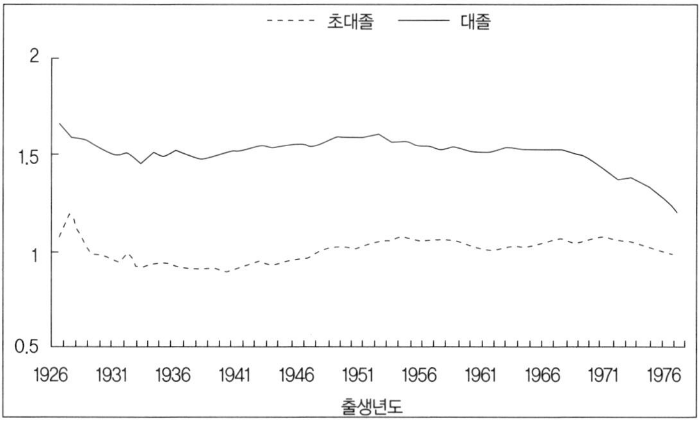

* 자료: 김대일(2007b)에서 인용(원자료: 임금구조기본통계조사, 노동부, 각 연도).

13 교육인적자원부 자료.

근로자의 격차는 최대 25%까지로 나타나고 있다.

이와 같이 대학졸업 학력소지자의 생산성이 상대적으로 하락하고 있는 원인으로는 우선 대학에 진학하는 비중이 크게 증가하면서 대학 진학자들이 과거만큼 선별된 그룹(selective group)이 아니라는 점을 고려할 수 있다. 즉, 과거 전체 인구 가운데 20% 내외가 대학을 졸업할 때에 비해, 현재와 같이 80%가 진학하는 경우에는 상대적으로 능력이 낮은 계층이 대학 진학자에 다수 포함될 수밖에 없기 때문이다.[14] 그러나 우리나라의 경우에는, 이러한 구성효과(composition effect), 즉 대학 진학자의 구성이 상대적으로 낮은 능력 보유자를 많이 포함하게 된 효과도 중요하지만, 이에 더하여 교육의 효과성과 교육대상 선별의 효과성도 저하되고 있을 가능성도 반영한다고 판단된다. 왜냐하면, 최근으로 올수록 대졸 학력 근로자 가운데에서도 중 · 상위계층의 생산성 저하 양상이 하위 계층에 비해 두드러지고 있기 때문이다.

〈도표 9〉에 의하면 1970년대 초반과 후반에 출생한 대졸 근로자를 비교할 경우 하위 10% 계층에서는 생산성이 약 8% 하락한 것으로 추정되나, 상위 10%와 중위 계층에서는 19~20%까지 하락한 것으로 추정되고 있어, 대졸학력 근로자 가운데서도 중 · 상위계층의 생산성 저하가 더 심각한 수준임을 알 수 있다. 즉, 최고 학력 수준인 대학 졸업자들의 노동력이 하향평준화되고 있음을 의미한다고 볼 수 있다. 대학 진학자의 구성효과가 생산성 하락의 원인이라면 중 · 상위 계층에 비해 하위계층의 생산성 저하가 더 두드러져야 할 것이기 때문에, 이러한 양상은 그간 하향평준화의 우려를 계속 불러일으켰던 교육정책이 유발한 부작용을 반영한다고 판단된다.

14 이는 대학 진학률이 빠르게 증가한 미국에서도 유사하게 유발된 효과이다(Juhn, Kim and Vella, 2005).

〈도표 9〉 대졸 남성 근로자의 출생년도별, 임금수준별 생산성 변화(중위평균=1)

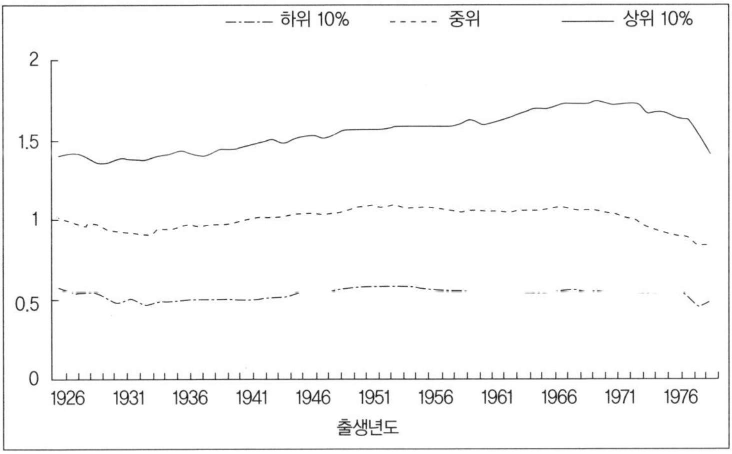

* 자료: 김대일(2007b)에서 인용(원자료: 임금구조기본통계조사, 노동부, 각 연도).

이와 같이 최근으로 올수록 대학 졸업자의 질이 상대적으로 하락하고, 높은 생산성을 지닌 대졸자의 비중도 하락함에 따라 상대적으로 고기능 수준의 노동력을 선호하는 신산업 부문, 대기업에서의 청년층에 대한 채용유인이 위축될 수밖에 없는 현실이다. 결과적으로 기존에 취업하고 있는 경력자에 대한 수요가 증가하고, 높은 기능 수준을 보유한 경력자에 대한 임금은 빠르게 상승하는 한편, 높은 청년층 실업률에도 불구하고 일부 하이테크 부문에서는 인력난을 호소하는 전형적인 수급불균형 양상이 도출되고 있다.

반면 학력수준이 높아진 청년층 구직자는 취업에 대한 기대수준이 높게 형성되어 있기 때문에 구직기간(실업기간)이 장기화되는 효과도 발생한다. 앞서 보았듯이 실제 대졸학력 근로자 가운데 상당수가 궁극적으로는 하향취업을 하게 되는데 이와 같이 눈높이가 조정되는데 시간이 더 많이 소요되고 있는 것이다. **〈도표 10〉**에서 볼 수 있듯이, 대졸 근로자는 저학력 근로자에 비해 구직기간이 긴 편이며, 경제위기 시기인 1998년을 예외로 하면 대체로 고학력일수록 구직기간이 장기화되고 있다는 점을 알 수 있다. 동일 기간 동안 직업능력교육에 초점이 맞추어져 있는 초대졸 근로자의 구직기간은 오히려 감소하고 있는 점과 잘 비교되는 양상이다.15

〈도표 10〉 학력별 청년층 남성 구직자의 구직기간 변화(개월)

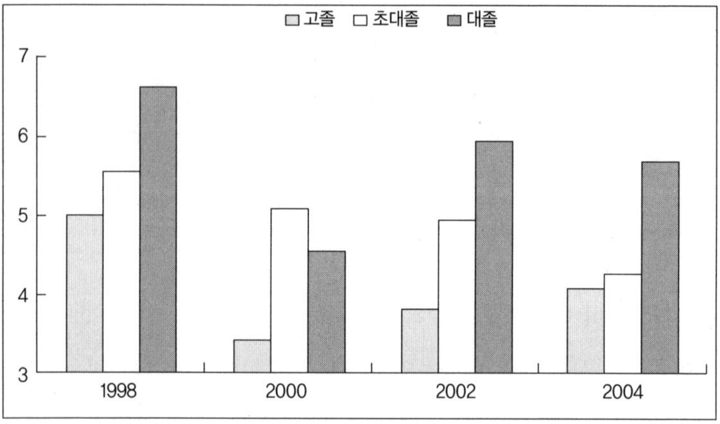

* 출처: 한국개발연구원(2007)에서 인용(원자료: 경제활동인구조사, 통계청, 각 연도).

이와 함께 이공계의 경우에 기업의 근시안적 인적자원 관리로 인해 이공계 기피현상이 심화되고, 이에 따라 인문계열 대졸 근로자의 공급과잉도 문제로 대두되고 있다. 이공계 직종의 경우 경력축적과 함께 관리직으로 이동하는 경로(track)가 미비되어 있는 실정이라, 실제 기능 관련 전문가와 준전문가, 소위 엔지니어라는 직종의 비중은 30대 초반이 10%에 이른 이후 연령과 함께 빠르게 하락하여 45세 이후에는 2% 미만으로 하락하는

---

15 상대적으로 저학력인 고졸 근로자의 구직기간도 증가하는 양상을 보이고 있는 점은 기술진보에 따른 노동수요의 고급화를 반영하는 것으로 판단된다.

양상을 보이고 있다.16 즉, 기업들이 기존의 이공계 인력을 지속적으로 훈련시키려는 노력보다는 시장에서 신규노동력으로 대체하려는 근시안적 인적자원 관리가 만연하고 있다는 홍성민(2007)의 결과를 뒷받침하고 있다. 결과적으로 대학 전공 선택에 있어서 장기적 고용안정성에 대한 전망이 상대적으로 우월하다고 판단되는 인문계열로의 집중이 심화될 수밖에 없으며, 이는 인문계열 대졸 근로자의 취업난을 가중시키는 효과를 초래하고 있다고 판단된다.

4. 향후 정책 방향

지금까지의 논의를 종합하면, 청년층 실업 증가와 고용난 심화의 원인으로는 첫째, 경제 전반에 걸친 고용창출력 둔화, 둘째, 고용조정의 경직성, 대기업 노조 부문에 의해 선도되는 빠른 임금 상승 등 고용비용 상승에 따른 신규 청년층에 대한 채용 수요의 위축, 셋째, 노동시장에 신규로 진입하는 고학력 청년층 근로자의 상대적인 생산성 저하 등을 고려할 수 있다. 따라서 노동시장 정책은 종합적인 시각에서 이러한 세 가지 원인을 완화할 수 있는 방향으로 정립될 수 있어야 할 것이다.

16 경제활동인구조사(통계청, 2006).

1) 기업의 투자활성화

청년 실업에 대한 가장 기본적인 대책인 고용창출을 위해서는 노동시장과 재화시장, 자본시장간 상호작용을 충분히 감안한 일반균형적 시각에서 접근할 필요성이 높다. 기본적으로 고용창출력을 강화하기 위해서는 경제 전반에 걸친 투자가 활성화되어야 하는데, 이는 노동시장에서 모두 해결될 수 있는 문제가 아니기 때문에, 전반적인 투자 부진의 원인을 재화시장과 금융시장에서도 분석할 필요성이 있다.

이러한 관점에서 볼 때 현재 고용창출을 위한 전제조건인 투자가 현재 중소기업을 중심으로 크게 위축되어왔다는 점에 주목할 필요가 있다. 우리나라 중소기업의 채산성은 1990년대 지속적으로 하락하여 2000년대 초반 거의 0 수준까지로 하락하였는데, 이와 같이 중소기업의 채산성이 하락하여 투자가 부진한 이유로는 국제시장에서 중국이 강력한 경쟁자로 부상(浮上)하게 된 점 등 외부적 여건의 변화도 중요하게 작용하였지만, 자본시장에서의 중소기업에 대한 자금 흐름의 경직성, 수요독점적 하청관계에서의 영세 수주업체 수익성이 하락하고 있는 점도 주의 깊게 살펴볼 필요가 있다.[17] 중국 경제의 부상에 대해서는 정책적으로 접근할 여지가 거의 없을 뿐 아니라 정책적으로 직접 대응하는 것도 부적절하다. 다만 경제위기 이후 기존 대기업에 대한 경제력 집중이 심화되면서 발생하는 부작용에 대해서는 정책적인 고려가 반드시 필요하다고 판단된다.

우리나라 기업 부문에서는 경제위기 이후 빅딜(Big Deal) 등의 기업부문

17 중소기업의 채산성 하락과 투자 부진에 대한 연구로는 임경묵(2003) 등을 고려할 수 있다. 중국의 부상이 우리나라 고용 창출력에 미친 효과에 대해서는 김대일(2006), 그리고 하청관계에서의 중소기업 채산성 하락에 대해서는 김대일(2007a) 등을 참조할 수 있다.

구조조정 정책이 당시 위기 극복에는 기여하였으나, 궁극적으로는 일부 대기업의 수요독점력을 강화시킨 결과로 작용하였다. 대기업의 규모 증가 자체가 부정적이라고 할 수는 없으나, 우리나라와 같이 대기업-중소기업간 하청관계가 복잡하게 얽혀 있는 경제에서는 하청관계에서 최종 발주업체인 대기업의 규모와 독점력이 강화될 경우 수요독점 효과가 심화되어 하청 수주업체들의 채산성이 악화될 가능성이 높다. 김대일(2007a)에 의하면 우리나라 제조업 부문별로 매출 상위 3개 업체의 매출 규모는 동일 산업의 평균 업체의 매출 규모에 비해 1998년 115배에 달하였는데, 이 비율이 불과 4년 뒤인 2002년에는 163배로 42% 증가하였다. 이와 같이 일부 대기업에 경제력 집중이 심화되면서 하청관계에서의 수요독점적 경향이 강화되었고, 그 결과 대기업 노조로 인한 비용 상승이 중소 협력업체에 대한 하청단가의 하락으로 이어지는 경우가 빈번해졌다.18

따라서 이러한 구조적인 문제에 대해서는 단기적으로 볼 때 하청관계에서의 공정거래 확립을 통해 중소기업의 수익성을 제고하려는 노력이 필요하고, 이는 독점적 행위에 대한 정부의 규제가 강화되어야 함을 의미한다. 또한 장기적으로는 중소업체들이 스스로의 자생력을 제고하고, 신기술 개발 등을 통해 하청관계에서 협상력을 높이려는 노력을 해야 한다. 이를 통해 중소기업이 대기업으로 성장하는 추세가 정립되어야 하는데, 실질적으로 볼 때 현재 하청관계에서의 불공정 거래 관행은 소수의 대기업이 발주업체인 상황에서 다수의 중소 수주업체 경쟁이 심화되어 있는 점에서 유발되는 경향이 강하기 때문이다.

결과적으로 현재의 경제력 집중 문제는, 역설적으로 대기업이 너무

18 김대일(2007a), 중소기업협동중앙회 참조.

적어서 발생한 결과이며, 대기업의 수가 증가하고 대기업간 경쟁이 활성화될수록 이 문제는 장기적으로 볼 때 자연스럽게 해결될 것으로 보인다. 다만 정부는 중소기업이 대기업으로 성장할 수 있는 여건 조성에 기업부문 정책 방향을 맞추어야 할 것이며, 이는 현재와 같이 중소기업이기 때문에 지원을 해주는 정책기조에서, 성과가 높은 중소기업, 성장하는 중소기업을 더욱 지원하는, 소위 차별화 정책에 초점을 맞추어야 할 것으로 판단된다.19

이러한 장기적인 정책 기조하에서 볼 때, 자본시장에서의 중소기업 여신 활성화 등 기업의 투자를 활성화할 수 있는 여건 조성도 매우 중요하다. 자본시장에서 높은 사업성을 가지고 성장하는 중소기업에게 충분한 투자자금이 지원될 수 있는 여건이 필요하며, 이를 위해서는 금융 부문, 특히 은행의 기업선별 기능이 강화될 수 있어야 할 것이다. 현재와 같이 부동산 담보 등에 기초한 가계금융에 치중할 경우 생산적인 부문에 대한 투자는 위축될 수밖에 없고, 이러한 상황에서는 성장성 있는 중소기업도 자금 확보를 위해 대기업과의 하청관계에서 탈피하지 못하는 악순환이 계속될 수밖에 없다고 판단된다.

2) 신규노동력 채용 유인 제고

기업의 투자 유인이 제고되어도, 투자 확대가 실질적인 채용 수요 확대로 실현되려면 기업의 노동비용이 안정되어야 한다. 노동비용이 높을 뿐

19 차별화 정책에 대한 심도 있는 논의는 좌승희(2008) 참조.

아니라, 앞으로도 계속 빠른 상승세를 보일 것으로 예상되면, 기업은 투자를 확대하면서도 필요 노동력을 계속 감소시키는 노동력 대체적 투자(labor-saving investment)에 더 집중할 것이기 때문이다. 우리나라의 경우 비록 중소업체의 투자는 감소하였으나 대기업 부문의 투자는 꾸준하게 유지되어왔음에도 불구하고 대기업 부문의 고용은 거의 창출되지 못하고 있는 양상인데, 그 이유는 노동력 대체적 투자가 주종을 이루어왔기 때문이며, 결국 최근 고용 없는 성장(jobless growth)이라는 평가가 나오게 된 하나의 원인으로 작용하였다.

기업의 노동비용이 상승하고 있음은 이미 앞서 본 바와 같은데, 이와 같은 노동비용 상승의 주요 원인은 대기업 노조에 의해 선도되는 높은 임금 인상률과 정규직에 대한 고용조정 경직성으로 집약된다. 대기업 노조 부문을 중심으로 한 높은 임금인상률은 대기업의 투자를 노동력 대체(labor-saving) 방향으로 유도하였을 뿐 아니라, 대기업이 높은 노동비용의 일부를 하청단가 하락을 통해 중소 하청업체에 전가하는 양상을 초래하였다. 특히 정규직에 대한 고용조정이 매우 경직적인 상황에서 정규직의 높은 임금 인상률은 정규직 채용수요를 위축시키고 비정규화를 심화시킬 뿐 아니라, 상대적으로 생산성에 대한 정보가 취약한 신규 구직자에 대한 채용을 억제하는 방향으로 채용수요를 왜곡시키고 있다.20

결과적으로 기업의 신규노동력 채용 유인을 제고하기 위해서는 고용조정의 유연성이 제고될 필요성이 높다. '정리해고를 회피하기 위한 모든 수단을 소진해야 한다'는 현재의 근로기준법 조항 하에서는 기업이 고용조

20 1998년 고용조정의 유연성 확보를 위해 정리해고법 등이 도입되었으나, 기업의 정규직에 대한 고용조정은 실질적으로는 명예퇴직이라는 매우 높은 비용을 수반하지 않고는 거의 불가능한 상황이다(Choi and Kim, 2004).

정의 당위성을 확보하기 매우 어렵고, 노동조합, 또는 근로자 대표와의 성실한 협의 의무도 정리해고에 반대하는 노동조합 등을 상대로 기업이 자력으로 충족시키기 불가능한 조항이기 때문에 1998년 도입된 정리해고 입법의 취지마저도 무색해진 현실이라고 볼 수 있다. 실제 1998년 이후 순수한 의미에서의 정리해고가 실행된 기업의 사례를 찾기가 매우 힘든 점에서도 현 정리해고법의 경직성을 가늠할 수 있다고 판단된다.[21]

한편 신규노동력 채용 유형의 다양화를 통해 고용조정 비용을 낮출 수 있는 노력도 필요하다. 신규노동력에 대한 2~3년 단위의 정규계약직 채용을 허용함으로써 기업은 근로자의 생산성을, 근로자는 기업의 직무 성격을 파악할 수 있는 기회를 제공할 필요성이 높다. 이 기간을 통해 서로에게 맞는 근로자, 일자리를 찾는 성과가 개선될 수 있으며, 기업도 생산성이 불확실한 근로자를 채용하는데 대한 부담이 최소화될 수 있기 때문에 전반적인 채용도 증가하고 일자리별 생산성도 제고될 수 있을 것이기 때문이다. 오히려 최근 입법된 비정규직 관련 법규와 같이 2년 후 반드시 정규직으로 전환해야 하는 법체계 하에서는 비정규직 채용도 위축될 뿐 아니라, 고용주와 근로자의 다양성을 무시하고 있다는 점에서 현실을 외면한 법체계라고 평가된다.

3) 교육 성과제고를 위한 교육체제의 정비

기술 진보의 속도가 빠르면서도 국제적인 경쟁이 심화되고 있는 현대

21 현실적으로 대기업 노동조합 부문의 고용조정은 명예퇴직이라는 높은 비용이 수반되는 형태로만 가능한 양상이다(Choi and Kim, 2004).

경제에 있어서는 근로자의 기능 가운데 적응성(adaptability)과 창의성(creativity)의 중요성이 증가하고 있다. IT산업의 발전으로 인해 개개인 근로자가 매우 복잡 다양한 정보를 접하게 됨으로써, 단순한 지식(knowledge)이 갖는 중요성보다 새로운 환경에 적응하여 새로운 정보를 토대로 얼마나 창의적으로 활용하여, 새로운 부가가치를 창출할 수 있는가가 근로자 생산성을 결정하는 중요한 기능으로 부각되고 있는 것이다. 그러나 우리나라 교육환경에서는 개인의 적응성과 창의성이 배양되기보다는 오히려 반복학습에 따른 부작용이 심화되고 있다. 초·중·고등학교 교과과정에서 입시를 위한 반복학습이 강조되고 있고, 개인의 사고력과 창의력은 오히려 억제되는 양상을 보이고 있는 것이다.22

입시로부터 자유롭지 못한 초·중·고등학교 교과과정에서 반복학습이 강조되는 이유는 현재의 입시가 사교육 억제라는 취지로 수능에 초점을 맞추고 있는데, 수능시험의 난이도가 학생의 수학능력과 창의력을 검증하기에 충분하지 못할 뿐 아니라, 얼마나 반복학습을 통해 입시에서 실수하지 않는 확률을 높이는가에 의해 시험 성과가 결정되고 있기 때문이다. 상대평가 체제인 입시제도 하에서 난이도를 낮추는 것은 오히려 사교육을 촉발하는 효과가 있을 뿐 아니라, 공교육뿐 아니라 사교육의 내용도 교과과정을 반복학습 위주로 왜곡시키는 문제까지 유발시키고 있는 것이다.23 창

22 우리나라 학생들은 교육성과가 높다는 국제비교 결과는 실제로 우리나라 교육성과를 반영하고 있다고 판단하기는 어렵다. 왜냐하면 사교육 등을 통해 선행학습이 광범위하게 진행되고 있기 때문에 상대적으로 저학년의 교육성과는 다른 선진국에 비해 높게 평가될 수밖에 없기 때문이다. OECD의 교육 평가보고서(OECD PISA, 2000) 등에 의하면 우리나라 초 · 중 · 고등학생의 성적은 좋은 편이지만, 학교 교육에 대한 평가, 예를 들어 학교 교사가 교육자료에 대한 학생들의 이해를 돕기 위해 얼마나 노력하는가, 학교 교사들의 교육 의지는 얼마나 높은가 등의 문항에서 모두 최하위권으로 집계되고 있다. 반면 보습학원 등 사교육 비중은 OECD 국가들 가운데 가장 높은 수준을 보이고 있어 공교육 부실에 대한 우려가 통계 및 서베이 결과로 확인되고 있다.

23 입시 난이도와 수험생의 사교육 수요에 대한 간접적 논의로는 Kim and Rhee(2004) 참조.

의적 사고력, 판단력 및 적응력 제고를 위해서는 대학의 선발과정, 즉, 입시에 있어서 수험생 능력별로 다양한 제도가 고려될 수 있어야 할 것으로 판단되며, 최근 입시 자율화를 향한 일부 대학의 움직임이 그러한 측면에서 가능성을 보이고 있다고 평가된다.

한편 대학의 교육환경 개선을 통해 강의식 교육보다는 사고력과 창의성을 제고하는 교육이 진행될 수 있는 여건도 조성하여야 한다. 2년제 대학을 포함한 대학 진학률은 2004년 이후 이미 80%를 넘어섰기 때문에 향후 신규노동력은 대졸 근로자가 대부분을 차지할 것으로 기대되어, 대졸 근로자의 생산성 제고가 시급하지만 현실은 그렇지 못하다. 기술 진보와 경쟁심화로 인해 고급 노동력의 생산성 제고의 중요성은 더욱 심화되고 있는데 비해, 지난 30여 년간 대학교육 환경의 개선은 초·중·고등학교에 비해 상당히 느리게 진행되어왔던 것도 사실이다. 일례로 2차 교육기관(secondary schools)의 학생 1인당 교육비 지출은 OECD 국가의 평균과 비교할 때 2003년 92% 수준이지만, 3차 교육기관(tertiary schools)에서는 63%에 불과하여 개인의 적성과 능력에 따라 상이한 학문을 다양하게 추구하는 대학기관들에 대한 투자가 상대적으로 취약하였음을 알 수 있다.[24]

4) 산학연계 강화를 통한 School-to-Work Transition 활성화

그간 산학협력의 필요성에 대한 논의는 상당히 진행되어왔으나, 대체로 R&D 차원에서의 논의만 활성화되어 있을 뿐 인력자원 활용 차원에서

24 OECD(2005) 참조.

의 논의는 많지 않았다. 실제 R&D 차원에서의 산학협력도 특허 등 외면적 성과 달성에 치중하여 있을 뿐, 실질적인 생산성과 매출 증가에는 크게 기여하지 못하는 상황이라는 연구 결과도 제기되고 있어 우리나라에서 산학협력의 성과는 높지 않았던 것으로 평가된다.25

실질적인 산학연계에 있어서는 커뮤니티 차원에서의 대학과 산업간의 연계를 강화하는 전략이 필요하다. 채용 활성화라는 측면에서는 기업 소재 지역의 대학 재학생에 대하여 직장 및 직업을 체험하는 인턴제를 활성화할 필요가 있다. 현재의 인턴제는 대부분 기업이 잠재적 근로자와의 소통을 위해 자발적으로 실시하기보다는 정부정책에 순응하는 차원에서 진행되었기에, 이에 참가하는 기업도 큰 매력을 느끼지 못하였을 뿐 아니라, 학생들도 실질적인 업무 체험보다는 잡일에 종사하는 것에 그치는 경우가 비일비재하였다.

따라서 인턴제의 실효성을 높이기 위해서는 인턴제를 1~2년 단위의 과목으로 설정하여 기업으로 하여금 인턴학생에 대한 학점을 부여하는 방식을 검토할 필요성이 높다. 근로체험이 대학의 정규과목으로 활용될 경우, 기업의 비용부담을 낮게 유지하면서도 인턴제를 활성화할 수 있을 것으로 기대할 수 있으며, 인턴 기간을 단기가 아닌 1~2년으로 함에 따라 청년층 근로자의 실질적인 근로체험을 유도할 수 있을 것이다. 이러한 제도를 통해 기업은 잠재적인 근로자에 대한 능력을 평가할 수 있는 기회를, 학생(근로자)은 잠재적인 직장에 대한 정보를 수집할 수 있는 기회를 부여받게 됨으로써 직무와 근로자간 결합 생산성(match quality)이 제고될 수 있으며, 인턴 기간을 잠재적 근로자에 대한 훈련 기간으로 활용할 경우 졸업과

25 엄부영(2007) 참조.

함께 기업의 수요에 부합되는 근로자가 공급될 수 있다는 장점도 기대할 수 있다.

또한 이공계 기피 양상을 완화하기 위해서는 이공계 기피의 가장 중요한 요인으로 작용하고 있는 이공계 경력의 단절성을 개선할 필요가 있다. 이공계 산업인력의 경우 빠른 기술 진보로 인해 정규교육을 통해 습득한 기능이 오랜 기간 생산성을 유지하지 못하기 때문에 경력 형성에 애로가 있는 것으로 판단된다. 따라서 이공계 인력의 관리직 전환을 용이하게 하는 한편, 이공계 재교육, 즉, 재훈련의 효과성을 높이기 위한 산학연계를 강화할 필요가 있다. 일례로 지역 내 대학에 대한 이공계 인력 위탁교육 과정을 활성화하고, 이에 대한 정부지원도 고려할 필요성이 높다. 다만 가장 기본적으로는 기업이 이공계 인력을 단기간 활용하고 사장시키는 인력이 아니라, 재훈련을 통해 장기적 활용도를 유지하는 인력으로 인식하여 재훈련 과정에 적극 참여할 유인이 유발되어야 한다. 이는 정부 정책으로 해결될 수 있는 문제는 아니며, 각 기업별로 독자적 기술개발에 대한 유인이 지속적으로 제공될 수 있는 여건이 조성되는 것이 더 급선무라고 할 수 있다. 이러한 유인은 상대적으로 대기업과 중견기업에서 강하다고 판단되는데, 결과적으로 이 문제도 성장하는 기업이 우대받을 수 있는 경제환경에서 해결될 수 있다고 판단된다.

참고문헌

김대일(2004), 「경제위기 이후 청년실업의 변화와 원인」, 유경준 편, 『한국경제 구조변화와 고용창출』, 한국개발연구원 연구보고서 #2004-05.

김대일(2006), 「중국의 부상이 우리나라 노동시장에 미친 영향」, 신인석 편, 『경제위기 이후 한국경제 구조변화의 분석과 정책방향』, 한국개발연구원 연구보고서 #2006-07.

김대일(2007a), 「외환위기 이후 노동시장의 변화와 시사점」, 『경제학 연구』 제55편 제4호, pp. 473~502.

김대일(2007b), 「교육의 양적 확대와 신규노동력의 질적 변화」, 한진희 외, 『경제위기 이후 한국 경제 성장: 평가 및 시사점』, 한국개발연구원 연구보고서 #2007-05.

남재량 (2006), 「청년 니트(NEET)의 실태와 결정요인 및 탈출요인 연구」, 제7회 한국노동패널 학술대회, 한국노동연구원.

엄부영(2007), "The Determinants of Industry-University-GRI(IUG) Linkages and their Impacts on Firm Performance: The Case of Korea," 서울대학교 박사학위논문.

임경묵(2005), 『기업의 설비투자 행태 변화분석』, 한국개발연구원 정책연구시리즈 2005-15.

좌승희(2008), 『진화를 넘어 차별화로』, 지평사.

채창균 외(2008), 『유휴청년연구』, 한국직업능력개발원 정책연구.

한국개발연구원(2007), 『노동부문의 주요 현안과 향후 정책방향』, 기획예산처 정책용역 보고서.

홍성민(2007), 『산업기술인력 노동시장의 특성에 관한 연구: 이공계 기피원인 파악을 중심으로』, 서울대학교 박사학위논문.

Acemoglu, Daron, and Jorn-Steffen Pischke(1998). "Why Do Firms Train? Theory and Evidence," Quarterly Journal of Economics, volume 113 issue 1, pp. 79~119.

Choi, Young-Ki, and Dae Il Kim(2004), "Changes in the Labor Markets and Industrial Relations," in Duck-Koo Chung and Barry Eichengreen(eds.), The Korean Economy beyond the Crisis, Northampton, MA. Edward Elgar.

Juhn, Chinhui, Dae Il Kim, and Francis Vella(2005), "The Expansion of College Education in the US, 1940-1990: Is There Evidence of Declining Cohort Quality?" Economic Inquiry, vol. 43 no. 2, pp. 303~315.

Juhn, Chinhui, Kevin M. Murphy, and Robert H. Topel(1991), "Why Has the Natural Rate of

Unemployment Increased over Time?," Brookings Papers on Economic Activity, issue 2, pp. 75~126.

Katz, Lawrence F., and Kevin M. Murphy(1992), "Changes in Relative Wages, 1963-1987: Supply and Demand Factors," Quarterly Journal of Economics, vol. 107 no. 1, pp. 35~78.

Kim, Dae Il, and Changyong Rhee(2004), "Does Easier Test Reduce Efforts?" 『경제논집』, 제 43권 1·2 통합호, pp. 401~429.

Kim, Dae Il(2005), "Korea's Unionism and Its Labor Market Outcomes," in C. Lee and S. Kuruvilla(eds.), The Transformation of Industrial Relations in Large-size Enterprises in Korea: Appraisals of Korean Enterprise Unionism, Seoul: Korea labor Institute, pp. 39~88.

Lazear, Edward P.(1998), "Hiring Risky Workers," in I. Ohashi and T. Tachibanaki(eds.), International Labour Markets, Incentives and Employment, New York: St. Martin's Press.

OECD(2001), Knowledge and Skills for Life: First Results from PISA 2000, Paris: Programme for International Student Assessment(PISA).

OECD(2005), Education at a Glance, Paris.

Topel, Robert H., and Michael P. Ward(1992), "Job Mobility and the Careers of Young Men," Quarterly Journal of Economics, vol. 107, iss. 2, pp. 439~479.

제5장_ 비정규직에 대한 새로운 접근: 고용형태의 다양화에 대한 정책 대응

이종훈

1. 문제의 제기: 비정규직에 대한 기존 논의의 한계

비정규직 문제에 대한 기존 논의는 지나치게 단순하고, 또 그로 인해 정확하지 않은 정책적 판단으로 연결되는 경향이 있다.

첫째, 정규직 대 비정규직의 이분법으로 접근한다. 비정규직은 하나의 실체가 아닌데 '정규직이 아니다'라는 이유 하나로 한 통으로 취급되는 경향이 있다. 비정규직은 말 그대로 정규직이 아니라는 의미이다. 따라서 비정규직은 당연히 하나의 실체가 아니다. 정규직이 아닌 근로계약은 얼마든지 다양한 내용일 수 있다. 비정규직을 하나의 형태로 간주하고 대응하게 되면, 비정규직과 정규직 2개의 대안만이 존재한다고 생각하게 되고, 따라서 비정규직을 규제하면 정규직이 늘어날 수 있다는 정책판단의 오류를 범할 수 있다. 특정 비정규직을 규제하면 정규직이 늘어나는 것이 아니라 다른 형태의 비정규직이 늘어날 수도 있다. 비정규직은 하나의 실체가 아니기 때문이다.

둘째, 정규직은 정상적인 것, 그리고 비정규직은 비정상적인 것으로 취급되는 경향이 있다. "비정규직은 비정상적인 것인가?" 이 물음에 대한 판단은 비정규직은 일시적인 현상이고 정상적인 환경(여건)하에서는 없어지는 것인지, 또 비정규직은 원리적(이론적)으로 볼 때 비합리적 고용형태인지 등의 질문에 대한 명확한 대답을 내린 후에야 가능할 것이다. 비정규직 고용이 일반화되고 있는 현실에서 이미 비정규직이 일시적인 것이거나 비합리적 의사결정의 결과로 판단하는 것은 무리다. 또 이렇게 '좋다 나쁘다' 식으로 접근하다 보면 이론적 분석과 논의에 부실해질 수밖에 없고, 정확한 분석이 결여된 채 정책 대응을 하게 되어 정책목표 달성에 실패할 가능성이 높아진다.

셋째, 비정규직을 정규직으로 전환하는 것에 비정규직 대책이 집중되는 경향이 있다. 비정규직과 정규직의 양분 논리와 비정규직에 대한 반가치적인 인식이 전제되면, 해답은 비정규직을 정규직으로 만드는 것 이상 다른 해법을 찾기 어렵게 된다. "비정규직을 정규직으로 전환하는 것이 모든 비정규직의 모든 근로자에게 도움이 되는가?" 비정규직이 하나의 실체가 아니기 때문에 비정규직과 정규직의 복지를 일률적으로 비교하기는 어렵겠지만, 정규직이 평균적인 비정규직 보다 고용안정성과 임금수준이 더 높다고 가정하는 것이 상식에 맞을 것이다. 그렇다 하더라도 정규직으로의 전환이 비정규직 근로자의 복지증진으로 연결되려면, 추가적인 가정이 필요하다. 즉, 비정규직이 감소하는 만큼 정규직이 늘어나야 한다는 조건이 전제되어야 한다. 만약 일부 비정규직 근로자가 정규직으로 전환되더라도 그 대가로 일부 비정규직 근로자의 일자리가 없어진다면 전체 비정규직 근로자의 복지에 대한 영향은 불확실해진다. 비정규직을 정규직으로 전환시키기 위한 강력한 규제를 도입하는데 신중해야 하는 이유가 여기에 있다.

또 정규직으로 전환하더라도 고용수준을 감축시키지 않을 수 있는 방안(예: 임금수준은 유지) 등을 같이 고민해야 하는 것도 이러한 이유에서이다.

넷째, 비정규직 보호를 위한 법제도가 실제로 그 기대효과를 쉽게 달성할 수 있다고 보는 경향이 있다. 정책의 오류 중 많은 부분은 정책만 만들면 그 정책 목표가 저절로 이루어진다고 생각하는 것이다. 모든 경제정책이 그러하듯이, 비정규직 보호 법제도의 실효성도 그 법제도가 기업유인이나 시장원리를 얼마나 고려했는가에 따라 결정된다. 예를 들어, '비정규직의 정규직 전환'이라는 정책 목표는 '기업이 비정규직을 정규직으로 전환할 의도(유인)가 있을 때 가능'한 것이다. 때문에, 기업의 의사결정에 대한 정확한 판단이 결여된 채 정책을 만들면 정책 목표를 달성할 수 없게 된다. 또 기업에 정규직 고용을 강요하는 등의 초강수의 규제도, 그것이 가져올 '시장의 결과' 즉 투자기피 혹은 기업퇴출로 이어져 비정규직 일자리 뿐만 아니라 정규직 일자리까지 없어지게 만들 수 있다는 것을 생각하면, 정책 목표 달성과는 거리가 멀어지게 된다.

이러한 인식의 오류를 극복하기 위해 이론적인 논의를 정리하는 것이 이 글의 첫 번째 목적이다. 비정규직의 범주안에는 매우 다양한 고용계약이 존재한다는 사실(2장), 그리고 이러한 다양한 고용계약이 기업의 합리적인 의사결정의 결과로 나타난 것이라는 사실(3장)을 보여주려고 한다. 또 이러한 인식을 바탕으로, 한국의 비정규직 근로자 실태로부터 얻을 수 있는 시사점을 도출해 보고(4장), 최근에 도입된 비정규직 보호 법률의 효과에 대해 평가해 보고자 한다(5장).

그리고 이러한 이론적 논의를 바탕으로, 전체 비정규직 근로자의 복지 증진을 위한 효과적인 (실효성이 있는) 정책방안이 제시될 필요가 있다. 이것이 이 글의 두 번째 목적이며 6장의 내용이 바로 그것이다.

2. '비정규직'의 정의: 다양한 고용계약의 내포

비정규직은 정규직이 아니라는 의미 이외에는 아무런 다른 의미가 없다. 그리고 정규직은 '장기고용 계약의 풀-타임 근로자(permanent & full-time job)'라는 하나의 특정 고용계약일 뿐이다. 다만 지금까지 이러한 계약이 압도적 다수를 점하고 있었기 때문에 정규직이라는 이름이 붙어 있었을 뿐이다. 따라서 '비정규직에는 정규직이라는 특정 고용계약이 아닌 다양한 고용계약의 형태가 존재 가능하다'는 사실에 유념할 필요가 있다. 실제로 비정규직 범주내에 매우 다양한 근로계약의 고용형태가 존재한다는 사실은 미국의 CPS(Current Population Survey, 한국의 경제활동인구조사와 거의 유사한 통계)가 통계조사 목적을 위해 비정규직으로 분류한 근로유형을 보면 잘 알 수 있다.[1]

1 미국 CPS에서의 contingent worker의 범주. 이종훈(2006a)에서 재인용.

① 파견 근로자(Agency Temporary Workers): 파견회사에 소속되어 있으면서, 고객기업에 가서 일을 하는 근로자임. 여러 고객기업을 상대하는 것이 특징.

② 호출 근로자(On-Call Workers): 기업이 필요할 때, 필요로 하는 기간만큼 일 해주는 사람. 프리랜서의 형식으로 일하는 사람도 있고(예: 미국의 substitute teacher), 노동조합이나 기타 기관을 통해 호출을 받는 근로자도 있음(예: 미국의 건설노조).

③ 일당 근로자(Day Laborers): daily-basis로 특정장소에서 그날의 일거리를 얻기 위해 기다리는 근로자로서, 한국의 건설업 잡부가 대표적인 예임.

④ 외주(용역) 근로자(Contract Company Workers): 용역회사에 소속되어 있으면서, 고객기업의 사업장에서 일하는 근로자.

⑤ 독립계약(도급) 근로자(Independent Contractors): 독립적 계약수행자, 프리랜서, 독립적 컨설턴트 등으로서, 자영업자(self-employed)이든, 임금근로자이든 이 범주에 포함될 수 있는 자.

⑥ 직접고용 임시직 근로자(Direct-Hire Temps): 기업이 자체의 필요로 스스로 채용한 임시직 근로자.

⑦ 시간제 근로자(Part-time Workers): 35시간 이하 근무의 임금근로자. 기업과의 근로계약이 일시적인 경우도 있고 장기적인 경우도 있음.

⑧ 리스 근로자(Lease Workers): 고객기업에 근로자를 임대하여(rent) 주는 경우. 근로자의 임금 및 기타 인적자원관리도 고객기업이 아닌 리스회사에서 수행.

한편, 우리나라 노동부의 비정규직에 대한 공식적인 정의는 노사정위원회의 2002년 7월 합의안에 기초한다. 고용계약의 지속성, 근로시간, 근로제공방식의 3가지 기준으로 볼 때, 다음의 어느 하나라도 속하면 비정규직으로 정의하고 있다.

첫째, 고용의 지속성 관점에서 '한시적 근로'에 속하면 비정규직으로 분류하고 있다. 그리고 '한시적 근로'는 다시 '기간제(근로계약의 기간이 정해져 있는) 근로자'와 '근로계약의 기간을 정하지 않았으나 비자발적인 이유로 계속 근무를 기대할 수 없는 자(예: 일의 완료, 이전근무자 복귀 등)' 등으로 분류하고 있다. 둘째, 근로시간 관점에서 '단시간 근로자'가 비정규직으로 분류되고 있으며, 셋째, 근로제공방식의 관점에서 '비정형근로자' 역시 비정규직으로 분류되고 있으며, 여기에는 파견, 사내하청(도급), 특수고용, on-call(일일호출), 재택·가내, 프리랜서 등이 포함된다.

이러한 노동부의 정규직 대 비정규직 정의는 통계청 경제활동인구조사에서의 상용고 대 임시고·일용고의 정의(구분)와 차이가 난다. 노동부는 경제활동인구조사에서의 상용고와 임시고·일용고의 구분이 정규직 대 비정규직 구분과 개념적으로 맞지 않다고 생각하기 때문이다. 즉, 계약기간을 정한 기간제임에도 불구하고 1년 이상 계약이면 상용고로 인정하기 때문에, 상용고 중에도 기간제 근로자가 존재할 수 있고, 따라서 상용고 전체를 정규직으로 간주하기 어렵다는 것이다. 또한 임시고·일용고를 정의함에 있어서도, '계약기간의 정함이 없는 경우에도, 회사내규에 의한 인사관리와 퇴직금, 상여금 기타 수당을 모두 적용 받는 경우'에만 상용고로 인정하고 그렇지 않으면 임시고·일용고로 분류하고 있다. 때문에 임시고·일용고를 전부 비정규직으로 간주하기도 곤란하다는 것이다.

한편, 노동계는 경제활동인구조사의 '임시고·일용고 전체'와 '상용고 중 노동부 기준의 비정규직'을 모두 합한 경우를 비정규직이라고 주장하고 있다. 물론 이러한 기준은 노동부의 비정규직 범위를 초과하는 것이 될 수 밖에 없다. 예컨대 2006년 8월 경제활동인구조사 부가조사 통계를 기준으로 보면, 노동부의 비정규직 정의 기준일 때 비정규직 근로자는 전체 취업자 수의 35.5%(5,457천 명)이나, 비정규직 비중이 임시고·일용고 기준으로는 46.3%가 되며, 노동계 주장을 기준으로 보면 55.0%(8,446천 명)가 된다.

3. 고용형태의 다양화: 합리적 고용계약의 선택과 노동시장 가격기능의 회복

"비정규직이 왜 늘어나는가?", 더 근본적으로는 "다양한 고용형태가 나타나는 원인은 무엇인지?"에 대해 분석하기 위해서는 노동수요 측면, 즉 기업이 왜 그렇게 대응하는가에 대한 이해가 있어야만 한다. 특히 한국의 비정규직의 경우 자발적 요인(즉 노동공급측면)보다는 비자발적 요인이 더 크기 때문이다. 비정규직의 자발성 관련 통계를 보면, 자발적 비정규직의 비중이 점차 낮아지고 있다(2005년 8월 64.0%, 2007년 3월 52.9%, 2008년 3월 42.0%). 일본의 경우 비정규직의 상당 비중이 단시간 근로자이고 이들 중 대부분은 자발적으로 비정규직을 선택(소위, "프리타"족)하고 있다는 사실과 비교되는 부분이다.[2]

2 Sugeno(2007) 참조.

1) 합리적 고용계약의 선택

기업이 조직에서 필요한 직무(job)의 성격에 따라, 어느 직무는 정규직이라는 특정 근로형태를, 그리고 또 다른 직무는 비정규직 중 특정 근로계약(예: 파견, 외주, 독립도급, 자체임시 등) 중 하나를 선택하고 있다는 이론적 가설을 생각해볼 수 있다. 이에 대해서는 이종훈(2006a)에서 거래비용 가설을 이용하여 자세한 이론적 분석이 이루어진 바 있는데, 그 내용의 결론을 정리해보면 다음과 같다.

예컨대, 직능(스킬)의 기업특수성(firm-specificity)의 정도와 전문성 수준(하이테크의 정도)에 다음과 같은 '근로계약 선택 모델'을 생각해볼 수 있다. 즉 숙련의 성격에 따라 고용계약의 시장거래 비용이 다를 것인데, 이 비용이 그리 크지 않으면 시장거래에 가까운 거래(=고용계약)를 선택할 것이고 이 비용이 매우 크게 되면 시장거래 대신 조직내 거래를 선택할 것이다. 그리고 조직내 거래가 바로 정규직의 고용형태가 된다.

〈표 1〉 숙련의 특성에 따른 고용계약의 선택

	일반적 숙련	기업특수적 숙련
전문숙련	• 프리랜서, 전문법인(연예인, 변호사, 의사 등 전문가, 광고회사, 헤드헌터) • 정규직(직무범위가 넓을 경우)	핵심근로자, 정규직
단순숙련	• 파견 근로자(직무범위가 좁을 경우) • 기간제(직무범위가 넓을 경우)	• 도급 근로자(장기) • 기간제(단기)

첫째, 기업특수적 숙련이면서 전문숙련인 경우(firm-specific & high-tech), 전문숙련이기 때문에 업무성과를 측정하기 쉽지 않고 기업특수적 숙련이므로 외부 노동시장에 경쟁상대가 존재하지 않는다. 따라서 시장거래를 선

택할 경우에는 도덕적 해이(moral hazard)로 인한 계약집행 비용이 크게 발생할 즉, 계약내용대로 업무수행이 이루어지지 않을 가능성이 있다. 결국 정규직이라는 '조직내 거래'를 선택할 가능성이 매우 크다.

둘째, 기업특수적 숙련이면서 단순숙련인 경우(firm-specific & low-tech), 우선 기업특수적 숙련이므로 외부 노동시장에서 지금 당장은 경쟁상대가 존재하지 않을 가능성이 있다. 그러나 단순숙련일 경우 이 직무를 수행하는데 필요한 훈련기간과 비용이 그리 부담이 되지 않을 것이라는 사실에 주목해야 한다. 즉, '당장은 대체할 상대가 없으나 단기간에 대체상대를 구할 수 있으므로' 잠재경쟁 상대는 얼마든지 존재하고 이로 인한 경쟁압력은 매우 클 수 있다.3 따라서 이 경우에는 하청이 하나의 선택옵션이 되고, 하청기업의 근로자 중 원청 기업에 와서 일하는 근로자를 사내도급(사내하청) 근로자라 한다. 다만 이 경우 전제가 될 것은 장기계약이어야 한다는 사실이다. 그렇지 않을 경우 다른 기업에서 활용 가능하지 않은 숙련이므로(즉 기업특수적 숙련) 단기계약일 경우 처음부터 하청기업 계약을 하지 않을 것이기 때문이다(즉 숙련획득을 위한 투자가 불가능함). 때문에, 만약 단기계약이 불가피할 경우에는 직접 임시직을 채용하여 사용할 수밖에 없을 것이다.

셋째, 일반적 숙련이면서 단순숙련은(general & low-tech) 기업특수적 숙련이면서 전문숙련(firm-specific & high-tech)의 반대 경우로서, 도덕적 해이에 의한 시장거래 비용 발생의 문제가 거의 없다. 때문에 가장 시장거래에 가장 가까운 고용계약인 파견근로가 선택될 것이다. 단, 파견업체 존재의 전제조건은 직무범위(job-scope)가 좁아야 한다는 사실에 유념할 필요가 있다.

3 시장에서는 실제 경쟁상대의 존재뿐만 아니라 잠재경쟁의 존재도 중요함에 유념할 필요. 예컨대, 상품시장이 독점이라 하더라도 잠재경쟁이 존재할 경우 진입장벽 구축을 위해 한계가격부과전략(limit pricing strategy)을 사용할 수밖에 없다면 독점기업이라고 하더라도 독점이윤을 누릴 수 없음.

그래야만 시장에서 특정 직종에 대한 브랜드 가치 축적이 가능해지기 때문이다. 한편, 직무범위가 넓을 경우에는 파견업체가 존재하기 어려울 것이므로 자체 임시직 채용으로 해결하는 경향이 클 것으로 예상된다.

넷째, 일반적 숙련이면서 전문숙련의 경우(general & high-tech), 전문숙련이므로 성과측정의 어려움에 기인한 도덕적 해이의 가능성은 있으나, 그것을 나중에라도 밝힐 수만 있다면 일반적 숙련의 경우이므로 다시는 그와는 거래를 하지 않을 수 있다. 또한 기업들이 이러한 사기의 가능성 때문에 고용계약(거래)을 쉽게 체결하지 못하고 주저하고 있다는 사실을 근로자들도 잘 알고 있다. 따라서 이러한 가능성이 존재하는 경우에는 이러한 직업의 종사자들이 자신의 명성을 생각하게 되고, 이러한 명성을 기초로 브랜드 파워를 갖게 될 경우 더 많은 고객을 확보할 수 있을 것이라는 사실을 잘 알게 될 것이다. 때문에 실력에 자신 있는 근로자의 경우 프리랜서로서 활동하거나, 이러한 프리랜서들이 모여 전문법인을 설립할 수 있다. 다만, 브랜드 축적을 하기 어려운 경우(즉 직무범위가 넓은 경우)에는 전문직의 외부노동시장이 존재하기 어려우므로 할 수 없이 정규직의 채용이 불가피하다. 다만, 이 경우의 정규직은 외부노동시장에서 획득(acquisition)하는 것으로서, '기업특수적 숙련이면서 전문숙련'의 경우에서 정규직으로 채용하여 내부노동시장에서 양성(internal development)하는 경우와 비교될 수 있다.

이상의 '합리적 고용계약의 선택 모형'의 시사점을 생각해보면, 첫째, 비정규직은 기본적으로 단순숙련에 집중되어 있다는 사실이다. 전문숙련의 경우 정규직으로 채용하거나 프리랜서로 활동하게 되는데, 후사의 경우에는 근로자가 자발적으로 '정규직보다 더 유리한 근로조건'을 위해 선택한 것이므로 비자발적인 비정규직으로 보기 어렵다.

둘째, 이론에서 보듯이 기업이 직무의 성격에 따라 가장 합리적인 고용계약을 결정한다면, 기업이 정규직을 채용할 의사가 별로 없는 직무에서는 정규직 고용을 기대하기 힘들다는 사실이다. 기업은 직무에 따라 정규직과 비정규직간 선택을 하고, 비정규직내에서도 파견, 도급, 임시직 중에서 가장 적합한 고용계약을 선택하려고 할 것이다. 따라서 특정 비정규 고용계약을 금지시킨다 하더라도, 그 직무에서 정규직의 근로계약이 선택되리라는 보장이 거의 없고 다른 형태의 비정규 고용계약을 선택할 가능성이 크다.

2) 지식정보화와 노동시장 가격기능의 회복: 노동시장 양극화의 불가피성

이상 이론에서 보듯이 기업이 직무(성격)에 따라 가장 합리적인 고용계약을 전략적으로 선택할 것이라면, 그 다음에 제기될 수 있는 의문은 '왜 과거에는 거의 대부분의 근로자를 정규직으로 사용하고 (비정규직으로 분류되는) 다양한 근로계약 형태를 선택하지 않았을까?'이다.

이에 대해서는 '공정 임금-노력 가설(Fair Wage-Effort Hypothesis)'[4]에서의 설명이 설득력을 갖고 있다고 생각한다. 과거 산업화 시대에는 '지식근로자-과소보상'과 '저숙련근로자-과대보상'의 조합으로 임금관리가 이루어졌다. 근로자들이 자신의 절대적인 생산성보다는 '조직내 평균임금과의 상대적 격차'에 따라 인센티브 결정되기 때문에(이를 '공정임금-노력가설'이라고 함),[5] 그리고 산업화 시대는 고숙련 근로자보다 저숙련 근로자의 근로의욕

4 Akerlof & Yellen(1990) 참조.

이 중요했기 때문에6 '능력격차보다 임금격차를 작게 만드는' 임금관리를 선택하게 된 것이다.

그러나, 이제 지식정보화 시대로 들어오면서, 고숙련 노동력의 경우 초과수요 현상으로 제값을 지불하지 않고는 그들을 채용할 수 없는 환경이 오면서 고숙련의 노동력이 제 임금을 받아가게 된다. 이에 따라 기업들은 저숙련 노동력에게도 생산성 이상의 임금을 지급하기 어려워지고 이들도 제 임금을 찾아갈 수밖에 없게 되는데, 이들을 과거와 같이 조직내(정규직) 근로자로 채용하는 것은 다시 '공정임금-노력가설'에 따르면 바람직하지 않다. 따라서, 저숙련 근로자와 고숙련 근로자를 분리하여 관리하기 시작하며, 전자는 비정규직, 후자는 정규직으로 채용하게 된다. 그리고 전자의 경우를 지원하기 위해 노동시장에 저숙련-저임금 근로자만 채용한 전문업체(예컨대 인력파견회사 등 노동시장 매개기관)들이 출현하게 된다.

만약 이처럼 비정규직 문제가 지식경제시대에 임금이 '노동시장의 가격'으로서의 기능을 회복하면서 나타나는 결과로 생각한다면, 이는 첫째, 비정규직을 정규직으로 전환한다 하더라도(그래서 고용은 보장한다 하더라도) 임금수준은 생산성 수준에 맞추어 조정되어야 할 필요성이 있다는 사실을 시사하고 있다. 예컨대, 비정규직을 정규직으로 전환하되, 임금은 직무급 체계로 전환하여 기존 고숙련 정규직과 상이한 임금체계로 관리될 필요가 있다는 의미이다. 만약 이것이 어려울 경우에는 해당 직무를 정규직과 구분관리하여 비정규직으로 채용할 수밖에 없을 것이며, 이 경우 해당 근로자는 임금을 높일 수 없을 뿐만 아니라 고용도 더 불안해지는 결과가 초래될

5 한편 노동조합도 연대임금을 요구하였기 때문에 능력격차보다 보상격차가 작은 임금구조가 가능하였음.

6 예컨대, 컨베이어벨트 속도는 가장 생산성이 높은 근로자에게 맞추는 것이 아니라 가장 생산성이 낮은 근로자에게 맞추어야 불량이 발생하지 않을 것임.

것이다.

둘째, 우리 사회에서 비정규직 근로자의 비중을 줄이려면, 노동공급 측면에서는 근로자간 스킬 격차를 좁히고, 노동수요 측면에서는 고임금의 일자리를 많이 만들어야 함을 시사한다. 결국 비정규직에 대해 직업교육훈련을 강화하고, 동시에 산업구조의 지식집약화, 특히 서비스 산업의 생산성 제고로 고임금 서비스 일자리를 늘리는 것이 중요한 정책과제가 된다.

4. 한국 비정규직 실태: 주요 특징과 시사점

1) 유형별 구성

비정규직의 3대 유형인 한시적 근로, 단시간 근로, 비정형 근로 중 한시적 근로자가 다수를 차지하고 있다. 그러나 '기간제 근로자 2년 이상 고용 정규직 인정'이 법제화된 이후에 그 비중이 줄어드는 추세를 보이고 있다. 경제활동인구조사 부가조사 결과를 보면, 전체 비정규직 근로자 중 한시적 근로자의 비중이 2007년 3월의 63.1%에서 2008년 3월에는 57.6%로 줄어들었고 절대수가 39만 3천 명 감소하였다. 그리고 이들은 주로 기간제 근로자였다.

대신 비정형근로의 비중이 (동기간에) 38.7%에서 41.3%로 늘었으며, 특히 용역근로자 수가 1년 동안 3만 3천 명 증가한 것으로 나타난다. 이는 '기간제 2년 제한'이 법제화 된 이후 일부 기간제 근로자가 용역근로자로 전환되고 있는 현실을 반영하고 있는 것으로 사료된다. 이는 기간제와 용역(도급)근로자에 대한 비대칭적인 규제로 인한 일종의 '풍선효과' 로 볼 수 있다.

한편, 그동안 한시적 근로자의 비중이 높았던 이유는 무엇이었을까? 실증적으로 밝히기는 매우 어려운 일이지만, 기업의 '합리적인 고용계약 선택'의 결과라고 보기에는 지나치게 높은 수치를 보이고 있다고 사료된다. 이는 첫째, 장기적으로 필요한 업무임에도 불구하고 정규직의 고용부담(고용경직성 등) 때문에 정규직으로 쓰고 싶은데 불가피하게 기간제로 채용했거나, 혹은 둘째, 파견형태로 일을 시키고 싶은데 (파견)대상을 제한하니까 대신 기간제로 채용했을 가능성이 있다고 본다. 여기서 전자의 경우 정규직 대신 기간제로 채용할 경우 '우수인력 유치의 어려움'이라는 비용을 부담할 수밖에 없는데, 이 비용보다 정규직 채용 부담(비용)을 더 크게 본 것으로 해석된다.

2) 인적속성별 구성7

첫째, 연령별로 보면, 전체 비정규직(2005년 8월 현재 550만 명) 중에서 20~50세 비중은 400만 명인 다수를 차지한다. 그러나, 연령별로 (해당 연령계층내 총취업자 대비) 비정규직 근로자의 비중을 비교해보면, 10대(70.7%), 60대(66.6%), 50대(42.8%)의 연령층에서는 비정규직이 압도적 다수를 차지함을 알 수 있다. 10대의 경우 아르바이트를 위한 단시간 근로가 많아서 나타난 현상이고 특별한 정책적 고려가 필요하지 않을 것으로 생각된다. 그러나

7 여기서 소개되는 통계수치는 대부분 경제활동인구조사 부가조사 결과이며, 사람입국일자리위원회(2006)에서 주로 인용된 것임.

고령자에서 나타나는 높은 비정규직 비중은 고령자 고용대책에서 비정규직이 핵심 고려사항이 되어야 함을 의미한다. 예컨대 비정규직에 대한 지나친 규제는 고령자 고용에 대해 부정적 효과를 가져올 가능성이 크다는 사실에 유념할 필요가 있다. 지금도 파견, 기간제의 경우 55세 이상 근로자에 대해서는 '2년 이상 채용시 정규직 인정'의 규제를 적용하지 않는 것으로 알고 있다.

둘째, 저학력으로 갈수록 비정규직의 확률이 높아진다. '임금근로자 중 비정규직의 비중'이 고졸의 경우에는 38.2%이고, 중졸 이하의 경우는 56.8%까지 높아진다(2005년 8월 통계). 비정규직 직무의 숙련수준이 낮다는 사실, 그리고 비정규직을 줄이기 위해서는 고숙련-고임금의 일자리 창출과 직업능력개발(직업훈련)이 필요하다는 사실을 재차 시사하는 것이다.

셋째, 임금계층별로 보면, 1994~2000년까지는 상위임금계층, 하위임금계층 모두에서 비정규직 일자리가 증가하였으나, 2000년 이후에는 하위임금계층에서만 비정규직 증가하는 것으로 나타나고 있다.8 이는 정규직, 비정규직간 직종분리가 일어나고 그 핵심은 직업능력(skill)의 수준이라는 사실을 시사한다.

3) 비정규직으로부터 정규직으로의 이동가능성

남재량·김태기(2000), 류기철(2001), 금재호·조준모(2001) 등의 공통적인 연구결과는 (물론 자료와 구체적인 실증분석 결과의 내용에선 차이가 있지만) '비정규직

8 사람입국일자리위원회(2006) 참조.

취업이 정규직 취업으로의 가교(bridge)로서의 역할보다는 함정(trap)의 성격이 강하다'라는 사실을 시사하고 있다. 한편, 유경준(2004)의 연구결과가 관심을 끄는데, 그 이유는 이동가능성이 근로계층에 따라 비대칭적으로(이중적으로) 나타는 것을 밝히고 있기 때문이다. 즉, 젊은(40세 미만) 고학력 남성의 경우에는 상대적으로 이동가능성이 높으나 그 외의 근로계층의 경우에는 '비정규직이 정규직 고용의 디딤돌로서의 성격이 미약하다'고 분석하고 있다.

이상의 실증결과는 결국 '정규직, 비정규직간 직종 분리' 현상을 보여주는 것으로 사료되며, 그리고 이 구분의 기준은 숙련(skill)의 수준이라는 것이다. 즉, 처음부터 직종별로 정규직으로 쓸 것인지 비정규직을 채용할 것인지를 구분하여 관리한다면, 비정규직으로 채용된 근로자가 (직종을 바꾸지 않는 한) 후에 정규직으로 전환될 가능성은 낮을 것이다. 또 정규직 직종으로 이직이 가능한 젊은 고학력 근로자에게만 이동가능성이 주어지는 것이다.

4) 정규직 대 비정규직간 차별

첫째, 정규직 대 비정규직간 임금격차에 대한 통계를 보면, 평균임금의 절대치를 비교한 절대격차는 약 40%의 수준이다. 2005년 8월 비정규직의 월평균임금은 정규직 내비 62.6% 수준이있으며 2008년 8월 현재는 60.8%이다(129.6만 원/213만 원). 이 절대격차는 앞으로 더 벌어질 가능성도 있다고 본다. 일종의 분류효과(sorting effect)로서, 만약 비정규직 보호법으로 일부 근로자가 정규직으로 전환된다면 그들은 비정규직에 계속 남게 될 근로자보다 (상대적으로) 높은 숙련을 보유한 근로자일 가능성이 높고, 따라서 정규직 대 비정규직간 평균임금간의 격차는 더 벌어질 수 있다.

그러나 근로자간 인적속성을 고려해준, 즉 인적속성(예: 학력, 경력, 근속년수 등)에 의한 생산성 차이를 통제해준 이후의 순수한 임금격차는 절대격차의 수준보다 크게 떨어진다는 분석이 보고되고 있다.[9] 또한 이종훈·이정현(2004)은 인적속성의 차이를 고려한 순임금격차가 (임금방정식에 직종더미를 포함시켜서) 정규직과 비정규직간 직종 차이를 통제할 경우 더 낮은 수준이 된다는 사실을 밝히고 있다. 이 사실은 정규직과 비정규직간 숙련격차가 있다는 사실, 그리고 양자간에 직종분리가 존재한다는 사실을 시사하는 것이다.

둘째, 사회보험에서 (사전적인) 제도 설계(내용)상의 차별은 거의 없어졌다. 4대 사회보험의 적용범위가 지속적으로 확대되어서 현재는 1인 이상 전사업장에 적용되고 있다. 적용제외 대상 근로자도 그 범위가 지속적으로 좁혀져서 현재는 일부 임시직 근로자(예: 국민연금의 경우 1월 미만 일용근로자)나 단시간 근로자(예: 국민연금의 경우 월 80시간 미만, 고용보험의 경우 월 60시간 미만)만 적용 제외되고 있을 뿐이다.

한편, (사후적인) 실제 제도 적용에서의 결과는 비정규직에서 낮게 나타난다. 비정규직 전체의 사회보험의 실제 적용률은 2007년 8월 현재 고용보험 39.2%, 건강보험 42.5%, 국민연금 40.0%이다(정규직의 경우에는 각각 64.3%, 76.7%, 76.3%이다). 그러나 여기서 한 가지 흥미로운 사실은 비정규직내에서도 기간제 근로자나 파견, 용역 등 간접고용(혹은 비정형근로) 근로자들의 사회보험 가입률만 별도로 구분해보면, 정규직과의 차이가 크게 줄어든다.

9 사람입국일자리위원회(2006) 참조.

왜냐하면 비정규직 중 일일근로나 시간제 근로자의 사회보험 가입률이 절대적으로 낮기 때문이다.[10] 이상의 가입률은 법적용 여부와 관계없이 추계한 것이고, 법적용 대상 근로자를 제외한 이후의 가입률을 다시 추계하여 비교해보면, 건강보험과 국민연금 가입률이 정규직은 각각 78.9%, 78.3%이고 비정규직은 각각 73.5%, 75.0%로서 양자간에 거의 차이가 없다.[11]

5. 비정규직 보호법의 효과에 대한 평가

1) 파견근로의 대상 제한

우리나라의 '파견근로 대상 제한' 규제는 소위 포지티브(positive) 리스트 방식이다. '특정 직종에만 파견근로를 허용하고 나머지 직종에서는 파견근로자 활용을 금지'하는 강한 규제이다. 그리고 이러한 규제(법)의 입법목표는 '허용되지 않는 직종에서는 정규직 고용을 유도'함이다. 최근의 법 개정으로 포지티브 리스트의 범위가(즉, 파견근로 적용 가능 직종이) 과거보다 확

10 참고: 비정규직 유형별 사회보험 가입률(노동부, 2008a에서 인용)
- * 기간제(반복갱신자): 국민연금 59.3%(83.5%), 건강보험 62.7%(84.6%), 고용보험 57.6%(81.2%)
- * 파견: 국민연금 66.2%, 건강보험 67.4%, 고용보험 67.9%
- * 용역: 국민연금 55.5%, 건강보험 73.0%, 고용보험 59.6%
- * 일일근로: 국민연금 0.4%, 건강보험 0.8%, 고용보험 0.7%
- * 시간제: 국민연금 3.3%, 건강보험 4.0%, 고용보험 3.7%

11 노동부(2008a) 참조. 국민연금과 건강보험의 경우에는 일용근로자가 적용대상이 아니기 때문에 고용보험보다 차이가 작게 나타남.

대될 수 있는 가능성을 열어놓았으나, 입법 추진 초기에 고려했던 네거티브(negative) 리스트 방식보다는 강한 규제이다.

그러나 근본적으로 파견근로에 대한 포지티브 리스트 방식의 제한은 비정규직을 줄이고 정규직의 채용을 촉진하는데 큰 효과가 없다. 혹자는 포지티브 리스트 방식의 규제로 인해 파견근로자 규모가 늘어나고 있지 않는 것이라고 주장한다. 그렇다고, 파견에서 제외된 직종은 정규직으로 채용된 것일까? 그렇지 않을 것이다. 파견근로자 활용을 법으로 규제한다고 해도 기업은 정규직 대신 다른 형태의 비정규 고용계약을 선택할 가능성이 크기 때문이다. 앞서도 언급했지만, 비정규직내에는 파견뿐만 아니라 용역, 기간제 등 다른 고용 형태도 얼마든지 있으며, 기업은 정규직으로 채용할 마음이 없는 직무를 정규직 근로자로 채우기보다는 다른 고용형태의 비정규직을 활용하는 것이 더 유리할 것으로 생각할 것이기 때문이다.

결국 포지티브 리스트 방식의 규제는 애초의 입법목표를 달성하는데 실효성이 별로 크지 않을 것이다. 외국에서는 파견근로에 대한 규제가 크게 완화되고 있는데, 이것도 파견근로 대상 제한의 강한 규제가 별 실효성이 없다는 정책적 판단 때문인 것으로 사료된다. 일본의 경우 과거 26개 업무만 허용하던 포지티브 리스트 방식을 1999년에 네거티브 리스트 방식으로 변경(건설·항만운송·경비·의료업 제외)하였다. 독일도 건설업을 제외하고는 파견대상 및 파견기간에 제한이 없으며, 파견근로자에 대한 차별처우만 금지하고 있다(2003년 법개정).12 영국, 미국, 호주 등 영미계는 파견대상, 파견기간 등에 대한 제한이 아예 존재하지 않다.

12 파견대상을 제한하는 규제보다 파견근로자에 대한 차별대우를 금지하는 규제를 실시하는 것이 오히려 기업으로 하여금 정규직 채용을 촉진할 수 있다고 본 것임. 이 부분에 대한 설명은 후술될 차별대우 금지 규제 부분에서 보다 자세하게 언급될 것임.

2) 기간제 및 파견 근로자의 고용기간 2년 제한

(1) 이론적 평가

'기간제 근로자를 2년 이상 계속 고용시 정규직으로 간주한다'는 법(규제)의 입법 목표는 '장기적으로(계속) 사용할 기간제 근로자는 정규직으로 사용하도록 유도'함이다. 그러나, 이 법이 적용된 이후 기업에서 어떻게 대응하는가에 따라 두 가지의 상반된 결과가 나타날 가능성이 있다. 기업은 2년 고용 이후, '정규직으로의 전환'과 '다른 근로자로의 대체'의 두 가지 옵션 중 하나를 선택할 것이다.

둘 다 기업에게는 부담(비용)이다. 그리고 이 중 어느 것을 선택할 것인가는 각각의 비용을 비교하여 결정할 것이다. '정규직 전환'은 고용의 경직성과 임금증가의 비용부담을 감수해야 할 것이다. '다른 근로자로의 대체'는 새로운 직업훈련에 대한 비용 부담과 우수인재를 유치하기 어려운 부담이 있다. 기업은 이 양자를 비교해서 비용이 상대적으로 작은 옵션을 선택할 것인데, 그 판단의 기준은 (즉 비용의 크기는) 직종의 성격에 따라 다르게 나타날 것이다.

가장 중요한 기준은 직종에서의 '필요숙련의 수준'이 될 것이다. 높은 숙련을 요구하는 직종에서는 새롭게 훈련을 시키는 비용이 많이 들 것이고 우수 인재의 필요성이 클 것이므로 '정규직 전환'의 비용보다 '다른 근로자로의 대체' 비용이 더 클 것이고, 기존의 기간제 근로자들 2년 이후에 정규직으로 전환할 가능성이 크다. 결국 이 규제는 앞서 이론적으로 논의한 '직종(직무)의 성격에 따라 정규직, 비정규직간 직종분리'의 현상을 촉진할 것이다. 그리하여 정규직 채용 직종에서는 2년의 기간제가 장기 인턴제로 활용될 가능성이 크며, 비정규직 직종에서는 '2년 계약 → 계약해지 → 다른 기간제 근로자 혹은 비정규직내 다른 고용형태(예: 도급)의 근로자와 재계약'이 반복되는 경우가 나타날 것으로 예상된다.13

여기서 한 가지 주목해야 할 부분은 '만약 정규직 채용의 부담을 조금 덜어줄 수 있다면, 기간제 기간제한의 규제가 기간제 근로자의 정규직으로의 전환 가능성을 지금보다 더 높일 수 있을 것이다'라는 점이다. 우선 기간제한을 통해 정규직 채용을 유도하는 영역(직종)이 기업에서 지속적으로 필요한 업무일 것이라면, 고용보장(고용경직성)의 부담은 기업에게 그리 크지 않을 것으로 생각된다. 다만 필요숙련의 수준이—비정규직을 교체 사용해도 상관없을 만큼 낮은 수준은 아니지만— 다른(기존) 정규직 근로자와는 큰 차이가 있다면, 이들을 정규직으로 전환할 경우에 동일한 인사관리가 적용되면서 인건비 부담이 늘어나는 것은 큰 부담이 될 수 있다. 따라서 정규직으로 전환하되 별도의 기존 정규직 근로자와 차별적인 인사관리를 적용할 수 있는 환경만 조성된다면, 기간제 근로자의 정규직 전환이 보다 용이해질 것으로 사료된다. 실제로 일부 대기업에서 기간제 기간제한의 규제 도입을 전후하여 일부(장기적 업무의) 기간제 근로자를 정규직으로 전환시키고, 대신 이들을 별도의 직무군에 편입시켜 기존 정규직과는 상이한 별도의 인사관리(혹은 임금관리) 방식을 적용하고(혹은 적용하는 것을 검토하고) 있다.

13 그리고 정규직 · 비정규직간 직종분리가 완결된 이후에는, 설사 비정규직 활용 직종으로 분류된 (직종)그룹에서 우수한 노동력을 발견하여 정규직으로 전환하려 하더라도, 동일한 직종에서 정규직으로 전환하는 것이 아니라 다른 직종(즉 정규직 활용 직종)의 정규직으로 전환하여 고용할 가능성이 있음. 예컨대, 경비원 중 유능한 사람을 정규직으로 전환해서 총무부로 배치하고, 경비원의 빈자리는 다시 비정규직으로 채용하는 것임.

(2) 실증적 평가

그러면 '기간제 2년 제한' 규제가 실제로 얼마나 '정규직 전환의 효과'를 가져다주었을까? 이 부분에 대한 가장 최근의, 그리고 가장 과학적인 분석은 유경준(2008)에서 찾아볼 수 있다. 유경준(2008)은 경제활동인구조사의 원자료로부터 근로자의 직업경로를 추적할 수 있는 패널자료를 구축하여, 비정규직 보호법 도입 전후의 비정규직 근로자의 이동경로를 직접 파악하고 있다.

유경준(2008)에 의하면, 첫째, 법제도 이전 시기인 2006년 8월~2007년 3월간에 (2006년 8월에) 비정규직이었던 근로자가 (2007년 3월에) 정규직으로 전환된 확률이 16.3%인 반면에, 법제도 이후 시기인 2007년 8월~2008년 3월간에는 (2007년 8월에) 비정규직이었던 근로자가 (2008년 3월에) 정규직으로 전환된 확률이 14.9%로 오히려 낮아졌다. 법제도가 비정규직의 정규직 전환을 촉진하는 효과가 있었다고 판단하기 어려운 분석 결과이다.[14]

둘째, 한편으로 한시적 근로자들의 이동경로에 집중해보면, 법제도 도입 이후인 2007년 8월~2008년 3월간에 기간제 근로자가 정규직으로 전환된 경우는 9.3%로서 그 수치도 크지 않을 뿐만 아니라, 법제도 시행 이전인 2006년 8월~2007년 3월간의 9.7%보다 오히려 작게 나타나고 있다.

다만, '계약 반복갱신에 따른 비기간제' 근로자의 정규직 전환 비율은 50%를 상회하고 그 수치도 법제도 시행 이전보다 다소 증가하였다. 이것은 이들 근로자가 이미 사실상 정규직과 큰 차이가 없었기 때문인 것으로 사료된다. 즉, 이들이 (노사정위원회 합의에 기초한) 노동부의 비정규직 정의에

14 물론 기업들이 법제도 시행 이전에 이미 일부 근로자를 정규직으로 전환했기 때문일 수도 있음.

포함되어 있지만, 기존의 법원 판례에 근거해볼 때 이미 정규직으로 간주될 수 있는 근로자이기 때문에 정규직으로의 전환이 지속적으로 이루어지고 있는 것으로 판단된다.15

'비기간제이나 장기고용을 기대할 수 없는 자(단기기대자)'의 경우, 유경준(2008)은 "정규직으로 간주될 수 있는 일부가 이미 정규직으로 전환되었으나, 신설된 비정규직법의 의도가 동일한 근로자를 2년 이상 계속 고용을 하지 않도록 근로계약을 해지하고 다른 근로자를 고용하라는 내용을 담고 있다고 볼 수 있기 때문에 향후 추가적인 정규직 전환 가능자는 많지 않을 것이다. 따라서 이들은 한시적 근로가 아닌 타 비정규직으로 대체되거나 채용 2년 후 해고되는 현상이 향후에도 지속적으로 발생할 것으로 판단된다. 특히 경기가 좋지 않은 경우 이러한 현상이 더욱 커질 것"으로 예상했다.16

결국 기간제한 규제는 정규직과 별 차이가 없었던 고용형태에서는 정규직 전환의 효과를 가져다주었으나, 그렇지 않은 경우에는 매우 제한적인 효과만을 가져다준 것으로 나타난 것이다. 이것은 앞서 이론적 논의에서 언급한 '직종별 필요숙련 수준에 따른 이중적 관리'의 실증 결과로 해석될 수 있을 것이다.

셋째, 기간제 근로자의 상당 비율이 다른 비정규직 고용형태로 이동하는 경향에도 주목할 필요가 있다. 이러한 현상은 '비정규직을 정규직으로 전환하는 대신 다른 비정규직 고용형태를 활용'할 것이라는 예상과 일치하는 것이다. 여기서, 특히 용역(도급) 근로자로 이동한 경우가 상대적으

15 또 실제로 이들의 근로조건도 정규직과 큰 차이가 없음. 유경준(2008)에 의하면 2007년 8월 기준으로 이들 근로자의 임금은 정규직 대비 97.0% 수준이었음(기간제는 정규직 대비 70.6%).

16 유경준(2008) 15쪽에서 인용.

〈표 2〉 2007년 3월~2008년 3월간 한시적 근로자의 이동경로

1. 2007년 8월 → 2008년 3월

(단위: %)

2007년 8월		2008년 3월														
		정규직	비정규직									시간제	자영업	실업자	비경활
				한시			비전형								
분류	전체			기간제	반복갱신자	단기기대자	파견	용역	특수고용	일용근로	가정근로				
기간제	100.0	9.3	76.0	68.9	0.6	1.3	2.9	10.5	2.1	3.2	0.4	7.7	1.4	2.6	10.6
반복갱신자	100.0	55.9	37.2	9.5	18.6	0.1	3.4	7.0	2.5	0.7	0.5	2.2	1.0	2.2	3.7
단기기대자	100.0	19.0	62.3	5.5	1.4	47.4	0.5	5.0	2.5	3.4	0.7	12.1	2.1	4.8	11.8

2. 2006년 8월 → 2007년 3월

(단위: %)

2006년 8월		2007년 3월													
		정규직	비정규직									시간제	자영업	실업자	비경활
				한시			비전형								
분류	전체			기간제	반복갱신자	단기기대자	파견	용역	특수고용	일용근로	가정근로				
기간제	100.0	9.7	74.0	65.8	1.2	1.1	2.0	8.4	2.7	3.8	1.0	8.7	2.2	2.6	11.5
반복갱신자	100.0	52.6	39.8	7.8	25.9	0.9	1.2	4.0	1.5	0.2	0.5	2.0	1.0	1.8	4.7
단기기대자	100.0	33.4	49.1	5.3	0.5	29.7	2.1	4.0	2.7	3.1	2.2	11.4	3.3	4.2	10.0

* 자료: 유경준(2008) 14쪽에서 재인용.

로 두드러지는데, (자세한 내용은 6장에서 후술될 것이지만) 기간제(및 파견근로자)와 용역근로자간의 '규제의 비대칭성'으로 인해 한시적 근로자가 용역근로자로 전환되는 경우가 많이 발생하고 있기 때문인 것으로 해석된다.

(3) 외국의 법제도

외국의 경우를 보면, 국가마다 기간제에 대한 규제에 큰 차이를 보인

다.17 우선 기간제에 대한 명확한 규제 기준을 갖고 있는 곳은 EU이다. EU는 지침(directives)을 통해 ① 계약연장을 위한 객관적인 사유를 제한하거나, ② 기간제 근로의 총기간을 제한하거나 (한국의 경우처럼), ③ 갱신횟수 제한 중, 하나 이상 조치를 국내법으로 정하도록 규정하고 있다.

여기서 중요한 사실은 '기간제 사용대상에 대한 사유제한'의 규제방식은 옵션에 포함되어 있지 않다는 사실이다. 반복갱신의 남용을 규제하려는 것이지 기간제 사용 그 자체를 규제하려는 것은 아니라는 사실이다. 물론 EU내에서 EU지침보다 강한 규제, 즉 기간제 근로계약 자체에 대해서 사유제한 규제를 실시하는 국가가 있다. 예컨대, 프랑스에서는 근로자의 대체, 업무의 일시적 증가, 일시적 성격의 업무(계절적 업무, 기간제 고용이 관행화되어 있는 접객업, 문화산업 등)에서만 기간제 사용이 가능하며 기간도 최장 24개월로 제한한다. 그러나 이렇게 정규직 채용을 강요하는 규제는 노동시장에서 신규고용을 위축시키는 부정적 결과를 가져온다는 평가가 많았다. 프랑스에서, 노동계 반발로 결국 도입하는데 실패했지만, 최초고용계약제(26세 이하 근로자의 경우에는 기간제 근로자 채용의 사유를 묻지 않겠다는 것)를 도입하려고 했던 것도 사유제한 규제로 신규고용창출이 둔화되고 청년실업이 높아지기 때문이었다.

영국은 정당한 사유가 없는 기간제 근로계약은 4년 이내에서만 유효하고, 4년을 초과하여 기간제 근로계약을 갱신한 경우에는 정규직으로 간주하고 있다. 독일은 계약기간(또는 최장 3회에 걸쳐 연장된 계약기간의 합)이 2년을 초과하지 않는 경우에는 사유제한 없이 가능하다. 다만 예외로 「아젠다 2010」의 개혁 입법(2003년 제정)에 의해 신규 창업시에는 4년까지 허용하도

17 이 글에서의 외국 법제도 소개는 주로 노동부(2006)를 참조했음.

록 하여 고용창출을 위해 규제를 완화하는 조치를 실시하고 있다. 양국 모두 한국의 기간제한보다 유연한 규제를 택하고 있는 것으로 보인다.

한편, 미국, 일본의 경우에는 기간제 근로에 대한 법적 규율 자체가 없다. 다만, 일본은 판례에서 반복갱신된 근로계약에 대해서는 정규직으로 간주하고 있다.

3) 정규직과의 임금차별 금지

'비정규직을 정규직과 차별하여 대우해서는 안 된다'라는 차별금지 규제는 앞서의 두 가지 규제(파견근로 대상 제한, 기간제 기간 제한)보다는 적어도 단기적으로는 가장 실효성이 큰 규제이다. 파견근로 대상 제한은 무의미하지만(실효성이 없는 규제이지만), 차별금지의 규제는 기업으로 하여금 가능하면(그것이 일시적인 업무가 아닌 한) 정규직으로 채용하는 것이 차라리 낫겠다'라고 생각하게 만들 수 있을 것이다. 기간제 근로자도 다른 근로자(혹은 고용형태)로 교체하지 않고 정규직을 채용할 가능성이 높아질 것이다.

그러나, 어떻게 규제할 것인가에 대해서는 신중한 접근이 필요하다. 지나치게 과도하고 경직적인 규제를 선택할 경우, 규제의 부작용이 매우 크게 나타날 수 있다는 점에 유념해야 한다. 우선 '동일노동-동일임금'의 원칙에서 동일노동의 기준을 적용하는 것이 현실적으로 매우 어렵다. 설사 여기에 별 문제가 없더라도, '과연 적정 임금수준을 제3자가 정확히게 판단하여 차별여부를 심판할 수 있을까'라는 의문이 나온다. 즉, 차별시정 여부만 판단해주는 것이 아니라, 적정임금 수준까지 결정해주어야 하는 것은 현실적으로 가능할까? 최저임금 등 가격의 한계선(limit)을 정하는 규제는 가능할지 모르지만, 개별적 대상에 대해 가격을 행정적으로 결정해주는 규제가 시장경제에서 과연 가능한가가 (경제학적으로는) 본질적인 고민이 된다. 기업의 인적자원관리 관점에서는, 비정규직이 정규직과 동일한 직무를 수행한다 하더라도, 장기근속을 전제로 한 정규직의 '기업에 대한 충성도와 그간의 공헌'에 대한 보상과 일시적으로 들어온 비정규직의 그것을 같이 보상해주어야 하는가의 문제도 제기될 수 있다.

한편, 장기적으로는 차별금지 규제 또한 큰 효과가 없을 것으로 예상된다. 기업이 정규직과 비정규직간 직종분리의 고용관리를 지속적으로 추진할 경우, 양자간에 차별 자체를 논하기 어렵게 될 것이기 때문이다. 특히 지나친 차별금지 규제조치가 시행될수록, 기업은 정규직 대 비정규직 직종분리를 가속화시킬 것이고, 차별금지 규제는 결국 무의미하게 될 가능성이 있다.

6. 비정규직에 대한 새로운 접근과 정책과제

1) 보호목적과 보호원칙에 대한 새로운 접근

비정규직에 대한 대책은 대부분 비정규직을 보호하려는 목표를 갖고 있다. 그러면 비정규직을 왜 보호해야 하고 보호의 목적은 무엇인가에 대해 먼저 진지하게 생각해볼 필요가 있다. 비정규직 문제는 한마디로 일자리(고용)의 질적 수준이 낮다는 것이다. 고용도 불안하고 임금수준도 낮다는 것이다. 그래서 가능하면 정규직으로 채용하도록 규제를 가하고 임금에서도 부당하게 차별받지 않도록 하는데 정책방향을 두고 있다. 여기서 제기될 수 있는 근본적인 물음은 '비정규직 일자리의 양적 문제는 일단 접어두어도 상관없는가?'이다. 특히 비정규직 고용(일자리)은 경기변동에 매우 민감한데, 앞으로 상당기간 세계 금융위기로부터 촉발된 심각한 경제침체가 예상되고 있다. 비정규직 일자리의 질적·양적 문제를 모두 고려하는 균형적 사고가 필요하다. 일자리(고용)의 양적 문제를 해치지 않으면서 질적 개선을 이룰 수 있는 방법은 무엇인가를—그것이 결코 쉽지는 않겠지만—진지하게 고민해야 한다.

다음으로 비정규직을 어떻게 보호하는 것이 좋겠는가? 비정규직의 근로복지를 실질적으로 높이기 위해서 다음 몇 가지 기본원칙을 생각해볼 필요가 있다. 첫째, 비정규직의 존재 자체를 부정하거나, 비정규직 사용 자체를 '바람직하지 못한 현상'으로 보아서는 안 된다. 예컨대, 간접고용(노동부 정의에 의하면 비전형근로)은 근로자에게 나쁜 것이라는 인식은 경제학적으로 틀린 것이다.18

둘째, 정규직 보호와 비정규직 보호가 공정해야 한다. 이 양자가 서로

18 파견 근로를 예로 들어보자. 기업이 파견업체에 지불하는 가격을 P라 하고, 파견업체가 파견근로자에게 지불하는 임금을 W로 할 때, 파견업체의 이윤=P－W임. 그리고 파견업체의 이윤(=P－W)은 결국(경쟁시장에서는) 파견근로자에 대한 투자의 기회비용에서 균형을 이룰 것임. 즉, 균형상태에서는 P－W=r·H(단, r은 이자율, H는 근로자에 대한 투자비용)임. 만약 파견업이 존재하지 않는다고 가정하자. 그렇다고 근로자의 순수입이 P가 되는 것이 아님. 순수입은 P－C(단, C는 직업탐색 비용 등 자신을 필요로 하는 기업에서 일할 수 있기 위해 소요되는 비용)임. 그리고 이때 P－C가 오히려 W보다 더 작을 수도 있고, 이러한 경우에는 파견업이 존재하지 않음으로 인해 근로자의 순수입이 오히려 더 줄어들 수 있음. 물론 P－C가 W보다 더 큰 근로자가 있을 수 있으나, 이러한 근로자는 파견업체가 존재한다고 해도 파견업체를 통하지 않고 일자리를 찾을 것이므로 파견업을 합법화한다 해도 이들 근로자에게 손해나는 일이 있는 것은 아님. 즉 파견업의 존재가 오히려 소비자(근로자) 선택의 가능성을 넓힘으로써 근로자에게 더 큰 이익을 가져다주는 것임. 그리고 '파견근로자에 대한 착취'로 쟁점화되고 있는 '파견업체의 이윤'도 파견업을 합법화하여 파견시장의 경쟁이 심화될수록 오히려 줄어들 수 있다는 사실에 유념할 필요가 있음. 또한 합법화할 경우, '규모의 경제', '불법리스크(risk)에 대한 프리미엄의 불필요함' 등의 이유로 H가 더 작아질 것이므로 r·H인 착취(파견업체의 이윤)의 크기도 작아질 것임.

상충되고 특히 더 사회적 약자인 비정규직이 정규직 때문에 손해를 보는 것은 불공정한 것이다. 정규직에 대한 과보호가 비정규직의 정규직 전환을 가로막고 있다. 또 정규직과 비정규직간 (공정한) 경쟁이 이루어지지 않고 있다. 즉, 무능력한 정규직 근로자를 보호해야 하기 때문에 비정규직을 할 수 없이 해고해야 한다면, 그것은 공정한 환경이라고 볼 수 없다.

셋째, 고용보호와 임금보호 중 어느 것 하나에 초점이 맞추어져야 한다. 현재의 비정규직에게 임금, 고용 모두 정규직 수준으로 보장하는 것은 현실적으로 불가능하다. 고용안정을 보장하되(예: 비정규직을 정규직으로 전환) 임금은 생산성 수준에 맞추어 결정하는 것과 일시적인 고용을 인정하되 부당한 차별은 막아주는 것 중 하나를 결정해야 하고, 이 중에서 어느 것을 적용할지는 직종의 성격에 따라 다를 것이다.

넷째, 보호를 위한 법제도의 실제적 효과가 시장에서 분명하게 나타날 수 있어야 한다. 그러려면, 한국의 경우 노동공급보다는 노동수요의 문제가 비정규직 문제의 핵심을 차지하는 만큼, 기업의 인센티브를 고려해야 한다. 즉 시장에서 '기업이 법제도가 목적하는 바대로 움직일 수 있게 만들 수 있는' 제도를 마련해야 한다.

다섯째, 비정규직 문제의 근본적인 해법은 고임금의 일자리 창출에 있다는 사실을 유념해야 한다. 앞서 이론적 논의에서 '비자발적 비정규직' 발생의 근본적이 원인은 저숙련(저생산성)에 있다는 것을 알 수 있었다. 따라서 노동수요 측면에서는 '고임금의 서비스 일자리'를 많이 만들어내는 것이 비정규직 근로조건 개선에 가장 중요한 요소이다. 제조업의 일자리 창출은 양적으로 이미 한계에 부딪혔으며 대부분의 비정규직이 서비스업에 종사하고 있다는 사실을 생각해볼 때, 서비스 부문의 생산성을 높이고 그것을 바탕으로 고임금의 일자리를 많이 만드는 것은 필수적인 요소이다.

즉 서비스 고임금의 일자리가 비정규직 해소의 충분조건은 아니지만 필요조건임에는 분명하다. 한편 노동공급 측면에서의 대책은 효과적이고 효율적인 직업훈련으로 비정규직 근로자들이 고임금의 일자리에 취업할 수 있는 역량(직업능력)을 키워주는 것이 될 것이다.

여섯째, 비정규직이 다양한 고용형태를 내포하고 있는 만큼, 비정규직 보호 대책도 각 고용형태에 맞는 별도의 접근이 필요하다. 기간제, 파견, 사내도급, 특수직 등에 대해 각각 다른 해법이 필요하고, 그리고 이것은 각 고용형태를 선택한 기업의 동기를 고려하여 경제적 합리성을 갖고 있어야 한다. 예컨대, 특수직 종사자 문제도 획일적인 잣대로 접근하는 것은 바람직하지 않다. 자영업자 속성과 동일한 속성을 동시에 갖고 있는 특수직 종사자들에게 '근로자로의 인정 여부'의 양분법으로 접근하는 것은 논리적 타당성도 결여되었을 뿐만 아니라 부작용도 크고 실제로 특수직 종사자들에게 도움이 되지도 않는다. 근로자 속성이 일정 비율(예: 60%) 이상이면 근로자로 인정해서 노동 3권을 비롯하여 다른 일반근로자와 동일한 법제도를 적용하고, 그렇지 않으면 노동자로 인정받지 못하는 식의 규제가 과연 합리적일 수 있을까? 근로자성의 비율이 어느 정도인가를 판단하는 것 자체도 결코 쉽지 않을 것이지만 말이다. 특수직 종사자 각 유형별로 가장 합리적이고 실효성 있는 방안을—그것이 일반 노동자 보호 방식과는 차이가 있더라도— 강구하여, 종국적으로는 특수직 종사자들에게 더 큰 도움이 될 수 있도록 만드는 것이 바람직한 정책기조가 될 것이다.

2) 경제위기 극복과 정규직 전환을 위한 노사정 대타협의 필요성

비정규직 문제는 노사정이 힘을 합쳐서 풀어야 한다. 비자발적 동기가 다수를 차지하는 만큼 노동수요의 주체인 기업의 결단이 있어야 한다. 또 정규직과 비정규직간의 이해상충의 문제 등 노동자도 양보해야 할 부분이 있다. 상대적 약자인 비정규직에 대한 보다 적극적인 보호를 위해 정부는 제도개선 뿐만 아니라 재정지출에서도 우선순위를 두어야 한다. 이 글에서는 비정규직 대책과 관련하여 각각 단기적 시각과 장기적 시각에서 다음 두 가지 목적을 위한 노사정 대타협의 필요성을 강조하고자 한다.

첫째, 단기적으로는, 지금의 경제위기에서 비정규직 고용유지를 위한 노사정 대타협이다. 세계 금융위기로부터 촉발된 세계경제 불황은 우리 경제에 매우 큰 어려움으로 다가올 것이다. 경제침체기에 가장 중요한 노동대책은 '일자리 유지'이다.[19] 창업이 활발하게 일어나고 새로운 일자리가 만들어지기 어려운 상황인 만큼 지금의 일자리를 유지하는 것에 정책적 노력을 집중할 필요가 있다. 특히 비정규직은 불경기에 고용조정의 우선적인 타깃이 될 가능성이 크므로, 비정규직의 일자리 유지는 매우 중요하다.

따라서 비정규직 규제의 일시적 완화에 대해 노사정이 대타협을 할 필요가 있다고 본다. 예컨대, 기간제 기간제한 규제를(현재 2년) 한시적으로 늘려주거나 일정기간 유예하는 방안을 검토해볼 수도 있을 것이다. 경제가 어려운 상황에서의 기간제한 규제는 기업으로 하여금 기간제의 정규직 전환을 유도하기보다는 기간제의 해고 내지 교체고용으로 대처하게 만들 가능성이 크고, 이 경우 기간제 근로자의 고용유지가 (또 다른 곳에서 일자리 찾는

19 물론 실업자에 대한 소득보전 및 생활보장도 중요한 사회정책임.

것도) 더 어려워질 것이기 때문이다. 또한 정규직의 획기적인 임금양보도 비정규직 일자리 유지에 도움을 줄 수 있을 것이며, 이에 대해 정부는 취약 근로계층에 대한 재정지출 확대로, 그리고 기업은 고용안정 보장으로 화답할 수 있을 것으로 생각한다.

둘째, 장기적으로 '비정규직의 정규직으로의 전환'을 가능하게 하기 위한 노사정 대타협도 필요하다. 우선 일시적인 업무에서는 비정규직 활용의 필요성을 인정하되, 계속적인 업무에서는 가능한 한 정규직 채용을 늘릴 수 있도록 노사정이 합심해야 한다. 앞서 언급했듯이, 비정규직 문제가 임금이 '노동시장의 가격'으로서의 기능을 회복하면서 나타나는 결과라면, 그리고 계속적 업무의 경우에는 기업입장에서도 고용보장의 부담이 그리 크지 않을 것이라면, 이들을 정규직으로 전환하되, 임금은 직무급 체계로 전환하여 기존 고숙련 정규직과는 다른 임금관리가 가능하도록 해줄 필요가 있다. 노동계가 이런 부분에 대해 양보를 하면 기업은 정규직 전환을 약속하되, 그래도 기업에게 부담스러운 부분이 남아 있다면 정부가 임금보조나 사회보험 감면 등의 재정지원을 약속할 수 있을 것으로 생각한다.

이와 관련해서는 스페인의 2006년 노사정 합의를 벤치마킹해볼 필요가 있다. 합의의 핵심적인 내용은 기업의 정규직채용(기간제 근로자 전환 및 신규채용)에 대해서는 경제적 지원(유인)을 강화하는 것이었다.[20] 기간제 근로자를 정규직 근로자로 전환할 경우 차후의 해고수당을 경감시켜주었으며, 동시에, 2006년말까지 정규직으로 전환되는 기간제 근로자 1명당 연간 800유로의 임금보조금을 한시적으로(총 3년간) 정부가 지급해주는 것이다. 정규직을 신규채용하는 경우에도, 연 500~3,200유로의 임금보조금을 4년

20 자세한 내용은 이종훈(2008) 참조.

간 지급해주기로 했다.21 그 결과 2006년 후반기에 정규직 고용이 41% 증가하였다(217만 명 전환). 스페인의 경우, 가장 큰 시사점은 비정규직 사용에 대한 규제를 강화하기보다 사용자들에게 정규직을 고용하도록 인센티브를 부여하는 것이 보다 효과적이라는 사실이다.

3) 비정규직에 대한 재정 지원 강화

비정규직은 상대적 약자인 취약근로 계층이므로 이들에 대해 정부 재정지출의 우선순위가 두어져야 함에도 불구하고 현실은 그 반대이다. 첫째, 비정규직 문제의 근본원인이 직업능력의 부족이라면 노동시장 정책에서도 이들에 대한 재정지출이 확대되어야 한다. 그러나 우리나라 '적극적 노동시장 정책(active labor market policy)'의 재정은 주로 고용보험 제도에 의존하기 때문에, 이것이 피보험자를 위한 정책을 중심으로 운용될 경우 비정규직에 대한 재정지출이 위축될 가능성이 있다. 특히 현재 고용보험사업은 기업주도 훈련에 대한 지원을 핵심 내용으로 하는데, 비정규직에 대해서는 개인별 지원이 더 적합하다. 교육훈련구좌제 도입을 적극적으로 검토할 필요가 있다. 이미 비정규직의 직업훈련 강화를 위해 '근로자능력개발카드' 제도가 도입되었으나, 2007년의 경우 예산 부족으로 1인당 50만 원 수준에 불과했고 2008년에도 예산 부족으로 직업훈련 확대를 기대하기 어려운 상황이다. 만약 고용보험기금의 보험논리상 비정규직에 대한 지원확대가 어렵다면, 고용보험기금에 일반회계 예산을 보태어서 '(가칭)국가인적자원

21 임금보조금의 액수는 취약계층일수록 커지도록 설계.

개발기금'을 조성하고, 이를 취약계층 직업훈련에 재정 투입하는 방안을 검토해야 한다.

둘째, 비정규직은 정규직에 비해 상대적으로 기업복지 부분에서 특히 취약하기 때문에, 이 부분에 대해 국가가 보완해줄 수 있는 방법을 찾을 필요가 있다. 카페테리아 방식의 복지 프로그램을 제공할 수 있는 기금을 조성하되, 참여 근로자의 회비에 정부 예산을 매칭펀드로 지원해서 재원을 마련하는 방안을 검토할 수 있을 것이다. 기존의 근로자복지진흥기금을 이러한 체계로 전면 재편하는 것을 고려해볼 수도 있을 것이며, 정부 주도로 이러한 기금을 설치할 경우, 규모의 경제 실현이 가능하므로 매우 저렴한 비용으로 복지를 제공할 수 있을 것으로 기대된다.

4) 용역(도급) 근로자 보호

앞서 기간제·파견근로자와 용역(도급)근로자간 '규제의 비대칭'에 대해 언급한 바 있다. 전자의 경우에는 기간제한에 차별금지 조항도 적용되는 반면에 후자의 경우에는 둘 중 어느 것도 적용되지 않는다. 이 중에서 우선 기간제한에 대해서는, 첫째, 용역(도급)근로자의 경우—앞서 '기업의 합리적 고용계약의 선택' 부분에서 설명했듯이— 원하청 기업간 장기적 관계를 전제로 하기 때문에 기간제한의 규제가 바람직하지 않는다. 또 둘째, 그러한 규제가 정규직 전환으로 연결되기보다는 용역(도급)근로자의 고용만 불안하게 만들 가능성이 크다. 때문에 기간제한 규제를 용역근로자에게도 적용하는 것은 바람직하지 않다.

그러나, 차별금지 대상에서 용역(도급)근로자만 제외하는 것은 '규제의 형평성' 관점에서 볼 때 논리적 타당성을 갖기 어렵다. 비정규직 보호와 관련하여, '기업이 비정규직 근로자를 고용함에 있어 고용유연성을 확보케 해주되, 임금 밖의 근로조건에 있어서의 차별은 곤란하다'는 것이 암묵적인 사회적 합의로 생각된다. 이런 관점에서 볼 때, 용역근로자를 차별금지의 비정규직 범주에서 제외시킨 것은 재고될 필요가 있다. 법률적 문제, 즉 하청업체의 법적 지위가 부정될 수 있다는 문제 때문에 비정규직법의 차별금지 대상에서 제외되었다고 이해는 되지만, 파견근로자도 하청근로자와 마찬가지로 간접고용이긴 하지만 차별금지 대상에 포함되었다는 점을 감안해볼 때, 하청근로자를 차별금지 대상에서 전적으로 제외시킨 것은 논리적으로 타당성이 부족하다.

5) 고용계약의 다양화를 인정하는 노사관계 제도 도입

고용계약이 다양화되고 있는 시대적 조류를 감안하여 장기적 관점에서 우리나라의 노사관계 제도의 전환을 검토해볼 필요가 있다. 직종의 다양성, 근로자간 이질성 심화 등의 이유 때문이라도 '다양성을 포용할 수 있는 노사관계의 틀'을 고민해보아야 한다.

우선 근로기준법을 주축으로 하는 "개별적 노사관계는 원천적으로 획일성·경직성의 문제를 안고 있다. 따라서 다양성이 확대되고 유연성이 필수요소가 되는 미래환경에 취약한 면이 있다. 특히 선진국의 경우 집단적 노사관계가 퇴조하면서 개별적 노사관계에의 의존도를 높이게 되는데, 이에 따라 노동조건 법적 보호의 수준이 '최소조건'이 아니라 '평균조건'이 되는 경향이 있다."22 EU가 지침을 통해 법적 근로계약 규율 강화를 추구하는 것도 이런 관점에서 보면 문제가 많다고 평가된다. 근로기준법은 정말 법으로 보장해야 하는 최저근로조건을 실현가능한 수준에서 정리하고, 근로계약 체결의 자율성과 그 내용의 다양성을 인정해줄 수 있는 제도적 기반이 구축될 필요가 있다.

한편 집단적 노사관계에서는 기존의 노동조합 이외의 신노동자조직에 대한 대안 발굴이 요청된다. 정규직을 제외한 다양한 고용형태를 노동조합이라는 기존 틀에서 담아내기 어렵다면, 그리고 노동조합 그 자체가 목적이 아니라 노동자 보호가 궁극적인 목표라면, 노동조합 이외의 '대안적 노동자조직(혹은 voice 창구)'을 만들어가려는 노력이 노사 모두에게 필요한 시점이 되었다고 본다. 이것이 가능해지면, 점차 쇠퇴해가는 집단적 노사관계에 오히려 활력을 불어넣어주게 될 것이고, 개별적 노사관계에 대한 의존이 심화됨에 따라 근로관계가 경직적·획일적으로 규정되어지는 문제도 해결될 수 있을 것이다.

22 이종훈(2006b) 참조 · 인용.

참고문헌

금재호 · 조준모(2001), 「실업자의 재취업과 직장상실비용」, 『2001 경제학 공동학술대회 발표 논문집』, 한국경제학회.

남재량 · 김태기(2000), 「비정규직, 가교(bridge)인가 함정인가?」, 『노동경제논집』 제23권 2호, 한국노동경제학회.

노동부(2006), 「비정규직 법률안 수정안의 주요 내용」, 노동부 설명자료, 노동부.

류기철(2001), 「취업형태의 지속성에 관한 연구」, 『노동경제논집』 제24권 1호, 한국노동경제학회.

사람입국일자리위원회(2006), 「비정규직 실태 및 정책과제」, 사람입국일자리위원회.

유경준(2004), 「비정규직 문제와 고용창출」, 유경준(편), 『한국경제의 구조변화와 고용창출』, 한국개발연구원.

———(2008), 「비정규법의 고용효과 분석: 최근의 고용부진과 관련하여」, 한국노사관계학회 2008 추계 정책토론회 발표논문, 한국노사관계학회.

이인재, 「비정규직법의 시행효과분석에 대한 대체적 접근방식」, 미발표 자료.

이종훈(2006a), 「비정형근로 유형의 선택에 대한 이론적 모형」, 『노동경제논집』, 제29권 제1호, 한국노동경제학회.

———(2006b), 「경제선진화와 노사관계」, 김병국 외 2인(편), 『경제를 살리는 민주주의』, 동아시아연구원.

———(2008), 「스페인 노사관계의 현황과 시사점」, 미발표 논문.

이종훈 · 이정현(2004), 「노사관계와 고용창출」, 유경준(편), 『한국경제의 구조변화와 고용창출』, 한국개발연구원.

Akerlof, George A. and Janet L. Yellen(1990), "The Fair Wage-Effort Hypothesis and Unemployment", Quarterly Journal of Economcis, Vol. 105-2.

Milgrom, Paul & Roberts, John(1992), Economics, Organization & Management, Prenticel Hall.

Sugeno, Kazuo(2007), "The Revised Part-time Employment Law in Japan: Backgrounds, Policies & Rules", 중앙노동위원회 국제콘퍼런스 발표 논문.

제6장_ 비정규근로에 대한 법적 규율 방향

김재훈

1. 문제 상황

1) 비정규근로 관련법을 둘러싼 국가적 논란

나날이 치열해지고 있는 국제 경쟁하의 경제체제에서 비정규근로자와 관련되는 문제는 우리 사회에서 해결되어야 할 중요 과제의 하나로 자리 잡고 있다. 정규직-비정규직근로자간 적합한 처우를 둘러싼 국가적 논란은 세계 전체적인 것이라고 볼 수 있다.

주지하는 바와 같이 최근 프랑스에서는 청년층 실업완화정책으로 중소기업(20인 이하의 규모)에 채용된 26세 미만의 신규근로자에 대해서는 2년간 민법 규정에 의해 고용을 해시할 수 있도록 하는 '신규채용계약'(CNE) 제도가 도입되었으며, 중규모 이상의 기업(20인 이상)에 채용된 26세 미만의 신규근로자에 대해서도 유사한 규제 완화를 내용으로 하는 '최초채용계약'(CPE) 제도를 도입하려고 하였다.[1] 그러나 최초채용계약 제도는 파리대학을 중심으로 하는 학생과 일반인들의 거센 반대 속에 철회되기에 이르러, 시라크 대통령의 레임덕(lame duck) 현상을 초래한 결정적 계기가 되기도 하였다. 독일에서도 유사한 논쟁이 행해지고 있다.

특히 국제통화기금(IMF)의 지원을 받기에 이르렀던 1997년 말의 경제위기 이후 우리 기업들이 대부분 경비 절감을 주목적으로 고용 유연화 전략을 취함에 따라 비정규근로자의 규모가 확산되어왔다. 그리하여 비정규근로자의 열악한 처우[2]와 기업 측의 오·남용에 대한 규제는 현단계 중요한 국가·사회적 과제의 하나로 부각되어 관련 부처에서 그 대응 방안을 강구하고 있다. 그리고 사회과학을 대상으로 하는 연구자 입장에서는 각자의 전공별로 적합한 관련 해결책을 강구해오고 있다.

우리나라에서도 2002년부터 2003년까지 사회적 협의기구인 노사정위원회 비정규근로자 대책 특별위원회에서 대책 논의가 행해졌고, 이 위원회의 공익위원 안을 바탕으로 정부가 2004년부터 국회가 제출한 관련 법안이 오랫동안 심의되었다. 당시 여당인 열린우리당의 대책 방안에 대해 민주노동당에서는 이는 '개악'책이라고 강도 높게 비판하였고,[3] 당시 야당인 한나라당은 사학법과 연계하여 논의하자는 입장을 보임으로써 처리가 시급한 여러 입법들에 대한 논의가 중단되고 있는 상황에까지 도달한 바 있다. 문제의 중요성·시급성을 보여주는 단면이라고 할 수 있는데, 결국

1 그 자세한 내용은 박제성, 「프랑스의 근로계약법제 변화」, 한국노동연구원 법경제포럼 2006년 3월 발표문(2006. 3. 23) 참조.

2 2008년 3월 노동부의 「경제활동인구조사 부가조사」 결과에 의하면 정규직대비 비정규직의 임금수준은 2007년 64.2%에 비해 2008년 60.4%로 그 격차가 더 커졌다. 사회보험 가입률 격차도 50% 가까이 큰 차이를 보이고 있다. 이병희 외 1인, 「2008년 3월 비정규직 규모와 구성 변화」, 『노동리뷰』(2008년 6월호, 통권 제42호), 2008. 6, pp. 4~21 참조.

3 우여곡절 끝에 환경노동위원회를 통과한 관련 법안에 대해 민주노동당은 법제사법위원회에서의 심의를 저지시키고자 필사적인 방법을 사용하였고, 이에 대해 여당에서는 당시 위원회 점거라는 헌정사상 보기 드문 광경을 연출한 바 있다.

2006년 12월 국회를 통과한 제정 「기간제 및 단시간근로자 보호 등에 관한 법률」(이하 '기간제법')이 2007년 7월부터 시행되고 있으며,4 「파견근로자 보호 등에 관한 법률」(이하 '파견법')도 개정되어 시행되고 있다.

2) 노동시장에의 법 역할에 대한 두 가지 상반되는 입장

비정규근로 대책 방안을 논함에 있어서는 노동시장에 대한 국가의 개입에 대해 각 연구자가 지니고 있는 세계경제관 내지 사회철학5이 투영되어 그 결론에 큰 차이가 있을 수 있다. 이는 영미법계(英美法系)의 소극적 정책과 대륙법계(大陸法系)의 적극적 정책으로 나누어 볼 수 있다.

노동시장이란 대가를 지불하면서 타인의 노동(서비스)을 얻으려고 하는 구인자와, 그와 같은 노동을 제공하여 대가를 얻으려는 구직자 사이에 수요와 공급을 조정하는 기구이다. 각종 사회경제적인 활동의 파생 수요인 노동 수요는 산업경제의 발전에 따라 양적·질적으로 변모하며 확장되고 있고, 노동 공급자인 근로자 측의 모습도 포스트모던(post-modern) 시대의 영향에 따라 개별적·다양화 경향을 보이고 있다. 노동시장 또한 이에 병행하여 발전하고 활성화되면서 다양화되어왔다.

시장경제가 순조롭게 운영되기 위해서는 노동시장이 원활하게 기능될 것이 요구된다. 이를 위하여, 또한 노동시장을 둘러싼 부적절한 탈법 행위를 억제하기 위하여 법(法)은 종종 노동시장의 제도적인 기초를 정비하고

4 다만 차별시정에 관한 규정은 2007년 7월 상시 300인 이상 사업장부터 시행되어, 2008년 7월부터 100인 이상 사업장, 2009년 7월부터 전체 사업장으로 확대 시행된다.

5 그 근저에는 인생관에 대한 기본적 입장 차이가 위치하고 있을 것이다.

그 운영에 눈을 돌려 필요하다고 판단되는 규제를 가하게 된다.

근대 법시기에는 노동의 수요측과 공급측 쌍방에 대하여 개인의 존중(행복추구권), 법 아래의 평등, 직업 선택의 자유 등을 보장하면서 시장경제와 노동시장기능의 원활한 기능을 발휘하게 하기 위한 전제조건을 정비해왔다.[6] 그리고 현대에 접어들어 본격적인 시장기능 전개에 불가결한 중재기능을 행하게 된 고용서비스업(직업소개 사업, 근로자파견 사업 등)이 적절히 운영되도록 기초 조건을 정비함과 함께 탈법 행위를 사전에 방지하고 또한 사후에 억제해왔다.

현대 국가들의 경우 다양한 방식에 의해 노동시장에의 정책적 개입이 시도되고, 노동시장법의 영역과 체계도 구성되어왔다. 이와 같은 노동시장에의 정책적 개입 방식은 크게 적극적 입장과 소극적 입장으로 분류할 수 있다.

소극 정책에서는 시장으로서의 자율성을 존중하여 국가의 법적 개입은 노동시장이 성립하기 위한 기본 구조의 준비와 주변 조건의 정비에 그치고, 인위적인 직접적 정책에 의해 노동시장에 적극적으로 개입하는 것을 피하려고 한다. 이에 비하여 적극 정책에서는 시장으로서의 자율 기능에 맡기면 문제가 발생한다는 기본적 고찰 방식 하에 국가가 노동시장의 기본 구조와 주변 조건을 정비하는 데 그치는 것이 아니라, 여러 종류의 정책적 개입을 적극적으로 추진하여 시장기능의 결함을 보완할 필요성이 있다는 입장을 취하고 있다(이른바, 적극적 노동시장정책: ALP〔Active Labor Policy〕).

소극적 노동시장정책의 흐름은 영미법 계열의 국가들(미국·영국 등)에서

6 이와 같은 입장은 노동시장이 자율적으로 기능하도록 법이 자유방임적 정책을 펴는 것으로, 이와 같은 자유방임적 정책하에서 법의 역할은 私法의 영역에 그치는 법규제만에 그치게 된다. 諏訪康雄, 「勞働市場法の理念と體系」, 『勞働市場の機構とルール; 日本勞働法學會編 講座 21世紀の勞働法 第2卷』, 有斐閣, 2000, p. 3 참조.

강하고, 적극적 노동시장정책은 유럽의 대륙계 국가들(프랑스·독일)에서 특징적이다. 전자는 국가 개입이 초래하는 경직성과 불공정을 지적하면서 '유연한 노동시장'의 존재의의를 높게 평가한다. 이에 비하여 후자는 시장에 있어서 격차 확대와 한계를 지적하면서 '시장의 실패'에 예민하고 여러 정책적 개입에 의한 시장기능의 제어와 보완이 필요하다고 주장한다.

3) 최근 화두(話頭)로 부각되는 '유연안전화'의 개념

비정규근로 대책 방안과 관련하여 근래 선진 주요 국가들에서는 이른바 유연안전화(flexicurity)의 기치 하에 관련 대책을 전개하고 있는데, 이는 불황과 그에 따른 실업난이 극심한 유럽에서 네덜란드와 덴마크에서의 성공적인 경험을 집약한 표현으로 평가되고 있다.

이는 노동시장의 유연성을 제고하여 노동시장의 탄력적 노동비용 조정 능력을 높임과 동시에, 노동시장 정보체계와 정책 전달체계의 효율성 확보, 근로자의 고용 가능성 제고 및 취약 계층의 보호 확충을 통해 근로자의 소득 안정성을 보장하는 것을 의미한다.7

우리나라에서도 근로관계 유연안전성(flexicurity) 추구와 관련하여, 정규직 해고 규제 완화와 비정규직 보호라는 전통적인 방안에 덧붙여 임금체계의 재구성을 통한 구조적 개편 방안까지 모색되고 있다. 이는 해고법리의 개편이 우리나라에서 현실적으로 곤란한 여러 사정에도 기인하지만, 불합리한 임금체계와 연공급여로 대표되는 경직된 임금체계에의 근본적

7 OECD, Employment Outlook, 2000~2004, Paris, 각 호 참조.

재검토를 요구하는 함의(含意)도 지니고 있다.

생산과정 변화에 대한 근로자와 기업의 적응력을 높임으로써 기업 내부 노동시장의 경제적 효율성을 극대화시키는 것을 의미하는 유연성을 제고하면서 동시에 비정규직근로자 등 취약 계층에 대한 적절한 보호를 강구하는 유연안전화의 모토(motto)는 비정규직 관련 입법의 기본 구도가 되고 있다.

본고에서는 우리나라 임금근로자의 상당 부분을 차지하는 비정규근로자의 고용 유연안전화 방안에 대해, 그 중 대표적인 기간제근로와 파견근로, 단시간근로 부문을 살펴보면서 각 세부 쟁점들에서 관련 대책을 논하기로 한다.[8]

2. 각 유형별 규율 방향

1) 기간제근로

(1) 실태

통계청에서 2008년 3월 실시한 「경제활동인구부가조사」[9]를 분석해보면, 조사 결과 비정규직근로자 규모는 5,638천 명으로, 전체 임금근로자

8 본고는 필자의 「비정규근로와 법」, 「서강법학」 제8권(2006. 10) 논문을 수정 · 보완 · 발전시킨 것임을 밝혀둔다.

9 통계청의 '경제활동인구조사'에서는 임금근로자를 상용·임시·일용근로자로 분류하여 조사하여왔다. 그런데 1997년말 IMF 경제위기 이후 임시·일용직 근로자의 급증에 따라 이들에 대한 세부분석 및 파견 ·용역근로 등 새로운 근로형태 파악 필요성이 제기되고, 또한 산업구조의 급속한 변화에 따라 산업·직업간

약 15,993천 명의 35.2%를 차지하고 있다. 비정규직근로자 중 한시적근로자는 3,249천 명으로 비정규근로자의 57.6%를 차지하며, 그 중 기간제근로자는 2,293천 명으로 40.7%, 계약이 반복갱신되는 한시적근로자는 229천 명으로 4.1%, 계속 근무가 기대 불가능한 한시적근로자는 727천 명으로 12.9%로 나타나고 있다.

통계청의 「경제활동인구조사지침서」에 따르면 상용직은 고용 계약기간이 1년 이상(초과)인 정규직원을 말하며, 임시직은 임금근로자 중 상용이 아닌 자로 고용 계약기간이 1개월 이상 1년 미만인 자를 말하고, 일용직은 고용 계약기간이 1개월 미만인 경우 등 임금근로자 중 상용 및 임시에 해당하지 않는 경우를 일반적으로 상정하고 있다.

기간제법이 시행되기 전인 2007년 3월의 통계와 비교한 하나의 연구결과에 따르면, 근로조건이 상대적으로 나은 기간제 및 계약 반복갱신에 의한 한시적근로자는 감소하고, 근로조건이 상대적으로 낮은 계속 근무를 기대할 수 없는 한시적근로자는 크게 증가하였으며, 용역·일일 등의 비전형 근로자는 증가한 것으로 나타나, 비정규직 고용 구성은 오히려 나빠진 것으로 분석되고 있다(〈표 1〉 참조).[10]

즉, 비정규직 가운데 가장 큰 비중을 차지하는 기간제근로자는 2,293천 명으로 전년 동월 대비 321천 명 감소하였다. 또한 한시적근로자 가운데 정규직과 비슷한 근로조건을 보이는 '근로계약기간을 정함이 없으나 계약의 반복갱신에 의하여 근로가 지속되리라고 기대하는 자'는 318천 명이 감소하여 조사 이래 가장 낮은 수준인 229천 명을 기록하였다. 반면 한

인력이동 실태파악 필요성이 제기되어 2000년부터 기존의 '경제활동인구조사표'에 신규 항목을 추가하여 부가조사가 행해지고 있다.

10 이병희 외 1인, 앞의 논문, pp. 5~7.

〈표 1〉 2008년 3월 고용 동향

(단위: 천 명, %)

구분	2003. 8	2005. 8	2007. 8	2007. 3 (A)	2008. 3 (B)	증감 (B-A)
임금근로자	14,149 [100.0]	14,968 [100.0]	15,882 [100.0]	15,731 [100.0]	15,993 [100.0]	262
정규직	9,542 [67.4]	9,486 [63.4]	10,180 [64.1]	9,958 [63.3]	10,356 [64.8]	398 [1.4p]
정규상용직	6,184 [43.7]	6,413 [42.8]	6,931 [43.6]	6,627 [42.1]	7,302 [45.7]	675 [3.5p]
정규임시직	3,100 [21.9]	2,803 [18.7]	2,936 [18.5]	3,080 [19.6]	2,748 [17.2]	−332 [−2.4p]
정규일용직	259 [1.8]	269 [1.8]	313 [2.0]	252 [1.6]	306 [1.9]	54 [0.3p]
비정규직	4,606 [32.6]	5,483 [36.6]	5,703 [35.9]	5,773 [36.7]	5,638 [35.2]	−135 [−1.5p]
한시적근로	3,013 (65.4)	3,615 (65.9)	3,546 (62.2)	3,642 (63.1)	3,249 (57.6)	−393 (−5.5p)
기간제	2,403 (52.2)	2,728 (49.8)	2,531 (44.4)	2,614 (45.3)	2,293 (40.7)	−321 (−4.6p)
계약 반복갱신	248 (5.4)	302 (5.5)	555 (9.7)	547 (9.5)	229 (4.1)	−318 (−5.4p)
계속 근무 기대 불가	362 (7.9)	585 (10.7)	460 (8.1)	481 (8.3)	727 (12.9)	246 (4.6p)
시간제근로	929 (20.2)	1,044 (19.0)	1,201 (21.1)	1,232 (21.3)	1,301 (23.1)	69 (1.7p)
비전형근로	1,678 (36.4)	1,907 (34.8)	2,208 (38.7)	2,244 (38.9)	2,330 (41.3)	86 (2.5p)
파견	98 (2.1)	118 (2.1)	174 (3.1)	175 (3.0)	172 (3.1)	−3 (0.0p)
용역	346 (7.5)	431 (7.9)	593 (10.4)	584 (10.1)	617 (10.9)	33 (0.8p)
특수근로 형태	600 (13.0)	633 (11.5)	635 (11.1)	643 (11.1)	601 (10.7)	−42 (−0.5p)
가정 내	166 (3.6)	141 (2.6)	125 (2.2)	155 (2.7)	151 (2.7)	−4 (0.0p)
일일	589 (12.8)	718 (13.1)	845 (14.8)	915 (15.8)	940 (16.7)	26 (0.8p)

* 주: [ ]안은 임금근로자 대비 비중이며, ( )안은 비정규직 대비 비중임.

* 자료: 통계청, 「경제활동인구조사 부가조사」(원자료), 2003~2007년 8월, 2007~2008년 3월.

시적근로자 중 근로조건이 낮은 '비자발적 사유로 계속 근무를 기대할 수 없는 자'는 246천 명이 증가하여 조사 이래 가장 높은 수준인 727천 명을 기록하였다.

(2) 기간제근로의 허용과 법률

기간제법 제4조에서는 근로계약기간에 대하여 "사용자는 2년을 초과하지 아니하는 범위 안에서(기간제근로계약의 반복갱신 등의 경우에는 그 계속 근로한 총기간이 2년을 초과하지 아니하는 범위 안에서) 기간제근로자를 사용할 수 있다"고 규정하고 있다.

그런데 동조 동항 단서에서는 이 규제를 피할 수 있는 경우로, ① 사업의 완료 또는 특정한 업무의 완성에 필요한 기간을 정한 경우, ② 휴직·파견 등으로 결원이 발생하여 당해 근로자가 복귀할 때까지 그 업무를 대신할 필요가 있는 경우, ③ 근로자가 학업, 직업훈련 등을 이수함에 따라 그 이수에 필요한 기간을 정한 경우, ④ 「고령자고용촉진법」 제2조 제1호의 고령자와 근로계약을 체결하는 경우, ⑤ 전문적 지식·기술의 활용이 필요한 경우와 정부의 복지정책·실업대책 등에 따라 일자리를 제공하는 경우로서 대통령령이 정하는 경우, ⑥ 그밖에 제1호 내지 제5호에 준하는 합리적인 사유가 있는 경우로서 대통령령이 정하는 경우를 열거하면서 이 경우에는 2년을 초과하여 기간제근로자로 사용할 수 있으며, 동조 제2항에서는 "사용자가 제1항 단서의 사유가 없거나 소멸되었음에도 불구하고 2년을 초과하여 기간제근로자로 사용하는 경우에는 그 기간제근로자는 기간의 정함이 없는 근로계약을 체결한 근로자로 본다"고 규정하고 있다.

이와 같은 입법 규정에 대해 노동계에서는 유럽 다수 국가에서 취해온 바와 같이 입법론적으로 기간의 정함이 있는 근로계약을 체결할 수 있는 사유와 절차를 명시하는 한편, 그 기간은 1년을 원칙적인 최장 한도로 하면서 사업 완료 등 특별한 경우에만 이를 초과할 수 있도록 규정하여야 한다고 주장하고 있다. 기간제근로의 입구 단계에서 사유와 절차를 엄격히 규제하는 이러한 주장은 근로자 보호를 위해서는 타당한 입법 방식[11]일 수는 있지만 검토할 점을 남기고 있다.

주지하는 바와 같이 고용관계에 가능한 한 법적 개입을 최소화하여 기간제근로에 대하여 명시적·법적 규제를 하지 않는 영미법계(특히 미국)의 태도[12]와 달리, 유럽 국가들에서는 기간제근로에 대하여 다양한 근로자 보호입법정책을 취해왔다. 그런데 최근 경제침체에 따른 실업난 완화 차원에서 유기계약 및 임시근로계약에 대한 규제를 완화하여 이를 활성화시키는 입법정책을 취하고 있다. 예컨대 최초 1~2년까지의 사용(즉 신규채용)에 대하여는 별다른 규제를 하지 아니하는 독일이나 프랑스, 스페인에서의 최근 개정입법이 대표적인 경우라고 할 수 있다(〈표 2〉 참조).[13] 경제 호황·불황 여부에 따라 노동입법정책이 원론적으로 달라질 수는 없겠지만, 세계적인 경쟁 상태에 돌입하여 노동유연화정책을 일반적으로 도입하는 최근 세계 경제 상황에서 기간제 허용 규제에 관한 엄격한 입장은 근로자 보호에 치우쳐 있다고 볼 여지가 많다.[14]

11 한국노총, 「비정규직노동자 보호를 위한 법개정 청원」, 2000. 6; 비정규노동자 기본권보장과 차별철폐를 위한 공동대책위원회, 「비정규노동자 권리보장을 위한 법개정 청원」, 2000. 10 참조.

12 ILO, Termination of Employment Digest: A Legislative Review, International Labour Office, Geneva, 2000, pp. 7~14 참조.

13 OECD, Employment Outlook, June 1999, pp. 52~53; 김재훈, 「OECD에서 본 우리나라 고용보호 관련규제」, 『노사포럼』 제17호, 한국경총 노동경제연구원, 2002. 7, pp. 69~97 참조.

14 노동계는 2005년 상반기 국회에서의 비정규관련 개정법 논의에서 처음 1년간은 사유 제한 없이 기간제 근로자를 사용할 수 있도록 하되 그 다음 기간부터는 사유제한을 하는 수정안을 제시한 바 있다. 「매일노동뉴스」, 2005. 8. 5, p. 16 참조.

〈표 2〉 독일, 프랑스 그리고 일본에서의 기간제근로 관련 주요 법규정 비교

구분	기간제근로
독일	• 기간제근로 정의: 기간의 정함이 있는 근로계약과 일의 완성까지를 정한 경우. • 차별대우 및 불이익 취급의 금지: 근로 기간에 비례하여 비교할 수 있는 무기계약 근로자와 동등 대우. • 허용 요건 및 기간: -객관적 사유가 있는 경우(총 8가지): 제한 없이 기간 설정 가능. -객관적 사유가 없는 경우: 최장 2년 내 3회까지 반복갱신 가능. -단, 해당 근로자가 동일한 사용자와 종래 근로관계에 있는 경우 허용 금지. -단체 협약에 의해 최고 계약기간과 갱신 횟수 조정 가능. -58세 이상 근로자 객관적 사유 없이 무세한 유기 근로. • 서면 요건 주의: 유효 요건으로서 서면 방식 채택. • 유기 근로계약의 종료: 목적 달성 시점 2주 전 서면 통보. • 무효인 유기 근로계약 법률 효과: 기간의 정함이 없는 근로계약으로 간주. • 제소 기간: 약정 기간 만료 후 3주 이내 '근로관계 존속 확인의 소' 제기. • 사용자의 정보 제공 의무, 직업 교육 · 재교육 배려 의무. • 해제 조건부 근로계약: 적용 규정(차별 대우 금지 규정, 불이익 취급 금지 규정, 서면 요건 주의 규정, 근로관계 종료에 관한 규정 등).
프랑스	• 허용 사유: 일시적 필요(질병 · 출산 · 휴가 · 결원의 대체 등), 계절적 · 관행적으로 무기계약이 아닌 업무, 직업 훈련 · 견습 관련 고용. • 이용 원칙: 정규직 업무 대체 금지, 불법 기간제근로는 무기 근로계약으로 간주. • 절대 금지 사유: 파업근로자 대체, 정부고시 지정 유해위험 작업분류 업무, 해고 후 6개월 이내 재고용 금지(단, 3개월 미만 고용과 수출 주문 등 일시적 고용 증대의 경우 노사간의 협의 후 예외). • 최장 기간: 신규채용 · 안전 조치를 위한 긴급 작업(9개월), 결원 대체 · 일시적 업무 증가 · 한정된 비지속적 업무 · 계절적 고용(18개월), 20인 이하 사업장 신규채용시 · 수출주문 등 예외적 급증 · 외국에서의 계약(24개월). • 사용자 의무: 고용 사유, 임금 및 보상금, 근로조건, 대체 근로자 성명 등 서면 계약서를 채용 후 2일내 전달. 기타 계약 종료일, 적용 단체 협약조항, 견습 기간, 사회보험 적용 내역 통보와 무기 근로자 채용시 기간제근로자에 정보 통지 의무. • 수습 기간: 6개월 이하 2주, 그 이상 1개월. • 동일노동 동일임금 등 균등 대우: 정규직과 동등 대우 원칙 위반시 벌금 · 징역형. • 집단적 권리: 노동 3권 보장.
일본	• 기간제 고용 제한 입법 없음. • 2003년 노기법 대개정에 의해 기간 상한을 종전의 1년에서 3년으로 연장. 단, 3년 이내 기간제 계약시 갱신 제한 없음, 또, 다음 경우에 특례로 기간 상한 종전의 3년에서 5년으로 연장. - 고도의 전문적 지식, 기술, 경험으로서 노동후생대신이 정하는 기준에 해당하는 전문적 지식 등을 가지는 근로자 신규채용 경우. -만 60세 이상의 근로자 채용의 경우. • 반복갱신에 대해서 최고재판소 등 대부분의 판례는 갱신 거절의 유효 여부로 다음 사항을 근거로 판단. -당해 고용의 임시성 · 상용성. -갱신의 횟수. -고용의 통산 기간. -계약기간의 관리의 상황. -고용 계속의 기대를 야기시킬 만한 언동 · 제도의 유무 등.

(3) 기간제근로의 반복갱신과 법률

종전 근로기준법에서는 유기근로계약의 반복갱신에 관하여 규제를 하고 있지 않았고, 대법원 판례[15]에서는 “기간의 정함이 있는 근로계약이 장기간에 걸쳐 반복갱신되어 기간의 정함이 사실상 형식에 불과하게 된 경우에는 실질적으로 기간을 정하지 않은 계약과 다름없게 되므로 이 갱신 거절에는 해고와 마찬가지로 정당한 이유가 있어야 한다”는 입장을 보이고 있지만, 실제 기간의 정함이 없는 계약으로 전화(轉化)되었다고 본 경우는 거의 존재하지 않는다. 그리하여 실제상 기간제근로의 반복갱신을 통하여 사용자가 기간의 정함이 없는 근로자의 경우와 다름없는 효과(이득)를 얻으면서도 쉽게 계약을 종료시키는 사례(즉, 오·남용의 문제)가 빈발하고 있어서, 이를 어떻게 규제할 것인가 하는 점이 대두되고 있다.

기간제근로 문제에 대해 입구규제, 즉 사유와 절차를 법률로 엄격히 규제하자는 입장을 취하는 노동계는 그러한 법 위반의 기간제 고용에 대하여 형사벌과 함께 기간의 정함이 없는 고용으로의 간주(전환)를 명시하는 것이 필요하다는 입장을 취하고 있다. 그런데 입구규제에는 앞서 본 바와 같은 문제가 있으므로, 출구규제, 즉 기간제근로의 반복갱신시 규제가 필요하다고 생각된다.

그 방식으로는 우선, 유럽의 입법례에서 보는 바와 같이 일정 횟수 내지 기간 동안 반복갱신되는 경우에 기간의 정함이 없는 근로계약으로 전화되었다고 규정하는 방법을 생각할 수 있다. 한편 이 경우 일정 기간(가령 1년 내지 2년)까지는 사용에 제한을 두지 아니하고 일정 기간이 경과한 후에는

15 대법원 1994. 1. 11 선고 93다17843 판결 등.

원칙적으로 무기근로계약으로 간주하되, 예외적으로 계속 기간제로의 사용에는 부득이한 사유가 필요한 것으로 규정하는 방식(이른바 하이브리드〔hybrid〕형 규제)16도 고려할 수 있겠다. 그런데 이러한 경우 기업측이 한 근로자를 일정 기간(내지 횟수)까지만 사용하고 다른 근로자를 사용하는 등의 편법적 사례가 등장할 수 있고 현재 그나마 근로관계가 유지되고 있는 기간제근로자의 고용 안정이 침해될 우려가 있게 된다. 즉, 이러한 규제가 오히려 기간제근로자에게 불리하게 작용할 수도 있고, 유연한 기업경영을 지해할 소지도 있다.

정부가 대책을 마련하여 국회에서 논의되어 제정된 기간제법에서는 2년을 초과하여 기간제근로 사용이 지속되는 경우 그 기간제근로자는 기간의 정함이 없는 근로계약을 체결한 것으로 본다는 간주 규정을 두어, 출구규제 방식을 택하고 있다(제4조 제2항). '2년'을 택한 이유로는 기업의 인력운용 실태와 기간제근로자 교체 사용의 부작용 등을 감안할 때 2년 정도가 적정하다고 판단되기 때문이라고 하면서, 한시적근로자의 평균 근속 기간은 2001년 8월 조사시 16.1개월에서 2003년 8월 조사시 22.1개월로 6개월이 증가한 점을 들고 있다.17 이와 같은 방식에 대하여 경영계는 찬성하는 입장을 보이고 있어서,18 위와 같은 우려가 현실화될 가능성이 있다.

앞서 본 최근의 통계(경활부가조사 분석)에 의하면, 기간제법 시행 후 1년간 비정규직 구성에서 두드러진 특징으로 기간제근로자의 대폭 감소(-321천 명), 비기간제 가운데 계약의 반복갱신에 의한 한시적근로자의 급감(-318천 명), 계속 근무를 기대할 수 없는 한시적근로자의 급증(246천 명)을 들 수

16 2003년 5월 노사정위원회 비정규특위 공익안은 이에 입각한 것으로 보인다.

17 노동부, 「비정규직 입법안의 주요내용」, 2004. 9. 16, p. 5 참조.

18 「매일노동뉴스」, 2005. 8. 5, p. 16 참조.

있고 이는 비정규직의 평균적인 근로조건 저하를 초래하고 있다.[19] 한편, 비전형 근로 중 용역의 형태는 0.8% 증가하여, 617천 명으로 비정규근로자의 10.9%를 차지하고 있다.

일반적으로 입법 효과는 2~3년 지켜보아야 하며 경기 불안이 지속되면 입법 효과가 제대로 나타나기 어렵다는 한계는 있지만,[20] 비정규직 중 10%에 달하던 '반복갱신에 의한 한시적근로자'가 급감하여 4%대를 기록하여 318천 명이 감소함으로써 조사 이래 최소 수준을 나타낸 것은 상당한 인과관계가 있다고 볼 수 있다. 반면에 비정규직 중 8%대를 보이던 '계속근무를 기대할 수 없는 한시적근로자'의 비중은 13%대에 달하여 조사 이래 가장 높은 수준인 727천 명을 기록하고 있는 점도 이러한 분석을 가능케 한다. 우리나라에서 최근 제정된 기간제법은 기간제근로자 사용에 대해 오랫동안 입법상 규제가 있었고 그 오·남용 규제도 상당기간 행해진 후 마련된 유럽의 최근 입법을 우리 현실을 간과한 채 도입한 무리한 사례라고 비판할 수 있다. 기간제근로자의 고용안정을 위한 당장의 대안으로는 근로자와의 합의(사업장 근로자 대표와의 합의 후 개별 근로자의 합의 방식 내지는 근로자 대표와의 합의 없이 개별 근로자와의 합의)로 2년 후 다시 2년을 연장할 수 있는 방안 마련(이는 파견근로자의 경우 허용되고 있는 방안이다) 및 직무 성격상 기간 제한을 회피할 수 있는 예외의 경우를 설정하는 방안 마련을 고려할 수 있다.

그리고 근본적인 개선책으로는 위 관련 대법원 판례에 등장하는 법리를 그 취지에 따라 입법화하고 구체적인 사정에 따라 유연하게 운영하는

19 이병희 외 1인, 앞의 논문, p. 14.

20 2008년 3월의 경활 부가조사에 의하면 임금근로자의 증가폭이 둔화되고 있다. 임금근로자는 전년 동월 대비 262천 명의 증가에 그치고 있는데, 종사상 지위별로는 상용직 근로자가 큰 폭으로 늘어났지만 임시직 근로자가 크게 감소하고 있다.

방안을 고려할 수 있겠다. 구체적으로는 "사회통념상 합리적인 이유가 없이 기간제근로를 남용하거나 반복갱신하는 경우에는 무기근로계약으로 간주한다"는 규정 정도를 고려할 수 있다. 이 대안은 기존 판례상의 경영상 해고법리를 입법화한 이후 별다른 부작용이 나타나 보이지 않는 것처럼, 현실에 나타난 판례법리를 입법화한 것으로 구체적인 상황에 따라 개별적(case by case)으로 유연하게 대처할 수 있다는 장점[21]을 지니고 있다.

이 방안에서는 일반성·추상성을 대표적 징표로 하는 법률규정의 성질상 통합적인 내용을 법률에 규정해 놓고, 구체적인 경우는 지금까지의 대법원 판례의 내용 등을 참조하여 시행령이나 시행규칙으로 구체화시킬 수 있다. 그 경우로는 ① 전체적으로 볼 때 계약기간 정함이 형식에 불과한 경우,[22] ② 반복갱신에 합리적인 기대권이 인정되는 경우,[23] ③ 단기의 근

21 일본의 경우, 1회의 기간제 반복갱신 거절에도 사용자의 남용을 인정하여, 무기계약으로의 전환을 인정한 판례가 존재한다. 龍神Taxi 사례.

22 이에 대한 대법원 2007. 9. 7 선고 2005두16901 판결(조선일보사 사례)에서는 "근로계약기간을 정한 근로계약서를 작성한 경우 처분문서인 근로계약서의 문언에 따라 특별한 사정이 없는 한 근로자와 사용자 사이에는 기간의 정함이 있는 근로계약을 맺었다고 보아야 하고, 이 경우 근로계약기간이 끝나면 그 근로관계는 사용자의 해고 등 별도의 조처를 기다릴 것 없이 당연히 종료함이 원칙이고, 다만 기간을 정한 근로계약서를 작성한 경우에도 예컨대 단기의 근로계약이 장기간에 걸쳐서 반복하여 갱신됨으로써 그 정한 기간이 단지 형식에 불과하게 된 경우 등 계약서의 내용과 근로계약이 이루어지게 된 동기 및 경위, 기간을 정한 목적과 채용 당시 계속근로의사 등 당사자의 진정한 의사, 근무기간의 장단 및 갱신 횟수, 동종의 근로계약 체결방식에 관한 관행 그리고 근로자보호법규 등을 종합적으로 고려하여 그 기간의 정함이 단지 형식에 불과하다는 사정이 인정되는 경우에는 계약서의 문언에도 불구하고 사실상 기간의 정함이 없는 근로계약을 맺었다고 볼 것이며, 이 경우 사용자가 정당한 사유 없이 갱신 계약 체결을 거절하는 것은 해고와 마찬가지로 무효이다"라고 판시하고 있다.
그러면서 3회에 걸쳐 기간을 정하여 근로계약을 갱신하면서 근무하여 온 교열직 직원에게 교열부를 폐지하기로 하는 신문사의 아웃소싱 방침에 따라 기간 만료를 통지한 사안에서, 그간의 경위에 비추어보면 근로계약에서 정한 기간은 형식에 불과하므로 위 통지는 기간의 정함이 없는 근로자에 대한 해고에 해당하고, 그 해고에 정당한 사유가 없다고 판단하고 있다.

23 이에 대한 대법원 2007. 10. 11 선고 2007두11566 판결(한세대학교 사례)에서는 "임용의 근거가 된 법령이나 계약 등에서 임용권자에게 임용기간이 만료된 근로자를 재임용할 의무를 지우거나 재임용 절차 및 요건 등에 관한 근거규정을 두고 있어 근로자에게 소정의 절차에 따라 재임용될 수 있으리라는 정당한 기대권이 인정되는 경우, 위 규정에 위반하여 근로자를 재임용에서 제외시킬 수는 없다"고 판시하고 있다.

로계약이 장기간에 걸쳐 반복갱신됨으로써 그 정한 기간이 단지 형식에 불과하게 된 경우[24] 등을 들 수 있다.

이와 관련하여 일본식으로 1년이 초과되는 기간제근로의 경우 행정지도를 통하여 정규근로자에 준하여 다양한 보호조치가 행해지도록 하는 방안은 다소 간접적이기는 하지만, 노사 현장에 부드럽게 접목시킬 수 있는 방안이라는 장점도 지니고 있다. 즉 일본에서는 광범위한 실태조사를 통하여 실제로 많은 유기근로계약은 평균 6회 정도의 갱신이 행해지고 있다고 밝히면서, 우선 기간제 계약 체결시 '갱신 내지 해지의 기준' 등을 명시하도록 하고, 갱신하지 않는 경우 정규근로자와 마찬가지로 1개월 전에 그 사유 등을 기재하여 예고하도록 하고, 1년을 초과하여 사용하는 경우에는 가능한 계약기간을 길게 하도록 노력하고 정규근로자에 준하는 보호를 강구하도록 하고 있다.

갱신 기준에 관한 행정상 고시(告示)[25]에서는 갱신하는지 여부의 판단기준으로서 ① 계약 만료시 업무량, ② 근로자의 근무성적과 태도, ③ 근로자의 능력, ④ 회사의 경영상황, ⑤ 종사하고 있는 업무의 추진상황 등을 열거하고 있다. 이와 같은 기준은 위반에 대한 특별한 제재가 없고 또한 사법상의 효력도 부여되고 있는 것이 아니지만, 유기근로계약의 운용상 존중되어야 하는 것으로 풀이되고 있다.[26] 한편, 2007년에 마련된 근로계약법에서는 기간제 고용에 대하여, "사용자는 기간의 정함이 있는 근로계약에 있어서 그 근로계약에 의해 근로자를 사용하는 목적에 비추어 필요 이상으

---

24 대법원 1994. 1. 11 선고 93다17843 판결, 대법원 2006. 2. 24 선고 2005두5673 판결 등 참조.

25 종전에는 通達에 의한 지침(2000. 12. 28. 基發 779號)이 행해졌지만 2003년의 근로계약기간 상한 규제 완화에 수반하여 지침을 고시로 격상하여, 「유기근로계약의 체결, 갱신, 해지에 관한 기준」(2003. 10. 2. 厚勞告 357호)에 의해 행정지도·조언을 행하고 있다.

26 菅野和夫, 『勞働法』(第7版), 弘文堂, p. 175.

로 짧은 기간을 정함에 의해 당해 근로계약을 반복갱신하지 않도록 배려하여야 한다"는 훈시 규정을 두고 있다.

우리나라 대법원 판례에서도 기간제근로자에게 소정의 절차에 따라 재고용될 수 있으리라는 정당한 기대권이 인정되는 경우에는 근로자로서는 임용 기간이 만료된 후에도 재고용 거부조치를 다툴 법률상 이익이 존재한다고 판시하고 있는 바,27 다소 간접적이기는 하지만 위 일본의 경우와 같은 조치들이 일반화된다면 장기적으로 기간제 고용문제를 해결하는 방안이 될 수 있을 것이다. 관련하여, 신규취업자에 대한 실업난 완화 차원에서 최근 프랑스 등에서 행해지고 있는 입법정책을 참조하여 일정 연령 미만자 등 취업 촉진 대상 계층이 신규사업장에 취직할 때는 일정기간(1~2년) 해고보호규정의 적용을 유예하여 민법규정에 따라 규율되도록 하는 방안을 고려할 수 있겠는데, 이 경우에는 한시적 특별법 형태를 취하여 일정기간 경과 후 입법의 영향을 고려하여 대책을 수정하는 정책방안이 필요할 것이다.

(4) 차별금지원칙, 기타의 규제

기간제근로와 관련하여, 동일한 사업(장) 내 근로자가 수행하는 업무에 직무 구분에 의한 차이 등 합리적 사유가 없음에도 불구하고 단순히 기간제근로라는 이유만으로 임금이나 근로조건 기타 복지혜택 부문에 차별이 행해지는 경우가 있다. 이를 방지하기 위해서는 선진 국가들에서의 최근 입법례를 참조하여 기간제근로를 이유로 하는 차별금지 원칙을 명문화

27 대법원 2005. 7. 8. 선고 2002두8640 판결.

함으로써, 기간제근로 활용이 법상의 보호수준을 우회하거나 비용을 줄이려는 동기에서 남용되는 것을 막을 수 있겠다. 이러한 합리적 사유 없는 차별 금지 원칙이 명문화되는 경우 이를 강행규정으로 할 것인지, 선언규정으로 할 것인지가 문제될 수 있다. 이론적으로는 강행규정을 고려할 수 있겠지만, 우리 현실상 횡단적 노동시장이 발달되어 있지 않아 직무 분석이 잘 되어 있지 아니한 관계로 직무에 따른 업무평가를 제대로 할 수 없고 이러한 상황에서 이를 강행규정으로 한다면 오히려 그 기준 및 적용을 둘러싸고 분쟁이 야기될 가능성도 존재한다는 점 등을 감안한다면 일단 선언규정으로 하고, 후에 발전시키는 단계적 조치를 고려할 수도 있다.

기간제법에서는 기간제근로자임을 이유로 당해 사업(장)에서 동종 또는 유사한 업무에 종사하는 기간의 정함이 없는 근로자에 비하여 차별적 처우를 하여서는 아니 된다고 하면서(제8조 제1항), 차별적 처우를 받은 기간제근로자는 노동위원회에 구제를 신청할 수 있고(제9조), 확정된 구제 명령 불이행시 1억 원 이하의 과태료에 처하도록 규정하고 있다(제24조).[28]

기간제법은 차별을 금지하면서 그 위반에 대해 형벌이 아닌 다액의 과태료를 부과함으로써 중간적인 입장을 취하였다고 할 수 있는데, 시정되어야 할 점이 있다. 과연 직무급이 아닌 연공급이 주를 이루는 우리나라 노동시장에서 차별금지의 기준이 정립될 수 있을까 하는 원천적인 의문을 지울 수 없고, 기간제법 관련 조항은 오히려 근로자들이 답이 어려운 구제신청을 수없이 제기함으로써 근로현장의 안정을 해칠 우려가 다분하다고 생각된다.[29] 그리고 과연 과태료의 제재가 적합한 제재 방법인가 하는 점[30]

28 '차별'의 구체적 내용에 대하여 노동부에서는 향후 판례나 노동위원회 사례의 축적을 통하여 정립될 수 있겠지만 취업규칙 등 규정에 의한 차별 등 명백한 차별행위는 법시행 후 조기에 시정될 수 있을 것이라면서 임금차별, 근로시간 등 차별, 복지차별 등을 사례로 들고 있다. 노동부, 「비정규직 입법안의 주요내용」, 2004. 9. 16, p. 4 참조.

을 행정법상의 문제로 제기할 수 있다. 제정 기간제법 및 개정 파견법에서는 단시간근로 및 파견근로의 경우에도 이와 같은 차별 금지규정을 마련하고 있는데, 같은 비판이 가능하다. 관련하여, 일본의 최근 단시간근로자법과 동법의 시행에 관한 지침에서 노동시장의 실태를 고려하여 동일노동 동일임금에 관한 유연한 지침을 설정한 사항을 참조할 수 있다. 이에 대해서는 별 항목으로 살펴본다.

(5) 일본에서의 동일노동 동일처우에 대한 현실적 지침과 시사점

즉, 일본의 단시간근로법에서는 단시간근로자의 적정한 근로조건의 확보에 대한 일반규정을 설정하고 구체적인 사항에 대해서는 지침으로 규율하고 있다. 이에 따른 최근 단시간근로 지침에서는, 직무의 동일성 여부를 판단하여 그 결과 동일하다고 판단되는 경우에도 인재 활용의 구조와 운용 등을 살펴서 처우를 하도록 하고 있는 점을 참조할 수 있다. 즉, 최근 지침에서는 정사원과 직무가 동일한 단시간근로자에 대해서 정사원과의 균형을 고려함에 있어서는 다음의 2가지 요소를 감안하도록 하고 있다(지침 제2 참조).

첫째, 정사원과 직무가 동일하면서 인재 활용의 구조와 운용 등이 정

29 노동부가 2008년 10월 발표한 자료에 따르면, 2008년 7월부터 100인 이상 사업장에 적용되는 차별시정제도에서 3,035명이 신청하여 1,451명이 시정받았는데 사업장 수로는 57개소에 불과하여, 근로자들이 신분상 불이익을 우려하여 차별시정 신청 기피현상을 보이고 있다고 지적하고 있다. 노동부, 「비정규직법 시행상황 평가 및 법 보완 필요성」, 2008. 10. 참조.

30 주지하는 바와 같이 과태료는 행정법규 위반행위가 직접 행정목적을 침해하는 것이 아니고, 다만 행정목적 달성에 장해가 되는 정도의 비행인 경우(가령 신고의무 위반 등)에 가해지는 행정질서벌의 하나로(대법원 1969. 7. 29. 결정, 69마400; 김동희, 『행정법 1』, 박영사, pp. 448~465 참조), 이 경우에 적합한 성질의 것은 아니라고 고찰된다. 근로관계법령에 과태료 제재는 과용되고 있다.

사원과 실질적으로 다르지 아니한 단시간근로자에 대해서는, 단시간근로자와 정사원 사이의 처우의 결정 방법을 일치하도록 하는 등의 조치를 강구하면서 의욕·능력·경험·성과 등에 응하여 처우함에 의해 정사원과의 균형 확보를 도모하도록 노력한다. 둘째, 정사원과 직무가 동일하면서 인재활용의 구조와 운용 등이 정사원과 다른 단시간근로자에 대해서는, 단시간근로자의 의욕·능력·경험·성과 등에 대응하는 처우에 관한 조치 등을 강구함에 의해 정사원과의 균형 확보를 도모하도록 노력한다.

직무의 동일성 여부를 판단함에 있어서 지침 해설에서는 우선, '직무의 범위'를 비교하여 그 경우 통상 종사하는 작업이 동일한지 여부에 대하여 개개 작업의 폭과 조합에 대해서도 비교하여 판단하도록 하고 있다. 개개의 작업을 비교함에 있어서는 트러블 발생시와 임시·긴급시의 대응, 노르마(norma: 할당된 노동의 기준량) 등이 동일하게 직무상의 '책임'으로 포함되어 있는지 여부, 부여된 권한의 범위에 대해서도 고찰하도록 하고 있다. 그리고 작업을 행함에 있어서 필요최소한도의 능력과 난이도, 복잡도 등의 '직무 레벨', 육체적·정신적 부담 등의 '노동의 부하' 등도 포함하여 판단하도록 하고 있다.

그리고 인재 활용의 구조와 운용 등이 실질적으로 같은지 여부는 인사이동의 폭·빈도, 역할의 변화(책임·권한의 중요함의 변화) 등, 근로자가 시간적 경과 중에 어떠한 직무 경험을 축적하는 구조가 있는 것인가 하는 점과, 그 구조가 실제로 운용되고 있는지 실태를 보아 판단하고 있다.

이상과 같이 인재활용의 구조만이 아니라 그 운용도 포함하여 '인재활용의 구조와 운용'을 종합적으로 파악하게 되는데, 직무가 정사원과 동일하면서 인재활용의 구조와 운용 등이 정사원과 실질적으로 다르지 아니한 단시간근로자에 대해서는, 단시간근로자와 정사원 사이의 처우의 결정

방법을 일치하도록 하는 등의 조치를 강구하면서 의욕·능력·경험·성과 등에 응하여 처우함에 의해 정사원과의 균형 확보를 도모하도록 노력하도록 규정하고 있다.

'처우의 결정 방법을 일치하도록 하는 등'이라 함은 가령 임금에 대해서는 정사원과 단시간근로자 사이에 동일한 체계의 임금표를 적용한다든가, 지급 기준이나 사정(査定)·고과 기준, 지급 형태 등을 일치하도록 한다든가, 또는 이에 상당하는 구조를 고려할 수 있다. 처우의 결정 방법이 동일하여도 사정과 업적평가 등을 행함에 있어서 의욕·능력·경험·성과 등을 감안함에 의해 개개 근로자의 임금수준이 달라질 수 있다.

직무가 정사원과 동일하면서 인재활용의 구조와 운용 등이 정사원과 다른 단시간근로자에 대해서는, 그 차이의 정도에 입각하여 단시간근로자의 의욕·능력·경험·성과 등에 대응하는 처우에 관한 조치 등을 강구함에 의해 정사원과의 균형 확보를 도모하도록 노력하도록 정하고 있다.

결론적으로 해석론과 정책론에서 정사원과 동일가치노동에 대해서는 동일임금이 주어져야 한다는 주장에 대해서는, 유럽에서의 동일가치 동일임금 원칙 기반에는 산업 횡단적 직종 개념과 산별 단체교섭에 의해 직종별로 수립된 외부 노동시장의 전제가 있고 또한 시장에서의 사회적 약자보호를 중시하는 사회적 시장 내지 국가개념이 존재하는데, 우리나라나 일본에서는 이 기반이 미흡하다고 평가될 수 있다.[31] 그리고 종래 정규직 사원의 임금은 직종을 기본으로 한 외부 노동시장에 의해 결정되는 것이 아니라 각 기업의 장기 고용시스템의 구조에 의해 결정되어왔는데, 직무에 따른 임금 구성의 정확도에 대해 구체적 기준 마련이 곤란하다고 평가될

31 菅野和夫, 『勞働法』(第7版 補正 2版), 弘文堂, 2007, pp. 176~181 참조.

수 있다. 단시간근로자를 포함하는 비정규근로자 관련 대책의 전반에는 원칙과 현실을 조화하여 단계적으로 조심스럽게 접근하는 것이 요망된다.

2) 파견근로

(1) 파견근로자의 정의

1998년 2월 20일 제정된 '파견근로자 보호 등에 관한 법률'(이하 '파견법'이라고 함)상 정의되는 근로자 파견은 이른바 '상용형(常用型) 파견'32을 전제로 한 것이라고 이해되고 있다. 문제는 현실상 근로자 파견이 등록형 내지 모집형 중심으로 운영되고 있어서, 법규와 현실 사이 괴리가 심하다는 점에 있다. 파견근로자의 보호 및 근로자 파견사업의 긍정적 노동시장기능(파견근로자에 대한 책임 있는 직업훈련 등을 통한 노동력 수급의 원만한 조절 기능 등)을 다 할 수 있도록 하기 위해서는 상용형을 전제로 하여 입법 보완책이 마련될 필요가 있을 수 있고, 고용 확대에 초점을 둔다면 각 현실적 형태에 적합한 규율책을 마련할 필요가 있겠다.

대책으로는 파견대기 기간 중 휴업수당 규정 신설을 통해 현재 탈법적인 형태로 운영되고 있는 근로자 파견업을 상용형으로 유도하는 방안을 고려할 수 있겠다. 아울러 현재 문제로 제기되고 있는 과도한 중간수수료를, 계약 자유의 원칙이 현저히 침해받지 않는 한도에서 규제할 수 있는 방

32 근로자파견의 형태에는 상용형·등록형·모집형이 존재한다. 상용형은 파견사업주가 파견근로자를 상시 고용하고 있다가 사용사업주가 요청하면 파견시키는 형태이고, 등록형은 파견근로자를 등록시켜두었다가 사용사업주가 요청하면 파견시키는 형태이며, 모집형은 사용사업주의 요청시 파견근로자를 모집하여 근로자를 공급하는 형태를 말한다.

안 모색이 필요하다. 개정파견법에서는 과도한 중간공제를 예방하기 위하여 파견사업주가 파견의 대가 등을 근로자에게 서면으로 고지하도록 하고 파견근로자는 대가에 대하여 그 내역의 제시를 요구할 수 있도록 규정하고 있다(제26조). 아울러 기간제·단시간근로자의 경우에 준하여 파견근로자에 대한 불합리한 차별대우를 금지하고 시정절차를 마련하고 있다(제21조).

파견근로에 대한 규제와 관련하여, 한편으로 일본의 예를 참조하여 상용형 파견과 모집형(내시 등록형) 파견의 경우 규제방식을 달리하는 방안도 고려할 수 있다. 일본의 경우 고용안정성 및 규제필요성에 따라, 상시적인 근로계약관계가 있는 근로자만을 파견하는 상용형 근로자 파견을 대상으로 하는 특정 근로자 파견사업은 신고제로 운영하고, 등록형근로자 파견을 대상으로 하는 일반 근로자 파견사업에 대해서는 허가제로 운영하고 있다는 점이 대표적인 시사점을 남기고 있다.

(2) 파견 허용 업종

현행 근로자파견법은 제조업의 직접생산 공정업무를 제외하고 전문지식·기술 또는 경험을 필요로 하는 업무로서 대통령령으로 정하는 업무를 파견의 대상으로 허용하고 있다(제5조 제1항). 그리고 이러한 대상 업무가 아니더라도 일시적·간헐적으로 인력을 확보해야 할 필요가 있는 경우에는 예외적으로 허용되고 있다(동조 제2항).33 노동계는 사실상 현행법에서 절대금지 업무를 제외한 모든 업무가 허용되고 있다는 점을 지적하면서, 파견 허용 업종은 정규 노동시장에서 그 수급이 원활하지 않은 상당한 정도의

33 다만 건설공사현장업무, 근로자공급사업의 허가를 받은 업무, 선원업무, 유해·위험업무, 의료업무 등은 파견금지업무로 규정되어 있다.

전문적 지식·기술·경험 등을 필요로 하는 업무에 한정되어야 한다는 주장을 하고 있다.

그런데 최근 산업의 고도화에 따른 고용 형태 다양화 추세 하에서 선진국들에서는 파견근로에 대한 규제를 두면서도 그 허용 업종을 넓히는 추세를 보이고 있다. 대표적인 국가로, 파견 허용 업종을 엄격히 규제해왔던 일본에서는 1999년 법 개정을 통하여 파견사업에 대한 규제 완화를 요구하는 경제계의 요청에 따라 항만운송·건설·의료·경비·제조공정 이외의 업무에 대해서는 근로자 파견을 허용하는 대폭적인 개정을 하였다(**〈표 3〉** 참조).**34** 그리고 2003년 개정시에는 제조 업무와 의료관계 업무에 대해서도 국제적 경쟁 격화 상황에서 제조업에 대해서도 변동하는 업무량에 따라 노동력 수요에의 신속한 대응이 필요하다는 관점에서 개정법 시행시기(2004년)부터 3년간 파견기간을 1년으로 하여 허용하는 개정 조치**35**를 행하였다.

마찬가지로 엄격하게 근로자 파견을 규제하고 있던 독일 노동법에서도 실업난이 가중되고 유연한 인력 고용에 대한 수요가 증가되자 1997년 관련법이 개정되기에 이르게 되는데, 1997년 개정법에서는 파견 계약에 대한 규제는 완화하면서도 사용사업체에서의 제반 권리를 확대한 점에 특징을 찾아볼 수 있다. 이어서 2002년 개정법에서는 노동시장의 유연성 증대를 통하여 새로운 고용 기회를 창출하면서도 적절한 보호가 행해지도록 파견근로의 활성화에 초점을 둔 개혁적인 내용이 마련되게 된다. 파견근로

34 다만, 이 경우 장기고용시스템을 침식(정사원의 대체화)을 방지하기 위하여, 종래 허용되었던 전문적 이외의 업무에 대해서는 파견기간을 1년 이내로 한정하는 규제를 하고 있다. 菅野和夫, 『勞働法』(第5版 補正2版), 弘文堂, 2002, pp. 198~200.

35 개정법 시행 시기부터 3년 후에는 통상 파견업무와 마찬가지로 최장 3년까지 이용하는 것이 가능하게 되었다.

의 활성화(고용 증대)에 목적을 두면서 법규제를 최소화하고 단체 협약에 의한 규제를 지향하면서도 핵심적 사항인 동등 대우 원칙을 규정한 이 개정법의 기본 방향에 대해서는 현재 시급한 과제의 하나로 대두되고 있는 우리나라에서의 관련법 개정시 충분한 시사점을 제시하고 있다.

근로자 파견 허용업종의 범위와 관련되는 기본 초점은 산업경제 발전에 따른 고용창출과 근로자 보호를 어느 선에서 조화시킬 것인가 하는 점에 있는데, 고용활성화 측면에서 허용 업종을 확대하되 그 불법적·탈법적 사용은 규제하도록 하는 것이 타당하다. 일본의 최근 근로자 파견 규제완화의 배경에는 근로자 파견에 의한 장기고용의 대체방지라는 목적이 후퇴하고, 실업완화와 기업경쟁력 강화를 위한 노동력 수급조정 수단으로서의 성격이 강화되었다고 분석되고 있다.

2006년 12월 개정된 파견법에서는 업종 확대의 중간 방책으로, 파견근로 활성화를 통하여 기업 인력운용의 유연성을 제고하고 고용창출을 도모하기 위해 파견 허용업무의 범위를 '업무의 성질'을 감안하여 확정할 수 있도록 하였고, 다만 제조업 직접생산 공정업무는 현행 일시사용원칙을 유지하고 있다(제5조). 선진국들에서의 관련법 개정 동향을 참조한다면, 현실에 따라 허용업종은 확대하되 적정한 근로조건의 확보방안 내지 사용사업장에서의 권리강화 방안(사용사업장 노사협의회 참석·발언권 확보 등)을 통해 실질적인 권리확보 방안 강구를 개선책으로 제시할 수 있을 것이다.

(3) 파견 허용 기간

종전 근로자파견법은 근로자 파견 기간이 2년을 초과하는 경우 사용사업주에게 당해 근로자가 고용된 것으로 간주하는 규정을 두고 있었다(제

〈표 3〉 독일, 프랑스 그리고 일본에서의 파견근로 관련 주요 법규정 비교

구분	근로자 파견제도
독일	• **허용 대상 업무**: 대상 업무 및 사유 제한 없음. 단, 건설업 등 일부 제외(negative list). • **파견법의 적용 제외 경우** –동일한 단체 협약이 적용되는 동일 산업내 파견 사업주와 사용사업주 사이 조업 단축이나 해고를 회피하기 위한 파견. –콘체른 기업내의 근로자가 일시적으로 본래 직장에서 일을 하고 있지 않은 경우. –20인 미만 사업장에서 조업 단축이나 해고를 피하기 위해 근로자를 다른 사업주에게 3개월 이내 파견한 경우. • **파견 기간**: 최장 12개월 기간에 한해 파견근로를 허용하고 근로자 파견업체와 파견근로자 사이의 1년 범위 내 1회에 한해 기간제 계약 체결이 가능하여 총 24개월까지 허용되던 기존의 기간 제한 규정 삭제함. • **서면 계약 공지 및 작성 의무** • **반복갱신**: 재고용 가능은 1개월 또는 중단 기간 이전 파견 기간의 최소 25% 미만 이후. • **연쇄 계약 체결**: 건설업에서 근로자 파견 금지한 고용촉진법조항(제12a조)을 근로자 파견법(제1b조)에로 편입함. • **일치 금지**: 사용사업장에서 최초 계약기간만큼만 파견근로를 고용하는 것을 금지하는 규정 폐지. • **파견업체 허가 요건**: 허가제. 1년 유효, 3년간 지속 영업시 무기한 허가.
프랑스	• **허용 사유**: 일시적 고용의 필요(질병 · 출산 · 휴가 · 병역 의무로 인한 결원 대체, 신규 채용자 업무 개시 전, 일시적인 업무 증가시), 본래 일시적 업무(계절적 고용 기타, 무기 계약체결이 관행이 아닌 업무)에 제한. • **이용 원칙**: 기간제근로 규정과 동일. • **절대금지 사유**: 기간제근로 규정과 동일. • **최장 기한**: 기간제근로 규정과 동일. • **3자간 계약 내용**: 사용사업체와의 계약 포함 사항(파견사유 · 기간 · 근무장소 · 작업 시간표 등) 및 파견업체와의 계약 포함 사항(기술과 직무 능력 · 보수 지불방법 · 수습 기간 · 사회보험사항 · 사용업체의 정규직 취업방해 금지 약속 등). • **사용자 의무**: 기간제근로 규정과 동일. • **수습기간**: 1개월 이하 2일, 1~2개월 이하 3일, 2개월 초과 5일. • **동일노동 동일임금 및 균등 대우**: 기간제근로 규정과 동일. • **집단적 권리**: 기간제근로 규정과 동일. • **채용 정보 통지**: 기간제근로 규정과 동일.
일본	• **허용 업무**: 1985년 16개 업무(소프트웨어 개발, 비서, 건물 청소, 안내 등), 1996년 11개 업무(연구 개발, 편집, 광고디자인 등) 추가, 1999년 모두 원칙적 자유화. 단, 항만 운송 · 건설 · 경비 · 의료관계 · 물건 제조(제품의 운반 · 보관 · 포장 업무를 제외한 일반 제조 업무) 및 기타 업무(인사노무 관리 사무 중 사용사업체의 단체 교섭 등에 종사하는 자)는 제한(negative list). 2003년 제조업무와 의료관계 업무에 대해서도 허용. • **허용 기간**: 전문 지식 업무에 대하여는 기간 제한 폐지, 기타의 경우에 대하여는 3년간 허용. • **허가 요건**: 특정 파견(상용형)은 신고제, 일반 파견(등록 · 모집형)에 대해서는 허가제로 이원화. 근로자파견법은 일반 파견사업에 대한 규제를 주요 내용으로 함. • **파견사업주와 사용사업주 책임 영역**: –파견사업주 책임(임금 및 보수, 사회보험 적용, 일반 건강진단 등). –사용사업주 책임(근로시간, 휴일 · 휴게, 산업안전보건 등). –파견사업주와 사용사업주 양자 책임(균등 처우, 강제 근로, 폭행 금지 등 기본 규정).

6조 제3항). 근로자 보호를 위한 규정이기는 하나, 이 규정으로 인하여 역으로 일자리를 잃게 되는 부작용이 다수 발생해왔다.

파견근로가 일시적으로 이용되어야 한다는 기본 입장을 유지하는 노동계는, 이 규정이 동종 업무단위로 확대되어야 하고, 일시적인 중간 휴지(休止) 기간을 두는 탈법적인 경우까지 독일 등의 입법례를 참조하여 규제하여야 한다고 주장하고 있다. 그런데 이 경우, 사회경제 발달에 따른 근로자 파견입의 고용 창출 역할도 어느 부분까지는 고려할 필요가 있다. 그리고 이 고용 간주 규정은 사용사업주와 파견근로자간 고용 계약의 성립을 간주한다는 점에서 계약법리 관점에서 의문점이 제기되어왔다.

일본에서는 최근의 개정에서 26개의 전문업종에 대해서는 파견 가능 기간 규제를 두지 않고 다만 사용사업주가 3년을 초과하여 동일한 업무에 동일한 파견근로자를 사용하고 있는 경우 당해 동일 업무에 근로자를 고용하려고 할 때 당해 파견근로자에 대하여 고용계약 신청을 하도록 하고, 최장 3년의 기간 제한을 받는 근로자 파견에 대해서도 3년 이후에 당해 근로자를 계속 사용하려고 하는 때에는 당해 파견근로자에게 고용계약 신청을 하도록 하되 사용사업주가 이와 같은 의무를 이행하지 아니하는 경우 후생노동대신이 사용사업주에 대하여 고용계약 신청을 하도록 권고하고 이에 따르지 아니할 경우 그 취지를 공표하도록 하고 있다. 이와 같은 최근의 개정은 근로자 파견에 의해 장기고용을 대체하는 것을 방지한다는 원래의 목적이 후퇴하고, 실업완화와 기업경쟁력의 강화를 위한 노동력 수급조정 수단으로서의 성격이 강하게 대두된 것이라고 분석되고 있다.[36]

우리나라의 개정파견법에서는 파견 허용기간을 종전과 같이 최장 2년

36 菅野和夫, 『勞働法』(第7版), 弘文堂, p. 186.

으로 규정하고, 현행 고용의제규정을 고용 의무방식으로 전환하여 고용의제규정의 취지를 살리면서 당사자 의사에 반하는 근로관계 강제, 법 소급적용 등 법리적 문제점을 해소하고자 하고 있다(제6조, 제6조의 2).

(4) 불법파견에 대한 실효성 있는 규제

파견근로 개선방안과 연관되는 문제의 하나로 불법파견에 대한 규제의 실효성 확보 문제를 들 수 있다. 종전 규정 하에서는 불법파견의 경우 2년 사용 후 고용간주규정이 적용되지 않아서 문제가 야기된 바 있다. 개정 파견법에서는 불법파견의 경우에도 고용의무규정이 적용되도록 하고 있다(제6조의 2).

나아가 노동 측면에서만이 아니라 사회경제 전반적으로 근로자 공급업종에 대한 통일적 규율의 필요성이 부각되어야 한다. 즉 세계적 경쟁이 가속화되고 있는 경제상황과 산업의 다양화·전문화 추세 및 고용활성화 측면을 감안하여 직업소개·근로자 공급·파견·용역·도급 등에 관련되는 현재의 개별화된 규율[37]을 노무 공급에 관한 하나의 통일적 법률로 정비하여 금융산업에 대비되는 노융산업(勞融産業)을 활성화하면서도 당해 근로자에 대한 적정한 보호를 행하는 규율방안이 마련될 필요성[38]이 시급하다. 특히 근로자 공급업에 대한 직업안정법의 지나친 규제[39]는 시정되어 통합 법률로 규율될 필요가 있다.

37 현재 실질적인 근로자파견이 경비업법, 공중위생법, 엔지니어링기술진흥법 등에서 허용되고 있다.

38 노·사가 공동으로 이러한 업무를 할 수 있도록 한 독일의 최근 개혁법을 참조할 수 있겠다.

39 직업안정법 제33조 및 동법 시행령 제33조 제2항에 따르면, 국내근로자공급사업은 노동조합만이 행할 수 있도록 규제하고 있다.

3) 단시간근로

(1) 현황

산업구조의 변화와 세계적인 경쟁의 가속화 상황에서 선진국들을 위시하여 전세계적으로 비정규근로자의 비중이 증가하고 있다. 우리나라의 경우 2008년 3월에 실시된 정부 조사에 따르면, 비정규직근로자의 비중은 약 564만 명으로 전체 임금근로자 약 1600만 명의 35.2%로 집계되고 있다.

약 564만 명의 비정규직근로자들 중 단시간근로자는 약 130만 명으로 임금근로자의 8.1%를 나타내어, OECD 회원국들 중 상당히 낮은 비율을 나타내고 있다. 네덜란드의 35.7%, 호주 27.3%, 일본 25.8%, 스위스 25.1%, 영국 23.6%, 독일 21.8%에 비하여 현저하게 낮은 비율을 보이고 있으며, 미국의 12.8%에 비해서도 낮다.[40]

단시간근로자 관련 정책은 특히 여성 인력의 경제활동 참여를 통한 경제의 활성화 및 가정과 직장의 양립을 통한 미래 인력의 육성과도 연결되어 사회경제적으로 적지 않은 중요성을 지니게 된다. 특히 이 부문에서는 우리나라와 사회경제적 환경이 유사하면서도 단시간근로 비율을 점증적으로 증가시켜 현재는 단시간근로가 활성화된 일본의 경우 단시간근로자 관련 근로조건 정책과 고용개선을 위한 각종 관련 정책들이 어떻게 전개되고 있고, 특히 수평 노동시장이 발달되어 있지 아니한 상황에서 최근의 정책이 어떻게 고용활성화와 적정 근로조건 보호를 조화시키고 있는가

40 OECD, Employment Outlook, 2006, Paris, p. 264.

하는 점을 참조할 필요가 있다.

(2) 명목상 단시간근로자의 규제

단시간근로자와 관련되는 규제 방안 중 가장 중요한 점은, 형식적으로는 단시간근로자로 되어 있지만 실제로는 통상근로자와 같이 근무하는 이른바 '명목상 단시간근로자'를 규제하여 단시간근로의 탈법적인 남용을 규제하기 위한 조치이다.

기간제법 제6조에서는, 사용자는 단시간근로자에 대하여 소정 근로시간을 초과하여 근로시키고자 하는 경우 당해 근로자의 동의를 얻어야 하고 다만 1주간에 12시간을 초과하여 근로시킬 수 없으며(제1항),41 단시간근로자는 사용자가 이에 위반하여 동의를 얻지 아니하고 초과근로를 시키는 경우에 이를 거부할 수 있다고 규정하고 있다(제2항).42

형식적으로는 단시간근로자로 되어 있지만 실제로는 통상근로자와 같이 근무하는 이른바 '명목상 단시간근로자'를 규제하여 단시간근로의 탈법적인 남용을 규제하기 위한 조치이다. 이를 위하여 노사정위원회 특위 공익위원안에서는 단시간근로자의 평균 실근로시간의 기준을 마련하여 실근로시간이 통상근로자의 소정근로시간을 초과하는 경우 통상근로자로 보거나, 혹은 단시간근로의 소정근로시간 초과에 대해서는 가산 임금부여 규정을 마련한다는 입장을 밝힌 바 있다. 이 공익위원안에서는 단시간근로

41 이 규정에 위반하여 단시간근로자에게 초과근로를 하게 한 자는 1천만 원 이하의 벌금에 처한다(기간제법 제22조).

42 사용자의 부당한 초과근로 요구에 대해 단시간근로자가 거부한 경우, 해당 근로자에게 해고 기타의 불리한 처우를 한 경우에는 2년 이하의 징역 또는 1천만 원 이하의 벌금에 처하게 된다(기간제법 제21조).

의 인정 범위와 연장근로에 대해서 ① 단시간(계약) 근로(연장근로 포함)의 상한선은 당해 사업장 통상근로자의 소정근로시간을 넘지 않는다, ② 단시간 근로의 연장근로 시간을 포함한 근로시간은 일정기간 동안(예: 3개월)의 평균 근로시간이 통상적인 당해 사업장의 소정근로시간을 넘지 아니한다, ③ 소정초과근로시간에는 가산 임금을 지급한다(예: 25~50%)는 방안을 제시하였다.

제정법에서는 단시간근로자의 초과근로가 주 12시간을 넘어서지 않게 하여, 실제 근로시간이 통상근로자의 실제 근로시간을 넘어서지 않게 하는 방안을 채택하고 있다. 단시간근로는 가사, 학업 등 근로자의 사정에 의하여 행하여지는 경우가 많음에도 불구하고[43] 단시간근로자의 초과근로에 대한 규제가 제대로 이루어지지 않고 있어 이를 개선하려는 취지인 것으로 보인다.[44]

제정법의 내용이 초과근로를 제약하는 효과를 낳을 수도 있겠지만, 선의의 사용자와 단시간근로자 간에 수요와 공급의 일치 하에 주 12시간을 초과하는 연장근로가 행해질 수 있는 상황에의 대처가 불가능하게 된다는 점을 일단 지적할 수 있다.[45] 그리고 이른바 명목상 단시간근로자를 규제하는 것이 목적이라면 노사정위원회 공익안에서 제시된 바와 같이 실제 근로시간을 기준으로 단시간근로자 여부를 판단하는 방법을 개선책으로 고려할 수 있겠다. 아울러 단시간근로자의 시간외근로에 대해 특칙으로 가

43 이와 관련하여, 단시간근로자의 1일 행동계획이 존중되어야 한다는 점을 시간주권(時間主權)이라는 개념과 관련하여 지적하지 않을 수 없다. 오문완, 「시간제근로자의 법적 지위에 관한 연구」, 서울대학교 법학박사학위논문, 1994, p. 179 참조.

44 노동부 비정규대책팀, 「비정규직 보호 법률안 해설」, 2006. 8, pp. 31~32.

45 통상근로자의 경우 운수업·물품판매 및 보관업·금융보험업, 영화제작 및 흥행업·통신업·교육연구 및 조사사업·광고업, 의료 및 위생사업·접객업·소각 및 청소업·이용업 등의 경우 사용자와 근로자 대표간 합의에 의해 주 12시간을 초과하는 연장근로가 허용되고 있다(근기법 제58조).

산 임금[46]을 규정하여 비용 압박으로 초과근로를 제약하는 방안도 생각할 수 있을 것이다.

(3) 차별처우 금지규정

기간제법 제8조 제2항에서는, 사용자는 단시간근로자임을 이유로 당해 사업 또는 사업장의 동종 또는 유사한 업무에 종사하는 통상근로자에 비하여 차별적 처우를 하여서는 아니 된다고 규정하면서, 차별적 처우를 받은 단시간근로자는 그 처우의 내용을 구체적으로 명시하여 노동위원회에 그 시정을 신청할 수 있다고 규정하고 있다(동법 제9조). 차별적 처우의 개념에 대해서는 제2조 제3호에서 "임금 그 밖의 근로조건 등에 있어서 합리적인 이유 없이 불이익하게 처우하는 것"이라고 정의하고 있다.

노동위원회는 시정 신청을 받은 때에는 필요한 조사와 심문을 하여야 하고(제10조), 심문 과정에서 관계 당사자의 신청 또는 직권으로 조정을 개시할 수 있고 당사자가 합의한 때에는 중재 결정을 내릴 수 있다(제11조). 지방노동위원회의 판정에 불복이 있는 관계 당사자는 중앙노동위원회에 재심을 청구할 수 있고, 이에 불복이 있으면 행정소송을 제기할 수 있다(제14조). 확정된 시정 명령을 정당한 이유 없이 이행하지 아니한 자에 대해서는 1억 원 이하의 '과태료'를 부과할 수 있도록 규정하고 있다. 그리고 노동위원회에 의한 조정·중재 또는 시정 명령의 내용에는 차별적 행위의 중지, 임금 등 근로조건의 개선 이외에 적절한 금전 보상 등이 포함될 수 있다고

46 현행 판례법리에 의하면 법정근로시간 내의 소정외 초과근로에 대해서는 할증임금을 지급할 필요가 없는데, 이에 대한 특별규정을 두는 것이다. 아울러 우리나라의 할증임금률(50%)은 ILO의 국제기준(25% 이상)에 비하여 높게 설정되어 있는 점을 참조한 것이다.

하여(제13조), 금전적 손해배상의 성격을 지니는 보상 제도의 적용이 가능하도록 하고 있다.

차별적 처우의 금지 및 시정에 대해서는 앞서 기간제근로 관련 부분에서 소개한 바와 같이 일본의 관련 제도를 참조할 수 있는데, 차별의 구체적 내용에 대해 일본의 최근 단시간근로 지침에서는 직무의 동일성 여부의 판단에 있어서 동일하다고 판단되는 경우에도 인재활용의 구조와 운용 등을 살펴서 처우를 하도록 하고 있다. 일본의 최근 지침에서 인재활용의 구조와 운용 등이 실질적으로 같은지 여부는 인사이동의 폭·빈도, 역할의 변화(책임·권한의 중요함의 변화) 등, 근로자가 시간적 경과 중에 어떠한 직무 경험을 축적하는 구조가 있는 것인가라는 점과, 그 구조가 실제로 운용되고 있는지 실태를 보아 판단하고 있다.

이는 해석론과 정책론에서 정사원과 동일가치노동에 대해서는 동일임금이 주어져야 한다는 주장에 대해, 유럽에서의 동일가치·동일임금 원칙 기반에는 산업 횡단적 직종 개념과 산별 단체 교섭에 의해 직종별로 수립된 외부 노동시장의 전제가 있는데 우리나라와 일본에서는 이 기반이 미흡하다고 평가한 결과이며, 그리고 종래 정규직사원의 임금은 직종을 기본으로 한 외부 노동시장에 의해 결정되는 것이 아니라 각 기업의 장기 고용시스템의 구조에 의해 결정되어왔는데, 직무에 따른 임금구성의 정확도에 대해 구체적 기준 마련이 곤란하다고 평가한 결과이기도 하다. 단시간근로자를 포함하는 비정규근로자 관련 대책의 전반에는 원칙과 현실을 조화하여 단계적으로 소심스럽게 접근하는 것이 요망된다.

(4) 통상근로자로의 전환

기간제법 제7조에서는, 사용자는 통상근로자를 채용하고자 하는 경우에 당해 사업 또는 사업장의 동종 또는 유사한 업무에 종사하는 단시간근로자를 우선적으로 고용하도록 노력하여야 하며(제1항), 사용자는 가사·학업 그 밖의 이유로 근로자가 단시간근로를 신청하는 때에는 당해 근로자를 단시간근로자로 전환시키도록 노력하여야 한다(제2항)고 규정하고 있다.

단시간근로자의 경우 사업장 내 통상근로자로의 전환 기회가 주어질 경우 이 전환에 대한 우선권을 부여하고자 하는 것이 주된 취지인데,[47] 이에 대해 경영계에서는 반대의 입장을 표명하고 있다. 즉 경영계에서는 남녀의 고용 평등 관련 분야 등 한정된 영역을 제외하고는 원칙적으로 사용자의 채용의 자유가 보장되어야 하고 사용자는 기업이 필요로 하는 신규직원에 대한 선발권을 자유롭게 행사할 수 있어야 하므로 정규직 채용시 기존의 단시간근로자를 우선 채용할 것인지 여부는 개별 기업의 판단에 맡기는 것이 바람직하고, 정규직 전환 우선권 부여는 개별 사업장에서 단시간근로자의 사용을 둘러싸고 노사간에 불필요한 분쟁을 유발할 수 있다는 입장을 보이고 있다.[48]

기업별 노사관계가 일반적인 우리나라 상황에서 임금이 직무급으로 산정되는 경우가 드물고 수평 노동시장이 형성되기 미흡한 상황에서 절충책으로 사용자에게 노력 의무를 부과한 것이 제정법의 취지라고 할 수 있

47 아울러 고용창출 등을 위해 통상근로자의 자발적인 단시간근로 전환도 유도하고자 하고 있다. 노동부 비정규대책팀, 「비정규직 보호 법률안 해설」, 2006. 8, p. 34.

48 한국경총, 「노사정위 비정규특위 의견에 대한 경영계입장」, 『비정규직근로자대책특별위원회 활동보고(II)』, 노사정위원회, 2002. 12, p. 319 참조.

다. 이와 같은 전환권이 제대로 기능하기 위해서는 당해 사업장별 여건 조성이 시급하다고 할 수 있으며, 이 점에서 일본의 경우를 참조할 수 있다. 일본의 종전 단시간근로 지침에서도 "사업주는 통상의 근로자를 모집하려고 하는 경우에는 현재 고용하는 동종 업무에 종사하는 단시간근로자에 대하여, 미리 당해 모집을 행하는 취지 및 당해 모집의 내용을 주지시킴과 함께 통상근로자로서 고용되는 것을 희망하는 자에 대하여 이에 응모할 기회를 우선적으로 부여하도록 노력하여야 한다"고 정하고 있었는데(지침 제3의 2(6)), 이에 대한 내용을 보충하여 강화한 새로운 지침이 최근 마련되어 있다.

새로운 지침 제3의 2(7)에서는, 사업주는 단시간근로자의 통상근로자로의 전환에 대하여, 이를 희망하고 또한 그 능력을 지니는 단시간근로자의 수요(needs)가 스스로의 수요에 합치하는 경우 당해 사업(장)의 실태에 맞추어 이를 가능하도록 하는 제도의 도입이나 필요한 조건의 정비 등을 하도록 노력하는 것으로 한다고 정하고 있다. 여기서 '전환을 위한 조건의 정비'로서는 단시간근로자로부터 정사원으로 전환하는 제도의 도입 외에 가령 능력·경험에 따르는 직무(rank)를 설정하여 일정한 직무(rank) 이상의 단시간근로자는 정사원으로 하는 제도의 도입, 정사원으로의 전환을 향한 교육 훈련·능력 개발을 행하는 것, 정사원으로의 전환에 관한 정보 제공 등을 들고 있다. 다소 간접적이기는 하지만, 현실적인 방안이라고 생각할 수 있다.

(5) 단시간근로 활성화를 위한 노동행정정책 조치

우리나라에서 단시간근로를 활성화하기 위한 정책적 조치로는 역시 우리나라와 사회경제적 노동상황과 정책설정이 유사한 일본의 경우를 참조할 수 있다.

우선, '단시간 고용관리자 제도'를 참조할 수 있는데, 단시간근로에 관련되는 규정들은 고용관계의 다각화 현상에 따라 날이 갈수록 복잡하여, 당해 전문가의 활약이 요청될 수 있다. 이를 위해서는 일본의 경우 상시 10인 이상의 단시간근로자를 사용하는 사업(장)에 단시간 고용관리자를 선임하여 업무를 담당하도록 하는 제도를 참조할 수 있다. 관련 제도의 실효성 확보를 위한 섬세한 조치라고 할 수 있는데, 사업주의 조치를 점검할 뿐만 아니라 단시간근로자의 상담에 응하도록 하여 사업(장) 현장에서 관련 규정들이 실현될 수 있도록 할 필요가 있다.

그리고 '전문 공공센터의 육성 및 전문 고용서비스 기구의 설치'인데, 단시간근로자에 관련되는 고용서비스부터 시작하여, 복잡한 인사관리 각 문제들에 대해 정부가 일일이 관여하기에는 비용상·조직상 문제가 제기될 수 있다. 이런 관점에서 일본에서는 단시간근로 원조센터를 지정하여 단시간근로자의 고용관리 개선조사연구 및 시행방안만이 아니라 산재보험이나 고용보험의 일부 기능까지 대행할 수 있도록 하고 있는데, 참조할 수 있는 방안이다.

아울러 단시간근로자의 고용서비스를 위해 그 수요가 많은 대도시에 단시간근로자의 직업 소개를 전문적으로 취급하는 Part-Bank, 중규모 도시에 Part-Searchlight를 설치하여, 단시간 노동력의 원활한 수급의 결합을 도모하고 있는 일본의 제도를 참조할 수 있다.49

49 이 기관들에 공인노무사 등을 배치하여 관련서비스를 제공하는 방안도 고려할 수 있다.

3. 논의의 정리

본고에서는 우리나라 전체 임금 근로자의 절반 정도에 이르는 비정규근로자 중 상당 부분을 차지하는 기간제근로자와 파견근로자 및 단시간근로자의 고용 및 근로조건 대책과 관련하여 최근 개정법의 문제점을 지적하고 개선방안을 논하였다.

노동시장에 대한 법의 개입에 대해서는 영미법계의 소극적 정책과 대륙법계의 적극적 정책으로 크게 나눌 수 있는 바, 우리나라의 기본적인 법체계가 대륙법계에 입각하고 있다는 점을 보면 공공복리를 최우선으로 하면서도 노동시장의 자율성을 존중하는 방향으로 기본구도가 마련될 필요가 있다. 최근 고성장기를 지나 침체기에 접어들어 실업 해결문제가 최우선적인 국가 문제로 부각되고 있는 선진 국가들에서는 노동시장의 자율성 내지 탄력성을 존중하면서도 오·남용을 규제하는 유연안전화(flexicurity) 개념에 입각하여 노동시장정책을 펴고 있는데, 본고에서도 이와 같은 기본방향 하에서 관련 대책을 논해보았다.

기간제근로 문제와 관련해서는, 입구규제(사용사유 제한)는 현재 경제적 상황에서 지나친 규제로 평가받을 수 있으므로 출구규제(불합리한 반복갱신의 규제) 방안이 강구될 필요가 있다. 최근 기간제법에서는 2년을 경과하면 무기근로계약으로 간주하는 방안을 택하고 있는데, 이는 오히려 기간제근로자들의 현재 고용 안정을 침해하고 근로조건을 악화시킬 가능성이 있으므로 오·남용을 규제하는 기본 원칙을 입법화하고 판례에 의해 개별적 구체적인 해결을 강구하는 방안이 고용활성화와 적정 근로조건 확보에 타당하다고 생각된다.

기간제근로자에 대한 차별금지 방안과 관련하여 기간제법에서는 과태료를 부과하는 벌칙 규정을 두면서 노동위원회를 통한 특별 구제 절차도 마련하고 있다. 그런데 수평 노동시장이 발달치 못하여 직무급 산정이 곤란한 우리나라 상황에서 과연 관련 분쟁시 적절한 해결책이 도출될지 의문이다. 이 점은 파견근로자 및 단시간근로자에 대한 차별 구제에 있어서도 같이 지적될 수 있는데, 주로 기업내 장기 고용시스템 구조 하에서 임금이 결정되어온 현실을 고려하여 행정지도를 통한 유연한 접근이 필요하다.

파견근로와 관련하여서는, 우리나라 현실에서 주로 행해지는 등록형 내지 모집형 파견과 파견법상 상용형 파견 유형과의 괴리를 조정하여, 파견업 규제방식의 기본부터 구별하여 정책을 마련하는 것이 필요하다. 이와 같이 파견근로의 현실을 감안한 기본적인 규제가 마련된다면 허용 업종의 범위는, 최근 선진국들에서의 경향과 같이 원칙적으로 개방하되 파견근로자들의 실질적인 권리 확보를 강화하는 방안을 강구하는 것이 타당하다. 나아가 세계적 경쟁이 가속화되고 있는 경제상황과 산업의 다양화·전문화 추세 및 고용 활성화 측면을 감안하여 직업 소개·근로자 공급·파견·용역·도급 등에 관련되는 현재의 개별화된 규율을 노무 공급에 관한 하나의 통일적 법률로 정비하여 규율하도록 할 필요가 있다.

단시간근로자와 관련해서는 우선 명목상 단시간근로자에 대한 규제 방안을 보다 현실적인 조치로 발전시킬 필요가 있으며, 차별 처우 금지규정에 대해서는 직무급 확립여건이 부족한 우리나라 노동시장의 상황과 사업(장)별 구체적 상황을 고려하여 행정지도를 통한 현실적 방안을 강구할 수 있다.

참고문헌

김동희(2000), 「행정법 1」, 박영사.

김재훈(2007), 「OECD에서 본 우리나라 고용보호 관련규제」, 『노사포럼』 제17호, 한국경총 노동경제연구원.

김형배(2007), 「노동법」(신판 제3판), 박영사.

노동부(2008), 「비정규직법 시행상황 평가 및 법 보완 필요성」.

노동부(2004), 「비정규직 입법안의 주요내용」.

노동부 비정규대책팀(2006), 「비정규직 보호 법률안 해설」.

「매일노동뉴스」(2005).

박제성(2006), 「프랑스의 근로계약법제 변화」, 한국노동연구원 법경제포럼 2006년 3월 발표문.

법원 도서관, 『판례공보』, 각 호.

비정규노동자 기본권보장과 차별철폐를 위한 공동대책위원회(2000), 「비정규노동자 권리보장을 위한 법개정 청원」.

오문완(1994), 「시간제근로자의 법적 지위에 관한 연구」, 서울대학교 법학박사학위논문.

이병희 외 1인(2008), 「2008년 3월 비정규직 규모와 구성 변화」, 『노동리뷰』(2008년 6월호, 통권 제42호).

임종률(2008), 「노동법」(제7판), 박영사.

한국경총(2002), 「노사정위 비정규특위 의견에 대한 경영계입장」, 『비정규직근로자대책특별위원회 활동보고』(II), 노사정위원회.

한국노총(2000), 「비정규직노동자 보호를 위한 법개정 청원」.

ILO(2000), Termination of Employment Digest: A Legislative Review, International Labour Office, Geneva.

OECD(2006), Employment Outlook, Paris.

OECD(2004), Employment Outlook, Paris.

OECD(2003), Employment Outlook, Paris.

OECD(2002), Employment Outlook, Paris.

OECD(2001), Employment Outlook, Paris.

OECD(2000), Employment Outlook, Paris.

OECD(1999), Employment Outlook, Paris.

菅野和夫(2007), 『勞働法』(第7版 補正2版), 弘文堂.

菅野和夫(2005), 『勞働法』(第7版), 弘文堂.

菅野和夫(2002), 『勞働法』(第5版 補正2版), 弘文堂.

勞働旬報社(1999), 『勞働判例大系』.

諏訪康雄(2000), 「勞働市場法の理念と體系」, 『勞働市場の機構とルール: 日本勞働法學會編 講座 21世紀の勞働法 第2卷』, 有斐閣.

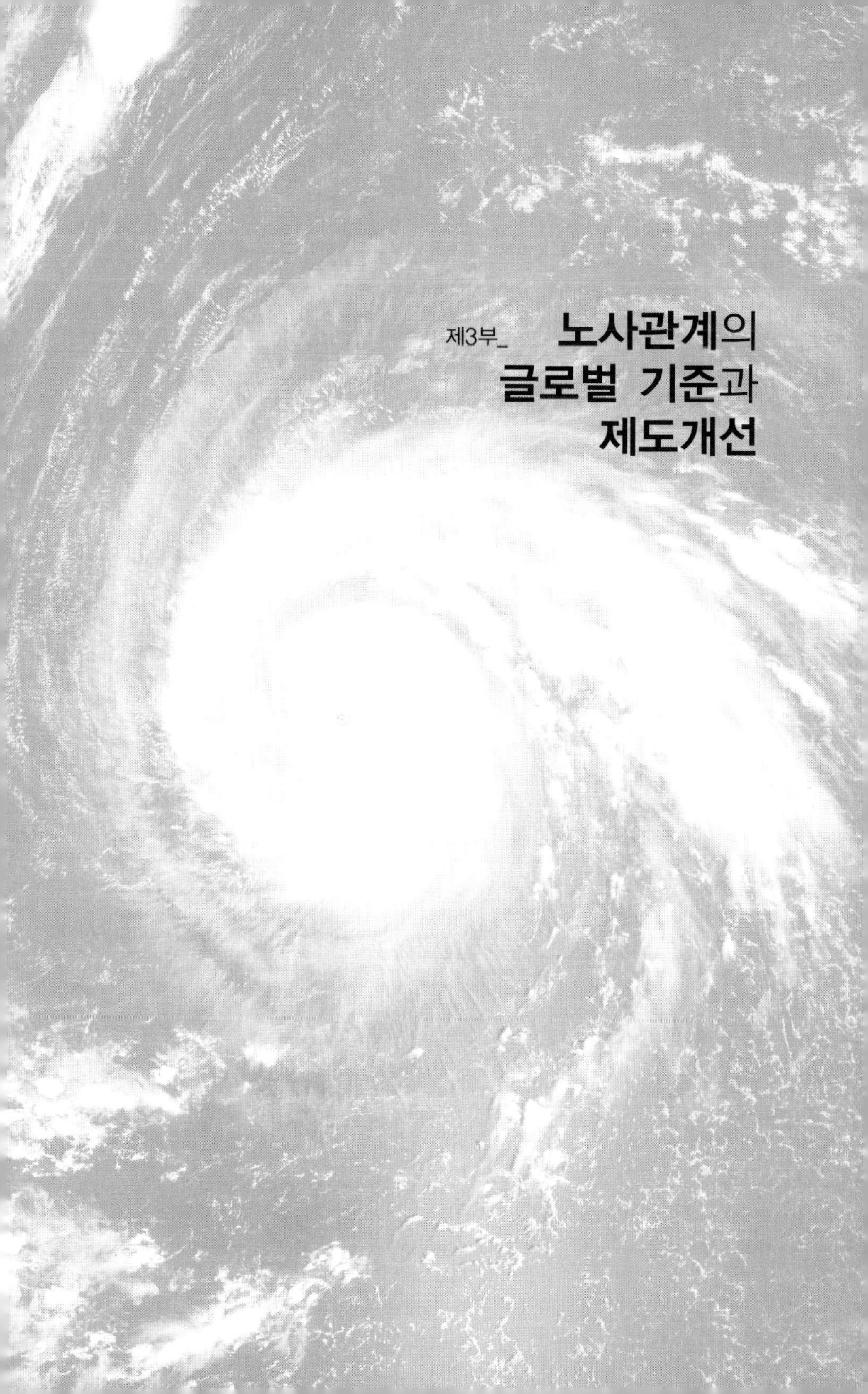

제3부_ 노사관계의 글로벌 기준과 제도개선

제7장_ 노조 설립 및 운영관련 법제도의 국제비교

이정일

1. 연구의 배경

세계적으로 노동기본권 및 노동조합의 실체적 지위에 대해서는 다양한 시각과 법·제도적 기준이 존재한다. 특히 노조의 설립과 운영에 대해 각 국가별로 접근방법과 법제도 등이 상이한 것은 각 국가의 노동조합 운동의 발전사와 전통 및 관행 등의 차이뿐 아니라 상이한 정치경제적 이해가 반영된 결과라고 할 수 있다.

한국은 2010년부터 복수노조가 단위 사업장 수준까지 전면 허용됨에 따라 다양한 형태의 노조 난립, 노사관계 복잡화 등으로 많은 문제가 발생할 것으로 우려되고 있고, 향후 노사관계 지형 변화에 따른 사회적 안전장치 확보도 시급한 실정이다. 현행 법규가 그대로 유지되는 상황에서 복수노조가 전면 허용될 경우, 사업장 단위에서는 다수의 소수 노조가 난립하여 노사 및 노노 갈등이 심화되고 조직내 갈등 등이 우려되므로 노조 설립이나 교섭권 부여 등에서 합리적인 절차와 제도를 설정하도록 법률 개정이 필요한 상황이다.

특히 최근 들어 글로벌 경쟁이 심화되면서 글로벌 노동기준에 대한 관심이 높아지고 있을 뿐 아니라 FTA 등 글로벌 무역 장벽 해소 요구에 대비하기 위해서라도 글로벌 스탠더드형 노동기준의 정립이 시급히 요청되고 있어 차제에 글로벌 노동기준에 입각한 제도개선 방안을 마련해야 할 것이다.

또한 다른 사회의 경험을 연구하는 중요한 이유 중 하나는 한국의 제도와 관행에 대해 보다 나은 통찰력을 얻을 수 있다는 것이다.[1] 외국의 고용관계 관행 연구는 한국에서의 법제도 개선을 위한 기초를 마련해주며, 정부의 정책 결정에도 중요한 함의를 던져줄 수 있을 것이다.

따라서 본고에서는 OECD 주요 국가(독일·프랑스·이탈리아·영국·미국·캐나다·일본·호주 등)와 개도국 3개국(태국·말레이시아·인도네시아) 등과 한국의 노조 설립과 운영관련 법제도를 비교·분석함으로써 한국의 노동기준의 현 위치를 진단하고 향후 개선방안에 대해 검토하고자 한다.

2. 노조 설립과 교섭대표권 부여 요건

우리나라는 2010년 복수노조가 전면적으로 허용되면 노사관계의 질서구도가 급격히 바뀔 가능성이 높다. 기존의 기업별 체제의 틀이 유지되는 가운데 복수노조가 허용된다면 그로 인한 혼란과 비용이 급격히 높아질

1 그래그 J. 뱀버, 러셀 D. 랜스버리 공편, 박영범·우석훈 공역(2000), 『국제비교 고용관계, 한국노동연구원』, pp. 3~4.

수 있다. 많은 선진국가에서는 노사관계에서 빚어질 혼란과 사회적 비용을 최소화하기 위해 몇 가지 대안을 활용하고 있다. 첫째는 다수의 노조가 우후죽순 격으로 난립하는 일을 막기 위해 일정규모 이상의 인원이 참여하는 경우에만 노조설립을 인정하는 것이며, 둘째는 노조 설립은 자유롭게 허용하지만, 실질적 노조활동이라 할 수 있는 근로조건 설정 및 권익 신장을 위한 단체교섭 활동의 주체로 일정규모 이상 또는 1개의 노조만 인정하거나 교섭대표권을 부여하는 경우이다. 이하에서는 여러 선진국과 개도국의 노조 설립요건과 교섭대표권 부여에 관한 절차를 법규정들을 통해 살펴보았다.

ILO 第87호 협약에 의하면 결사의 자유가 폭넓게 인정되겠지만, ILO는 노조를 결성할 때 최소 인원수를 제한하는 것이 제87호 조약의 결사의 자유와 결코 모순되지 않는다는 입장을 취하고 있다. 즉 제87호 조약은 제2조에서 "근로자 및 사용자는 사전인가를 받지 아니하고 스스로 선택하여 단체를 설립하고 그 단체의 규약에 따를 것만을 조건으로 하여 그 단체에 가입할 수 있는 권리를 어떠한 차별도 없이 가진다"고 규정하고 있다. 그럼에도 불구하고 ILO는 입법을 통해서 공식적으로 노동조합을 조직하려 할 경우에 필요한 최소 인원수 규정을 둘 수 있다는 입장을 취하고 있다. 실제로 ILO 결사의 자유위원회는 "최소 인원수 규정이 일반적으로 조합원을 확보할 수 있는 정상적 상황 하에서 현실적으로 인원수 확보가 가능하다면 결사의 자유와 모순되지 않는다"는 입장을 확인한 바 있다. 특히 ILO는 노동소합의 구싱에 있이시 "최소 20명(산업별 노동조합이 경우 30명)이 필요하다"는 규정은 결사의 자유 보장 조항과 모순되는 것은 아니라는 견해를 밝힌 바 있다.

결사의 자유 위원회의 견해(1996)

> 256. 노조를 결성하기 위해 최소 20명 이상이 필요하다는 법적 요건은 과도한 것으로 보이지 않으며, 따라서 그 자체로서 노조 결성의 장애요인을 구성하는 것은 아니다.
>
> 257. 비록 최소한 30명의 회원을 필요로 하는 것이 지역노조의 경우에는 받아들여질 수 있을 것이나, 작업장평의회(work councils)의 경우에는 이러한 최소한의 규모도 줄어들어야 할 것이다. 특히 노조결성단위가 기업에 기초하고 있고 영세규모 노조가 대다수를 차지하는 국가의 경우 이러한 최소한의 규정이 노조 결성을 방해하는 것이라 할 수 없다.
>
> ※ Freedom of Association, Collective Bargaining and Industrial Relations(CFA: Digest of Decisions 1996).

이제부터 개별 국가의 예를 보다 구체적으로 살펴보고자 한다. 미국 연방헌법에는 근로자 또는 근로자의 단결체에 대하여 단결권, 단체교섭권 또는 단체행동권을 보장하는 규정은 존재하지 않는다. 다만 수정헌법 제1조에서 결사의 자유를 보장하고 있다. 그러나 전국노사관계법(NLRA)에 의해 단결권 및 단체행동권이 명시적으로 인정되고 사용자에 대한 단체교섭의무가 부과됨으로써 법적으로 노동기본권이 보장되게 되었다. 미국은 근로자와 사용자로 하여금 연방정부 또는 주/지방정부의 사전감독이나 간섭 없이 자유롭게 조직을 설립하고 선택할 수 있는 권리를 부여한다. 미국의 노동관계법은 설립 제한에 대한 구체적 조항은 없으나, 배타적 교섭대표제도와 조합승인을 위한 투표제도 등을 두고 있어 사실상 대표성 있는 조합 또는 지부로 조합 활동을 제한하고 있다고 할 수 있다. NLRA 7조는 근로자의 결사의 자유와 단체교섭권을 보장하고 있다. NLRA 9조는 '교섭단위의 목적에 적합한 교섭단위의 종업원 과반수가 지명 또는 선정한 대표는 임금수준, 임금, 고용시간, 기타 고용조건에 관한 단체교섭의 목적을 위해 해당 교섭단위에 속한 전체 종업원의 배타적 대표가 된다'고 규정하여 배타적 교섭대표로서의 조건을 과반수 지지로 규정하고 있다. 배타적 교섭권을 갖는 노조가 되기 위해서는 조직단위 내 근로자 수의 30% 이상의 지지의사를 증명하는 수권카드(authorization card)를 먼저 확보해야 하고, 사용자가 이를 승인하지 않을 경우 전국노사관계위원회(NLRB)에 선거를 신청한 후 근로자 찬반투표 결과 50%를 넘는 지지를 획득해야 하는 까다로운 조건을 충족해야만 한다.

미국과 매우 유사한 제도를 가지고 있는 나라인 캐나다 역시 배타적 교섭대표제도를 가지고 있다. 노동조합은 조합원카드를 모아 노동위원회에 교섭대표 승인 신청을 하고, 노동위원회는 사용자측이 제출한 근로자카드와 대조하여 조합원카드를 제출한 조합원이 전체 근로자의 50%를 초과하면 승인하고, 35~50%이면 투표에 붙여 결정한다. 조합원 수가 35% 미만인 경우와 투표결과 전체 종업원 기준 과반수 득표가 없는 경우 승인요청을 기각하고 그 후 3개월간 재신청할 수 없다. 특히, 5개의 캐나다 주에서는 전체 근로자의 50~65% 이상의 승인이 있으면 비밀투표 없이 자동적으로 노조 승인이 가능하다(Manitoba, New Brunswick, Prince Edward Island, Quebec 등).

일본의 경우 헌법 제28조에서 근로자의 노동 3권을 보장하고 있다. 일본헌법은 '근로자의 단결하는 권리 및 단체교섭 기타의 단체행동을 하는 권리를 보장한다'고 규정하고 있고 근로자 가운데 공무원도 당연히 포함하는 것으로 해석된다. 일본의 노동조합법 제2조는 노동조합을 '근로자가 주체가 되어 자주적으로 근로조건의 유지 개선 그 밖의 경제적 지위향상을 꾀하는 것을 주된 목적으로 조직하는 단체 또는 그 연합단체를 말한다'고 정의한 후 단서조항을 별도로 두고 있다. 이 단서조항에서는 '감독적 지위에 있는 근로자 및 그 외 사용자의 이익을 대표하는 자의 참가를 허용하는 것'(1호), '단체의 운영을 위한 경비지출에 대해 사용자의 경리상의 원조를 받는 것'(2호), '공제사업 그 밖의 복리사업만을 목적으로 하는 것'(3호), '주로 정치운동 또는 사회운동을 목적으로 하는 것'(4호) 중 어느 하나에 해당하는 경우 노동조합으로 보지 아니한다고 규정(2조)하고 있다. 또한 일본의 노동조합은 노동위원회에 증거를 제출하여 노동조합의 정의(노조법 2조) 및 규약의 필요기재사항(5조 2항)에 대한 규정에 적합하다는 것을 입증해야 비로소 노조법에 규정하는 절차에 참여할 자격을 가지며 또한 동법에서 규정하는 구제를 받을 수 있다(노조법 5조 1항). 이 규정에 근거하여 노동위원회에 의해 이루어지는 노동조합이 위의 두 규정에 합치하는지 여부의 심사가 「자격심사」이다. 자격심사의 절차에 대해서는 노동위원회규칙(22조~27조)에서 상세히 규정하고 있다. 이에 따르면 노동조합이 증거(조합규약, 단체협약, 임원명부, 직제일람표 등)를 제출하여 심사 신청을 하면 회장 또는 그가 지명하는 공익위원이 심사한다.

독일의 경우에는 헌법 제9조는 근로자의 단결권을 보장하고 있지만, 단체교섭권과 단체행동권은 별도 보장하는 규정이 없다. 헌법 제9조 ③항은 '근로조건 및 경제조건의 유지와 개선을 위하여 단체를 결성할 권리는 누구에게나 그리고 어떤 직업에서나 보장된다. 이 권리를 제한하거나 방해하려고 하는 협정은 무효이다. 이를 목적으로 하는 조치는 위법이다'라고 규정하고 있을 뿐이다.

프랑스는 1884년 근로자에 대한 조합결성권이 법적으로 인정되었으며, 공무원에 대해서는 제2차 세계대전 후에 노동기본권이 인정되었다. 현행 헌법은 기본권에 대한 개별적인 조항을 두고 있지 않지만 전문을 통해 1789년의 인권선언 및 1946년 헌법에서 보장한 기본권을 그대로 보장하고 있어 노동조합도 자유롭게 설립될 수 있을 뿐 아니라 근로자 자신이 선택하는 노동조합에 자유롭게 가입할 수 있도록 하고 있다. 노동조합의 진정성 및 병존 조합들간에 발생하는 현실적인 영향력의 차이를 법적으로 인정하여 진정으로 근로자들의 이익을 대변할 수 있는 노동조합에게만 일정한 역할과 특권을 인정하는 「대표성」 개념을 도입하고 있다.

이러한 대표적 노동조합이 갖는 특권에는 전국 차원에서 전국적 직업간 협약의 체결권, 사회보장기관의 관리·운영에의 참여권 등이 있다. 또 특정 직업·산업 분야에서도 대표적 노조들이 교섭 당사자가 되고 단체협약의 효력확장을 요구할 수 있으며, 기업단위에서도 대표적 노조만이 종업원 대표 선거에서 후보자 지명권, 조합지부 설치, 조합대표위원의 지명권, 단체교섭 당사자의 지위 등을 갖는다. 노동조합의 「대표성」을 인정하는 기준으로 법은 조합원 수, 조합비, 자주성, 노조로서의 경험과 역사, 독일 점령 하에서의 애국적 태도 등 5가지를 규정하고 있다(노동법전 L.133-2조). 다만 이러한 기준 모두를 충족해야 되는 것은 아니고 또한 어느 하나가 결정적인 기준으로 기능하는 것도 아니다. 대표성 여부는 대표성이 요구되는 특정 시점별로 평가되기 때문에 특정 노조가 대표성을 인정받았다고 하더라도 대표성을 상실할 수도 있으며, 초기업단위에서의 대표성 여부는 행정기관이 결정하며, 기업단위에서는 사법법원이 결정권을 갖는다. 한편, 절차적 요건으로는 관할 행정기관에 규약 및 임원의 성명을 제출함으로써 노동조합은 설립되고(노동법전 L.411-3조), 설립된 노동조합에는 법인격이 부여되며(노동법전 L.411-10조), 소권이 인정된다(노동법전 L.411-11조).

이탈리아는 헌법에서 근로자의 단결권을 보장하고 있다. 이탈리아는 다른 유럽의 국가들과는 달리 헌법에서 근로조건에 관한 상세한 규정들을 두고 있으며, 또한 근로자의 근로권 및 파업권을 헌법상 기본권으로 보장한다. 이탈리아 헌법 제39조에서는 「조합의 자유」(libertàsindacale)라는 단결권 보장규정을 두고 있는 한편, 헌법 제40조에서는 「파업권」(diritto de sciopero)의 보장을 규정하고 있다. 집단적 근로관계는 헌법상의 단결권과 파업권에 기초하여 다양한 개별적 특별법들에 의하여 규율된다. 그리고 이탈리아에서는 노조가 법인격을 부여받을 수 있는 최소요건을 법으로 규정하고 있다. 즉 이탈리아의 경우 노동조합이 법인격을 부여받기 위해서는 근로자 수 최소 15인 이상이 되어야 한다고 명시하고 있다.2

한편, 네덜란드는 근로자 및 사용자 단체의 결성과 활동에 관하여 헌법이나 일반 법률상 아무런 규정도 두고 있지 않다. 다만 일반적 결사의 자유(Recht tot vereniging)에 관한 헌법 제8조의 법리에 따라 단결권이 인정되고 있을 뿐이다. 따라서 근로자 및 노동조합의 단결권도 헌법상의 결사의 자유권에 대한 해석으로부터 도출되는 것으로 보아야 한다.

아일랜드는 노조를 설립하기 위해서는 노조의 이름과 장소, 노조의 설립목적, 노조 규정의 제정·변경·개정·폐지 방법, 노조 간부 등에 대한 임명 및 해임 규정, 노조원 명부 열람권 등을 명시하여 제출해야 한다(1871년 노동조합법 부칙 1). 이 법에 의해 설립된 노조는 단체교섭을 하기 위해 반드시 장관으로부터 교섭권(negotiation licence)을 부여받아야 하므로 노조는 정해진 양식을 작성하여 장관에게 교섭권을 청구하고 장관은 청구 내용을 심사하여 해당 노조에 교섭권을 부여한다(1941년 노동조합법 제5조 1항).

태국은 노조 설립을 위한 최소인원을 법률에 규정하고 있을 뿐 아니

2 Tiziano Treu(2007. 2), Labor Law in Italy(Second Revised Edition), Kluwer Law International.

라 등록하도록 하고 있다. 노동조합으로서의 법적 지위를 얻기 위해서는 동일 사용자 또는 동일 업종에 종사하는 근로자 10인 이상이 발기인이 되어 규약안을 작성하고 노조 설립 신청서와 함께 등록관에게 제출하고 요건 심사절차를 거쳐야 한다. 노사 각 단체로 등록하기 위해서는 단체의 주체나 인원수, 목적 등 법률에 정한 요건을 충족해야 한다. 노동조합은 우선 법률상 '고용조건에 관한 이익을 확보, 보호하고 사용자와 근로자간 및 근로자 상호간 좋은 관계를 촉진한다'라는 목적에 부합해야 한다. 또한 노동조합 규약상 기재사항을 충족해야 한다. 즉 명칭에 「노동조합」을 붙이고, 「근로조건협약」 승인 절차, 집행위원회의 구성·선거·회의에 관한 사항 등을 포함해야 한다. 등록을 한 경우에는 120일 이내에 조합원 총회를 개최하고 집행위원회를 구성하는 조합간부를 선출해서 규약을 승인하고, 14일 이내에 등록해야만 한다. 태국의 경우 등록신청서를 내는 것만으로 등록이 되는 것이 아니라 심사절차를 거쳐야 한다. 노동조합의 결성 주체가 될 수 있는 자격, 규약, 목적 등이 법정 요건에 합치한다고 판단되면 등록증명서가 발급되나, 그렇지 않은 경우 정정명령이 내려진다. 특히 목적 측면에서 국민의 질서·안녕에 반하는 경우에는 정정명령 없이 등록 불가 조치가 이뤄진다. 또 1년에 1회 이상 총회를 개최하지 않든지 혹은 2년간 당국에 아무런 연락도 하지 않는 경우 당국은 노동조합이 해산된 것으로 보고 등록을 말소한다.

인도네시아는 노동조합 결성을 위한 최저 인원을 법에 규정하고 있다. 즉 노동조합 결성은 최소한 근로자 10명이 동이(민간부문은 20명)가 있어야 한다(Act No21/2000. Art.5). 또 노동조합연맹 결성은 최소한 5개의 노동조합의 동의가 있어야 하며(Act No21/2000. Art.6), 노동조합총연맹의 결성은 최소한 3개의 노동조합 연맹의 동의가 있어야 한다(Act No21/2000. Art.7).

또한 노동조합 설립시 등록 요건을 별도로 규정하고 있는데, 설립된 노동조합은 그 지역의 노동성지방사무소에 등록하여야 한다. 등록시 설립자 명단, 정관, 내부규정, 조직표 및 임원명단을 제출하여야 하고(Act No21/2000. Art.18), 등록을 필한 노동조합은 회사에 그 설립을 서면으로 해서 통지해야 한다. 이때 조합의 통지를 받은 회사는 참가자 가입 때에 강제가 있었는지 여부, 상부단체나 조합비 징수에 대해서 설명은 했는지 여부에 대해 확인을 실시할 수 있고, 만약 문제가 있으면 곧바로 노동성에 보고하고 가입자들의 참가 의사를 재확인할 수 있다. 한편, 조합원 수가 10명 이하로 줄어든 경우에는 노동조합의 등록이 취소되게 되며, 이 경우 노동조합 자체는 해산되지 않으나 사용자와의 교섭권이 중지된다(Act No21/2000. Art.42).

호주는 법률로 노동조합의 설립 및 등록을 위해 필요한 인원수를 제한하고 있다. 호주는 노동법(Workplace relations law,1996)에 노동조합 등록(registration)에 필요한 조합원 수를 기업별 노조의 경우 20인으로 규정하고 있다.3

〔소결〕

한국의 노동 3권에 대한 보장은 주요 국가들의 노동법규와 비교할 때 결코 낮은 수준이 아니라고 할 수 있다. 헌법 제33조에서 노동 3권을 명시적으로 보장하고 있음에 따라 누구나 노동조합을 만들 수 있고 노동조합은

3 Brian Brooks(2003), Labor Law in Australia, KLUWER LAW INTERNATIONAL, p. 357. 호주의 노동법을 소개하고 있는 이 책에서는 1996년에 제정된 작업장 관계법(the workplace relations act)에 규정된 사용자와 근로자 단체의 등록요건에 대한 설명 중 호주의 노동조합은 사용자나 사용자 단체로부터 어떠한 통제나 부적절한 영향력을 받지 않아야 하며, 50인 이상의 종업원이 가입되어 있어야 한다는 것을 지적하고 있다. 그러나 노동부 홈페이지에 기재된 노동기준 해설에 따르면 (http://www.workplaceauthority.gov.au/graphics.asp?showdoc=/WorkplaceRelations/unionsindustrialaction.asp) 기업별 노조의 경우 최소인원 기준이 50인에서 20인으로 완화되었다고 설명하고 있다.

사용자를 대상으로 단체교섭을 요구할 수 있고 단체교섭 결렬시 단체행동을 할 수 있다. 이러한 노동 3권의 보장에도 불구하고 '1기업 1노조체제'에서는 그나마 혼란이 적었으나, 2010년부터 복수노조가 사업장 단위까지 인정된다면 문제가 매우 복잡해질 수 있다. 복수노조 상황 하에서 형성될 새로운 노사관계 질서에 대한 노사간 합의가 도출되지 않은 상태에서 기존과 같은 노동 3권의 보장은 노사관계의 복잡화를 낳는 등 자칫 산업현장의 불안을 가중시킬 수 있다는 점에서 헌법에 보장된 노동 3권을 훼손하지 않는 범위 내에서 적절한 제한을 가하는 것을 생각해볼 수 있을 것이다. 노사

주요 국가의 노동조합 설립관련 법규 비교

국가	설립인원 규정	교섭권 부여 요건	등록/자격심사	비고
한국	제한 없음	제한 없음	행정관청 신고 요건/ 목적 적합성 확인	헌법에 노동 3권 보장
미국	규정 없음	30% 지지, 50% 초과 찬성	등록 규정 없음 관할권 심사	헌법에는 결사의 자유만 보장
캐나다	규정 없음	전체 근로자 50% 이상 지지시 승인 35% 미만시 기각	없음	
일본	제한 없음	제한 없음	자격심사 절차를 별도로 규정	헌법에 노동 3권 보장
프랑스	제한 없음	행정기관이나 사법 법원이 대표성을 심사	없음	헌법전문에서 기본권 보장
독일	제한 없음	제한 없음	없음	헌법에서는 단결권만 보장
이탈리아	근로자 15인 이상 (법인격 부여조건)	규정 없음	없음	헌법에서 노동 3권 보장
호주	조합원 수 20인 이상	조합원 수 20인 이상	없음	없음
인도네시아	최소 10인(민간 20인) 이상	최소10인 (민간기업 20인) 이상	등록의무화	
태국	동일 업종이나 기업종사자 10인 이상	동일 업종이나 기업종사자 10인 이상	요건심사 절차 운영	

관계 구도의 형성이 결사의 자유 인정에서부터 출발한다고 할 때 복수노조 상황에서 예상되는 혼란과 우려를 최소화하기 위한 측면에서 단결권에 대한 새로운 접근법이 필요하고 이를 위해서는 다른 나라의 사례들을 참조할 수 있을 것이다.

한국은 노동조합법 제2조의 '노동조합에 대한 정의' 규정에서 설립요건을 규정하고 있고 행정관청에 설립신고서를 제출하고 법적 요건에 어긋나지 않을 경우 설립신고증을 교부하도록 하고 있다. 즉 목적이나 조합원의 자격, 규약 등에 문제가 없으면 조합 규모와 관계없이 설립신고증을 교부함으로써 노동조합을 인정하고, 그로부터 노동조합은 사용자에 대해 교섭과 쟁의를 할 수 있게 된다.

한국의 노조법 제2조(노동조합의 결격사유)

4. "勞動組合"이라 함은 **勤勞者가 主體가 되어 自主的으로 團結하여 勤勞條件의 유지·개선 기타 勤勞者의 經濟的·社會的 地位의 향상을 도모함을 目的으로 組織하는 團體 또는 그 聯合團體**를 말한다. 다만, 다음 各目의 1에 해당하는 경우에는 勞動組合으로 보지 아니한다.

가. 使用者 또는 항상 그의 利益을 代表하여 행동하는 者의 참가를 허용하는 경우

나. 經費의 主된 부분을 使用者로부터 원조받는 경우

다. 共濟·修養 기타 福利事業만을 目的으로 하는 경우

라. 勤勞者가 아닌 者의 加入을 허용하는 경우. 다만, 解雇된 者가 勞動委員會에 不當勞動行爲의 救濟申請을 한 경우에는 中央勞動委員會의 再審判定이 있을 때까지는 勤勞者가 아닌 者로 解釋하여서는 아니 된다.

마. 주로 政治運動을 目的으로 하는 경우

한국의 경우 노동 3권에 대한 헌법규정으로 인하여 노동 3권의 제한은 헌법위반이 될 수 있으므로 기본권은 보장하되 합리적 제한이 가능한 방법을 찾아보아야 할 것이다. 그 방법은 과거 1980년 노동조합법(법률 제3350호)에서 노동조합을 설립하고자 할 경우 근로조건의 결정권이 있는 사업 또는 사업장의 근로자 30인 이상 또는 5분의 1 이상의 찬성을 얻어야 한다고 규정하였던 예에서처럼 1) 일정규모의 지지를 전제로 노동조합 설립을 인정하거나, 2) 노조 설립은 자유롭게 하되, 실제로 단체교섭권을 부여하는 것은 일정규모 이상의 노조(예, 전체근로자 20% 이상의 지지를 얻은 노조)나 배타적 대표권을 가진 노조로 국한하는 방법이다. 이제는 노동기본권 보장 논쟁 그 자체보다는 상생의 가치를 실천하고 민주적 대표성을 전제로 한 노사관계를 조기에 구축해 나가야 2010년 복수노조 허용 이후 우리나라의 산업현장의 혼란을 최소화할 수 있을 것이다.

3. 조합원 자격대상: 실업자·관리자 등

노동조합원의 자격을 어떻게 제한하느냐 하는 것은 노동조합의 활동범위와 노사관계의 틀을 결정하는데도 크게 영향을 미칠 수 있다.

미국은 노동조합원의 자격을 특정한 사용자의 근로자로 한정되지 않으며 노동분쟁 또는 부당노동행위로 인해 취업하고 있지 않는 자도 실질적으로 다른 정규직으로 고용되지 않는 한 근로자에 포함한다. 단, 예외조항으로 농업근로자, 가사사용인, 부모나 배우자에 의해 사용되는 자, 독립계약자, 감독자 등은 본법에 적용이 되지 않는다(NLRA 제2조 (3)). 미국의 경우

감독자를 노동관계법(NLRA)의 적용 대상이 되는 근로자의 범주에서 제외하여 노조가입 제한대상이 되고 있다. 그밖에도 사용자의 경영방침의 결정/실시에 관여하는 관리자와 노동관계에 관한 기밀을 취급하는 자도 법해석상 근로자의 범주에서 제외하고 있다. 관리자로 고용된 개인이 노동조합에 가입하거나 가입상태를 유지하는 것을 금하며, 어떠한 고용자도 본 법에서 관리자로 정의된 개인을 종업원으로 간주하도록 강요받아서는 안 된다고 규정하여 관리자의 노조 가입을 인정하지 않는 점을 명확히 규정하고 있다(NLRA 제14조 a항). 그 외 사용자의 경영방침의 결정/실시에 관여하는 관리자와 노동관계에 관한 기밀을 취급하는 자도 법해석상 근로자의 범주에서 제외된다(NLRA 제2조 (3)).4

미국 노동관계법상 "관리자" 정의(법 제2조 11항)

관리자란 고용주를 위하여 다른 종업원의 고용, 전근, 정직, 임시휴직, 복귀, 승진, 면직, 선임, 보상, 징계 등을 담당하거나 종업원을 지시할 의무가 있거나, 이들의 고충을 처리하거나 그러한 조치를 효율적으로 제시할 수 있는 권한이 있는 개인을 의미한다. 상기 내용과 관련하여 이러한 권한의 행사는 단순히 일상적이거나 사무적인 성질의 업무가 아니므로 독립적인 판단을 필요로 한다.

일본은 노조법에서 노조 가입이 가능한 근로자 개념을 설정하고 있으며 노조 가입 제한대상을 규정하고 있다. 우선, 노동조합법상의 '노동자'는

4 종종 감독자를 사용자로 볼 것인지에 대한 논란이 있지만, 미국의 경우 태프트-하틀리법에 의한 개정으로 추가된 제2조(11)에 감독자의 '정의' 규정을 두어 논란을 없앴다. 이에 따르면 그 요건은 ① 다른 근로자의 채용, 배치전환, 정직, 해고, 복직, 승진, 징계, 보직, 고충처리 등의 감독적 권한(12가지 권한을 열거), ② 그 권한의 행사가 독립적인 판단을 필요로 한다. ③ 그 권한이 사용자의 이익을 위해야 한다. 자세한 내용은 한국경영자총협회 (2005), 『미국의 노동법제』, 제2장 노사관계법을 참조 바람.

직업의 종류를 불문하고 임금, 급료 그 외 이에 준하는 수입에 의해 생활하는 자로 정의하고 있다(노조 3조). 따라서 해석상으로 실업자도 이 법의 노동자 개념에 포함되는 것으로 해석되고 있다. 노조가입 제한대상은 "근로자가 아닌 자"(노조 3조)와 "사용자 또는 사용자의 이익을 대표하여 행동하는 자"(정의규정 2조 단서 1호)로 규정하고 있다. 따라서 사용자의 이익대표자는 노동조합 참가가 금지된다(정의규정 2조 단서 1호). 이것은 노동조합의 자주성을 확보하는 견지에서 단체교섭관계에서 사용자측의 입장에 있는 자를 비조합원으로 한 규정이다.

독일은 노동조합이 산업별 노조원칙에 따라 조직되므로 법률상 조합원의 자격을 제한하는 규정이 없다.

프랑스는 일정 직업에 1년 이상 종사했던 자는 직업 활동이 종료되더라도 계속적으로 조합원의 지위를 유지하거나 자신이 선택하는 노조에 신규 가입이 가능하기 때문에(노동법전 L.411-7조), 일정 범위의 실직자(신규실업자 제외)에 대해서는 조합원 자격이 인정되고 있다고 할 수 있다. 캐나다의 경우 조합원 자격 신청서에 서명하고 신청 6개월 전 또는 6개월 동안 최소 5달러를 지불하면 교섭단위의 노조원으로 자격이 주어진다.

인도네시아는 모든 노동자에게 노동조합을 조직하고 그 구성원이 될 수 있고 또 서면에 의해 탈퇴할 수 있음을 규정하고 있다. 노동조합의 가입자격은 법률상의 이사를 제외한 종업원 전원이다. 단, 단체협약에 의하여 조합원의 범위를 한정한 경우에는 범위 제한이 가능하다. 한편, 노조대표는 관리직이 아닌 일반종업원 중에서 선출된다. 인도네시아의 경우 특징적인 것은 1인의 노동자는 한 개의 회사 중에서 복수의 노동조합에 소속되어서는 안 된다고 규정하여 복수노조 가입 금지를 명문화하고 있다는 것이다.5

〔소결〕

노동조합의 자격요건 문제는 보다 구체적으로는 실업자와 관리감독자의 조합원 가입 인정 여부의 문제라고 할 수 있다. 먼저 실업자의 노조가입 허용문제는 일찍이 노사관계선진화연구위원회도 2003년도 선진화 방안에서 정리한 바 있다. 노조법상의 근로자 개념규정6에 실업자를 포함시켰으나 기업단위 노조까지 노조 형태를 불문하고 실업자에 대한 조합원 지위를 인정하는 것은 기업단위 노조 및 조합 활동이 주축을 이루고 있는 현실 노사관계에 비추어 기업노사관계 불안정이 심화, 확대될 가능성이 크다는 이유로, 초기업단위 노조에 한하여 실업자의 조합원 자격을 인정하고 기업별 노조의 조합원 자격은 당해 기업에 재직 중인 근로자로 한정할 것을 제안한 것이 그것이다. 최근 우리나라의 노동조합 체계가 산별 중심으로 많은 부분 옮겨가고 있기는 하지만 여전히 중앙집권이 아닌 기업지부 혹은 분회가 독자적인 조직 실체를 유지하면서 외형적으로만 산별노조에 통합되어 있는 과도기적 양상을 보이고 있는 실정이므로 근본적 여건이 바뀌었다고 보기는 어렵다.

일부 선진국에서 실업자의 노조 가입을 제한하지 않고 있는 것은 노조의 조직형태가 산업이나 직업 등에 기반을 두고 있어 직접적 고용관계보다 집단적 자치가 더 중요한 가치를 가지고 있었기 때문이라고 할 수 있다. 그러나 우리나라의 경우는 사정이 다른 부분이 있으므로 법 개정을 검토할 때 다음 두 가지 측면에서 고려해볼 수 있을 것이다. 첫째는 현행과 같이 노조법 제2조 제1호 정의규정에 실업자를 포함시키지 않는 것이다. 우리

5 백두옥 (2006), 「인도네시아 노동법에 관한 연구」, 동아대학교 대학원 법학박사학위논문. NNAインドネシア(2005. 12).『インドネシア新勞動法』.

6 노사관계선진화연구위원회는 노조법상의 근로자 정의를 '직업의 종류를 불문하고 임금 기타 이에 준하는 수입을 목적으로 근로를 제공하고 있거나 근로를 제공하고자 하는 자를 말한다'고 규정하자고 제안한 바 있다.

나라와 같이 기업단위 노조 및 기업중심 단체교섭이 다수를 차지하는 상황에서 굳이 실업자의 조합원 자격 인정을 통해 논란을 부추기거나 혼란을 빚을 필요가 없다. 실업자를 노조법상 근로자 개념에 포함시킨다 하더라도 신규실업자와 이직실업자를 구분하여 입법하는 것도 바람직하지 않기 때문이다. 둘째는 실업자에 대해 노조법상의 근로자로 인정하되, 집단자치활동에 대해서는 인정하지만, 직접적 고용관계가 없는 사용자와의 단체교섭활동 등에는 참여하지 못하도록 제한하거나 초기업적 노조가 아닌 경우 가입을 제한하는 것이다. 노동조합의 자율적 결정에 맡기거나 노동 3권 중 일부를 제한하는 것이 입법상 용이하지는 않을 것이다. 그러나 그동안 실무상 논란을 일으켜왔던 부분을 법 개정을 통해 분명하게 제시해주는 것은 의미가 있을 것이다.

두 번째 고려사항은 관리감독자에 대한 부분이다. 미국의 경우 관리감독자에 대해 비교적 명확하게 사용자성을 인정하고 있어 논란이 적다. 그러나 우리나라의 경우 조합원 자격에 대해 폭넓게 인정하는 편이라 향후 복수노조 허용, 중고령자의 고용불안 확산 등의 상황에서 관리자 노조 결성 사례가 더욱 늘어날 가능성이 높다. 따라서 차제에 관리자에 대한 노조가입자격 논란을 최소화한다는 측면에서 보다 구체적인 기준을 법률에 담을 필요성이 있다.

4. 노동조합의 부당노동행위

현재 노동조합의 부당노동행위에 대한 구체적 내용을 다루고 있거나 규정에 두고 있는 나라는 미국이 거의 유일하다. 미국은 1935년 연방노동관계법(NLRA)에서 사용자의 부당노동행위제도를 도입한 이후 1947년 법 개정(태프트-하틀리법)으로 노조의 부당하고 남용적인 행위 규제하기 위해 노조의 부당노동행위제도를 도입하였다. 미국의 노동관계법(NLRA 7조)은 노동 3권 관련 활동을 행하지 않을 근로자의 소극적 권리를 명시적으로 인정하고 있어 노동조합의 부당노동행위에 대한 법률적 규제도 가능해졌다.

노동관계법 제8조 b항은 노동조합의 불공정 노동행위를 다루고 있으며, 그 유형으로 종업원에 대한 규제와 억압, 고용주에 대한 규제와 억압, 차별행위 또는 차별시도, 선의의 교섭거부, 파업이나 보이콧의 유도나 조장 금지, 과도하거나 불공평한 조합비, 과잉고용 강요, 비승인 조합에 의한 조직화 및 인정을 위한 피켓시위 등으로 분류해 규정하고 있다. 또한 8조 g(사전 통지 없는 의료기관의 파업 또는 피켓시위)도 부당노동행위에 해당하는 것으로 분류되고 있다. 보다 구체적으로 노조의 부당노동행위 유형을 살펴보면 다음과 같은 행위가 대표적인 부당노동행위로 인정된다.

1) 노동조합에 가입 및 지원하거나 이를 중단할 수 있는 종업원의 권리 행사를 규제 또는 억압하는 행위.
2) 단체교섭 또는 고충처리를 위한 고용주의 대표 결정을 규제 또는 억압하는 행위.
3) 고용주가 종업원을 차별하게 하거나 이를 시도하게 하는 행위.
4) 고용주와의 단체교섭을 거부하는 행위.
5) 과다하거나 차별적인 조합비를 종업원에게 요구하는 행위.
6) 수행되지 않은 서비스 또는 수행할 서비스가 아닌 서비스에 대해 금전 또는 유가물을 지불하거나 지불할 것을 약속하도록 고용주에게 강요하거나 이를 시도하는 행위.

7) 파업이나 조업 중단에 참여하는 행위.

8) 종업원의 대표로 다른 노동조합이 인정된 경우, 종업원의 대표로서 특정 노동조합을 인정하거나 이러한 노동조합과 단체교섭을 하도록 고용주에게 강요하거나 요구할 목적인 경우.

부당노동행위에 대해서는 전국노동위원회(NLRB)의 구제 명령을 통한 원상회복주의 채택하고 있으며, 미확정 구제명령이라도 법원 소송절차에서 집행가능하고 법원의 명령에 의한 위반은 법원 모독죄로 처벌도 가능하다.

전국노사관계법(NLRA) 8조 b의 노동조합의 부당노동행위 규정 및 사례[7]

1) Section 8(b)(1)(A): 종업원에 대한 규제 및 억압

- 파업에 참가하지 않는 종업원들이 사업장에 들어가는 것을 물리적으로 방해하는 집단 피켓 시위.
- 피켓라인에서 또는 파업과 관련하여 물리적 힘 또는 폭력을 사용하는 행위.
- 참가하지 않는 종업원에게 신체적 부상을 줄 것이라고 위협하는 행위.
- 조합의 활동을 지원하지 않을 경우 일자리를 잃을 것이라고 위협하는 행위.
- 조합에 반대하는 종업원에 대해 조합이 사업장에서 과반수의 지지를 얻을 경우 일자리를 잃을 것이라고 발표하는 행위.
- 종업원으로부터 과반수의 선택을 받지 못한 조합을 배타적 교섭대표로서 인정하는 합의를 고용주와 체결하는 행위.
- 본 법에 의해 불법적으로 규정되어 있고 파업금지 합의를 위반하는 피켓

7 National Labor Relations Board(1997), Basic Guide to the National Labor Relations Act, U. S. GOVERNMENT PRINTING OFFICE WASHINGTON.

라인을 통과했다는 이유로 조합원에게 벌금을 부과하거나 제명하는 행위.

- 조합 탈퇴 후 피켓 라인 통과에 대해 종업원에게 벌금을 부과하는 행위.
- 위원회에 대해 불공정 노동 관행 고발을 제기하거나 위원회의 조사에 협조하는 조합원에 대해 벌금을 부과하거나 제명하는 행위.
- 조합 간부에 대한 종업원의 비판에 대한 보복으로 고충처리를 거부하는 행위.
- 종업원의 타 지역 조합경력을 바탕으로 이루어진 고용주와의 연공서열 합의를 지지하는 행위.
- 지원자의 인종 또는 조합 활동을 바탕으로 조합이 대표하는 교섭 단위의 직무에 해당 지원자 추천을 거부하는 행위.

2) Section 8(b)(1)(B): 고용주에 대한 규제 및 억압

- 회사의 소유주만을 만날 것을 주장하며 회사가 계약 협상 대표로 임명한 변호사와의 협의를 거부하고 회사 측이 이러한 요구를 수용하도록 강요하기 위해 파업 위협을 일삼는 행위.
- 고용주 대표로서 조합과 교섭하는 고용주 단체의 회원에게 폭력을 행사하여 파업을 당한 고용주가 조합과 개별 계약을 체결하도록 하는 행위.
- 계약 협상 중에 고용주로 하여금 자신이 속하지 않은 교섭 단체가 작성한 근로 조건을 받아들일 것을 강요하는 행위.
- 관리 역할을 수행하는 동안 교섭 계약을 적용한 방식을 이유로 또는 관리 업무 수행을 위해 파업 중 피켓 라인을 이탈한 것을 이유로 관리자에게 벌금을 부과하거나 제명하는 행위.

3) Section 8(b)(2): 차별 행위 또는 차별 시도

- 노동조합 대표 선정방식 변경을 촉구하는 청원서를 회람했다는 이유로 종업원을 해고하도록 고용주에게 요구하는 행위.
- 조합이 제안한 계약에 반대하는 연설을 했다는 이유로 종업원을 해고하도록 고용주에게 요구하는 행위.
- 조합에 "만족하는" 조합원 또는 종업원만 채용할 것을 고용주에게 요구하는 계약을 체결하는 행위.
- 조합에 반하는 활동을 했다는 이유로 종업원의 연공서열을 낮추도록 고용주에게 요구하는 행위.
- 조합이 대표하는 교섭단위의 직문에 인력을 추천하는 데 인종 또는 조합활동을 바탕으로 추천을 거부하거나 우선권을 주는 행위.
- 조합이 부과한 벌금 미납을 이유로 조합 보호 합의에 따른 종업원의 해고를 요구하는 행위.

4) Section 8(b)(3): 선의의 교섭 거부

- 노동조합원만을 고용하는 사업장 또는 차별적인 고용센터와 같은 불법적인 조항을 계약에 삽입할 것을 주장하는 행위.
- 서면 계약서 제안에 대한 협상을 거부하는 행위.
- 고용주에게 개별 교섭을 강요할 목적으로 복수 고용주 기반의 교섭을 진행중인 고용주에 대해 파업을 일삼는 행위.
- 협상 시 고용주가 대표로 정한 변호사와의 회의를 거부하는 행위.
- 고용주, 연방알선조정국, 주 조정 기관에 통지를 전달하지 않고 기존의 계약을 종료하고 새로운 계약을 위해 파업을 일삼는 행위.
- 이해 보증과 같은 필수가 아닌 조항의 포함을 계약 이행 조건으로 요구하는 행위.

• 조합이 법적인 교섭대표를 수행하는 종업원의 인종, 성별 또는 조합 활동을 이유로 고충 처리를 거부하는 행위.

5) Section 8(b)(4): 파업 및 보이콧의 금지

• 맥주 배급사에게 조합 가입을 강요하기 위하여 조합이 양조장 종업원들에게 배급사의 주문을 거부할 것을 유도함으로써 배급사가 맥주를 확보하지 못하게 하는 행위.
• 조합이 자신의 조합원에게 고용주의 하역 공정에 필요한 특정 하역 작업을 확보해주기 위해 피켓 시위를 통해 고용주로 하여금 조합이 계약한 고용주 단체에 가입하도록 강요하는 행위.
• 고용주가 조합과 합의한 사람과의 거래만 수행하도록 하는 계약을 체결할 것을 강요하기 위해 건설업 및 의류업 이외의 고용주에 대해 피켓 시위를 하거나 피켓 시위할 것을 위협하는 행위.

6) Section 8(b)(5): 과도하거나 불공평한 조합비

• 신규 종업원에게는 5달러의 가입비를 청구하는 반면 조합 보호 합의의 효력이 발생하기 전까지 조합에 가입하지 않는 기존 종업원에게 15달러의 가입비를 청구하는 행위.
• 해당 지역의 다른 조합이 종업원의 최초 1주 임금의 반 정도에 해당하는 가입비를 청구할 때 가입비를 75달러에서 250달러로 인상하여 신규 조합원에게 4주의 임금에 해당하는 금액을 청구하는 행위.

7) Section 8(b)(7): 비승인 조합에 의한 조직화 및 인정을 위한 피켓 시위

• 고용주가 다른 조합과 합법적인 계약을 체결한 직후 조직화를 목적으로 하

는 조합의 피켓 시위.

- 교섭단위의 종업원 과반수 이상이 조합 결성에 대해 반대의 의사를 표시한 유효한 NLRB 선거 후 12개월 이내에 조직화를 목적으로 하는 조합의 피켓 시위.
- 대표 청원 제기 없이 30일 이상 지속되는 인정을 목적으로 하는 피켓 시위. 이때 피켓 시위는 타 고용주의 종업원이 수행하는 모든 배달을 중지한다.

또 다른 유사사례로는 비록 미국의 노조 부당노동행위 규정에는 훨씬 못 미치지만 노동조합의 활동과 쟁의에 대해 엄격히 제한하고 있는 호주의 법 규정이 있다. 그 구체적 내용은 다음과 같다. 1) 다른 사람이나 제3자에게 강요하는 의도를 가지고 위협적으로 조직에 가입시켜서는 안 된다. 2) 조합원들에게 허위 또는 잘못된 진술을 해서는 안 된다. 3) 조합원들과 관계되지 않는 이유를 가지고 쟁의행위를 해서는 안 된다(호주 작업장관계법 789~780 참조).

호주의 노사관계법에는 일반법에서 찾을 수 있는 음모, 공갈, 계약위반 등의 죄를 노사조직에도 줄 수 있다. 예를 들어 쟁의행위를 거부한 회원을 징계나 쟁의행위에 가담하도록 강요할 경우 제재를 받을 수 있도록 하고 있다.[8]

〔소결〕

노사관계의 합리적 발전을 위해서는 법과 원칙, 무기대등성의 원칙

8 김황조, 『세계 각국의 노사관계』, 세경사, p. 137.

등이 준수되어야 할 것이다. 사용자에게 근로자의 자유로운 선택에 의한 노동조합 설립을 제한할 수 있도록 부당노동행위 규정을 두고 있는 것에 대응하여 노동조합이 무소불위의 권력계층이 아니라 합리적 경제적·사회적 주체로서 법과 원칙, 합리적 질서 등에 반하는 행위를 하는 경우에는 법에 따라 제재를 가할 수 있는 근거가 마련되어야 한다. 즉 노동조합에 대해서도 근로자 및 조합원, 회사 및 경영자, 고객 등에 대해 불공정한 행위를 한 경우 제재를 가하거나 피해 당사자가 소송을 제기할 수 있는 법제도적 절차가 마련되어야 할 것이다.[9]

5. 노조 운영의 민주성

제5의 권력으로 불리는 노조의 운영이 노조간부나 집행부 위주의 독선으로 흐를 가능성에 대해 우려의 목소리가 높다. 민주적 조직운영원리를

9 우리나라의 노사관계의 발전을 위해 가장 우선적으로 요구되는 것은 '법과 원칙의 준수'일 것이다. 노사관계에서, 특히 노동쟁의기간 중에 이뤄진 노동조합의 쟁의에 따른 손해는 배상을 청구하지 않는다는 규정(1953년 제정된 노동쟁의조정법 제12조)에 의거, 노동조합의 각종 불법 및 탈법활동도 면책특권을 가진 것으로 받아들여져왔지만, 이로 인해 노조활동의 정당성이 상당부분 왜곡되어온 것도 사실이다. 우리나라의 경우에도 지난 1953년 노동조합법 제정을 위한 논의과정에서 노조에 대해서도 행위제한 규정을 법규정에 포함시키자는 논의가 있었으나, 국회 본회의 논의결과 결국 노동조합운동의 자유를 보장하고 강압구속 방해하는 일체의 법령을 적용하지 않는 것으로 결론 남으로써 무산된 바 있다. 1953년 3월 8일 공포된 노동조합법에 대한 국회본회의 논의시(1953. 1. 23) 제안되었던 법령(안)에는 제6조 사용자의 부당노동행위에 대응하여 제7조에서 勞動組合 또는 組合員은 다음의 行爲를 할 수 없다는 규정을 포함하고 있었다(第7條).
가. 雇傭者 또는 正當한 代表者나 代理人의 企業經營에 관한 正當한 權利行使에 干涉하는 行爲.
나. 雇傭者가 雇傭者團體 其他團體에 加入 또는 不加入에 干涉하는 行爲.
다. 他勞動組合의 設立 또는 發展을 暴行, 協迫 其他 不法行爲로 沮止 또는 妨害하는 行爲.
라. 勤勞者의 어느 勞動組合에 加入 또는 不加入에 干涉하는 行爲.
마. 雇傭者의 許諾없이 雇傭者의 施設의 財産을 利用하는 行爲.

강조하는 노동조합의 속성상 정치적 운영원리를 무시할 수 없어 자치에 맡겨두기보다는 민주적 운영절차를 보다 구체적으로 법규정에 명시해 논란을 줄이고 절차적 민주성을 확보하도록 할 필요가 있다.

노조의 민주적 운영에 대해서는 ILO 제87호 협약에서 규정하고 있다. ILO 87호 조약 제1절 결사의 자유 제3조는 근로자 단체 및 사용자단체는 규약과 규칙을 제정하고 자유로이 대표자를 선출하며 관리 및 활동에 대하여 결정하고 그 계획을 수립할 권리를 가지며, 공공기관은 이 권리를 제한하거나 이 권리의 합법적인 행사를 방해하고자 하는 어떠한 간섭도 중지하여야 한다고 규정하고 있다.

대다수의 국가에서 노조 운영의 민주적 절차에 대해 법제도로 설정하고 있으나 그 내용과 범위는 매우 다양하다. 이는 국가별로 노조 성장의 역사와 전통, 사회적 관행 등의 영향이 크게 작용한 것이라고 할 수 있다.

여기서는 일본·이탈리아·미국의 사례에 대해 살펴본다.

먼저 일본은 노동조합의 내부 운영에 관한 법적 규제(조합민주주의의 법원칙)를 두고 있다. 조합민주주의 법원칙의 기본이념은 '평등한 권리를 가지는 조합원의 이익과 의견을 다수결원칙에 의해 공정하게 조정하여 노동조합을 운영하는 것'으로 조합간부와 조합원의 일부 집단이 노동조합의 운영에서 다른 조합원의 이익과 의견을 무시하고 독단적이거나 전제적으로 하는 것을 방지하고자 하는 것이다. 기본적인 내용은 조합원이 조합 운영에 평등하게 참여하고 평등한 취급을 받을 권리(특히 평등한 선거권, 피선거권 및 인권, 종교, 신조, 성별, 사회적 신분 등에 의한 차별적 취급의 금지(노조법 5조 2항 3호, 4호 참조)), 조합원의 언론의 자유, 규약·규정의 준수, 조합운영상의 중요사항에 대한 조합원의 직접 참여절차(동 5조 2항 5호~9호 참조), 노동조합의 통제권의 한계 규정 등이다.

이탈리아의 경우 헌법 제1편 시민의 권리의무, 제3장 경제관계에서 '조합 내 민주제 채택'을 규정하고 있다. 제39조 〔조합의 조직〕 ③항에는 "조합의 규약이 내부 조직의 민주제를 채택하는 것이 등록의 조건이다"라고 규정하여 규약에서 그 구체적 내용을 담도록 하고 있다.

미국의 경우에는 정치적으로 주민소환제와 유사한 대표인증철회절차가 법으로 보장되어 있다는 점이 노동조합의 민주적 운영을 촉진하는 수단이 되고 있다. 미국에서는 비밀투표, 선거제한에 따라 고용주와 노동조합 간의 합의의 적용을 받는 교섭단위에서 종업원의 30% 이상이 승인 철회를 요구하는 청원을 위원회에 제기하는 경우, 위원회는 해당 교섭단위의 종업원들에 대해 비밀투표를 실시하고, 그 결과를 해당 노동조합 및 고용주에게 인정해야 한다. 이에 앞서 12개월 이내에 유효한 선거가 실시된 경우에는 단체교섭단위 또는 그 하위단위에 대해 어떠한 선거도 실시될 수 없다. 노조설립 또는 대표인준절차와 동일하게 그 반대의 절차를 진행할 수 있는 것이다.

〔소결〕

집단자치를 전제로 하는 노동조합이 민주적 절차에 따라 운영되어야 하는 것은 아무리 강조하여도 지나치지 않는다. 그러나 노동조합의 사회적 영향력이 클수록 사회적 책임도 막중해지므로 보다 투명한 절차를 통해 의사결정이 이루어지고 운영이 가능해지도록 해야 할 것이다. 따라서 민주적 의사결정절차를 법에 명문화하여 운영의 투명성을 높이고, 복수노조 등 노사환경 변화에 대응하여 노조 집행부 소환제도나 노조 설립 취소절차 등도 조합의 설립만큼 손쉽게 이뤄질 수 있도록 완화해야 할 것이다.

6. 노조의 재정운영 투명성 제고

대다수 국가에서 노조의 재정운영의 투명성을 높이기 위한 감독 및 감시 기능을 법규에 명시하고 있다.

가까운 일본의 경우 조합재정 운영상의 제한 사항을 명시하고 있다. 노조법은 조합재정 운영상의 제한 사항을 규정하고 있는데, 우선 노조 규약에 '모든 재원 및 용도, 주요한 기부자의 이름 및 현재의 경리 상황을 나타내는 회계 보고는 조합원에 의해 위촉된 직업적으로 자격이 있는 회계감사인에 의한 정확한 것의 증명서와 함께 적어도 매년 1회 조합원에게 공표되는 것'이어야 한다고 규정하도록 하고 있다. 또한, 노동조합은 공제사업 그 밖의 복리사업을 위해 특별히 설치한 기금을 다른 목적을 위해 유용하는 경우에는 총회의 결의를 거칠 것을 요구하고 있다(노조법 9조).

미국의 경우 재정운영 그 자체보다 적정 조합비 규모[10]에 대한 규정을 두고, 모든 상황에 비추어 과다하거나 불공평하다고 판단하는 액수의 조합비를 조합원에게 청구하는 것은 노조의 부당노동행위(8조 (b)(5))에 해당된다고 규정하고 있다.

〔소결〕

최근 노조운영 관련 부분의 비리 중 가장 대표적인 것이 조합비 전용이나 부정 등으로 알려지고 있다. 기업의 회계 투명성이 강화되는 만큼 조합원이 낸 조합비의 투명한 관리와 공정한 집행이 중요한 만큼 감사기능의

10 이러한 판단에 있어서 미국의 전국노사관계위원회(NLRB)는 다른 관련 요소들 중에서도 "특정산업의 노동조합의 관행 및 관습 그리고 해당 종업원의 현재 임금"을 고려해야 한다고 규정한다.

강화, 회계결과에 대한 공개의무 강화 등의 조치가 필요하다.

7. 조합활동 관련 규제(면책 등)

노동조합은 많은 부분에서 면책특권을 부여받고 있다. 그러한 것은 정당한 절차를 통해 권익을 신장하는 행위에 대해서는 존중한다는 의미이며, 사전에 법이나 단체협약으로 정해진 절차나 수단에 기초하고 있다는 전제에서 인정되는 것이라고 할 수 있다. 그럼에도 불구하고 많은 나라에서는 노동조합의 활동에 대해 기준을 명확히 설정하고 있는 예를 찾아볼 수 있다. 여기서는 프랑스의 사례를 살펴보고자 한다.

프랑스에서는 노동조합의 기업내 활동을 보장함과 동시에 그 요건을 상당히 엄격히 설정하고 있다. 우선 노동조합 지부의 조합원은 기업주와의 협정에서 정해진 것에 의해 사업장내에서 노동이 실제 행해지지 않는 장소에서 근무시간 외에 월 1회의 집회를 개최할 수 있다(L412-10조 1항, 4항). 또 기업 내에서의 조합 집회에는 기업주와의 협정에 의해 당해 기업의 종업원이 아닌 외부의 조합관계자 또 조합이외의 외부인사를 참가시킬 수 있다(L412-10조 2항, 3항). 또한, 조합 지부는 조합의 출판물, 홍보스티커 등을 출퇴근시에 종업원에게 자유롭게 배포할 수 있다(L412-8조 4항). 조합대표위원만이 아니라 조합에서 위임받은 조합원도 출판물, 비라 등을 배포할 수 있다. 게시물, 출판물, 비라 등의 내용은 조합이 자유롭게 결정할 수 있지만, 법이 정하고 있는 직업조합의 목적에 적합한 것이어야 한다. 따라서 순전히 정치적 선전으로서의 성격을 가지거나 기업내에서 문제를 야기 혹은 중

상모략적 성격을 띠는 것은 조합의 목적에 적합한 문서로 인정될 수 없다.

〔소결〕

법과 원칙의 준수 관행을 조기에 정착시키기 위해서는 노사자치주의 원칙에 따라 노사가 자율로 법과 상호 합의한 기준을 엄격히 준수하도록 해야 한다. 그러나 노사간의 힘의 균형 여부에 따라 그 결과가 크게 달라질 수 있으므로 최소한의 표준을 제시하는 것은 필요하다.

8. 결론: 한국의 노조운영관련 법제의 변화방향

본고에서는 노동조합의 설립과 운영관련 법제도를 중심으로 OECD 주요 국가와 개도국을 중심으로 비교분석을 실시하였다. 한국의 노동법도 국제적 흐름에 비춰 노와 사의 상생을 전제로 많은 부분 변화가 불가피하게 요구된다 할 것이다. 앞서 살펴본 내용을 바탕으로 한국의 노조 설립 및 운영관련 법제 변화방향을 제시하면 다음과 같다.

먼저, 전체 또는 다수 종업원을 대표하는 노동조합에 한해 교섭권을 인정하는 것을 제도화해야 한다. 기업내의 단체교섭은 근로자 다수에게 적용될 단체협약을 체결하는 것을 목적으로 하지만, 그 절차상 많은 비용이 소요되므로 효율성을 높이는 방향으로 진행되는 것이 바람직하다. 그러한 점에서 다수의 노조가 존재하고 그로 인해 다수의 교섭이 이뤄져야 하는 상황을 예방하고 근로자에게는 교섭력을 강화하고, 사용자에게는 교섭비용과 시간을 줄이는 측면에서 교섭권의 부여를 제한할 필요가 있다. 다수의 노동조합이 존재하는 경우 모든 노조에 교섭권을 부여하기 보다는 일정 수준 이상(예를 들어, 과반수 이상) 종업원의 지지를 얻거나 노조 스스로 정한 교섭단체에 한해 교섭권을 부여하도록 법규정을 마련해야 교섭과 협약체결 등에서 안정성이 확보될 수 있다. 미국의 경우 전체 근로자의 과반수 이상의 지지를 얻은 노조를 기업의 교섭 파트너로 인정하고 있고, 영국의 경우에도 기업의 노조 인정절차를 거쳐야 교섭권을 가질 수 있다. 우리나라의 경우에도 전체 근로자 과반수를 대표하는 노동조합이 있는 경우 그 노동조합이, 그렇지 않은 경우엔 다수의 노조들이 합의하여 교섭대표를 선출하는 경우에 한해 교섭할 의무를 사용자에게 부여하는 것이 바람직하다고 본다.

둘째, 노동조합 설립시 최소인원 수를 제한해 소규모 노동조합이 난립하는 것을 예방하고 노동조합의 대표성과 대의성을 강화하도록 해야 한다. 이것은 노동조합의 교섭력을 키워 조합원의 권익 신장을 보다 용이하게 하며, 기업의 파트너로서 제 역할을 수행할 수 있게 해줄 것이다. 노동조합은 집단자치라는 특성이 있긴 하나 기업과의 교섭을 통해 단체협약을 체결할 때 본래의 기능을 수행할 수 있기 때문이다. 따라서 교섭 주체로서의 자격을 갖기 위해서는 최소한의 인원 제한을 둬 집단대표성을 보장해야 할 것이다. 그렇지 않을 경우 2010 복수노조 전면 허용시 소수의 인력으로 다양한 형태의 노동조합이 생겨나고 그로부터 노사관계가 복잡한 양상으로 변화되고 혼란이 빠르게 확산될 가능성을 배제할 수 없을 것이다. 실제로 많은 국가들은 각국의 상황에 맞게 최소 인원(7~20명)을 규정하거나, 근로자 중 일정 비율 이상의 가입이 있어야 노조설립을 허용하는 사례를 보여주고 있다. 국제노동기구(ILO)도 노동조합의 설립 자체가 제약되지 않는 이상 일정 규모로 최소요건을 제한하는 것이 위법은 아니라는 입장을 보이고 있다. 또한 이러한 노동조합 설립 인원의 제한은 교섭대표권 부여요건과 병행하거나 별개로 법제 개편을 추진할 수 있을 것이다.

셋째, 노동조합에 대해서도 부당노동행위 규정을 신설해야 한다. 사용자뿐 아니라 노동조합의 부당노동행위도 구체적으로 규정하는 것은 노사관계의 건전성과 합리성을 높이게 될 것이다. 근로자의 노동권 행사를 제한하거나 강제하는 행위, 노조 가입을 위협하거나 약속하는 행위, 비조합원에 대한 차별을 사용자에게 요구하거나 강제한 행위, 사용자에게 전임자 임금 지급 등 금품을 강요하는 행위, 쟁의를 염두에 둔 노조의 불성실한 교섭 및 교섭 거부, 2차적 쟁의행위 등을 노조의 부당노동행위로 규정하고 그 근로자나 개별 조합원, 경영자나 기업 등 피해 당사자가 손해배상이나 원상회복을 요구할 수 있도록 해야 한다(이정일, 2007).

넷째, 실업자의 노동조합 가입 자격 부여는 노사관계의 복잡화나 혼란을 부추길 수 있으므로 허용해서는 안 된다. 만약 노조법상의 근로자 개념을 바꿔 인정한다면 혼란을 최소화하기 위한 방안(예, 기업단위 노조나 초기업단위 기업지부에는 적용 배제)이 강구되어야 한다. 또한 관리감독자의 사용자성에 대해서도 논란의 소지를 없애도록 보다 구체적으로 규정될 필요가 있다.

다섯째, 노조 운영의 민주성과 투명성을 높이기 위해 의사결정절차나 조합원의 감시감독 기능을 강화해야 한다. 예를 들어 주민소환제와 유사한 조합원 소환제도, 노조대표성 취소절차 등의 도입이 필요하다.

여섯째, 조합활동의 합리성을 높이기 위해 사업장내 조합의 활동범위와 시간과 장소적 제한 등에 대한 최소요건이 명문화되어야 한다. 법률뿐 아니라 노사간의 단체협약 위반에 대해서도 구체적 제재를 가할 수 있어야 할 것이다.

참고문헌

강성태(2005), 「영국의 노동조합승인제도」, 『노동법연구』 제19호.

그래그 J. 뱀버, 러셀 D. 랜스버리 공편, 박영범·우석훈 공역(2000), 『국제비교 고용관계』, 한국노동연구원, p. 3~4.

김삼수(2005), 「호주의 노동법 개정과 노사관계제도」, 한국산업노동학회.

김황조(1996), 『세계 각국의 노사관계』, 세경사.

백두옥(2006), 「인도네시아 노동법에 관한 연구」, 동아대학교 대학원 법학박사학위논문.

NNAインドネシア(2005. 12), 『インドネシア新勞動法』.

삼성경제연구소(1995), 『해외노동관계법: 태국』.

삼성경제연구소(1995), 『해외노동관계법: 인도네시아』.

삼성경제연구소(1995), 『해외노동관계법: 말레이시아』.

송강직(2005), 「미국에서의 사용자의 언론의 자유와 부당노동행위」, 『노동법학』 21호.

이승길(2005), 『미국의 노동법제』, 한국경영자총협회.

한국국제노동재단(2003), 『말레이시아 진출기업 노무관리안내서』.

2003년國際勞働法フォーラム(1996), 『フランス勞働法研究』.

大內伸哉(2003), 『イタリアの勞動と法 傳統と改革のハーモニー』, 日本勞動研究機構.

小宮文人(2001), 『イギリス勞動法』, 信山社.

秀典(1999), 『アメリカ勞使關係法』, 信山社.

吉田美喜夫(2007), 『タイ勞働法研究序說 』, 晃洋書房; 立命館大學法學部叢書.

勞働問題等相談室(2005), 『インドネシア新勞動法』, nnA.Indonesia.

Alfredo Montoya Melgar(2001), Derecho del Trabajo.

A. T. J. M. Jacobs(2004), Labor Law in the Netherlands, Kluwer Law International.

Brian Brooks(2003), Labor Law in Australia, Kluwer Law International.

Ca'mara de Diputados del H.(2006), Congreso de la Unio'n.

Donald D. Carter, Geoffrey England(2001), Labor Law in Canada, Kluwer Law International.

Gary Byrne, Michael Kennedy(2006), Employment Law, Law Society of Ireland Manual.

Jane Moffatt(2006), Law Society of Ireland Employment Law.

M. N. D'CRUZ(2005), A Handbook of MALAYSIAN LABOUR LAWS.

National Labor Relations Board(1997), Basic Guide to the National Labor Relations Act, U. S. GOVERNMENT PRINTING OFFICE WASHINGTON.

Ole hasselbalch/Per Jacobsen(2005), Labor Law in Denmark, Kluwer Law International.
Simon Honeyball(2008), Employment LawStephen Hardy(2007), Labor Law in Great Britain(Third Revised Edition), Kluwer Law International.
Tiziano Treu(2007), Labor Law in Italy(Second Revised Edition), Kluwer Law International.

주요 국가의 참조 노동법

영국

Trade Union and Labour Relations (Consolidation) Act, 1992

Employment Rights Act, 1996

Trade Union Reform and Employment Rights Act, 1993

말레이시아

Trade Union Act, 1959

Industrial Relations Act, 1967

Employment Act, 1955

아일랜드

Industrial Relations Act, 1990

미국

http://www.nlrb.gov/about_us/overview/national_labor_relations_act.aspx,

NATIONAL LABOR RELATIONS ACT, the Act; 29 U.S.C.§§151-169

호주

Workplace Relations Act, 1996 (the Office of Legislative Drafting and Publishing)

태국

Labour Relations Act B. E. 2518(1975), DLPW. No. 45/2547

Labour Protection Act B. E. 2541(1998) DLPW. No. 44/2547

제8장_ 복수노조체제 하에서 단체교섭창구단일화 연구: 배타적 교섭대표제도를 중심으로

박호환

1. 문제의 제기

복수노조를 허용하는 문제는 이미 오래 전에 노사정간에 합의를 보았고 다만 그 실시 시기에 대해서 노조전임자 급여지급 문제 등과 얽혀서 합의가 되지 못하고 있을 뿐이다. '노동조합 및 노동관계조정법'에 따르면 2010년부터 복수노조의 결성이 법적으로 허용되는 것으로 규정되어 있고, 현실적으로 볼 때도 이미 여러 기업체에서 복수노조가 결성되어 활동하고 있다(정주연, 2006). 또한 이미 많은 기업체에서 조직 대상을 달리하는 노조가 결성되어 있기 때문에, 이제 우리나라의 단체교섭구조는 기업별 교섭구조에서 벗어나 다양한 교섭구조를 띠고 있다(노사정위원회, 2003; 중앙노동위원회, 2004 등).

이 시점에서는 복수노조를 허용할 것인가라는 이슈를 가지고 찬반을 논할 단계는 아니라고 본다. 그것은 이미 확정이 된 사안이고, 지금 우리가 시급히 해결해야 할 이슈는 교섭창구단일화를 어떻게 할 것인가에 모아진다. 복수노조 또는 다수노조가 한 사업체 내에 공존하게 하면서 사용자가 모든 노동조합과 단체교섭을 하게 되면 그에 소비되는 시간과 노력이 대폭 증가할 수밖에 없을 것이므로 사용자측에서 늘 교섭창구단일화 문제를 제기해왔다. 또한 노동조합들도 경쟁관계에 있는 새로운 노조가 같은 조직범위 내에서 결성되어 단체교섭을 하게 되면 경쟁이 과열되고 조직안정성을 해칠 우려가 있기 때문에 교섭창구단일화에 관심을 가지지 않을 수 없다. 그리고 노동법에서도 부칙에서 복수노조 허용을 계속 유예해오는 한편 그것을 허용할 경우 교섭창구단일화 방안을 마련하라고 주문하고 있는 점만 봐도 이 이슈는 더 이상 미룰 수만은 없는 현안이 되었다.

단체교섭 창구단일화와 관련하여 기본적으로 해결해야 할 사안으로 다음과 같은 것들을 지적할 수 있을 것이다.

첫째, 하나의 사업 또는 사업체내에서 조직대상을 같이 하는 노조(이하 '복수노조'라 부름)뿐만, 아니라 조직대상을 달리하는 노조(이하 '多數노조'라고 부름)가 있을 경우에도 교섭창구를 단일화할 것인가.

둘째, 만약 교섭창구를 단일화할 경우 교섭단위(bargaining unit)를 획정하는 것이 중요한 문제가 되는데, 이것을 노사 자율에 맡길 것인지 아니면 미국이나 영국 등에서와 같이 노사자율을 원칙으로 하되 불가능하면 제3의 정부기관이 결정해주는 방식으로 할 것인지.

셋째, 교섭대표를 정하는 방식을 무엇으로 할 것인지. 현재 주로 거론되고 있는 벤치마킹 대상은 미국의 배타적 교섭대표방식과 프랑스의 공동참여제[1]인데 어느 것을 모델로 할 것인지.

1 프랑스의 기업별 교섭에서는 대표성 있는 노조를 중심으로 하여 교섭대표단을 구성하는데, 1노조 1대표권으로 교섭단을 구성한다. 대표는 개별노조의 규모와 상관없이 모두 동일한 인원으로 구성하며, 그 총인원 수는 법과 노사간 합의에 따라 정해진다. 따라서 프랑스의 방식을 비례대표제(노조의 조합원 수에 따라 비

이러한 주제들에 대해 여러 가지 접근법이 있을 수 있지만, 본 연구에서는 미국과 영국의 배타적 교섭대표제도를 원용해서 우리 실정에 맞게 정비하는 방식을 택하였다. 배타적 교섭대표제는 아래에서 좀 더 자세히 논의되겠지만, 소수의 노조들이 난립하여 노노갈등을 유발할 유려가 있는 비례대표제 또는 공동참여제에 비해 강력한 노조 한둘의 중심을 노조체제가 편성되므로 노사관계가 안정될 수 있다는 장점이 있다. 그 외에도 이미 미국과 영국에서 오랫동안 운영해오면서 시행착오를 거치고 제도를 수성, 보완해왔기 때문에 그 장단점을 비교적 자세하게 파악할 수 있는 장점도 있다. 이러한 이유 때문에 본 연구에서는 배타적 교섭대표제를 우리나라에 도입한다면 어떻게 할 수 있고 어떻게 보완조정을 하여야 우리 실정에 맞게 설계할 수 있을지를 논의하고자 한다.

2. 복수노조와 다수노조의 교섭창구단일화

복수노조는 하나의 사업 또는 사업장에서 기존 노조와 조직대상을 같이 하는 별도의 노조를 지칭한다. 이것은 노동조합 및 노동관계조정법 부칙 제5조에서 "하나의 사업 또는 사업장에 〔……〕 2009년 12월 31일까지는 그 노동조합과 조직대상을 같이 하는 새로운 노동조합을 설립할 수 없다"고 규정한 노조에 해당된다.

복수노조와 구별하여 多數노조는 하나의 사업 또는 사업장에서 기존

례적으로 배분)라고 하는 것은 잘못된 표현이라고 한다(김인재, 2003, p. 63).

노조와 조직대상을 달리 하는 별도의 노조이다. 지금도 다수노조를 결성하는데 아무런 법적 문제가 없으며, 다수노조가 있으면 사용자는 일대일로 성실히 단체교섭을 하여야 하며, 그렇게 하지 아니 하면 부당노동행위에 해당된다.

〈그림 1〉 복수노조의 예시

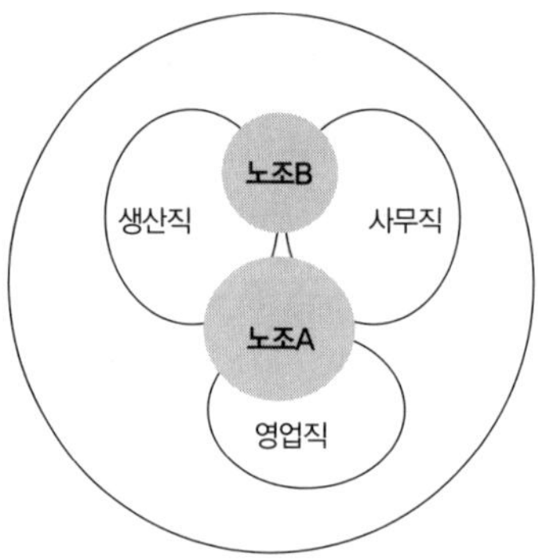

〈그림 2〉 복수노조와 다수노조의 예시

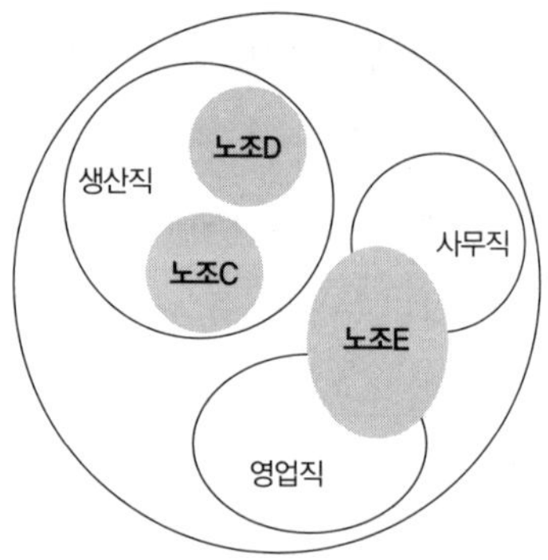

위 **〈그림 1〉**은 복수노조의 예를 보여주는데, 노조A가 생산직와 사무직, 영업직을 모두 아우르는 직원들을 조직대상으로 하여 결성되어 있는 상황에서 노조A에 가입하지 않은 직원들이 새로운 노조B를 결성하게 되면 복수노조체제가 형성된다.

〈그림 2〉는 다수노조의 예를 보여준다. 노조C가 생산직을 조직대상으로 하여 결성되어 있는 상황에서 복수노조C가 결성되고, 이어서 조직대상이 다른 노조E가 영업직과 사무직을 대상으로 하여 결성되었다. 여기서 노조E를 특별히 다수노조라고 불러서 복수노조와 구별하고자 한다.

하나의 사업 또는 사업체내에 조직대상을 같이 하는 둘 이상의 노조가 공존하는 복수노조체제 하에서는 교섭창구가 단일화되는 것이 더 바람직하다는 주장의 근거는 단체교섭 비용의 상승과 노노갈등의 증대가 우려되기 때문이다(이승욱, 2005). 만약 교섭창구가 단일화되면, 그렇지 않은 경우와 비교할 때 임금은 상승하고(10% 상승), 교섭과 관련된 분쟁은 감소할 것이라는 조사 보고도 있다(조준모, 2006, p. 314). 노측 입장에서 볼 때도 기존 노조에게 조직대상이 겹치는 새로운 경쟁상대가 생기면 과다한 경쟁상태가 발생하므로 그에 따른 부작용들을 줄이기 위해 교섭창구를 일원화할 필요가 있다.

한편, 하나의 사업 또는 사업체 내에서 조직대상을 달리 하는 나수의 노조가 활동하는 다수노조 체제 하에서도 교섭창구를 가능한 한 줄이거나 단일화할 필요성이 있다. 이런 요구는 주로 교섭횟수와 이에 따른 비용증가를 걱정하는 사용자들에게서 나오지만 노조도 창구단일화가 나쁜 것만은 아닐 것이다. 사용자와 개별적으로 교섭하여야 더 유리한 결과를 얻을 수 있다고 생각할 근거는 아무것도 없어 보인다. 사실 우리나라 기업의 임금체계와 복지후생, 근로시간제도 등 근로조건들은 직종이나 직군에 관계없이 연공서열의 원칙을 주로 따르고 있으므로, 직종이나 직군에 따라 별개의 노조가 구성되어 있다고 해서 그들 사이에 임금이나 근로조건에 차이가 날 수 없는 실정이다. 따라서 다수노조들도 복수노조와 마찬가지로 교섭창구를 일원화할 수 있고 또 할 필요가 있다고 하겠다.

그런데 회사 상황에 따라서 직종 또는 직군, 또는 지역(공장소재지)별로 임금 등 근로조건을 달리하는 경우가 있을 수 있다. 이때, 예컨대, 공장별로 상이한 노조(다수노조에 해당될 경우임)가 결성되어 있는 경우에는 이들을 모두 합쳐서 일원화 교섭창구를 고집할 이유는 전혀 없다. 이때는 노사가 상황을 봐가면서 자율적으로 단일화를 할 것인지 안 할 것인지 선택하게 하면 될 것이다.

이 문제는 결국 뒤에서 더 논의할 교섭단위(bargaining unit)의 문제에 해당된다. 만약 노측이든 사측이든 어느 한쪽이 교섭창구단일화를 요청하였지만 상대방이 이를 거절할 경우, 노동위원회 등 제3의 기관에 중재를 요청하고 이 기관이 교섭단위를 복수 · 다수노조 모두를 포괄하는 것으로 할 것인지, 아니면 각 노조가 교섭단위가 되도록 할 것인지 결정하게 하는 것이 한 방법이 될 것이다. 어느 것이 더 적당한지는 사용자와 노조원, 관련 근로자의 이해관계, 그리고 노사관계안정화와 산업평화 등을 고려하여 판단하는 것이 적당할 것이다.

3. 조직대상과 교섭단위의 구분

조직대상은 노조가 자신의 조직에 가입할 수 있는 근로자의 범위로 설정해둔 대상자를 가리키며, 조합의 가입범위와 동일하고, 우리나라에서는 관행상 노조가 일방적으로 정하는 것으로 인정된다. 조직대상은 현재 노조에 가입하고 있는 노조원뿐만 아니라 가입대상자까지 포함하며, 노조가 조합원으로 가입시키려는 대상자 모두를 가리킨다. 조직대상은 횡적으로는 가입대상이 되는 직무와 직군, 직종으로 정해지고, 종적으로는 가입대상이 되는 직위 또는 직책으로 정해진다.

한편, 교섭단위는 기본적으로 볼 때 단체교섭의 대표노조가 대변하는 근로자의 범위를 의미한다. 교섭단위는 4가지 의미를 함축하고 있는데, 첫째는 기본적으로 비공식적인 작업집단(informal work group)의 의미를 갖는다. 교섭단위는 비슷한 작업환경에서 근무하며 근로조건과 관련하여 유사한 관심사를 공유하는 작업집단들의 집합이기 때문에 비공식적인 근로자모

임의 성격을 갖는다고 볼 수 있다. 둘째는 선거단위(election unit)로서, 단체교섭의 노측 대표를 선출하는 선거권자들의 집합인 선거구의 의미를 갖는다. 유사한 이해관계를 지닌 근로자들의 범위를 공식적으로 획정한다는 점에서 첫째 것과 구별되며, 흔히 적정교섭단위(appropriate bargaining unit)를 획정한다고 한다. 셋째는 단체협상 단위(negotiation unit)를 의미하는데, 단체협상의 노측 대상자들을 가리킨다. 이것은 선거단위와 일치할 수도 있고 그렇지 않을 수도 있다. 실제 단체교섭을 할 때 선거단위보다 더 작은 집단으로 나눠서 실시하고 있기 때문이다. 예를 들어, 선거단위는 회사 전체로 하였지만 단체협상은 노사가 편의상 공장별로 구분하여 실시하거나 직종별로 따로 할 수 있다. 이것은 일반적으로 회사와 노조의 조직구조, 그리고 노조의 연대형식 등에 따라 결정된다. 마지막으로 교섭단위는 직접영향단위(direct impact unit)로도 볼 수 있는데, 교섭대표에는 들어가지 못했지만 단체협약의 내용에 직접적으로 영향을 받는 단위들을 가리킨다. 미국에서 흔히 패턴교섭(pattern bargaining) 또는 연대교섭(coalition bargaining)에서 볼 수 있는 형태로서, 공식적으로 교섭단위는 상이하지만 큰 세력의 노조가 단체협약을 체결하면 그 내용이 다른 중소노조의 교섭단위에 그대로 적용되는 경우에 해당된다(Abodeely, 1975, pp. 2~3).

교섭단위에 들어가는 근로자는 노조원에 한정될 수도 있고, 미국과 영국에서처럼 비조합원도 포함될 수 있다. 지금까지 우리나라의 교섭구조는 기업별 교섭이 주류였기 때문에 노조에 가입해 있는 조합원이 바로 교섭단위였다. 반면, 미국과 영국의 경우에는, 노조의 설립과 노조 자체의 조합원 범위는 자유롭게 할 수 있으나 단체교섭을 목적으로 할 경우에는 사용자와 먼저 교섭단위에 대한 합의가 있어야 하고, 만약 합의가 되지 않으면 NLRB가 직권 조사를 하고 교섭단위를 획정하는 판정을 내린다.

우리나라에서도 이미 산별노조, 지역노조, 일반노조 등 기업별노조의 개념을 넘어서는 노조들이 다수 설립되어 있고,[2] 이들이 복수·다수노조 체제 하에서는 교섭단위가 중복되는 등 혼란이 생길 수 있다. 따라서, 단체교섭을 할 때는 교섭단위를 노사가 먼저 합의하게 하고, 여의치 않으면 노동위원회에서 그것을 획정한 후 단체교섭에 들어가도록 하는 방안을 모색할 필요가 있다.

한 가지 예를 들어 교섭단위가 왜 중요한지 보여주고자 한다. 교섭단위가 가장 복잡한 경우는 유통업체나 금융기관, 제조업체 중에서 공장이 지역적으로 산재해 있는 경우 등이다.

〈그림 3〉 사업장이 지역적으로 산재한 경우의 예시

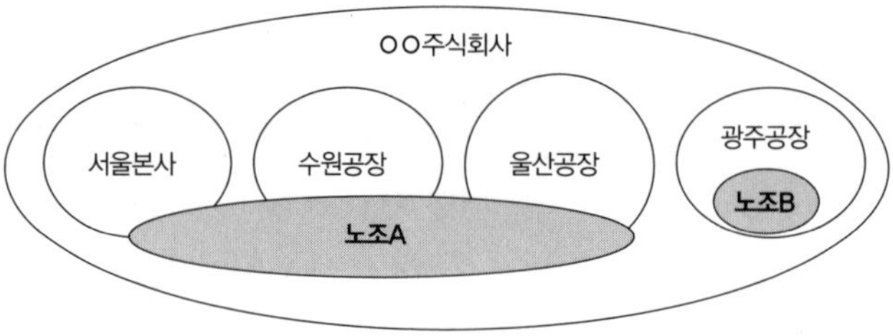

위의 **〈그림 3〉**에서 공장이 전국 4곳에 산재해 있고, 서울본사와 수원 및 울산공장에 하나의 노조(A)가 결성되어 있다고 보자(노조A의 조직대상은 이 회사의 전 근로자로 정하고 있다고 하자). 이런 경우에는, 대개 노조A와 사용자가 단체협약을 체결하면 네 개의 사업장 모두에 적용한다. 특별히 사업장별로 단체교섭을 하는 경우도 있지만 흔치 않다. 여기서 만약 광주공장에 복수노조(B)가 새롭게 결성되고 노조B는 광주공장에 별도로 단체교섭을 하길

2 1) 『단체교섭 유형별 실태조사』, 2004. 9. 노사정위원회 노사관계소위원회.
2) 정주연(2006), 『복수노조하 노동조합과 단체교섭의 변화』.

원한다고 하자. 그러나 사용자는 두 개의 노조와 교섭하기보다 한꺼번에 교섭하길 원한다고 하자. 현재의 관행과 법적 해석으로는 사용자는 노조B의 요구를 거절할 수 없고, 거절하면 부당노동행위가 된다. 이럴 경우 교섭창구를 단일화할 필요가 있고, 교섭대표를 정하려면 노조B의 교섭단위를 광주공장으로 할 것인지 회사 전체로 할 것인지를 먼저 정하여야 한다. 만약 광주공장으로 정하는 것이 노사 모두에게 합리적이라면 노조B는 광주공장만 대변하는 노조가 되고, 노조A는 나머지 3개 사업장만 대변하도록 조정하는 것이 타당할 것이다. 그렇다면 다음 문제는 누가 어떻게 그런 것을 정할 것인가로 옮겨간다.

이어서 좀 더 복잡한 경우를 예로 들어보자. 어떤 회사에 다음과 같은 복수노조와 다수노조가 조직되어 있다고 상정해보자.

〈**그림 4**〉 복수노조와 다수노조가 혼재해 있는 경우

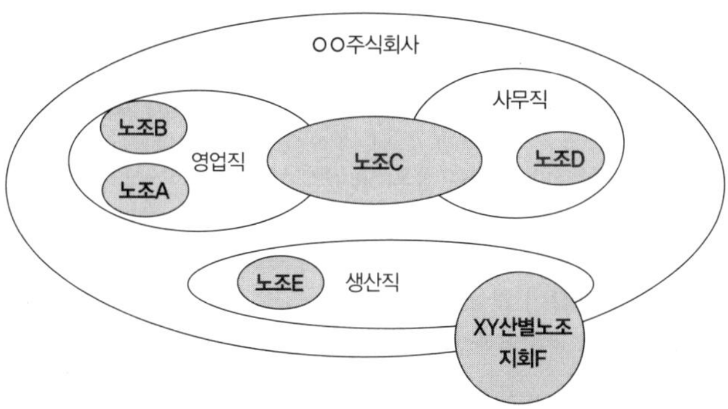

노조A는 영업직만, 노조B는 영업직과 사무직, 노조C는 사무직만, 노조D는 생산직만, 그리고 일부 생산직원들이 외부 산별노조의 지회(E)를 결성하고 있다고 하자.

이 경우 현재의 법과 관행에 따르면 노조가 원하는 대로 사용자는 단

체교섭에 응해야 한다. 노조B는 영업직과 사무직을 함께 조합원으로 가지고 있으므로 이 노조는 별도로 단체교섭을 하기보다는 영업직을 대변하는 노조A와 사무직을 대변하는 노조C와 함께 교섭을 하기 원할 것이다. 반면 사용자는 노조B와는 가능하면 교섭을 하지 않고 노조A와 B와 타결한 내용을 그대로 적용시키길 원할 것이다.

산별노조의 지회E는 독자적으로 교섭을 할 수도 있지만 만약 산별노조의 특별한 지휘를 받고 있다면 경쟁관계에 있는 노조D와 갈등에 빠질 수 있고, 또한 사용자 입장에서도 노조D와 지회E를 별도로 교섭하기보다는 함께 교섭을 하는 것이 외부의 영향력을 차단할 수 있다고 생각할 것이다. 결국 이 두 노조D와 지회E는 자율적으로든 제3자에 의한 방식으로든 교섭에 들어가기 전에 교섭단위를 먼저 정하고 교섭대표를 선정할 필요가 있다.

또한 만약 생산직과 사무직, 영업직이 모두 동일한 임금체계와 임금수준, 그리고 유사한 근로조건을 적용받는다면 조합원들의 입장에서는 모든 노조를 대표하는 교섭대표가 사용자를 상대하면 교섭력이 더 커질 것으로 기대할 수 있다. 왜냐하면, 쟁의가 발생하면 사용자에게 더 큰 손해를 입힐 수 있기 때문이다. 따라서 교섭단위를 결정하는 일은 노조에게도 늘 선결하여야 할 과제임이 분명하다.

교섭단위 결정 기준

교섭단위를 결정하는 기준으로 미국 NLRB에서 적용하는 것은 다음과 같다.

① 공통의 이해관계: 교섭단위 내의 근로자들은 근로조건 등과 관련하여 공통의 이해관계를 공유하고 있어야 한다.

② 지리적, 물리적 근접성: 지리적으로나 물리적으로 가까이 있는 근로자들을 중심으로 교섭단위를 편성한다.

③ 회사의 조직구조 또는 사업영역: 유사한 부서나 사업에 속한 근로자들을 하나의 교섭단위로 묶어준다.

④ 기능적 통합: 근로자의 업무기능이 유사하면 하나의 교섭단위로 편성한다.

⑤ 인사이동: 인사이동이 이뤄지는 부서와 직무(직군)끼리는 하나의 교섭단위로 한다.

⑥ 단체교섭 역사: 지금까지 단체교섭을 해온 과정과 역사도 고려한다.

⑦ 근로자들의 요구: 근로자들이 교섭단위 획정과 관련하여 어떤 요구사항이 있는지 확인하고 반영한다.

⑧ 노조의 조직대상: 노조 가입범위를 고려하는데, 이 요인이 가장 큰 영향을 미칠 수 있기 때문에 미국 의회는 1947년 노동법인 Wagner Act를 개정하면서 Taft-Hartly Act 제9조 (c)(5)항에서 NLRB가 교섭단위를 획정할 때 조직대상을 절대적 기준으로 삼지 말도록 특별히 규정하였다.

한편, 이 교섭단위를 획정하는 것은 해당 노조와 조합원들의 이해관계만 얽인 것이 아니다. 사용자도 관심을 가질 문제이며, 또한 교섭단위에 들어가는 비조합원들도 지대한 관심을 갖는다. 단체협약이 체결되면 비조합원의 임금과 그 외 근로조건이 그것에 맞춰질 가능성이 많기 때문이다. 이러한 이유 때문에 미국과 영국에서는 교섭단위와 교섭대표의 결정시 조합원뿐만 아니라 비조합원도 결정과정에 참여시키거나 그들의 의견을 적극 반영한다. 우리나라는 물론 그동안 조합원들을 중심으로 노사관계시스템이 구축되어왔고 단체교섭도 조합원들만 해왔기 때문에 영미식 비조합원 참여방식은 아직 시기상조일 것으로 보인다.

4. 미국과 영국의 교섭대표 제도

1) 미국의 배타적 교섭대표제도3

(1) 근로자 대표

NLRA 제9조(a)에는 "단체교섭에 적합한 교섭단위 내의 다수 근로자들에 의해 단체교섭의 목적으로 지명되었거나 선출된" 근로자 대표는 "그 교섭단위 내에 있는 모든 근로자의 단체교섭을 위한 배타적 대표가 된다"고 규정되어 있다.

적정교섭단위

근로자 단위는 공통의 이해관계(community of interests)를 가진 2명 이상의 근로자 집단이면서 단체교섭의 목적에 따라 하나의 집단으로 분류될 수 있는 사람들을 가리킨다. 그런 목적에 따라 적절한 교섭단위가 무엇인지 결정하는 권한은 이 법에 의해 NLRB에 주어져 있다. 제9조(b)는 "근로자들이 이 법이 보장하고 있는 권리를 가장 자유롭게 행사할 수 있게 하려면 그 근로자들에게 단체교섭의 목적에 적합한 교섭단위가 사용자 단위일지,

3 이하 NLRB, Basic Guide to the National Labor Relatiosn Act를 발췌함.

전문직종(craft) 단위일지, 공장 단위일지, 아니면 그들의 부서 단위일지를" NLRB가 각 대표권 신청건에서 결정하도록 규정하고 있다.

그러나 NLRB의 이런 재량권은 이 법의 다른 조항들에 의해 제한을 받고 있다. 제9조(b)(1)은 만약 전문직 근로자들이 비전문직 근로자와 함께 하나의 교섭단위에 들어가는데 찬성투표를 하지 않았다면 그 두 그룹을 하나의 교섭단위로 묶어서는 안 된다고 규정하고 있다.

제9조(b)(2)에서는 기존에 NLRB가 인증한 전문직종(craft) 교섭단위가 있는데 새로운 전문직종 교섭단위를 설립하겠다고 하는 경우에는 만약 그 새로이 제안된 교섭단위 내의 근로자 절대다수가 교섭단위의 분리에 반대하지 않는다면 기존에 인증받은 교섭단위가 있다는 사실만으로 그 새로운 교섭단위가 부적합하다는 판정을 NLRB가 내려는 안 된다고 규정하고 있다.

제9조(b)(3)에서는 공장경비원들을 다른 근로자들과 동일한 교섭단위에 포함시키지 못하게 규정하고 있다. 또한 어떤 노조가 경비원이 아닌 근로자를 조합원으로 가지고 있거나 경비원이 아닌 근로자를 조합원으로 가진 노조와 "직접적으로나 간접적으로 연계(affiliate)되어 있는 경우"에는 NLRB가 그 노조를 공장경비원의 교섭단위의 대표로 인증해서는 안 된다고 규정하고 있다.

교섭단위의 적정성 판정 절차

일반적으로 말해서, 한 교섭단위의 적정성은 그것에 속해 있는 근로자들의 공통의 이해관계(community of interests)를 바탕으로 판정한다. 임금, 근로시간, 근로조건 등에 있어서 동일 또는 상당히 유사한 이해관계를 지닌 근로자들은 하나의 교섭단위로 묶여진다. 제안된 어떤 교섭단위가 적절한지 여부를 판정할 때 다음과 같은 요소들이 고려된다.

① 이전의 단체교섭의 역사

② 관련된 근로자들의 욕구

③ 노조에 가입되어 있는 근로자들의 범위. 그런데 제9조(c)(5)에서는 NLRB가 이 요소에 많은 가중치를 주는 것을 금하고 있다.

끝으로 보건산업의 경우에 있어서, NLRB는 연방의회가 보건의료서비스의 제공이 방해받는 것을 예방해야 한다는 우려를 보이고 또 적절한 교섭단위의 수를 최소화하라는 지시를 내린 점들도 고려에 넣고 있다.

교섭단위에서 배제되는 근로자와 포함되는 근로자

하나의 교섭단위는 한 사용자의 하나의 공장에 있는 근로자들을 포함하거나, 동일한 사용자의 두 개 이상의 공장에 있는 근로자를 포함할 수 있다. 어떤 산업에서는 사용자들이 자발적인 연합체를 구성하고 있는데, 이 경우 하나의 교섭단위에 지리적 위치에 상관없이 둘 이상의 사용자에 각각 속한 근로자들이 포함되기도 한다. 특히 주목할 점은 교섭단위에는 이 법에서 의미하는 "근로자(employee)"만 포함시킬 수 있다는 것이다. 이 법은 농업근로자, 독립적 계약자(independent contractors), 감독직, 관리직에 해당되는 사람들은 "근로자"의 범주에서 제외시킨다. 이런 사람들은 NLRB가 인증하는 교섭단위에 포함될 수 없다. 그 외에 NLRB의 정책 차원에서 사용자의 노사관계 담당자들도 제외된다.

교섭대표와 사용자의 임무

적절한 교섭단위 내의 근로자 다수에 의해 근로자 대표가 지명되고 나면 이 법에 따라 그 대표는 그 교섭단위 내의 모든 근로자들을 위해 배타적 교섭대표가 된다. 배타적 교섭대표로서 그는 교섭단위 내의 모든 근로자에게 그들이 노조원이든 아니든, 노조 활동을 하든 아니 하든 상관없이 똑같이 공정하게 대해야 한다. 단체교섭대표가 근로자들에 의해 지명되거나 선출되면 사용자가 근로자 개인이나 근로자 집단 또는 다른 근로자 대표와 교섭하는 것은 불법이다.

제9조(a)는 근로자 개인이나 근로자 집단은 언제든지 그들의 사용자에게 고충을 제기할 권리를 가지며, 다음과 같은 경우에는 교섭대표의 개입 없이도 그 고충을 해결할 수 있다.

① 그 고충이 당시에 유효한 단체협약의 내용과 상충되지 않는 경우

② 교섭대표에게 그 고충해결 과정에 참관할 기회가 주어질 경우

(2) 교섭대표의 선출 과정

이 법에 따르면 사용자는 근로자들이 선출한 대표와 교섭을 해야만 한다. 교섭대표를 뽑는 가장 흔한 방법은 NLRB가 시행하는 비밀투표를 통한 대표 선거이다.

대표인증의 신청

NLRB는 대표 인증의 신청이 접수된 때에만 그런 선거를 시행한다. 그런 신청은 근로자 한 사람이나 근로자 집단이 할 수 있고, 또 그들을 대신하여 개인이나 노동단체가 할 수도 있으며, 사용자도 할 수 있다. 근로자나 근로자 대리인이 신청을 할 경우에는 상당한 인원의 근로자들이 단체교섭을 위해 대표자를 필요로 하며 그들의 사용자가 교섭대표를 인정하지 않는

다는 말을 해줄 수 있어야 한다. 사용자가 신청하는 경우에는 한 개인(또는 단체) 또는 여러 사람(또는 단체들)이 동일한 근로자 집단의 배타적 대표로 인정해달라는 주장이 있었다는 사실을 제시해야 한다.

노조보호의 취소(union-security deauthorization)

NLRB는 노조보호의 합의를 적용 받는 근로자들이 그들의 대표자가 그 합의를 지속시킬 수 있는 권한을 그로부터 박탈하려는 의사를 가지고 있는지 비밀투표를 통해 결정해준다. 이것을 '노조보호 취소투표'라고 부르며, 그 합의의 적용을 받는 근로자 중 30% 이상이 서명하여 신청하면 가능하다.

조사 및 청문회의 목적

NLRB 투표를 신청할 때는 그 유형에 상관없이 동일한 하나의 신청서를 사용하면 된다. 신청서가 접수되면 NLRB는 신청 사항에 대해 조사를 하고, 필요하면 청문회를 개최하고, 대표권에 의문이 있다고 여겨지면 투표를 실시한다. 조사의 목적은 여러 가지 있지만 특히 아래와 같은 것들을 결정하는데 있다.

① NLRB에게 그런 투표를 실시할 관할권이 있는지
② 근로자들에게서 투표를 정당화하려는 의욕이 충분히 보이는지
③ 대표권에 의문이 있는지
④ 그런 투표가 적절한 교섭단위 내에서 요구되고 있는지
⑤ 신청서에 이름이 적혀 있는 대표가 무자격자가 아닌지
⑥ 기존의 협약이나 이전의 투표에 의해 새로운 투표가 금지되어 있지는 않은지

투표 관할권

NLRB가 투표를 지시하고 실시할 수 있는 관할권은 상거래를 하는 기업에 국한된다. 이하에서는 위에 제시된 것들을 더 깊이 논의한다.

제8조(b)(7)(C)에 따른 긴급투표

제8조(b)(7)(C)에 의하면, 인정피케팅(recognitional picketing)이나 조직피케팅(organizational picketing)이 시작된 후 적당한 기간(30일을 초과하지 않을 것) 이내에 신청서를 접수하면, NLRB는 투표를 즉시 실시하라는 긴급명령을 내리고 그 결과를 인증해야 한다. 이것은 그 피케팅이 제8조(b)(7)(C)의 두 번째 단서조항의 보호를 받지 못하는 것일 때에 이뤄진다. 제8조(b)(7)(C)에 비춰볼 때 투표가 적절하다면 청문회나 관심의 표시는 필요치 않으며, 그 투표는 통상적인 절차에 따른 투표보다 더 빨리 시행된다.

관심의 표시

대표권의 인증이나 취소를 구하는 투표를 요청하는 신청인에게 근로자의 30% 이상이 투표에 찬성한다는 것을 제시하도록 하는 것이 위원회의 정책이다. 또한 이 법에 의하면 노조보호의 취소를 요청하는 신청도 NLRB가 그 목적으로 투표를 시행하기 위해서는 그 노조보호합의의 적용을 받는 근로자의 30% 이상의 신청이 접수되어야 한다. 이런 관심의 표시는 투표가 시행될 적정교섭단위 내의 근로자들만 해야 한다.

대표권에 대한 의문

제9조(c)(1)는 대표권에 대한 의문이 기록에 나타날 때에만 NLRB가 투표를 지시하고 그 결과를 인증하도록 정해놓고 있다. 대표자 인증을 구

하는 신청이 만약 근로자 대표가 인정을 요구한 경우나 사용자가 인정을 거부한 경우에는, 다른 여러 경우들도 해당되겠지만, 대표자 인증을 구하는 신청이 대표권에 의문을 가진 적정한 신청인 것으로 본다. 대표 인정의 요구는 특정한 형식으로 제기할 필요는 없다. 사실 대표자 자신이 신청서를 접수하면 그것을 대표 인정의 요구로 간주한다. 지금까지 NLRB는 현재 사용자에 의해 대표자로 인정되어온 대표자도 인증신청을 할 수 있다고 보았고, 그런 신청은 그 대표자가 이전에 NLRB로부터 인증을 받지 않았다면 대표권에 의문이 있는 것으로 간주하여왔다.

이전에 NLRB로부터 인증을 받았거나 사용자가 인정을 했던 교섭대표의 대표자 신분을 박탈하려는 취소신청도 대표권에 대한 의문이 있는 것으로 간주한다. 그렇지만 감독직의 위치에 있는 사람이 취소신청을 하면 대표권에 대한 적정한 의문이 포함된 것으로 보지 않고 각하시킨다.

교섭대표의 자격

제2조(4)에서는 단체교섭을 위한 근로자대표는 "개인 또는 노동단체"가 가능하다고 규정하고 있다. 감독직이나 관리직은 근로자대표가 될 수 없다. 추천된 교섭대표가 근로자들의 진정한 대표로 자격이 있으면 투표를 지시하고 인증서를 발급하는 것이 NLRB의 방침이다. 어떤 한 노조가 교섭대표로 인정받기 위한 자격이 있는지 판정하는데 있어서 결정적인 요소는 그 노조의 규약과 정관이 아니라 근로자들을 대표하겠다는 의지의 여부이다. NLRB가 어떤 한 노조에게 교섭대표의 지위를 인증할 수 있는 권한은 제9조(b)(3)에 의해 제한된다. 그것은 공장 경비원의 경우인데, 어떤 노조가 경비원이 아닌 근로자를 조합원으로 받아들이거나 그 노조가 경비원이 아닌 근로자를 받아들이는 노조와 직접, 간접적으로 연계를 맺고 있으면

그 노조를 경비원의 교섭단위를 위한 교섭대표로 인증하지 말도록 규정하고 있다.

(3) 투표의 금지

시간에 관한 규정

NLRB규정에 따르면, 고정된 유효기간이 3년 이내로 합의된 단협은 그 기간 동안에는 투표를 금지시킨다. 고정된 유효기간이 3년을 넘는 단협은 그 기간 동안에는 협약을 맺은 당사자가 요청하는 투표를 금지시킨다. 다만 협약의 당사자가 아닌 자가 신청하는 경우에는 발효일로부터 3년간만 투표를 금지시킨다. 고정된 유효기간이 없는 단협은 이런 금지 기능이 전혀 없다.

인증의 효력

"단협-금지 기간" 규정 외에 NLRB는 위원회가 실시한 투표를 통해 한 대표가 인증을 받으면 그 인증은 적어도 1년간 구속력을 가지며, 이 인증기간이 종료되기 전에 신청이 접수되면 각하시킨다는 규정을 만들어 시행해왔다. 인증을 받은 대표와 사용자가 이 인증기간에 유효한 단협을 체결하면 그것이 금지 효력을 갖고, 투표를 요구하는 신청이 접수될 수 있을지 여부는 위원회의 "단협-금지 규정"에 따라 판정된다.

이전 투표의 효력

제9조(c)(3)에 따르면, 지난 12개월 동안 유효한 투표가 한번 있었던 교섭단위나 그 하위부서에서는 투표를 실시하지 못한다. 그렇지만 그보다

더 큰 단위에서는 투표가 실시될 수 있다. 예를 들면, A회사에 있는 모든 생산직 및 보수직 근로자들과 엔지니어링부서에 있는 제도사들이 하나의 교섭단위에 들어가 있다면, 그 단위 내에 있는 모든 근로자들을 대상으로 한 투표는 향후 12개월간 같은 근로자들을 대상으로 하는 투표를 금지시킨다. 이와 마찬가지로, 제도사들만 실시한 투표가 있었다면 역시 12개월간 제도사들의 새로운 투표를 금지시킨다. 그렇지만, 제도사들만의 투표가 있었다하더라도 그 후 12개월 동안 모든 생산직과 보수직 그리고 제도사들이 참여하는 새로운 투표를 금지시킬 수는 없다.

이전에 투표가 있었지만 신청이 접수되는 경우

제9조(c)(3)는 12개월 동안 투표의 실시를 금지하는 것이고 신청의 접수를 금지하는 것은 아니라고 NLRB는 해석하고 있다. 따라서 NLRB는 12개월이 끝나기 전 60일 이내에는 신청을 접수한다. 물론 투표는 12개월이 지난 후에 실시될 수 있다. 투표가 실시되어 한 대표자가 인증을 받으면 그 인증은 1년간 구속력을 가지며, 이 기간 내에 동일한 교섭단위에서 새로운 투표를 위한 신청이 들어오면 각하시킨다. 또한 투표가 실시되었으나 대표자가 인증받지 못한 경우에도 12개월 동안 새로운 투표는 금지된다. 동일한 교섭단위 내에서 새로운 투표를 위한 신청은 12개월의 금지 기간이 종료되기 전 60일 이내에 접수가 가능하고, 투표는 12개월 금지 기간이 끝난 뒤에 실시될 수 있다.

(4) 대표 선출

제9조(c)(1)에 따르면, 대표권에 대한 의문이 있으면 NLRB가 비밀투

표를 통하여 판정을 내려야 한다. 대표자 선출 투표에서 근로자들은 하나 또는 둘 이상의 대표자를 선택하거나 아무도 선택하지 않을 수 있다. 한 개인이나 한 노동단체가 교섭대표로 인증을 받으려면 유효한 투표 중에서 절대다수를 차지해야 한다.

투표에 대한 합의

투표는 사용자와 근로자의 대표임을 주상하는 개인 또는 노동단체간의 합의에 의해서도 실시될 수 있다. 이 경우에 당사자들은 합의한 일자와 장소, 투표지에 적을 선택지, 유권자의 자격을 결정하는 방법 등을 합의서에 적는다. 그리고 NLRB의 지역국장에게 투표를 실시할 권한을 부여한다.

투표 관련 사안들에 대한 결정권자

만약 당사자들이 합의를 하지 못하면 이 법에 따라 NLRB가 청문회를 개최한 후 투표를 실시할 권한을 갖는다. 또한 NLRB는 이 법에 따라 지역국장들에게 선거와 관련된 사안들에 대한 결정권을 위임해놓고 있다. 이에 따라 NLRB지역국장은 교섭단위의 적절성을 판정하고, 투표를 명령하고, 그 결과을 인증하는 권한을 가진다. 관련 당사자의 요청이 있으면 NLRB는 지역국장의 행위를 감사할 수 있으나, NLRB가 투표를 중지시키지 않는 한 감사를 한다고 하여 투표가 자동 중단되는 것은 아니다. 투표에 관련된 자세한 사안들은 지역국장이 결정한다. 누가 투표하고, 투표가 언제 실시되고, 당사자들은 어떤 행동기준을 지켜야 하는지 등에 관한 결정은 NLRB의 규정과 판정에 따라 이뤄진다.

대표 선출 투표의 선거권자

근로자가 선거권자가 되려면 NLRB가 정해놓은 자격기간 동안 해당 교섭단위에서 일을 해와야 하고 투표 당일에 그 교섭단위에 고용되어 있어야 한다. 자격기간은 일반적으로 투표명령이 내려진 날 직전의 임금지급기간(employer's payroll period)으로 본다. 그러나 이런 자격조건은 병가, 휴가, 일시해고, 군 복무 중인 종업원이 투표 당일에 투표하러 나타나면 적용되지 않는다. NLRB 규정은 고용이 불규칙적인 산업들도 있음을 고려하고 있다. 그런 산업에서 선거권 여부에 대한 판정은 고용조건에 지속적으로 지대한 관심을 가진 모든 근로자들이 투표를 할 수 있게 하는 방향으로 이뤄진다. 이런 사례들은 사안마다 다르겠지만 아래와 같은 것들이다.

- 한 건설회사의 근로자들이 선거권 자격기간이 속한 연도에 그 자격기간 전에 최소 65일 이상 그 회사에서 일을 했으면 선거권을 부여받았다.
- 항만인부들의 사례인데, 해당 단협 연도에 최소 700시간 이상 일했고, 그 연도 말과 투표 명령이 내려진 날 사이에 매달 최소 20시간 이상 일한 근로자들은 선거권을 부여받았다.
- TV, 영화, 음반 회사들의 탤런트와 음악가들은 투표명령이 내려진 날 이전에 그 해에 해당 교섭단위에서 2일 이상 일을 했으면 선거권을 부여받았다.

파업참가자들이 선거권을 받는 경우

제9조(c)(3)에 따르면, 無期정규직에 의해 대체된 경제적 파업참가자들은 파업의 개시 후 12개월 이내에 실시되는 투표에는 참여가 허용된다. 무기대체자들도 마찬가지로 선거권이 주어진다. 경제적 파업참가자는 대개 NLRB가 사용자의 부당노동행위에 대한 파업에 참가하였다고 인정하지

않은 근로자들이다. 이런 경제적 파업참가자들이 선거권을 가지는지 여부의 판정은 각 사안별로 사실에 입각하여 이뤄진다.

투표 실시 일

일반적으로 투표는 투표명령이 내려진 후 30일 이내에 이뤄진다. 계절적 영향으로 고용이 줄었거나 사업의 변화로 근로자들이 참여할 수 없는 경우에는 투표일을 바꾼다. 투표에서 근로자들의 자유로운 선택권을 침해할 수 있을 정도의 증거를 바탕으로 부당노동행위 구제신청이 접수된 경우에는 투표를 실시하지 않는 것이 보통이다. 다만 신청한 당사자가 투표의 실시를 요청하면 그렇게 할 수도 있다.

투표 실시

NLRB 투표는 참여하는 근로자들이 자유롭게 자신들의 교섭대표를 선택할 기회를 주도록 엄격한 기준에 따라 실시된다. 시간, 장소, 투표공고 등과 같은 세부적인 사항들은 NLRB지역국장이 결정한다. 지역국장은 이 사안들에 대해 대개 당사자들간에 합의를 유도해낸다. 투표가 NLRB의 투표기준에 미흡하다고 믿는 당사자는 개표가 끝난 후 7일 이내에 해당 지역국장에게 이의신청을 낸다. 그리고 이의신청에 대한 지역국장의 판정에 불복하면 NLRB에 재심을 요청한다.

만약 NLRB가 근로자들의 자유선택권이 침해받을 정도로 분위기를 혼란스럽게 만들거나 보복의 두려움을 근로자들이 느끼도록 하는 행위가 있었다고 판단하는 경우에는 투표를 중지시킨다. NLRB는 그런 행위가 실제 근로자들의 자유로운 의사표현을 침해했는지 판단하려고 하지는 않지만, 그런 가능성에 대해 조사는 한다. 만약 그럴 가능성이 있다고 믿어지면 투표를 중단시키는 것이다. NLRB가 투표를 중단시킬 정도의 행위들로는 다음과 같은 것들이 있다.

- 사용자나 노조가 투표나 노조의 활동에 영향을 주려고 해고나 혜택 감소의 위협을 가하는 행위
- 사용자나 노조가 투표나 노조의 활동에 영향을 주려고 특혜를 주거나 주겠다고 약속하는 행위
- 사용자가 노조활동을 위축시키거나 격려하기 위해 근로자를 해고하고, 노조가 사용자에게 그렇게 하도록 만드는 행위
- 사용자나 노조가 투표 직전 24시간 이내에 회사근무시간 중에 근로자들을 모아서 선거 연설을 하는 행위
- 사용자나 노조가 선동적인 방법으로 인종 또는 종교적 선입견을 부추기는 행위
- 사용자나 노조가 투표나 노조의 활동에 영향을 주려고 폭력을 쓰거나 쓴다는 협박을 가하는 행위
- 공정한 투표를 방해할 정도로 심한 폭력과 난동 또는 해고의 두려움이 만연한 경우

(5) 과반수에 의한 결정

투표에서 과반수의 투표를 얻는 개인 또는 노조가 교섭대표가 된다. 만약 후보자가 셋 이상이고, 투표에서 과반수를 차지한 측이 없으면 제9조 (c)(3)에 따라 최상위자 2명으로 결선투표를 실시한다. 투표 결과 과반수를 넘는 측에 NLRB는 인증서를 교부하고, 만약 과반수를 넘는 측이 없으면

그 결과를 그대로 인증한다.

2) 영국의 노조 인정 제도[4]

(1) 노조 인정 제도의 유형

노조는 사용자가 특정 근로자 집단의 임금과 근로조건에 대하여 그 노조와 협상을 하겠다고 동의를 하면 '인정을 받았다'고 말한다. 이런 사정 전체를 '단체교섭'이라고 일컬으며, 그 대상이 되는 근로자 집단을 '교섭단위'라고 한다.

노조는 인정을 받기 위해 '자발적'인 방법을 택할 수 있는데, 이것이 가장 흔한 유형이다. 노조가 법적 절차를 거쳐 인정받는 것이 아니라 사용자를 직접 만나서 자발적으로 인정해줄 것을 요청하는 방법이다. 이때 노사 양측이 합의하여 ACAS에 요청하면 ACAS는 자발적 인정제도에 관련된 중립적인 정보들을 제공한다. 예를 들어, 노조의 다양한 형태나 관련 이슈들에 대한 정보를 제공하고 그 외 여러 지원역할을 해준다.

다른 유형은 노조가 '법적 인증'을 요청하는 것이다. 이 방법은 사용자 또는 사용자연합체가 근로자를 21명 이상 고용하고 있는 경우에만 가능하다. 그리고 법적으로 인증받은 노조는 사용자를 상대로 하여 교섭단위 내에 있는 근로자들을 대신하여 그들의 임금, 근로시간, 휴일(이 세 가지에만 국한됨)에 관하여 교섭을 할 수 있다.

4 영국의 Employment Relations Act 1999에 규정되어 있음. http://www.businesslink.gov.uk/bdotg/action/detail?type=RESOURCES&itemId=1074439143 인용.

물론 노조가 법적 인증을 요청하고 난 후에도 사용자는 자발적 인정을 해줄 수 있다.

노조가 법적 인증을 신청하려면 독립기구인 중앙중재위원회(Central Arbitration Committee, CAC)에 신청서를 내야 한다. CAC 위원들 중에서 패널을 구성하여 신청에 관련된 판정을 하는데, 패널은 독립적으로 활동하는 의장과 사용자 대표의 경험을 지닌 위원 한 명과 근로자 대표의 경험을 지닌 위원 한 명 등 3명으로 구성된다. 독립된(independent) 노조만이 법적 인증을 요청할 수 있는데, 독립된 노조는 사용자로부터 지배나 조정을 받지 않고 재정지원도 받지 않는 노조를 가리킨다.

(2) 자발적 인정

노사는 흔히 자발적으로 교섭단위에 있는 근로자들 모두 또는 일부를 위해 단체협약을 체결한다. 노조를 인정한 사용자는 단체교섭의 방법과 범위에 관하여 공식적 협약과 비공식적 협약을 체결한다.

비공식적 방법도 잘 구성되어 있으면 대개 작동을 잘 한다. 그렇지만 문서로 작성된 공식협약은 상호간 오해를 방지하고 계속성과 일관성을 보장받을 수 있다. ACAS로부터 단협에 관한 객관적인 정보들을 얻을 수 있다.

노사간 협약에는 다음과 같은 교섭절차에 대한 합의가 들어가야 한다.

- 사용자와 노조대표가 누구인지
- 노조 관련 활동과 임무 수행을 위한 결근 또는 작업 중지

- 집단적으로 발생한 잉여인력에 대한 협의 −90일의 기간 이내에 근로자 20명 이상이 남아돌고 그전까지는 그 사람들이 수행했던 일이 다른 곳으로 이전되었을 때 협의한다
- 교섭 사안에 관한 정보를 제공
- 교섭의 진행, 즉 교섭이슈들은 언제, 어떻게 제안할 것인지
- 교착상태의 해결, 즉 한 이슈에 대해 합의도달이 어려울 때 무엇을 해야 하는지
- 근로자의 임금에서 조합비의 징수
- 잉여인력의 처리

단체교섭은 일반적으로 임금과 그 외 근로조건들을 다룬다. 노사는 교섭의 수준(예를 들어, 공장 수준, 기업 수준 또는 전국 수준)에 대해 합의하여야 한다. 또한 노사는 둘 이상의 노조가 인정을 받았을 경우에 교섭방법(즉, 노조 각각이 교섭을 할 것인지 아니면 하나의 교섭단위로 할 것인지)에 대해서도 합의를 하여야 한다.

일반적으로 단체협약은 법의 통제를 받지 않는다. 그러나 협약의 일부는 개별계약의 일부가 되고, 만약 노사가 특정 조건에 대해 합의를 하면 법적 구속력을 갖게 된다.

(3) 법적 인증

근로자 21명 이상을 고용하고 있는 사업체의 독립노조는 단체교섭을 위한 인증을 요청할 수 있다.

첫 단계는 사용자에게 서면으로 된 요청서를 보내는 것이다. 그러면

사용자는 요청서를 받고 10일(이하 날짜는 영업일 기준임) 이내에 거절하거나 단체교섭을 시작하여야 한다. 이때 회답을 하지 않으면 거절로 간주한다. 교섭을 시작하면 20일 동안 교섭을 할 수 있고, 노사간 합의에 따라 연장이 가능하다.

노사 당사자는 언제든지 ACAS에 도움을 청할 수 있다. 노사는 법적 인증절차가 시작되었더라도 자발적인 합의에 도달해도 된다. 만약 합의에 도달하면 그 법적 절차는 중단된다.

(4) 중앙중재위원회(Central Arbitration Committee, CAC)

만약 사용자가 인정 요청을 거절하거나 합의도 도달하지 못하면 노조는 CAC에 인증을 요청할 수 있다. 신청서가 접수되려면 노조는 먼저 교섭단위 내의 근로자 10%가 그 노조에 소속되어 있고, 그들 중 과반수 이상이 인정을 원한다는 사실을 입증해야 한다.

만약 신청서가 접수되면 사용자와 노조는 20일 이내에 적정교섭단위(appropriate)에 대하여 합의하여야 한다. 만약 합의가 안 되면 CAC가 판정을 내린다.

그 경우 CAC는 인증선언(declaration of recognition)을 할 것인지 아니면 그 교섭단위 내의 근로자들로 하여금 투표를 하게 할 것인지를 결정한다. 만약 그 교섭단위 내의 과반수에 달하는 근로자들이 그 노조에 가입되어 있다면 투표 없이 인정선언을 하게 된다. 그렇지 않으면 투표의 실시를 결정한다. CAC는 특별한 사정이 있는 경우에는 과반수 이상의 노조원이 있더라도 투표 실시를 결정하기도 한다.

만약 투표가 실시된다면, 자격을 갖춘 독립 인사를 지명하여 20일 이

내에 투표를 실시하게 한다. 그에 따른 비용은 노사 양측에 균등하게 부담시킨다. 투표 기간에는 노사 모두 투표 결과에 영향을 미칠 수 있는 "불공정 행위"들을 해서는 안 된다. 이런 행위에는 인센티브를 제공하거나 징계조치를 취하는 것과 같은 행위들이 포함된다.

CAC는 노사 양측에 투표 결과를 전달한다. 노조가 인증을 받기 위해서는 투표자의 과반수 이상과 유권자의 40% 이상의 지지를 받아야 한다.

투표에서 실패한 노조가 다시 인증신청을 하려면 3년 뒤에나 가능하다.

(5) 법적 인증의 효력

CAC에서 특정 노조가 교섭단위 내의 근로자들을 위하여 사용자를 상대로 단체교섭을 할 수 있다고 인증 선언을 하게 되면 여러 가지 법적 효력이 발생한다.

만약 CAC가 그런 인증선언을 하게 되면 노조는 **임금, 근로시간, 휴일(법적 인증의 경우에는 이 세 가지에만 국한되고, 자발적 인증의 경우에는 교섭이슈에 제한이 없다)**에 관하여 단체교섭을 할 수 있는 권리를 부여받는다. 만약 노사가 인증의 범주를 확대하기로 합의하면 다른 이슈들에 대해서도 교섭이 가능해진다.

노사는 단체교섭에서 사용할 수단들에 대하여 합의해야 한다. 노사간에 30이 이내에 이에 관한 합의가 이뤄지지 않으면 노사 일방은 CAC에 도움을 요청할 수 있다. 그러면 CAC는 요청을 받은 날로부터 20일 동안 노사가 합의를 할 수 있도록 도와준다.

만약 합의가 이뤄지지 않으면, CAC는 법적으로 구속력이 있는 결정들을 발표한다. 그렇지만 CAC가 거기서 제시한 단체교섭 방법들은 만약 노사가 합의하면 얼마든지 수정이 가능하다. 만약 노사가 합의를 못하면 노사 일방은 ACAS에 조정(mediation)을 요청할 수 있다.

만약 CAC의 결정이 지켜지지 않으면, 노사 일방은 계약위반임을 지적하고 법원에 상대방으로 하여금 계약을 지키도록 명령을 얻는 소송을 제기한다. 만약 이 법원의 명령도 무시되면 그 당사자는 법정모독죄를 짓는 것이 되고 벌금형이나 징역형을 받게 된다.

CAC가 단체교섭 방법을 결정하게 되면 노조는 6개월에 최소 한번씩 교육훈련에 대하여 자문을 얻을 수 있는 권리를 갖게 된다.

만약 사용자가 이런 의무사항들을 지키지 않으면 노조는 3개월 이내에 고용법원에 고소를 할 수 있다.

만약 노조가 자발적인 방법으로 또는 법적인 방법으로 인정을 얻게 되면 사용자는 잉여인력, 보건 및 안전, 공장이전 등과 같은 사안에 대하여 노조와 협의하여야 하고, 단체교섭에 필요한 정보들을 제공해주어야 한다.

(6) 인증 기간

인정을 위한 협약이 체결되고 나면 노조는 사용자와 이전에 협약파기 불가에 관한 합의가 있지 않았다면 언제든지 그 인정협약을 파기할 수 있다. 그러나 사용자는 그 인정협약을 3년간 파기할 수 없다. 만약 어느 일방이 그 협약을 유지하기 어렵다고 생각될 때에는 ACAS에 조정을 신청할 수 있다.

(7) 법적 인증취소에 관한 원칙과 절차

만약 노조가 법적 인증을 받은 상태라면, 그 법적 인증을 취소하려고 할 때는 반드시 소정의 절차를 거쳐야 한다.

인증취소가 발생하는 경우는 다음 네 가지가 해당된다(Schedule A1의 Part IV와 V).

① 사용자가 더 이상 근로자를 21명 이상 고용하지 않게 되었다고 주장하는 경우이다. 사용자(또는 사용자 연합체)가 13주에 걸친 기간 동안에 근로자가 평균 21명 이하로 내려가며 그 13주가 끝나는 날에 단체교섭체제를 종료하겠다고 선언하는 경우이다.

② 사용자가 단체교섭체제5에 대해 근로자들의 과반수 이상이 지지를 더 이상하지 않는다고 주장하며 CAC에 인증취소투표를 요청한 경우이다.

③ 한 명 또는 그 이상의 근로자가 단체교섭체제에 대해 근로자들의 과반수 이상이 지지를 더 이상하지 않는다고 주장하며 CAC에 인증취소투표를 요청한 경우이다.

④ 사용자가 원래 인증투표를 통해 노조가 인증 되었지만 지금은 교섭단위 내 근로자의 절반 미만이 조합에 가입되어 있다고 주장하며 CAC에 인증취소투표를 요청한 경우이다.

여기서 보듯이 ①의 경우를 제외한 나머지 세 가지 이유에서는 인증취소투표를 실시하고, ①의 경우에는 만약 노조가 반론을 제기하면 CAC가 근로자 인원수를 확인하고 결정을 내리며 투표는 실시하지 않는다.

①의 경우인 사용자가 21명 미만의 근로자를 고용하게 되었다고 주장

---

5 단체교섭체제(bargaining arrangement)는 CAC에 의한 노조인증의 선언과 노사간 합의되거나 CAC가 정해준 단체교섭 방법을 가리킨다(Guide for the Parties, CAC, Dec 2005. 1. p. 10).

한 경우에는, 사용자가 노조 앞으로 인증취소를 원한다는 통보를 하고, 사본을 CAC에도 보내야 한다. CAC가 노조 앞으로 사용자의 신청이 적법하다고 통지하면, 노조는 사용자의 신청에 이의를 제기하려면 10일 이내에 하여야 한다. 만약 그렇게 하지 않으면 노사간 합의한 단체교섭체제는 더 이상 유효하지 않은 것으로 간주된다.

위의 ②, ③, ④ 경우에 있어서는 투표가 실시되는데, 투표인의 과반수 이상과 유권자의 40% 이상이 인증취소에 찬성하면 CAC는 단체교섭체제가 중단된다고 선언한다. 만약 투표 결과가 인증취소에 반대한 것으로 나타나면 CAC는 노조가 계속 인증된다는 사실을 선언한다.

법적 절차에는 노조가 독립성을 상실하거나 교섭단위가 변하거나 없어질 경우에 어떻게 할 것인지에 대해서도 규정을 정해두고 있다.

5. 교섭창구 단일화 유형의 비교

1) 단일화의 유형

교섭창구를 단일화하는 방안으로 현재까지 거론되는 것으로는 ① 노사간 자율적 합의, ② 노노간 자율적 조정, ③ 비례대표제, ④ 배타적 교섭대표 등이다. 이들 중에서 어떤 것을 정할 것인가는 결국 다음과 같은 노사관계시스템의 효율성과 안정성에 관한 기준을 따라야 할 것이다.

첫째, 근로자의 자주적 선택 및 자주적 단결권의 보장

둘째, 비조합원의 권리 침해 방지 및 권리 보장

셋째, 사용자의 권리 보호

넷째, 노사관계 안정화와 산업평화의 달성

네 가지 단일화 방안 중에서 먼저 노사간 자율적 합의와 노노간 자율적 조정을 보면, 이 방법들은 현실적으로 불가능해 보인다. 이유는 적대적 관계에서 복수노조가 설립되어 서로 경쟁관계에 들어갔는데 노사간 또는 노노간 자율적으로 조정이 가능할지 의문이기 때문이다.

비례대표제는 조합원의 인원수에 비례하여 교섭대표단을 구성하는 방법이다. 교섭대표단을 구성하는 방법에는 비례대표제 이외에 1노조-1대표를 기본으로 하는 공동참여방식이 있을 수 있다. 프랑스의 방식이 후자에 근사한데, 1노조-1대표를 기본으로 하고 조합규모의 등급에 따라 대표인원을 차등 있게 배분하고 있다. 그 교섭대표단 방식은 관련 노조가 모두 대표를 대표단에 보낼 수 있으므로 노동 3권(단체교섭권)을 보장하는 측면에서는 바람직할 것으로 보이지만, 적대관계에 있는 노조 대표들이 교섭대표단을 구성할 경우 단체교섭이 원활할지, 노노가 서로 경쟁하다가 갈등이 증폭되는 경우가 나타나지 않을까 우려된다.

한편, 배타적 교섭대표제는 앞에서 설명한 바와 같고, 미국과 영국, 캐나다, 이탈리아에서 사용하는 방식이다. 이 방식은 개별근로자의 단체교섭권을 침해할 우려가 있다는 지적을 받고 있다. 그러나 교섭대표에 반드시 들어가야 교섭권을 보장받는다는 주장도 지나치다는 반론이 있고, 소수의 의견을 다수대표의 교섭전략에 반영시킬 수 있는 채널을 만들어주는 방법 등으로 보완해줄 수 있을 것이다. 그렇지만 비협조적 관계에 있는 소수의 의견을 다수가 들어주고 반영할지는 여전히 의문임을 부인하기 어렵다. 그러한 부정적인 견해에도 불구하고 배타적 교섭대표제는 소수의 노조가 난립하는 것을 막고 강력한 노조 한두 개가 활동할 수 있어서 노노갈등을 줄이고, 그 결과 교섭구조가 안정적이라는 장점이 있다.

2) 배타적 교섭대표제 vs. 비례대표제의 비교

	과반수제	다수제
배타적 교섭대표제	• 일반적 구속력을 전제로 함. – 비노조원들에게도 단협이 적용됨. – 비노조원 또는 다른 노조원들이 배타적 대표를 교체할 수 있는 길을 열어둠. • 가장 강력한 노조 하나를 양성. • 군소노조의 신규 설립을 억제하는 효과가 가장 큼. • 과반수 넘는 대표를 선출 못하는 경우 발생함. – 단체교섭이 없는 경우가 발생하니 이 경우 대비책 필요(예, 기존 단협의 효력 연장). • 비조합원을 투표에 참여시키므로 비조합원의 목소리를 반영시킬 수 있음. • 노사관계안정화와 산업평화에 긍정적 효과.	• 과반수 넘는 대표가 없는 경우가 발생하지 않음. • 일반적 구속력은 과반수 이상 지지표를 얻은 노조에만 허락함. • 전체 노조원들 사이에서는 과반을 넘어야 대표권 부여. – 이렇게 해야 대표권에 정통성을 부여할 수 있음(예, 3개의 노조가 경합할 경우, 지지표가 전체의 1/3을 약간 넘는 노조에게 대표권을 부여하는 것은 대표성에 흠이 생김). – 결선투표에서도 교섭대표를 못 뽑는 경우 발생함. • 군소노조의 신규 설립을 억제하는 효과가 어느 정도 큼. • 비조합원을 투표에 참여시키므로 비조합원의 목소리를 반영시킬 수 있음. • 노사관계안정화와 산업평화에 긍정적 효과.
	인원비례제	한노조-한대표
비례대표제(공동참여제)	• 군소 노조의 신규 설립을 상당히 촉진하는 효과. • 위헌론(단체교섭권 제한)을 피할 수 있는 방법임. • 노노갈등(단체교섭의 이슈와 요구수준 등에 합의)의 해결책이 필요함. – 최대노조가 지배력을 일방적으로 행사할 경우 기타노조들의 반발이 예상됨. • 비조합원을 대표자 결정에 참여시키지 않으므로 비조합원의 권리 측면에서 부정적임. • 단체교섭의 장기화 가능성이 큼. • 노사관계안정화와 산업평화에 부정적 효과.	• 군소노조의 신규 설립이 가장 빈번할 가능성 있음. • 위헌론(단체교섭권 제한)을 피할 수 있는 방법임. • 노노갈등(단체교섭의 이슈와 요구수준 등에 합의)의 해결책이 필요함. – 최대노조의 불만이 클 것임. • 비조합원을 대표자 결정에 참여시키지 않으므로 비조합원의 권리 측면에서 부정적임. • 단체교섭의 장기화 가능성이 큼. • 노사관계안정화와 산업평화에 부정적 효과.

6. 우리나라의 교섭창구단일화 방안

1) 교섭단위를 노사 자율로 결정하되, 안 되면 노동위원회에서 획정한다

지금까지 교섭단위는 노조가 자체 규약으로 정한 일방적인 설정이고, 사용자는 그것을 그대로 수용할 수밖에 없었다. 그러나 복수노조가 되면 노조가 주장하는 조직대상(또는 가입범위)이 충분히 포괄적이지 않을 경우가 있고, 또 사용자가 원하는 교섭단위와 상이할 수 있다.

또한 다수노조의 경우에도 상이한 직종이나 직군의 근로자들이 공동 교섭하는 것이므로 교섭단위를 한정하는 것이 필요하고, 또한 외부의 산별 노조의 지회 또는 지부가 있는 경우 교섭단위를 기업 차원에 국한시킬 것인가, 아니면 다른 기업들과 공동으로 할 것인가 등을 정하여야 혼선이 생기지 않는다.

따라서 복수노조 또는 다수노조와 단체교섭을 할 때는 교섭단위를 노사가 먼저 합의하게 하고, 여의치 않으면 노동위원회(또는 별도의 정부기관)에서 그것을 획정하도록 한다. 노동위원회에서 교섭단위를 결정하려면 먼저 실사와 당사자 심문을 통해 사실 확인부터 하고 난 후에 결정한다.

교섭단위를 결정하는 기준으로 미국 NLRB에서 적용하는 것을 원용하면 다음과 같다(Abodeely, 1975).

① 공통의 이해관계: 교섭단위 내의 근로자들은 근로조건 등과 관련하여 공통의 이해관계를 공유하고 있어야 한다.

② 지리적, 물리적 근접성: 지리적으로나 물리적으로 가까이 있는 근

로자들을 중심으로 교섭단위를 편성한다.

③ 회사의 조직구조 또는 사업영역: 유사한 부서나 사업에 속한 근로자들을 하나의 교섭단위로 묶어준다.

④ 기능적 통합: 근로자의 업무기능이 유사하면 하나의 교섭단위로 편성한다.

⑤ 인사이동: 인사이동이 이뤄지는 부서와 직무(직군)끼리는 하나의 교섭단위로 한다.

⑥ 단체교섭 역사: 지금까지 단체교섭을 해온 과정과 역사도 고려한다.

⑦ 근로자들의 요구: 근로자들이 교섭단위 획정과 관련하여 어떤 요구사항이 있는지 확인하고 반영한다.

⑧ 노조의 조직대상: 노조 가입범위를 고려하는데, 이 요인이 가장 큰 영향을 미치지 않도록 한다.

노동위원회는 근로자의 요구사항을 확인하기 위해 별도의 의견조사나 투표도 실시할 수 있다. 그러나 그 결과가 절대적인 영향을 미치지 않게 주의해야 하는데, 상대방인 사용자의 의견도 고려해야 하기 때문이다. 노동위원회의 결정 과정에 사용자의 의견을 충분히 제시토록 하는 것이 복수·다수노조 체제 하에서 중요하다. 다만 이때 사용자가 원하는 노조가 선정되게 한다는 의미에서가 아니라 회사의 운영과 조직구조, 단협과정과 역사 등에 대해서 사측의 충분한 의견 표명이 있어야 균형을 맞추어줄 수 있다는 의미이다.

2) 대표노조의 선정은 노사자율이 우선이고, 안 되면 노동위원회의 결정에 따른다

노조설립은 단결권을 보장하여, 현재와 같은 절차에 따라 근로자가 자유롭게 자주적으로 가능하게 한다. 복수노조든 다수노조든 근로자는 자주적으로 사용자의 간섭을 받지 않고 자신들이 원하는 형태의 노조를 결성할 권리가 있다.

그러나 단체교섭은 복수 · 다수노조 체제 하에서는 사용자가 자발적으로 교섭대표로 인정하는 노조만이 할 수 있고, 만약 사용자가 인정하지 않거나 사용자가 인정한 노조에 다른 노조들이 이의를 제기하면 노동위원회(또는 제3의 정부기관. 이하 같다)에서 관련 노조들의 요청에 의해 인증절차를 통해 대표노조를 선정한다.

노동위원회의 인증절차는 관련 노조가 교섭단위내 조합원의 30% 이상의 요청서를 받아서 신청하면 노동위원회는 그 신청의 진위를 확인한 후 교섭단위 내 모든 조합원들을 상대로 투표를 해서 대표노조를 선정한다. 이때 두 가지 대안이 있을 수 있는데,

(1안) 교섭단위 내 모든 조합원의 과반수 이상의 지지투표를 얻은 노조에게 인증.

(2안) 교섭단위 내 모든 조합원의 다수의 지지투표를 얻은 노조에게 인증.

여기서 1안은 결선투표까지 가서 과반수 이상 지지를 얻는 노조를 선정하는 것이다. 그런데 대표노조에게 정통성을 가장 강하게 부여할 수 있다는 장점이 있는 반면, 투표 결과 기권표가 많이 나와서 과반수 이상의 지지를 얻는 노조가 없는 경우가 나올 수 있다. 이 경우 단체교섭을 할 수 없

는 상황이 발생하는데, 그 보완책으로 결선투표에서는 과반수가 아니라 다수 지지를 얻은 노조에 대표권을 부여하는 방안을 채택할 수 있을 것이다.

한편, 단체교섭은 노조 결성과 달리 노조 또는 조합원과 서로 이해관계가 다를 수 있는 비조합원들에게 영향을 미칠 수 있으므로, 교섭대표 선정 투표에 교섭단위 내의 비조합원도 포함시키는 방안도 생각해볼 수 있다. 이것은 영미식 배타적 교섭대표제에서 사용하는 방식인데, 우리나라에서는 그동안 조합원 중심으로 모든 노사관계 관행과 법절차가 운영되어 왔으므로 현실성이 떨어지는 방법이라고 생각된다.

3) 교섭대표권의 유지 기간을 정한다

교섭대표가 선정되고 난 후 일정기간 동안 대표권을 유지시켜줌으로써 노사관계 안정을 기하는 것이 목표이다. 이와 관련한 대안으로는 다음과 같다.

(1안) 단협 또는 임협의 유효기간 내에는 새로운 대표선출을 위한 투표는 금지시킨다.

또한 노동위원회가 주관한 투표에서 교섭대표로 선출되어 인증을 받은 노조가 있으면 적어도 1년간은 새로운 대표 선출을 위한 투표를 못하게 한다(신청은 각하시킴).

(2안) 교섭대표가 선정되면 노조에 특별한 변동사안이 생기지 않는 한 3년간 새로운 교섭대표선출은 하지 아니한다. 이 방법은 영국에서 적용하는 유지기간인데, 미국식보다 더 장기간 안정을 기한다는 장점이 돋보인다.

4) 교섭대표노조에 대한 인증취소(decertification) 투표를 실시한다

교섭대표에 대하여 반대를 하는 노조 또는 근로자들은 위 3)의 대표권 유지기간이 경과한 후에 교섭단위내 전체 조합원의 30% 이상으로 발의하여 인증취소를 노동위원회에 신청할 수 있게 한다.

인증 취소여부는 노동위원회에서 전 조합원을 대상으로 투표를 실시하고, 사안의 중요성을 감안하여 교섭단위내 전체 종업원의 과반수 이상 찬성으로 인증을 취소하도록 한다.

5) 노조보호(union security) 조치를 강화한다

일반적 구속력과 지역적 구속력이 적용된 경우에, 노사가 합의하면 노조 미가입 근로자에 대해 단협을 적용하는 대신 노조 가입비와 회비를 납부토록 한다. 이 방법은 미국에서 적용하고 있는데 노조의 재정 부담을 덜어줄 수 있는 방법이라고 사료된다.[6]

다만, 특정 비조합원이 단협 관련 활동 이외에 그 돈을 사용하지 못하게 요청해오는 경우에는 노조가입비와 회비 중에서 단협과 무관한 활동에 소요되는 비용만큼 차감한 후 부과한다. 또한 종교적 이유로 노조에 회비 납부를 거부하는 경우에는 다른 사회복지단체에 그만큼의 돈을 기부하게 한다.

---

6 이 방법은 노조 전임자 급여부담에 일정 부분 기여를 할 수 있을 것이다.

6) 교섭대표인정을 위한 쟁의행위를 금지한다

노조가 사용자에게 자신을 교섭대표로 인정하도록 압박을 가하기 위해 하는 쟁의행위(협박 및 피켓팅 포함)을 노조의 부당노동행위로 간주하고 금지,[7] 노조가 노조원들에게 자신을 교섭대표로 인정하라고 협박하거나 피켓팅을 하는 행위도 노조의 부당노동행위로 간주하고 금지[8]한다.

7) 신속한 분쟁해결을 위해 노력한다

교섭대표의 선출과 관련한 노노 또는 노사간 분쟁(교섭단위의 획정, 교섭대표의 선출 투표, 자율적 조정 과정 등에서의 분쟁)은 노동위원회에서 신속히 해결하도록 한다.

7 인정피케팅, recognitional picketing(NLBA Sec. 8(b)(7) 참조).

8 조직피케팅, organizational picketing(NLRA Sec. 8(b)(7) 참조).

참고문헌

조준모(2005), 『복수노조교섭체계합리화 관련 논의자료』, 노사정위원회.

김인재(2003), 「프랑스에서의 복수노조하 단체교섭」, 『복수노조의 교섭창구 단일화 논의자료』, 2003. 7, 노사정위원회. pp. 54~69.

이승욱(2005), 「다수 교섭 대표제도의 내용과 쟁점」,『복수노조교섭체계합리화 관련 논의자료』, 노사정위원회, 2005. 12, pp. 72~107.

허찬영(2003), 「영국의 복수노조와 단체교섭제도」, 『복수노조의 교섭창구 단일화 논의자료』, 2003. 7, 노사정위원회. pp. 103~124.

정주연(2006), 『복수노조하 노동조합과 단체교섭의 변화』, 중앙노동위원회 내부자료.

Abodeely, John E.(1971), The NLRB and the Appropriate Bargaining Unit, University of Pennsylvania, The Wharton School of Finance and Commerce, Industrial Research Unit.

Gall, Gregor(ed.)(2006), Union Recognition: Organising and Bargaining Outcomes, Routledge. Oxon. UK.

Katz, Harry C. and Thomas A. Kochan(2004), An Introduction to Collective Bargaining & Industrial Relations, 3rd Ed., Irwin.

NLRB, The National Labor Relations Board and YOU, Representation Cases(Manual).

NLRB, Basic Guide to the National Labor Relatiosn Act.

"Number of union elections down in 2001: Win rate continues to edge up since 1996," Daily Labor Report, 116, Washington DC: Bureau of National Affairs, June 17, 2002: C-1.

제9장_ 노조전임자 급여지급 금지의 파급효과와 법정책 방향

이인재

1. 문제제기

노조전임자 급여지급 금지는 복수노조 제도와 함께 1997년 「노동조합 및 노사관계조정법」(이하 노조법) 제정으로 도입되었다. 제도 도입 당시에는 노사관계의 현실적 여건을 감안하여 실제 적용이 2001년까지 유예된 상태였다. 그러나 법제정 이후에도 전임자 급여지급 금지의 타당성과 적용시기를 둘러싼 노사의 첨예한 대립이 지속되었으며, 그 결과 2001년 노조법 개정을 통해 2006년까지 그 시행이 미루어지게 되었다. 현재는 2006년 노조법 개정으로 2009년까지 또다시 적용이 유예되고 있는 상태이다.

노조전임자 급여지급 문제는 노사의 이해관계가 첨예하게 대립되는 문제일 뿐만 아니라, 한국 노사관계에 큰 영향을 미칠 수 있는 근본적인 제도 변화이다. 이 제도가 시행되면 노동조합은 종전과 같은 재정구조와 활동방식을 유지할 수 없을 것이다. 현재 기업 중심의 노동조합 조직에 변화가 발생할 수도 있으며, 이로 인해 노사관계의 거시적 구조가 바뀔 수도 있다. 또한 복수노조 제도의 도입과 맞물려 개별 기업의 노사관계 양상에도 미시적 변화가 예상된다. 노동조합과 사용자 모두 제도적 변화가 야기할 이해득실에 관해 확실한 결론을 내리지 못하고 주춤거리고 있다. 이렇게 제도 도입의 비용과 편익이 불확실한 상황에서는 현상유지 편의(status quo bias)가 지배한다. 만족스럽지는 않지만 현재의 노사관계 법제도의 근간을 그대로 유지하는 것이 좋겠다는 노사의 판단이 노조전임자 급여문제에 대한 세 번에 걸친, 그리고 13년간의 적용유예로 나타나고 있다.

노동조합이 시장경제에서 차지하는 위치와 역할에 대해서는 노동조합을 어떠한 시각에서 접근하는가에 따라 견해가 달라진다. 경제적 관점(economic view)에 따르면 노동조합은 완전경쟁적 노동시장에서의 시장임금보다 높은 수준으로 임금을 상승시킨다. 따라서 고용을 감소시키고 시장기능에 왜곡을 야기한다(Epstein, 1983; Posner, 1984). 다만, 비대칭적 정보나 직장탐색 비용 등으로 기업의 수요독점력(monopsony power)이 존재하는 비경쟁적인 노동시장에서는 노동조합이 순기능을 행사할 수도 있다(Block, 1995; Cahuc & Zylberberg, 2004). 한편 산업민주주의(industrial democracy)적 관점에서 보면 노동조합은 사용자와 근로자 사이의 불균등한 교섭력을 완화하여 근로자를 보호하는 기능을 한다. 더구나 노동조합은 근로자에게 소위 탈출(exit) 대신 발언(voice)의 기제를 제공하여 근로자의 불만을 사용자와의 대화를 통해 해결할 수 있는 통로를 마련한다(Freeman & Medoff, 1984). 이 중 어떤 입장을 취하는가에 관계없이, 노동조합이 시장실패를 보정하거나 또는 산업민주주의를 촉진하는 긍정적 기능을 효과적으로 수행하기 위해서는 사용자로부터 독립된 완전한 자주성을 유지하는 것이 중요하다.

노조의 자주성 확립이라는 관점에서 보면 노동조합이 사용자로부터 노조전임자의 급여를 지급받는 것은 원칙적으로 바람직하지 않다. 노사자치주의와 관련하여 전임자의 임금지급이 노동조합의 투쟁의 산물이라는 주장, 노조전임자 임금지급이 실질적으로 노조의 자주성을 해하지 않는다는 등 여러 가지 변형 논리가 주장되고 있으나 원칙론적 결론은 너무도 자명하다. 사용자에 의한 노조전임자의 급여지급은 금지하는 것이 타당하다. 이것이 현행 노조법 제24조 제2항의 입법취지라고 할 수 있다.

문제가 되는 것은 노조전임자를 둘러싼 문제 상황의 특수성을 고려할 것인가의 여부이다. 노조전임자의 급여지급은 오랜 기간 동안 한국 노사관계의 관행으로 유지되어왔다. 따라서 노조전임자 급여지급 금지라는 새로운 룰이 적용될 경우 노동조합 조직과 활동에 미칠 파급효과가 적지 않을 것이다. 노조전임자 급여지급에 관해 노동조합의 취약한 재정구조를 감안한 현실적 고려가 필요하다는 주장이 진지하게 제기되고 있는 이유이다.

본고는 노조전임자 급여지급 문제에 대한 법정책 방향을 제시하는 것을 목적으로 한다. 그간 법적용이 유예될 때마다 반복적으로 논의가 진행되었기 때문에 이 문제에 관한 노사의 입장은 너무나 잘 알려져 있다. 또한 노조전임자의 현황이나 외국의 입법례 역시 어느 정도 파악되어 있는 상태이다. 더욱이 그간 수차례 입법논의가 있었고, 그때마다 다양한 정책방안이 제시되어 논의되었다. 따라서 본고는 기존의 논의들을 필자의 관점에서 새롭게 정리하여 평가하고, 필자가 바람직하다고 생각하는 새로운 법정책 방안을 제시하는 형식을 취할 것이다. 본고의 기본적인 입장은 원칙론에 충실하면서도, 현실적 여건을 적절히 고려한 정책 대안을 모색하는 것이다.

이 글은 다음과 같이 구성되어 있다. 제2장에서는 노조전임자 관련 현행 법률 규정을 살펴본다. 노조전임자에 대한 법적 규율이 노조법의 적용을 받는 노동조합과 교원노조법 및 공무원 노조법의 적용을 받는 교원노조와 공무원노조로 이원화되어 있음을 보인다. 제3장에서는 노조전임자에 대한 외국의 입법례를 밝힌다. 외국에서도 사업장의 노조대표자에 대한 급여지원이 이루어지고 있으나, 우리나라의 노조전임자 제도와는 성격을 크게 달리한다는 점을 규명한다. 제4장에서는 노조전임자 급여지급 문제에 관한 지금까지의 논의 상황을 간략하게 정리한다. 제5장은 노조전임자의 현황과 실태를 노동조합의 재정구조와 관련하여 논의한다. 현재의 노동조합의 재정구조를 감안할 때 노조전임자 급여지급의 금지가 과연 노동조합의 조직과 운영에 어떤 영향을 미칠지를 분석한다. 마지막으로 제6장에서는 이상의 논의를 기초로 노조전임자에 급여지급에 관한 법정책 방향을 제시한다.

2. 이원화된 법적 규율체계

현재 노조전임자에 대한 법적 규율은 일반 노동조합과 교원 및 공무원 노동조합의 이원화된 체계로 운영되고 있다. 일반 노동조합에는 노조법의 규정이 적용되는 반면, 교원 노동조합과 공무원 노동조합은 각각 「교원의 노동조합설립 및 운영에 관한 법률」(1991. 1. 29 제정, 이하 교원노조법)과 「공무원의 노동조합 설립 및 운영 등에 관한 법률」(2005. 1. 27 제정, 이하 공무원노조법) 규정의 적용을 받는다. 전자에 대해서는 노조전임자에 대한 급여지급 금지가 유예되고 있는 반면, 후자에 대해서는 노조전임자에 대한 급여지급이 금지되고 있다. 이밖에도 양자는 노조전임자의 근로계약 관계 등에 관한 구체적인 규율방식에서도 차이를 보인다.

노조법에 따르면 노동조합 전임자를 두는 것은 허용되나, 사용자에 의한 전임자 급여지급은 금지된다. 노조법 제24조 제1항은 단체협약으로 정하거나 사용자의 동의가 있는 경우에는 근로계약 소정의 근로를 제공하지 아니하고 노동조합의 업무에만 종사하는 근로자를 둘 수 있도록 하고 있다. 이렇게 노동조합의 업무에만 종사하는 전임자는 그 전임기간 동안 사용자로부터 어떠한 급여도 지급받아서는 아니 된다(노조법 제24조 제2항). 따라서 현행 노조법에 따르면 노조전임자를 둘 것인가의 여부 그리고 몇 명의 노조전임자를 둘 것인가는 노사자율에 맡겨져 있다. 노조법이 금지하는 것은 사용자의 노조전임자에 대한 급여지급이다.

한편 사용자의 전임자에 대한 급여지급은 부당노동행위가 된다. 노조법 제81조 제4호는 노동조합의 전임자에게 급여를 지원하는 것을 부당노동행위의 한 유형으로 규정하고 있다. 즉, 동 규정에 의하면 사용자가 노동조합의 전임자에게 급여를 지원하는 행위는 사용자가 근로자가 노동조합을 조직 또는 운영하는 것을 지배하거나 이에 개입하는 행위 및 노동조합의 운영비를 원조하는 행위와 함께 부당노동행위에 해당된다. 다만, 근로자가 근로시간 중에 사용자와 협의 또는 교섭하는 것을 사용자가 허용하는 것은 무방하다. 또한 근로자의 후생자금 또는 경제상의 불행 기타 재액의 방지와 구제 등을 위한 기금의 기부와 최소한의 규모의 노동조합사무소의 제공도 부당노동행위에 해당되지 않는다. 만일 사용자가 이 규정을 위반하면 2년 이하의 징역이나 2천만 원 이하의 벌금에 처해지게 된다(노조법 제90조).

이러한 노조전임자에 대한 급여지급 금지규정은 2006년 노조법 개정으로 현행법상 2009년까지 적용이 유예되고 있다(노조법 부칙 제6조). 1997년 제정 노조법은 오랜 기간 동안 전임자에 대하여 임금이 지급되어온 관행 등 현실여건을 감안하여 2001년 말까지 5년간 적용을 유예하였다. 그 후

2001년 2월 노조법 개정안의 국회 통과로 2006년 말까지 다시 한 번 적용유예가 결정되었다. 따라서 법 제정시의 적용유예를 포함하면 노조법상 노조전임자 급여지급 금지조항은 지금까지 13년간 적용이 유예되고 있다.

그런데 노조법 제24조의 노조전임자 관련 규정과 유사한 조항은 교원노조법과 공무원노조법에서도 찾아볼 수 있다. 노조법 조항과는 달리 교원노조법과 공무원노조법의 전임자 조항은 노조전임자와 관련된 법률관계를 보다 명확하게 규정하고 있는 것이 특징이다.

교원노조법 제5조는 노동조합 전임자의 지위를 다음과 같이 규정하고 있다. 공립학교와 사립학교 교원은 ① 임용권자의 허가가 있는 경우에 노동조합의 업무에만 종사하는 전임자가 될 수 있다. ② 이러한 노조전임자는 전임기간 중에는 교육공무원법 및 사립학교법 규정에 의한 휴직명령을 받은 것으로 본다. ③ 전임자는 그 전임기간 중 봉급을 받지 못한다. 그러나 ④ 전임자는 그 전임기간 중 전임자를 이유로 승급 기타 신분상의 불이익은 받지 아니한다.

공무원의 경우에도 이와 거의 동일한 규정이 적용된다. 공무원노조법 제7조에 의하면 ① 공무원은 임용권자의 동의를 얻어 노동조합의 업무에만 종사하는 전임자가 될 수 있다. ② 이러한 노조전임자는 전임기간 중 국가공무원법 또는 지방공무원법의 규정에 따라 휴직 명령을 받는다. ③ 국가 및 지방자치단체는 전임자에 대하여 그 전임기간 중 보수를 지급해서는 안 된다. 그러나 ④ 국가 및 지방자치단체는 공무원이 전임자임을 이유로 승급 그 밖의 신분에 관한 불이익한 처우를 하여서는 아니 된다.

결국 교원노조법이나 공무원노조법에 의하면 교원이나 공무원은 임용권자의 허락을 받아 휴직처리된 상태에서만 노동조합의 전임자로 활동할 수 있다. 휴직처리가 되므로 당연히 보수나 봉급은 지급되지 않는다. 다만 노조전임자 활동을 이유로 승급 그 밖의 신분에 관한 불이익한 처우를 받지 않도록 하는 규정을 명시적으로 두어 노조전임자를 보호하고 있다. 가장 중요한 점은 노조법과는 달리 이러한 교원노조법과 공무원노조법의 노조전임자 관련 조항은 적용이 유예되지 않고 법이 제정된 때부터 시행되고 있다는 것이다.

따라서 현행 노조전임자에 대한 법적 규율은 노조법상 전임자와 교원/공무원노조법상 전임자로 이원화되어 있다. 과거 노조전임자 관련 논의에서는 이러한 사실이 간과되어왔다. 노조전임자 급여지급과 관련하여 교원/공무원 노동조합의 전임자와 노조법의 적용을 받는 노동조합의 전임자를 구별하여 상이한 법적 취급을 해야 할 실질적 근거는 존재하지 않는다. 현재 노조전임자에 대한 급여지급이 금지되어 있는 교원과 공무원의 경우 다수의 노동조합이 조직되어 활발한 노조활동을 전개하고 있다. 따라서 교원노조법이나 공무원노조법상의 노조전임자에 대한 급여지급 금지가 노동조합의 활동을 원천적으로 불가능하게 하는 것은 아니다. 오히려 교원노조법과 공무원노조법은 노조전임자에 대한 법률관계를 합리적 관점에서 명확하게 규정하고 있다는 점에서 노조법상 전임자 문제의 규율에 여러 시사점을 던져주고 있다.

3. 노조전임자 급여지급에 관한 외국의 입법례

노조전임자 급여지급 문제에 관한 선진국의 입법례는 국가별로 차이를 보이고 있다.[1] 그러나 대부분의 국가에서는 사용자가 노조전임자에게 급여를 지급하지 않는 것을 원칙으로 하고 있다. 다만 일정한 범위내에서 사업장내의 근로자대표에 대한 유급 전임시간이 허용되는 사례는 간혹 존재한다.

부당노동행위제도를 운영하고 있는 국가에서 노조전임자에 대한 급여지원을 사용자의 노동조합에 대한 지배개입행위로 보는 것이 보편적 법리이다. 따라서 미국이나 일본에서는 노조전임자 급여지급을 사용자의 부당노동행위로 취급한다. 과거 구노조법상 한국 판례는 전임자 급여는 노조의 전투적 성과물로서 사용자에 의한 지배개입의 부당노동행위가 아니라고 보아왔다(1991. 5. 28. 90누6392). 그러나 노조법 제24조의 규정이 존재하는 현행법 하에서는 이러한 법해석은 더 이상 불가능하다고 할 수 있다.

1) ILO

ILO협약 제135호 '근로자대표에 관한 협약(Workers' Representatives Convention)'에 의하면 근로자를 대표하는 자에 대하여는 그 대표자가 기능을 신속하고 효과적으로 수행할 수 있도록 사업장에서의 편의가 제공되어야 한다. 이러한 편의제공에는 각 나라의 노사관계 특성, 기업의 필요, 규모, 능력이 고려되어야 한다. 그리고 이러한 편의제공이 기업의 효율적 운영을 저해해서는 아니 된다(ILO협약 제135호 제2조).[2]

1 외국의 입법례는 김정한(1999, 2005), 노사정위원회(2003), 박우성(1999), 이철수·조준모(2005), 조준모 외(2005) 등의 기존연구를 참조하여 정리하였다.

2 ILO Convention 135, Workers' Representatives Convention(1971), Article 2
1) Such facilities in the undertaking shall be afforded to workers' representatives as maybe appropriate

노조전임자는 ILO협약이 규정하는 근로자를 대표하는 자에 포함된다(ILO협약 제135호 제3조 (a) 참조). 따라서 노조전임자에게는 근로자 대표자로서의 기능을 수행하는데 필요한 편의가 제공되어야 한다. 예를 들어, 사용자는 노조대표자가 근로시간 중에 단체협약 체결 등과 같은 조합활동을 하도록 허용할 수 있다. 그러나 이 조항이 노조전임자에게 반드시 유급의 전임시간을 제공되어야 한다는 것을 의미하지는 않는다. 더욱이 노조전임자에 대한 편의제공이 기업의 효율적인 운영을 저해해서는 아니 되므로, 편의제공과 관련하여서는 노사관계 특성, 기업의 필요, 규모, 능력이 고려한 합리적 규제가 가능하다. 따라서 ILO협약 제135호가 한국에서와 같은 풀타임의 유급 노조전임자를 상정하고 있는 것은 아니라고 할 수 있다.

그럼에도 불구하고 ILO는 한국의 노조전임자 급여지급의 금지규정과 관련하여 노조전임자의 임금지급 문제는 입법적 관여사항이 아니므로 관련 노조법 규정을 폐지해야 한다고 권고한 바 있다(결사의 자유위원회, 2002년, 487항, 1997년 225항).

2) 프랑스

프랑스의 노조전임자는 단체협약에 의해서 규율된다. 그러나 단체협약상 노조전임자 제도가 존재하는 경우에도 임금에 관해서는 아무런 규정

in order to enable them to carry out their functions promptly and efficiently.

2) In this connection account shall be taken of the characteristics of the industrial relations system of the country and the needs, size and capabilities of the undertaking concerned.

3) The granting of such facilities shall not impair the efficient operation of the undertaking concerned.

을 두지 않은 단체협약이 있는가 하면, 임금이 지급되지 않음을 명시적으로 밝힌 단체협약도 있다. 다만, 상당수의 단체협약이 전임자는 전임기간 동안 근로계약이 정지된다는 규정을 두고 있기 때문에 르노사의 단체협약처럼 노조전임자에게 임금이 지급되지 않는다고 규정한 단체협약이 많다.

프랑스에서는 노조전임자 급여지원 제도는 없으나, 사업장의 노조대표 및 종업원 대표에 대해서는 활동시간에 대한 근로의무를 면제하는 방식으로 유급 활동시간을 보장하고 있다. 우선 기업수준의 노조대표자에 대해서는 기업규모에 비례하여 그 수와 월 일정시간의 유급전임시간을 법정하고 있다(노동법전 L.412~420조). 노조대표자는 종업원이 50인 이상의 경우에 사업장의 대표적 노조가 임명한다. 노조대표자의 수는 기업규모별로 결정되는데, 종업원 50~999명인 사업장은 1명, 1,000~1,999명인 사업장은 2명, 2,000~3,999인 사업장은 3명, 4,000~9,999인 사업장은 4명, 10,000명 이상인 사업장은 5명이다. 이렇게 결정된 노조대표자에게는 근로시간 면제권이 주어진다. 근로시간 면제권의 범위 역시 기업규모에 따라 차등이 있다. 즉, 근로자 수가 50~150인 기업은 노조대표 1인당 10시간, 151~500인 기업은 노조대표 1인당 15시간, 500인을 초과하는 기업은 노조대표 1인당 20시간의 근로면제권이 주어진다. 그러므로 만일 기업규모가 1,000명인 기업에서는 노조대표자가 2명이 선출되며, 이들 노조대표자는 각각 월간 20시간의 근로시간을 면제받는다. 따라서 노동조합이 활용할 수 있는 유급 활동시간은 월간 총 40시간이다.

한편 프랑스에서는 기업수준에서의 노조조직과는 병렬적으로 근로자의 이익대표기능을 수행하는 경영참가 조직으로서 종업원대표를 가지고 있다. 이러한 노조대표와 구분되는 종업원대표에게도 유급활동시간을 법으로 보장한다. 근로자 수 50인 이상의 기업에서는 월 15시간, 그 미만 기업의 경우 월 10시간의 근로시간 면제권이 주어진다.

3) 독일

독일은 기본적으로 산업별 노동조합의 형태를 취하고 있다. 따라서 주로 기업별 노동조합의 형태를 취하고 있는 한국의 노조전임자와 직접적으로 비교할 수 있는 대상은 없다. 굳이 비교대상을 찾자면 산업별노조에서 일하는 노조전임자와 종업원평의회에서 일하는 근로자대표 정도가 있을 것이다.

산업별노조에서 일하는 노조전임자에 대해서는 개별 사용자에 의한 급여지원이 전혀 없다. 이들의 급여는 노동조합원이 납부하는 조합비로 마련된 산별노조 예산으로 부담하는 것이 원칙이다. 특히 노동조합은 정부나 사용자 단체로부터 비종속적이어야 한다는 연방헌법재판소의 판례나 노조규약의 근거규정에 비추어보면 독일에서는 노조전임자가 사용자로부터 금전적 지원을 받을 수도 없고, 받는 경우도 없다고 할 수 있다(노사정위원회, 2003).

이에 대하여 한국의 노사협의회에 해당한다고 할 수 있는 종업원평의회의 근로자대표에 대해서는 종업원평의회 업무에 전념할 수 있도록 풀타임 근로자대표자를 별도로 보장(노조대표가 아님)하고, 이에 대한 소정의 급여를 지원하고 있다. 풀타임 전임자의 수는 종업원 규모에 따라 법으로 규정하고 있다. 종업원 200~500명인 사업장은 1명, 500~900명인 사업장은 2명, 901~1,500명인 사업장은 3명, 1,501~2,000명인 사업장은 4명이다. 종업원인 2,001~10,000명인 사업장에서는 1,000명이 추가할 때마다 1명씩 추가된다. 따라서 9,001명~10,000명인 사업장에서 풀타임 근로자대표자의 수는 12명이다. 10,001명 이상 사업장에서는 2,000명이 증가할 때마다 1명씩의 풀타임 근로자대표자가 추가된다(경영조직법 제9조).

이밖에 독일의 기업에는 종업원평의회 근로자대표자와 구별되는 노조신임자(gewerschaftliche Vertrauensleute)가 있다. 노조신임자란 해당 사업장에서 노동조합과 근로자, 노동조합과 종업원평의회 사이의 연락 · 중개 기능을 담당하는 근로자를 말한다. 노조신임자에 대해서는 단체협약 또는 관행으로 근로시간 중 한정된 범위의 노조활동에 대한 유급 근로면제권이 인정되며 노조활동 시간에 대한 임금이 삭감되지 않는다. 그러나 노조신임자에게도 일반 근로자와 동일한 법률관계가 적용되는 것을 원칙으로 하기 때문에 노조의 업무를 본다는 이유로 특별한 혜택이 주어지는 것은 차별금지의 원칙을 규정한 기본법 제9조 제3항 제2문에 저촉되는 것으로 본다(노사정위원회, 2003, p. 67). 따라서 노조신임자에 대한 유급 근로면제권 등의 편의제공에는 본질적인 한계가 있다.

요약하면, 독일은 노동조합에서 일하는 노조대표자와 종업원 평의회에서 일하는 근로자대표자를 그 기능이나 급여지원 여부에서 명확히 구분하여 규율하고 있다. 또한 산별노조라는 조직 특성상 사용자와 근로계약을 유지하고 있는 근로자가 노동조합의 전임자로 활동하는 경우는 없기 때문에 전임자 급여지급을 둘러싼 법적 문제가 제기될 여지는 거의 존재하지 않는다고 할 수 있다.

4) 일본

일본의 판례는 노조전임자에 대한 임금지급을 노조법상 사용자의 경리상 원조 내지 지배개입에 해당되는 부당노동행위(노조법 제7조 제3항)로 보고 있다.3 일본은 전후 미국의 부당노동행위제도를 입법적으로 계수하였고, 1949년 노조법 개정시 사용자의 노동조합에 대한 재정적 원조를 금지하는 조항을 신설하였다. 현재 일본에서 전임자 급여는 전적으로 조합재정에서 지급되고 있으며, 따라서 전임자는 단위 노동조합의 조합비로부터 임금을 지급받고 있는 것으로 이해할 수 있다(김정한, 1999).

풀타임 노조전임자의 회사의 종업원으로서의 신분은 휴직자이다. 따라서 종업원으로서의 적은 유지되지만 급여는 지급되지 않는다. 파트타임 전임자는 단체협약이 정한 근로시간내의 단체교섭 참가 등에 대해 임금을 삭감당하지 않는다. 근무시간 외에 노동조합 활동을 한 경우에는 해당시간만큼의 금액을 노동조합이 보상한다(가령, 신일본제철과 닛산자동차사의 단체협약).

일본노동위원회는 사용자의 노조에 대한 자금 원조가 형식적으로는 지배개입으로서 경비원조에 해당하더라도 그것이 노조의 자주성을 상실하지 않고 근로자의 단결권을 침해할 염려가 없는 경우에는 부당노동행위인 경비원조에 해당하지 않는다고 하고 있다. 따라서 일본노동위원회의 입장은 노조의 자주성을 침해하지 않는 범위내에서 일시금 등의 지급을 단체협약으로 규정한 경우에는 부당노동행위에 해당하지 않는 것으로 볼 수도 있는 여지를 남기고 있다. 그러나 전임자의 법적 지위에 관해 일본 법원은 노조전임자 기간을 협약상 무급휴직으로 처리하였다면 전임기간에 대한

3 일본 노동조합법 제7조 제3호의 규정은 우리나라 노조법 제81조 제4호와 유사하다. "노동자가 노동조합을 결성하거나 운영하는 것을 지배하거나 개입하는 것, 또는 노동조합의 운영을 위한 경비를 지불하거나 경리상의 원조를 주는 것. 다만 노동자가 노동시간 중에 시간 또는 임금을 상실하지 않고 사용자와 협의하거나 교섭하는 것을 사용자가 허용하는 것을 금지하는 것은 아니다. 또한 후생자금 또는 경제적 불행 또는 재액을 방지하거나 구제하기 위한 지출에 실제로 사용되는 복리 기타 기금에 대한 사용자의 기부 및 최소한의 넓이의 사무실의 제공은 여기에 해당되지 않는다."

임금지급은 경비원조에 해당한다고 판단하고 있다(安全生命 事件, 東京地判 1991. 5. 29).

5) 영국

영국의 노동조합 조직은 산업별 및 직업별 노조가 중심을 이루고 있다. 노동조합 간부는 노동조합의 본부 또는 지부에 소속되어 독립적으로 노조활동을 벌인다. 한편 노동조합의 공식적인 조직은 아니지만, 개별 사업장내에는 근로자로서의 신분을 가지고 조합원을 대표하는 노동조합원인 직장위원(shop steward)이 있다. 노동조합의 공식조직에 속한 노조전임간부에 대하여 사용자가 재정적 지원을 하는 경우는 찾아볼 수 없다. 따라서 한국의 노조전임자와 관련하여 관심이 가는 것은 바로 직장위원이다.

영국에서는 직장위원에 대한 근로시간 면제(time-off)가 부여되나, 그 기준은 노사자치에 위임하고 있다. 노동조합 및 노사관계통합법(Trade Union and Labour Relations (Consolidation) Act, 1992)은 사용자가 인정한 노동조합(또는 법정절차에 따라 승인된 노동조합)을 대표하는 자가 단체교섭 사항과 관련하여 사용자와 교섭하는 경우(제168조 (1)(a)), 그리고 사용자가 노조활동으로 인정한 사항과 관련된 범위 내에서 사용자의 기능을 근로자들을 위해 수행하는 경우(제168조 (1)(b)), 그리고 노사관계와 관련된 노동조합의 교육에 참가하는 경우(제168조 (2))에는 근로시간 면제권을 부여한다. 근로시간 면제는 유급이다. 사용자는 면제된 근로시간에 대해 급여를 지급해야 한다(제169조). 그러나 유급 근로시간면제를 얼마로 정할 것인가에 대하여는 구체적 규정을 두고 있지 않다. 따라서 노사간의 협의로 결정하게 된다. 그러나 이 경우에도 사용자가 허용하는 근로시간, 근로시간 면제의 목적, 경우, 조건 등은 합리적이어야 한다(제168조 (3)). 노동조합은 사용자측에서 근로시간 면제를 부당하게 거절할 경우 노동법원에 제소할 수 있다(제168조 (4)).

6) 미국

미국도 영국에서와 같이 사업장 단위에서 노동조합 활동을 담당하는 직장위원(shop steward)이 있다. 이들 직장위원에 대한 임금지급은 원칙적으로 사용자의 지원 내지 원조행위에 해당되는 부당노동행위이다(NLRA, 제8조 (a) (2)). 다만 사용자는 종업원이 근무시간 중 시간이나 임금 손실 없이 사용자와 협의하는 것을 허용할 수 있다(NLRA, 제8조 (a) 2의 후단).4 따라서 사용자의 임금지급과 관련된 원조행위의 구체적인 한계와 범위는 이 조항의 해석론에 따라 좌우된다. 미국의 판례는 ① 노조간부가 고충처리에 사용한 시간이 일반적인 통념에 비추어 지나치게 많을 경우 이 시간에 대하여 임금을 지급하는 것, ② 사용자가 노동조합의 운영비를 지원하는 경우, ③ 노동조합이 노조원 모집활동에 소요된 비용을 사용자가 지불하는 경우, ④ 노조간부가 노조원 모집활동을 한 시간에 대하여 사용자가 임금을 지급하는 경우, ⑤ 사용자가 노조간부에게 선물을 제공하는 경우 등을 지원 또는 원조행위로 보고 있다(노사정위원회, 2003).

4 NLRA Sec. 8. (a) (2) It shall be an unfair labor practice for an employer "to dominate or interfere with the formation or administration of any labor organization or contribute financial or other support to it: 〔……〕 an employer shall not be prohibited from permitting employees to confer with him during working hours without loss of time or pay."

미국에서 노조전임자 급여는 노동조합의 재정에서 지원받는 것이 일반적이다. 사용자가 종업원 대표나 노동조합 또는 노동조합간부에 대해 금품을 지급하는 것은 위법이다(LMRA, 제302조 (a)). 또한 종업원 대표나 노동조합 또는 노동조합의 대표가 사용자에 대하여 금품지급을 요구하는 것도 금지하고 있다(LMRA, 제302조 (b)). 다만 근로자 신분을 가진 자의 해당 사업장 노사관계 또는 인적자원관리와 밀접한 관련이 있는 업무활동에 대한 대가지불은 허용되고 있다(LMRA, 제302조 (c)). 따라서 미국에서는 개별사업장에서 직장위원이 근로시간 중에 노사관계나 인적자원관리와 관련된 사업장의 노동조합 활동을 수행한 경우 관련된 시간에 대해 판례가 언급하는 엄격한 한계내에서 급여지급이 가능하다.

이상에서 살펴본 것처럼, 비교대상이 되고 있는 각국의 노조전임자는 한국에서의 풀타임 전임자와는 근본적으로 성격을 달리한다. 근로시간 면제 수준에 머물고 있는 것이 대부분이며, 근로시간 면제가 주어지는 업무도 단체협약 체결이나 인적자원관리 같이 사용자와 노동조합의 공통적인 이해관계가 존재하는 사항에 한정된다. 풀타임 전임자와 유사한 제도가 있는 경우에도 이는 노사협력적 기능을 가진 노사협의회 활동에 대한 전임자를 의미하는 것이지 노동조합의 전임자를 의미하는 것은 아니다.

특히 개별 사용자와 근로관계가 존재하지 않는 초기업 노조전임자에 대한 급여 지원을 하고 있는 국가는 전혀 없다. 기업 단위를 벗어난 노조전임자는 노동조합이 고용한 자이며 따라서 노동조합에서 임금을 지급한다. 따라서 한국에서 나타나는 초기업 노조전임자에 대한 급여 지원은 법리적·정책적 근거가 전혀 없고, 글로벌 스탠더드에도 부합하지 않는 이례적 제도라고 할 수 있다.

부당노동행위제도가 있는 국가에서 노조전임자에 대한 급여지원은 원칙적으로 사용자의 노조에 대한 지배·개입행위에 해당되어 부당노동행위로 취급되는 것이 보편적 법리이다. 따라서 미국이나 일본이 사용자의 노조전임자에 대한 급여지급을 사용자의 부당노동행위로 취급하고 있는 것은 한국과 동일하다고 할 수 있다.

4. 노조전임자 급여지급 문제에 관한 기존의 논의 상황

노조전임자 급여지급 문제에 대해 노사 당사자는 기회가 있을 때마다 자신들의 입장을 개진하고 이를 뒷받침하는 다양한 논리를 제시하여 왔다. 한국노총이나 민주노총을 불문하고 노동계에서는 노조법 제24조 제2항의 전임자 임금지급 중지와 제81조 제4호의 부당노동행위 조항의 폐기를 주장하고 있다. 이에 반해 경영계에서는 현행 노조법 관련규정이 그대로 존치되어 시행되어야 한다고 주장한다.

노사의 구체적인 주장을 살펴보자. 우선 전임자 급여지급의 법적 근거에 대해 노측은 전임자는 근로관계가 지속되고 있기 때문에 급여가 지급되어야 한다고 주장한다. 반면 사측은 노조전임자의 경우 근로관계가 일시적으로 정지되므로 급여지급 의무가 존재하지 않는다고 주장하고 있다. 둘째, 입법적 규율 여부에 대해 노측은 전임자 급여지급은 입법으로 규정될 사항이 아니라 노사자율로 협상에 의하여 결정될 문제라고 주장하고 있다. 반면 사측은 전임자 급여지급은 힘겨루기식 노동운동의 산물로서 잘못된 노사관행이므로 시정되어야 하며, 무노동 무임금 원칙이 아직 확고하게 확립되어 있지 않은 우리 현실에서 명시적 법 규정이 없을 경우 노조전임자 급여를 계속 지급할 수밖에 없는 실정이라고 주장한다. 셋째, 노조전임자 급여지급 금지의 효과에 대해 노측에서는 대다수의 노동조합의 규모가 매우 작은 현실을 감안할 때 전임자 급여지급 금지는 노동조합의 활동을 크게 제약하게 된다고 주장한다. 특히 재정이 취약한 소규모 노동조합은 존립위기에 처할 것이라고 한다. 반면 사측은 규모가 작은 노동조합에서는 노동조합 활동과 관련된 업무량도 작으므로 반드시 전임으로 노동조합 활동을 할 필요는 없다고 한다. 더욱이 조합비 징수의 상한이 없으므로 전임자 급여지급 문제는 조합비 인상을 통해 해결해야 한다고 주장한다. 이밖에도 전임자 급여지급 금지 위반시 사용자 처벌의 타당성, ILO 권고의 의미 등을 놓고서도 노사간의 의견은 대립되고 있다(노사정위원회, 2003, pp. 6~8).

그간 노조전임자 문제와 관련하여 다양한 입법안들이 제시되었다. 1997년 법제정 후 노동계는 줄기차게 이 조항의 백지화를 요구하였다. 이러한 요구는 결국 국민의 정부 출범 이후 노사정위원회에서의 노조전임자 문제에 관한 새로운 논의로 이어졌다. 그러나 노사정위원회에서의 논의는 노사대립으로 인해 합의된 안을 도출하지는 못하였다. 당시 공익위원의 최종안은 ① 사용자는 전임자에 대한 임금지급의무가 없다는 원칙적인 선언, ② 법령이 정하는 범위내에서 노사합의에 의한 급여지급의 인정, ③ 전임자의 급여지급확보를 위한 쟁의행위의 금지, ④ 급여 지급행위의 부당노동행위 간주규정 삭제를 주요 내용으로 하는 것이었다.

현행법과 관련하여 제기된 다양한 개정 의견 중 가장 영향력을 가지고 있는 의견은 '노사관계법제도선진화위원회'의 안이라고 할 수 있다. 노사관계법제도선진화위원회의 안의 주요 내용은 다음과 같다.

첫째, 노조법 제81조 제4호를 다음과 같이 개정한다. “〔……〕 지배하거나 개입하는 행위와 노동조합의 전임자에게 급여를 지원하거나 노동조합의 운영비를 원조하는 행위. 다만 근로자가 〔……〕 최소한의 규모의 노동조합 사무소의 제공 또는 대통령령이 정하는 범위내에서 노동조합의 전임자에게 급여를 지원하는 것은 예외로 한다.” 둘째, 기업단위에서 조합원 규모를 기준으로 하여 유급 완전전임자 수를 설정한다. 셋째, 부당노동행위의 예외로 허용되는 유급완전전임자 수는 최소범위(예컨대 최대 20명을 초과하지 않는 범위) 내에서 설정한다. 다만, 조합원 수가 일정 규모(예컨대 100인) 이하인 경우 유급전임을 부인할 것인지 아니면 시간전임을 인정할 것인지에 관한 검토가 필요하다. 넷째, 허용되는 유급전임의 수를 결정함에 있어서는 외국의 사례에서 알 수 있듯이 기업규모가 증가함에 따라 전임자 1인당 조합원 수가 증가하도록 적절한 기준을 설정한다.

이밖에도 ① 원칙적으로 노조전임자 급여지급은 금지하되 전임자기금의 확보를 위해 사용자측과 노동조합측이 비용을 분담하고 시기별로 조정된 분담률을 법으로 명문화하자는 제안, ② 한시적으로 노조전임자의 임금분을 개별근로자에게 지불하여 개별 근로자 스스로 선호하는 노동조합을 선택하도록 함으로써 중장기적으로 전임자 제도를 폐지하도록 하되 복수노조의 과도기 동안에 근로자의 노동조합 선택권을 존중하는 제안, ③ 노사협의회의 종업원 대표의 자격으로 전임자의 지위를 변경하고 근로시간 면제를 부여하는 방안 등이 제안되었다(자세한 내용은 조준모 외, 2005, pp. 47~52).

5. 노조전임자 현황과 노동조합 재정

1) 노조전임자 실태

노조전임자 급여지급과 관련한 논란을 해소하기 위해서는 무엇보다도 노조전임자의 규모와 급여지급 실태를 파악하는 것이 우선이다. 현재까지 이용 가능하고, 노사 모두가 신뢰할 수 있는 실태조사는 1993년 노동부 조사와 2002년 한국노동연구원의 조사이다.[5] 이들 조사를 중심으로 노조전임자의 실태를 살펴보자.

1993년 노동부가 집계한 노조전임자 자료에 의하면 노조전임자 1인당 조합원 수는 완전전임자 기준으로 183.4명이다. 반전임을 포함하는 경우에는 노조전임자 1인당 조합원 수는 156.3명이 된다. **〈표 1〉**에서 알 수 있는 것처럼 전임자 1인당 조합원 수는 기업규모가 증가할수록 증가한다. 조합원 수 100인 이하인 노동조합의 전임자 1인당 조합원 수는 67.9명임에 반해 조합원 수 10,001인 이상인 노동조합의 전임자 1인당 조합원 수는 407.5명이다.

한국노동연구원은 2002년 인사노무담당자와 노동조합 간부를 대상으로 노조전임자 실태조사를 실시하였다. **〈표 2〉**에 나타난 조사결과에 따르면 유급 완전전임자 1인당 조합원 수는 단체협약상으로는 124.2명, 실제로는 122.4명으로 나타난다. 물론 표본구성이 달라 직접 비교하는 것이 무리

5 최근 노동부에서 다시 노조전임자와 관련한 실태조사를 실시하고 있는 것으로 알고 있으나, 아직 조사결과가 공표되고 있지는 있다. 따라서 본고에서는 본문에서 제시한 자료만을 기초로 노조전임자의 실태를 분석한다.

〈표 1〉 1993년 노동부 전임자 실태조사

구분	노조 수	조합원 수	전임자 수			전임자 1인당 조합원 수	
			계	완전전임	반전임	완전전임	반전임 포함
전체	4,577	1,468,353	9,395.5(2.1)	8,005	2,781	183.4	156.3
100인 이하	2,128	114,878	2,387(1.1)	1,693	1,388	67.9	48.1
101~300인	1,624	274,035	2,632(1.6)	2,327	611	117.8	104.1
301~1,000인	602	311,143	1,936(3.2)	1,773	326	175.5	160.7
1,001~3,000인	167	272,911	1,115(6.7)	1,041	148	262.2	244.8
3,001~10,000인	44	234,373	684(15.6)	672	25	348.83	42.4
10,001인 이상	12	261,013	640(53.4)	499	283	523.1	407.5

* 반전임자는 1/2명으로 간주하여 계산.

* 괄호 안의 수치는 노조 1개소당 전임자 수.

일 수 있으나 1993년 노동부 조사와 비교해볼 때 노조전임자 1인당 조합원 수가 감소한 것으로 나타난다. 이는 두 조사 시점 사이의 10년간 사실상 노조전임자 수가 증가하였다는 것을 의미한다. 그러나 노동조합 전임자 수의 증가가 지속적인 추세인지에 대해서는 추가적 분석이 필요하다.

〈표 2〉 2002년 한국노동연구원 전임자 실태조사

조합원 수	단체협약상 전임자 수		실제 전임자 수	
	전임자 1인당 조합원 수	전임자 1인당 근로자 수	전임자 1인당 조합원 수	전임자 1인당 근로자 수
1~99인	51.0 (194)	103.9 (192)	51.2 (194)	104.7 (192)
100~299인	120.3 (228)	173.6 (225)	119.1 (228)	172.2 (225)
300~499인	161.2 (56)	242.1 (56)	163.8 (56)	242.2 (56)
500~999인	233.7 (54)	365.4 (53)	220.8 (54)	349.4 (53)
1,000인 이상	361.0 (30)	566.2 (30)	353.3 (30)	558.8 (30)
전체	124.2 (562)	195.9 (556)	122.4 (562)	193.7 (556)

* 괄호 안의 수치는 사례 수.

* 자료: 『한국노동연구원 전임자 실태조사』(2002).

〈표 3〉 노동조합의 전임자 구성 및 운영 현황

구분		전임자		회사임금	1인당 월평균
		완전전임	부분전임	지급률(%)	임금(만원)
기업평균 실제전임자 수		2.4명	2.1명	96	192
상급단체 파견 전임자		3.2%	-	100	279
회사파견 사무보조직원		4.3%	-	100	129
노조채용직원		4.7%	-	45	87
사업장내 노조전임자		87.8%	-	96	194
기업평균 임단협시 추가전임자 수	임금협약교섭	3.5명	3.2명	97	194
	단체협약교섭	3.5명	3.0명	94	186
	임단협동시교섭	4.0명	3.2명	99	205

* 자료: 『한국노동연구원 전임자 실태조사』(2002).

〈표 3〉은 노동조합 전임자의 구성 및 운영현황을 보여주고 있다. 조사대상 기업의 완전전임자 수는 평균 2.4명이며 이들 중 88%는 사업장내 노조전임자이다. 노동조합은 평균 2.1명의 부분전임자를 가지고 있으며, 임금협약과 단체협약 교섭시에 추가적으로 전임자를 운영하고 있다. 사업장내 노조전임자의 임금은 조사대상 기업 중 96%의 기업에서 회사가 지급하고 있다. 특이한 점은 상급단체 파견전임자의 임금 역시 조사대상 기업 100%에서 회사가 지불하고 있다는 것이다. 기업은 노조전임자의 급여지원 이외의 다른 형태로도 노동조합을 지원하고 있다. 가령 회사에서 파견한 노동조합 사무보조직원의 임금은 모든 조사대상 기업에서 회사가 지급하고 있으며, 노조채용직원에 대한 임금도 조사대상 중 45%가량의 기업에서 회사가 임금을 지급하고 있다.

이상의 실태조사에서 나타난 노조전임자의 규모를 외국과 비교해보자. 유급 완전전임을 기준으로 할 경우 일본은 노조전임자 1인당 조합원 수가 500~600명, 미국은 800~1,000명, 유럽국가의 1,500명 이상 수준인 것으로 밝혀져 있다(노사정위원회, 2003). 따라서 한국의 노동조합이 다른 나라의 노동조합에 비해 상당히 많은 전임자 수를 유지하고 있음을 알 수 있다. 비록 유럽과 같은 산별체제를 가지고 있는 국가와 노조전임자 수를 평면적으로 비교하는 것에 큰 의미를 부여할 수는 없으나, 한국과 같은 기업별 체제를 유지하고 있는 일본과는 직접적 비교가 가능하다. 전임자 1인당 조합원 수를 비교하면 한국이 일본에 비해 4~5배 정도 전임자 수가 많다. 한국의 노조전임자 수가 선진국에 비해 많다는 것은 분명한 사실인 것 같다.

2) 노동조합의 재정과 노조전임자

노조전임자 급여지급 문제를 논의함에 있어서 반드시 고려해야 할 요소는 노동조합의 재정상황이다. 노조전임자 급여지급이 금지되면 노동조합이 전임자의 임금을 부담해야 한다. 과연 사용자가 전임자의 급여를 지급하지 않는 경우 노동조합은 자체 재정으로 전임자의 급여를 감당할 수 있는가? 감당할 수 있다면 몇 명의 노조전임자를 유지할 수 있는가? 이하에서는 노동조합의 재정적 측면에서 전임자 문제를 생각해보기로 한다.

〈표 4〉에는 한국 노동조합의 조직현황을 보여주고 있다. 노동부가 발표한 「2006년 전국 노동조합 조직현황」에 따르면 전체 노동조합 수는 5,889개소로 나타난다. 이 중 조합원 수 300인 미만의 노동조합은 5,215개소로 전체의 88.6%를 차지하고 있다. 반면 조합원 수가 1,000인 이상의 노조는 208개로 전체 노동조합의 3.5%에 불과하다. 따라서 전체 노동조합의 90%가량이 조합원 300인 미만의 소규모 노동조합이다.

노동조합 규모별로 노동조합비 징수액과 노동조합비만으로 전임자의 임금을 지급할 때 유지할 수 있는 전임자 수를 추계하면,6 노조전임자 급여지급 금지가 노동조합의 재정과 활동에 어떤 영향을 미칠지를 추측할 수 있다. 노동조합의 조합비는 기본급의 1%인 경우가 대부분이다. 노조의 수입에는 조합비 이외에도 수익사업에 따른 잡수익이 있으나 그 비율은 매우 낮다. 아래의 **〈표 5〉**은 과연 조합비만으로 몇 명의 노조전임자에게 임금을 지급할 수 있는가를 노동조합 규모별로 추계한 것이다.

〈표 4〉 노조규모별 조직현황

(단위: 개소, 명, %)

조합 규모	노조 수	조합원 수		
		전체	남성	여성
50인 미만	2,966(50.4)	50,360(3.2)	40,266	10,094
50~99인	964(16.4)	69,246(4.4)	57,630	11,616
100~299인	1,285(21.8)	213,535(13.7)	179,936	33,599
300~499인	261(4.4)	101,168(6.5)	81,308	19,860
500~999인	205(3.5)	138,812(8.9)	107,270	31,542
1,000~4,999인	166(2.8)	311,115(20.0)	238,777	72,338
5,000인 이상	42(0.7)	674,943(43.3)	510,066	164,877
전체	5,889(100.0)	1,559,179(100.0)	1,215,253	343,926

* 초기업단위(지역, 전국단위 포함)를 지향하는 산별 노동조합 수는 431개소(7.3%), 조합원 수는 618,356명(39.7%)을 차지하고 있음. 노동부는 초기업단위 노조를 하나의 노조로 파악하여 자료를 작성하고 있음.

* 자료: 노동부, 「2006년 전국 노동조합 조직현황」(2007).

노동조합의 조합비 징수액 추계에는 노동부의 2007년 「사업체임금근로시간조사」에 보고된 사업체 규모별 임금수준을 사용하였다. 조합원 10인인 노동조합은 종업원 10~29인, 조합원 50인인 노동조합은 종업원

6 김정한(2005)은 2003년 「매월노동통계조사보고서」를 이용하여 조합비로 충당할 수 있는 전임자 수를 추정하고 있다. 본고는 그의 방법론에 기초하고 있으나, 구체적인 추정방법에는 차이가 있다.

30~99인, 조합원 100인인 노동조합은 종업원 100~299인, 조합원 300인 이상인 노동조합은 종업원 300인 이상 사업체의 임금자료를 사용하였다. 조합비는 각각 상용직 정액급여의 1%, 2% 또는 3%라고 가정하였다. 조합비로 지불해야 할 노조전임자의 임금은 상용직 임금총액(=상용정액급여+상용특별급여)이다. 노조전임자의 대다수가 상용직 근로자일 것이므로 상용직의 임금을 사용하였으며, 임금총액에는 정액급여와 특별급여만을 포함하였다. 노조전임자가 초과근로를 한다는 것은 상정할 수 없으므로 초과근로에 대한 급여인 초과급여는 노조전임자의 임금에서 제외하였다. 한편 조합비 역시 대다수의 노동조합원이 상용직근로자임을 감안하여 상용직 근로자의 임금을 기준으로 산정하였다. 그리고 조합비는 임금총액이 아니라 기본급(정액급여)에 일정 비율이 부과되는 것으로 간주하였다.

추정결과에 의하면 조합원수 100인 이하의 노동조합은 기본급 1% 조합비만 가지고는 전임자 1명의 급여비용을 감당할 수 없는 것으로 나타난다. 300명인 노동조합은 2.37명을 유지할 수 있다. 그리고 **〈표 5〉**에 나타나는 것처럼 노동조합의 규모가 증가할수록 그리고 임금총액에서 차지하는 조합비의 비중이 증가할수록 조합비로 충당할 수 있는 전임자 수는 증가한다. 예를 들어, 조합비가 상용직 정액급여의 1%라고 하면 조합원수 5,000인 이상인 노동조합에서는 39.57명, 조합원 수 10,000인 이상인 노동조합에서는 71.15명, 30,000인 이상인 노동조합에서는 237.45명의 전임자를 조합비만으로 유지할 수 있다. 또한 조합비로 유지할 수 있는 노조전임자 수는 조합비가 상용직 정액급여의 2%로 책정될 경우에는 2배로, 3%로 책정될 경우에는 3배로 증가한다.

조합비로 충당할 수 있는 노조전임자 수는 **〈표 6〉**에서 보는 것처럼 산업별로 차이를 보인다. 이는 산업별 임금수준의 차이를 반영한 것이다.

〈표 5〉 조합원 규모별 조합비 및 전임자 임금비교

(단위: 천원, 명)

조합원 수	조합비(월)	전임자 임금(월)	조합비로 유지 가능한 전임자 수		
			1%	2%	3%
10인	189,871	2,095,326	0.09	0.18	0.27
50인	979,023	2,214,536	0.44	0.88	1.33
100인	2,030,309	2,379,974	0.85	1.71	2.56
300인	7,064,814	2,975,345	2.37	4.75	7.12
500인	11,774,690	2,975,345	3.96	7.91	11.87
1,000인	23,549,380	2,975,345	7.91	15.83	23.74
5,000인	117,746,900	2,975,345	39.57	79.15	118.72
10,000인	235,493,800	2,975,345	79.15	158.30	237.45
30,000인	706,481,400	2,975,345	237.45	474.89	712.34

* 자료: 노동부, 「사업체임금근로시간조사」(2007).

〈표 6〉 산업별 · 조합원 규모별 조합비로 유지 가능한 전임자 수

(단위: 명)

	제조업			금융 및 보험업			통신업		
조합원 수	1%	2%	3%	1%	2%	3%	1%	2%	3%
10인	0.09	0.19	0.28	0.08	0.15	0.23	0.09	0.17	0.26
50인	0.46	0.91	1.37	0.40	0.80	1.21	0.42	0.83	1.25
100인	0.85	1.70	2.55	0.82	1.64	2.47	0.79	1.58	2.37
300인	2.28	4.56	6.84	2.34	4.67	7.01	2.40	4.80	7.20
500인	3.80	7.60	11.41	3.89	7.79	11.68	4.00	8.00	12.01
1,000인	7.60	15.21	22.81	7.79	15.58	23.36	8.00	16.01	24.01
5,000인	38.02	76.04	114.05	38.94	77.88	116.82	40.02	80.03	120.05
10,000인	76.04	152.07	228.11	77.88	155.76	233.64	80.03	160.07	240.10
30,000인	228.11	456.22	684.33	233.64	467.28	700.92	240.10	480.21	720.31

* 자료: 노동부, 「사업체임금근로시간조사」(2007).

그러나 노동조합의 규모가 증가할수록 조합비가 높게 책정될수록 조합비로 유지할 수 있는 전임자의 수가 증가한다는 기본적인 패턴에는 차이가

없다.

전임자 급여지급 금지는 노동조합의 재정상황뿐만 아니라 노동조합의 재정지출 구조에도 큰 변화를 가져올 것이다. 앞에서 언급하였듯이, 교원노조와 공무원노조의 전임자는 휴직으로 처리되고 그 임금은 노동조합의 재원으로 조달되고 있다. 반면 민간부문에서는 전임자의 임금을 사용자가 부담한다. 따라서 양자의 재정지출 구조를 비교하여 살펴보면 전임자 급여지급 금지의 시행이 노동조합의 재정지출 구조에 미칠 영향을 추측할 수 있다.

이를 위해 노조법의 적용을 받는 A노동조합과 교원/공무원노조법의 적용을 받는 B노동조합의 지출구조를 비교해보고자 한다. A노동조합은 민간부문의 규모가 큰 노동조합이다. B노동조합은 교원노조법 또는 공무원노조법의 적용을 받는 노조 중에서는 규모가 큰 노동조합이다. 양 노조 모두 조합비 징수기준은 기본급의 1%이다.

〈그림 1〉은 두 노동조합의 재정지출 구조를 보여주고 있다. 그림을 보면 양자의 지출구조의 차이가 극명하게 나타난다. 전임자 급여지급이 금지된 B노동조합은 인건비 비중이 32.5%에 이르는 반면, 전임자의 급여를 사용자가 지급하고 있는 A노동조합의 인건비 비중은 2.2%에 불과하다. 이러한 차이는 전임자 1인당 조합원 수의 차이에 그대로 반영된다. 2004년 기준으로 B노동조합의 전임자 1인당 조합원 수는 720명인 반면 A노동조합의 전임자 1인당 조합원 수는 440명이다. B노동조합의 경우 전임자의 인건비를 노동조합이 부담하므로 A노동조합보다 전임자수를 상대적으로 적게 유지하고 있다고 볼 수 있다.

A노동조합은 전임자 급여지급 금지가 시행될 경우 현재와 같은 재정지출 구조를 유지하기는 매우 어려울 것이다. 전임자 인건비 지출에 필요

한 재원을 마련하기 위해 노동조합의 다른 활동에 투입되는 재원을 불가피하게 감소시킬 수밖에 없다. 전임자 축소, 조합비 인상, 상급단체 분담금 하향조정, 사업비 축소 등 다양한 방법이 강구될 것으로 예상된다.

〈그림 1〉 노조법 적용 A 노동조합과 교원노조법 적용 B 노동조합의 재정지출 구조

(단위: 천원, %)

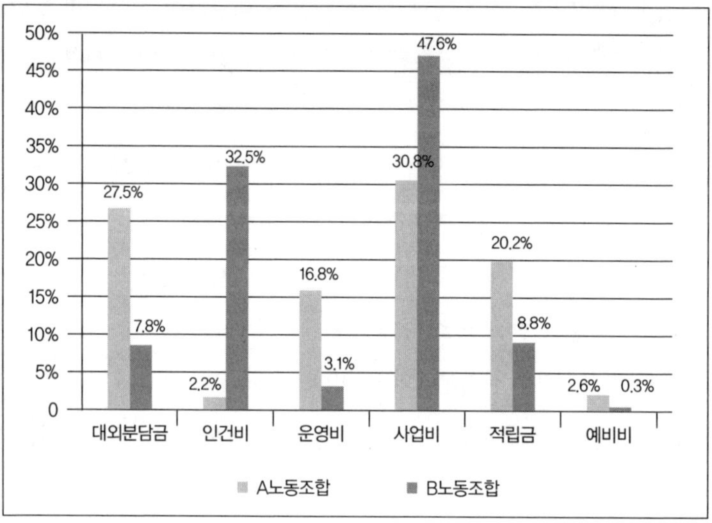

6. 노조전임자에 대한 법정책 방향

1) 법정책의 기본방향

노조전임자의 급여지급 금지에 대해서는 노사간 현격한 인식의 차이가 존재한다. 뿐만 아니라 시행의 실질적인 파급효과도 매우 커서 이해관

계도 첨예하게 대립된다. 이러한 상황을 반영하여, 전임자 급여지급 문제에 대해서는 노사 어느 한쪽의 입장을 대변하는 또는 노사의 입장을 절충한 다양한 정책방안이 제시되고 있다. 현재 제시되고 있는 방안들을 개략적으로 정리해보면 다음과 같다.

제1안은 노조전임자 급여지급 금지규정을 다시 유예하는 방안이다. 노사간의 현격한 인식의 차이를 고려하여 노조법 부칙 제6조의 규정의 개징을 또다시 유예할 수밖에 없을 것이라는 현실적인 판단에 근거한 제안이라고 할 수 있다. 그러나 2009년까지 13년을 유예하고 또다시 유예한다는 것은 법의 신뢰성의 문제를 야기한다. 이제는 어떤 식으로든지 결론을 내려야 할 시점이다.

노동계는 현행 노조법 제24조 제2항을 폐기하는 것이다. 이는 노동계가 주장하는 방안이다. 전임자 급여지급 금지가 노동조합에 미치는 영향이 크므로 노동조합으로서 취할 수 있는 당연한 입장이다. 하지만 외국의 입법례를 비추어볼 때 한국과 같이 풀타임의 유급전임자를 두는 경우가 거의 없고, 더구나 한국 노동조합의 전임자 수가 외국노동조합에 비해 많다는 점을 감안하면 이러한 주장은 설득력을 상실한다.

제3안은 현행법을 그대로 유지하는 것이다. 비록 복수노조와 연계하여 여러 가지 전략적 선택을 하고 있지만 경영계의 기본입장은 2010년부터 노동조합 전임자 급여지급 금지를 전면적으로 시행하자는 것이다. 경영계는 현행법 노조법 부칙 제6조에 의해 전임자 급여지급 금지가 2010년부터 당연히 시행되므로 이 문제를 특별히 논의할 필요를 느끼지 못한다. 따라서 경영계는 전임자 문제와 관련한 협상에서 유리한 지위를 선점하고 있다. 그러나 전임자 급여지급 금지가 노동조합의 재정운영에 미치는 현실적인 영향력을 감안한다면 대화상대로서의 노동조합에 대한 최소한의 배려는 필요하다고 판단된다.

제4안은 노사관계법제도선진화위원회안이다. 앞에서 자세히 설명한 것처럼 급여지원을 허용하는 전임자의 상한선을 정하고 유급전임을 조합 규모별로 차등 적용하자는 견해이다. 노사관계법제도 선진화방안은 노사 간 이해 조정차원에서 제기된 것이기는 하지만, 여전히 기존의 불합리한 노사관행을 법적으로 추인한다는 점에서 노사관계 개선이라기보다는 현상유지적인 방안이다. 더구나 이 방안은 노조전임자가 존재하지 않는 기업에서 법에 규정한 수만큼 노조전임자를 두도록 유도하는 유발효과를 발생시킬 가능성이 있다. 또한 기존의 파트타임 또는 무급 전임자를 풀타임 또는 유급 전임자로 전환시키는 부정적 효과도 예상된다.

노조전임자 급여지급 문제에 대한 법정책 방안은 다음과 같은 전제하에 수립되어야 한다. 첫째, 교원노조나 공무원노조법에 의해 이미 여러 노동조합이 설립되어 노동조합 활동을 펼치고 있다. 교원노조나 공무원노조의 전임자에 대해서는 급여지급이 금지된다. 노조법의 적용을 받는 노동조합이 이들 조합보다 특별한 법적 보호를 받아야 할 이유는 존재하지 않는다. 둘째, 대기업 노조의 경우에는 조합재정상 전임자의 급여를 조합비로 충분히 충당할 수 있는 위치에 있다. 따라서 대규모 노동조합의 전임자에 대한 급여는 노동조합이 부담해야 한다. 강성노조가 존재하는 대규모 사업장에서 노조전임자에 대한 급여지원 규모나 실태는 한국 노사관계의 불공정성과 불합리성을 보여주는 전형적인 사례로 지적되어왔다. 노조전임자 급여지급 금지의 입법목적은 바로 이러한 관행의 시정에 있다. 셋째, 노사관계에서는 사용자의 대화의 상대방으로서 능력 있고 합리적인 근로자 대표기구가 필요하다. 재정구조가 취약한 소규모 노동조합의 대표기능은 전임자 급여지급 금지가 시행되면 크게 위축될 수 있다. 따라서 급여지급 금지로 근로자대표 내지 노사간 대화기구에 문제가 발생하는 것을 방지하기 위한 법정책적 배려가 필요하다.

2) 노조전임자 급여지급에 관한 정책방안

노조전임자 급여지원 금지를 둘러싼 노사간의 갈등은 불가피하다. 그럼에도 불구하고, 과거와 같이 정치적 타협안을 모색하기보다는 원칙론에 입각하여 문제해결에 접근해야 한다. 앞에서 제시한 원칙을 고려할 때, 여기에 비교적 충실히 부합하는 다음과 같은 두 가지 방안을 생각할 수 있다.

첫 번째 방안은 "전면적용+근로시간 면제(time-off)" 방안이다. 이 방안은 노조전임자 급여지급 금지를 2010년부터 적용하되, 노조전임자 급여지급 금지의 전격적인 시행이 가져올 부정적 효과를 완화하기 위해 노조활동에 관한 근로시간 면제제도를 도입하는 것이다. 이를 위해서는 노조법 제81조 제4호 부당노동행위 규정의 보완이 필요할 수도 있다. 근로시간 면제의 범위는 외국의 입법례를 참조하여 정하면 될 것이다. 예를 들어, ① 조합원 규모당 근로시간 면제를 받을 수 있는 전임자의 범위와 수를 정한다. ② 전임자가 근로시간을 면제받을 수 있는 월 최대 근로시간을 정한다. ③ 근로시간 면제가 적용될 수 있는 노동조합 활동의 종류를 법적으로 규정한다. ④ 근로시간 면제를 받는 전임자 사이에 면제된 근로시간을 상호 양도할 수 있게 하여 풀타임 전임도 가능하게 한다. ⑤ 다만, 근로시간 면제제도를 모든 기업에 적용할 것인지 아니면 일정 규모 이상의 기업에만 적용할 것인지는 정책적 판단에 따라 달라질 수 있다.

두 번째 방안은 노조전임자 급여지급 금지의 적용을 노동조합 규모에 따라 순차적으로 확대하는 방안이다. 이는 노동조합의 재정현실을 감안하여 즉각적인 법적용이 가능한 일정 규모 이상 대규모 노동조합부터 전임자 급여지급 금지를 예정대로 시행하고, 나머지 노동조합에 대해서는 조합규모에 따라 순차적으로 실시하자는 것이다. ① 일정 규모 이상의 대규모 노동조합의 경우 전임자의 급여를 독자적으로 지급할 능력이 있으므로 2010년부터 즉각적으로 시행한다. ② 그 이외의 노동조합에 대해서는 규모별로 도입 시기에 차등을 두어 실시시기를 정한다. 예를 들어, 교원이나 공무원과 같이 공공성을 지니고 있는 공공부문7의 노동조합 그리고 조합원 수가 500인 이상인 노동조합의 경우에는 즉시 시행하도록 하고, 조합원 수가 300인 이상인 노동조합은 2013년, 조합원 수가 100인 이상인 노동조합은 2015년, 100인 미만인 노동조합은 2017년, 50인 미만인 노동조합은 2020년을 초과하지 아니하는 기간 이내에서 대통령령으로 정하는 날로부터 도입한다고 정하는 것이다. 이렇게 규모별로 시행시기에 차등을 두는 것은 주 40시간으로의 근로시간 단축과정에서 근로기준법이 채택한 방식이기도 하다.

필자는 위의 두 가지 안 중 노조전임자 급여지급 금지를 순차적으로 도입하는 두 번째 방안이 타당하다고 생각된다. 우선 재정적으로 취약한 소규모 노동조합의 경우에는 일정 기간 유예를 주어 자구책을 마련할 수 있는 적응기간을 부여해야 한다. 노동조합이 조합비 인상이나 기타 수입의 확보 등 재정적 수단을 강구하거나, 전임자 수의 축소나 풀타임 전임자의 파트타임 전임자로의 전환 등 노조전임자 합리화 조치를 취하는 데는 시간

7 구체적으로 「정부투자기관 관리기본법」 제2조에 따른 정부투자기관, 「지방공기업법」 제49조 및 같은 법 제76조에 따른 지방공사 및 지방공단, 국가·지방자치단체 또는 정부투자기관이 자본금의 2분의 1 이상을 출자하거나 기본재산의 2분의 1 이상을 출연한 기관·단체와 그 기관·단체가 자본금의 2분의 1 이상을 출자하거나 기본재산의 2분의 1 이상을 출연한 기관·단체를 말한다.

이 소요된다. 또한 과거의 경험에 비추어보면, 첫 번째 방안의 경우 근로시간 면제의 범위와 정도를 둘러싸고 노사간의 합의가 쉽지 않을 것으로 예상된다. 따라서 또다시 적용유예를 반복하지 않기 위해서는 노사간 정치적 타협의 소지를 최소화하는 두 번째 방안이 바람직하다.

3) 기타 제도보완이 필요한 사항

제1안 또는 제2안의 도입과 함께 전임자 급여지급 금지와 관련하여 몇 가지 제도적 보완이 필요한 사항이 있다. 우선 사용자의 초기업 노조전임자에 대한 급여지원 금지 규정을 신설해야 한다. 상급단체에 파견된 노조간부 등 근로관계가 사실상 종료된 노조전임자에 대한 사용자의 급여지원은 법리적·정책적 근거가 전혀 없고, 글로벌 스탠더드에 부합하지 않는 이례적 제도이다. 따라서 초기업 노조전임자에 대한 급여지급 금지를 노조법에 명문화할 필요가 있다.

이와 동시에 노조전임자를 둘러싼 법률관계를 명확히 하기 위해 노조법 제24조가 보완되어야 한다. 교원노조법 제5조나 공무원노조법 제7조에서와 같이 ① 풀타임 노조전임자는 전임기간 중 휴직한 것으로 간주하고, ② 이와 함께 노조전임자의 보호를 위해 근로자는 전임자임을 이유로 승급 그 밖의 신분에 관한 불이익한 처우를 하여서는 아니 된다는 취지의 규정을 신실하는 것이 바람직하다.

마지막으로 노조전임자 급여지급 금지와 관련하여 법규정의 실효성 확보를 위한 제도적 장치가 필요하다. 현행 노조법 체계에서 전임자 급여지급은 부당노동행위의 법리에 의해서 규율된다. 부당노동행위의 구제신청권자는 부당노동행위로 인하여 그 권리를 침해당한 근로자 또는 노동조합이다(노조법 제82조). 따라서 '비공식' 또는 '사실상' 전임자의 형식으로 법을 우회하여 전임자의 급여가 지급되고 노동조합이 이를 문제삼지 않고 노동위원회에 제소하지 않는 경우에는 전임자 급여지급 금지의 효과가 무력화될 수도 있다. 따라서 법규정의 실효성을 확보하기 위한 제도적 장치가 마련되어야 한다. 노조법상 '쟁의행위 기간 중 임금지급 요구의 금지(노조법 제44조)'와 같이 벌칙조항(노조법 제90조)을 마련하는 방안과 노동조합의 부당노동행위제도를 신설하여 전임자 급여지급 요구를 노동조합의 부당노동행위로 규율하는 방안을 생각해볼 수 있다.[8]

8 향후 복수노조의 설립이 허용되면 복수노조간 유급 전임을 둘러싼 갈등이 제기될 수 있다. 사실 잘 인식되고 있지는 않지만 노조전임자 급여지급 금지는 복수노조 상황을 상정하고 전임자 급여를 통한 사용자의 특정 노동조합에 대한 지원이나 지배개입을 방지하기 위해 마련된 규정으로 이해할 수 있다. 복수노조가 서로 경쟁하는 기업에서는 노조 상호간의 견제와 균형으로 노조전임자 급여지급 금지의 실효성이 어느 정도 확보될 가능성도 있다. 만일 노동조합의 부당노동행위제도가 도입되고, 노동조합의 전임자 급여지급 요구가 노동조합의 부당노동행위로 인정된다면 법규정의 실효성은 한층 더 강화될 것이다. 그러나 노동조합의 부당노동행위제도 도입 문제는 본고의 범위를 벗어나는 주제이므로 여기에서는 필요성만을 지적하기로 한다.

참고문헌

김정한(1998), 「노동조합의 재정자립에 관한 연구」, 한국노동연구원.

———(1999), 「일본의 재직전임제도에 대한 일고찰」, 『노조전임자 임금지급: 세계적 추세와 향후 정책방향』, 고려대학교 노동대학원.

———(2005), 「노조전임제도의 현황과 향후 전망」, 『노사관계 선진화방안 주요쟁점 분석 및 입법대안 모색(V)』, 한국노동연구원, pp. 74~100.

박우성(1999), 「전임자제도 개선방안을 위한 유럽사례연구」, 『노조전임자 임금지급: 세계적 추세와 향후 정책방향』, 고려대학교 노동대학원.

노사정위원회(2003), 「노조전임자 급여지급 관련 논의자료」, 노사정위원회.

이철수 · 조준모(2005), 「전임자제도의 실태와 과제」, 『산업관계연구』, 제15권 제1호, pp. 135~155.

조준모 · 이원희 · 이동복(2005), 「노사관계 로드맵 쟁점에 대한 경제학적 분석: 복수노조, 노조전임자, 실업자의 조합원 가입을 중심으로」, 『노동정책연구』, 제5권 제4호, pp. 1~63.

한국경영자총협회(2006), 「노조전임자 제도와 현황」, 한국경영자총협회.

Block, Richard N.(1995), "Labor Law, Economics, and Industrial Relations: A Reconciliation," Industrial Relations, 34(3), pp. 402~416.

Cahuc, Pierre, and Zylberberg, Andre(2004), Labor Economics, Cambridge: MIT Press.

Epstein, Richard A.(1983), "A Common Law for Labor Relations: A Critique of the New Deal Labor Legislation," Yale Law Journal, 92(8), pp. 1357~1408.

Freeman, Richard B. and Medoff, James L.(1984), What Do Unions Do?, New York: Basic Books.

Posner, Richard A.(1984), "Some Economics of Labor Law," University of Chicago Law Review, 51(3), pp. 988~1011.

제10장_ 파업권의 보장 및 한계

김태정

1. 문제제기: 한국 파업의 현 상황

해외의 주요 평가기관들은 한국의 노사관계에 대해 "대립적이고 경직적"이라는 부정적인 인식을 피력하고 있다. IMD 발표 한국의 노사관계 경쟁력은 6년 연속 조사대상국 중 최하위를 기록하고 있으며, WEF 평가에서는 95위로 전년 대비 40단계 하락하였고, 국가경쟁력(13위)에 비해서는 미흡한 수준이다.[1] 이러한 평가를 내리는 근저에는 바로 한국의 파업구조를 언급할 수 있다. 즉, 한국을 파업공화국이라고 평가하는 것처럼 실제 1987년 이후 민주화와 외환위기를 거치면서 외국에 비하여 파업이 많고 장기화·과격화되고 있는 것으로 정리할 수 있다.

물론, 파업은 헌법에 보장되어 있고 ILO의 핵심적 노동기본권에 속하는 노동자들의 기본적 권리이므로 파업 그 자체가 도덕적으로 비난받을 수

1 IMD. World Competitiveness Yearbook.; WEF. The Global Competitiveness Report.

는 없다. 그렇지만, 글로벌 시대의 무한경쟁 하에서는 파업 여부에 따라서 기업의 존폐가 결정될 수 있으며, 파업은 곧 생산의 차질을 의미하며 생산성에도 직간접적으로 영향을 미친다.[2] 즉, 이러한 파업의 대량화·장기화는 기업 및 산업의 경쟁력 저하 및 국가경제에도 심대한 위협을 줄 수 있는 것은 자명하며, 파업으로 인한 기업의 해외 이전까지 발생하게 되어 실업 문제까지 연결될 수 있다.

이에 구체적으로 한국의 파업 구조가 어떤 문제점이 있는지 살펴볼 필요가 있다.

① 2004년 이후 파업건수가 지속적으로 줄어들고 있으나, 파업성향(근로자 1,000명당 근로손실일수)이 매우 높은 수준이다.

파업의 빈도는 1990년대 중반에 안정적인 추세를 보였다가 IMF위기에 따른 고용불안감 해소를 계기로 다시 파업건수가 증가하였으나, 2000년대 중반부터 다시 노동조합의 실리주의 노선이나 노사협력 선언 등에 기인하여 계속 감소하고 있는 상황이다.

그렇다고 하더라도 현 시점에서 외국과의 파업건수를 비교하더라도, 한국의 파업건수는 덴마크, 프랑스, 캐나다, 호주 등에 비해서는 적은 편이지만, 상당수 국가의 파업건수가 지속적으로 많이 감소하고 있어 한국은 여전히 파업건수가 많은 국가로 평가받을 수 있다.

특히, 파업성향을 비교했을 때, 캐나다가 가장 높고 이탈리아, 프랑스

2 파업(노사분규)이 경제적 효과에 부정적인 영향을 준다고 하는 연구로 조준모 · 김기승(2006)이 대표적이다. 이 연구는 현재의 파업뿐만 아니라 과거의 파업도 현재의 기업성과에 부정적 영향을 미치고, 또, 일단 파업이 발생하면 누적적으로 미래의 기업성과에도 부정적인 영향을 준다고 하고 있다. 또한 과거의 파업이 불법파업일수록 현재의 파업 확률을 높여 현재의 기업 성과에 부정적인 영향을 준다고 하고 있다(조준모 · 김기승, 「노동조합의 파업이 기업성과에 미치는 효과에 관한 동태적 분석」, 『한국경제연구』, 제17권, 2006).

파업건수 및 파업성향 비교

구분		1990	1995	2000	2001	2002	2003	2004	2005	2006
한국	건수	322	88	250	235	322	320	462	287	138
	성향	-	31	144	79	111	90	81	56	77
덴마크	건수	232	424	1,081	840	1,349	681	804	53	4476
	성향	-	85	51	24	79	23	31	-	-
네덜란드	건수	29	14	23	16	16	14	12	28	31
	성향	37	122	1	6	35	2	9	6	2
독일	건수	777	361	67	48	938	-	-	-	-
	성향	-	7	0.3	0.8	8.9	4.8	1.3	0.5	11
프랑스	건수	1,790	2,066	1,427	1,105	745	785	699	-	-
	성향	66	301	114	82	-	-	-	-	-
이탈리아	건수	1,094	545	966	746	616	710	745	654	549
	성향	-	65	59	67	311	124	44	-	-
영국	건수	630	235	212	194	146	133	130	116	158
	성향	-	18	20	20	51	19	34	6	28
아일랜드	건수	49	34	39	26	27	24	11	15	10
	성향	-	132	72	82	15	26	14	-	-
미국	건수	44	31	39	29	19	14	17	22	23
	성향	-	51	161	95	3	2	8	-	-
캐나다	건수	579	328	377	381	294	266	298	260	150
	성향	-	141	134	174	233	131	239	304	58
일본	건수	284	209	118	90	74	47	51	50	46
	성향	-	1	1	1	0	0	-	-	-
태국	건수	9	39	13	5	6	5	2	9	-
	성향	-	32	32	1	3	3	0	-	-
말레이시아	건수	17	13	11	13	4	2	-	-	-
	성향	No data								
인도네시아	건수	61	276	273	174	220	161	-	-	-
	성향	No data								
호주	건수	1,193	643	698	675	766	643	691	501	222
	성향	217	79	61	50	32	53	45	26	15

* 출처: ILO, LABORSTA DB; 이장원 외(2005), 『한국의 파업구조와 특징에 관한 연구』, 노동부정책연구용역보고서; 김대환(2008), 『노사관계 합리화의 과제와 방안』, 전경련 연구용역보고서 등을 참조하여 재작성.

등에 이어 한국이 높게 나타나고 있다. 반면 일본과 독일은 파업성향이 현저하게 낮으며, 대립·견제적 노사관계로 특징짓는 영국과 미국의 경우에도 한국보다 낮다. 특히, 1990년대까지만 하더라도 한국보다 높은 파업성향을 보이던 아일랜드가 사회협약 등을 통해 2000년부터 격감된 추세로 변환된 것은 주목할 만하다.

② 최근 파업으로 인해 직 · 간접 산업손실 및 기업경쟁력 약화가 크게 나타난다.

쟁의행위로 인한 손실은 파업 지속일수에 의해서도 영향을 많이 받는다. 파업이 오래 지속되면 그로 인한 생산손실도 커지고, 노사의 불신도 더 깊어질 수밖에 없기 때문이다. 이러한 파업지속일수 통계를 비교해보면 2000년 이후 30일 수준이던 것이 2005~2006년에는 40~50일 수준으로 파업이 장기화되고 있음을 확인할 수 있다.

파업건당 평균지속일수

2000	2001	2002	2003	2004	2005	2006	2007
30.0	31.7	30.2	29.0	24.7	48.6	54.5	33.6

* 출처: 이성희(2008. 6), 「2000년 이후 노사분쟁 발생 추이와 노사관계 변화」, 『노동리뷰』 제42호.

노사분규에 따른 경제적 손실 추이

구분	1995	1996	1997	1998	1999	2000	2001	2002	2003
생산차질액	10,757	17,983	29,929	16,363	18,908	16,357	21,269	17,177	24,972
수출차질액	200	386	498	825	771	636	767	1,053	1,053

* 단위: 생산차질액은 억 원, 수출차질액은 백만 달러.

* 출처: 이장원 외(2005), 『한국의 파업구조와 특징에 관한 연구』.

이러한 노사분규의 장기화, 과격화, 대형화로 인해, 제조업 중심, 수출지향적 경제구조를 가진 우리나라 입장에서 상당한 경쟁력 약화로 이어지고 있다.

③ 파업의 원인이 다양하고 복잡해져 파업의 발생 가능성이 한층 더 높아지고 있다.

외환위기 전후로 노사간의 갈등은 임금문제에서 고용문제로 이전하게 된다. 이는 노사분규 발생원인별 추이에서 외환위기 이전과 이후가 확연히 구분되는 데에서도 알 수 있다. 1997년 이전에는 주로 임금인상과 체불임금이 분규의 원인이었으나 2000년대에 들어서서는 단체협약을 둘러싼 갈등이 확산되고 있다. 구조조정을 둘러싸고 노조는 인력감축에 대한 저지투쟁을 벌임과 동시에 구조조정에 대한 방어장치를 요구했던 반면, 사용자는 노조의 행동들이 경직적 인력운영을 초래하거나 경영권을 침해한다고 하여 빚어진 갈등이 주를 이루고 있다고 볼 수 있다.[3]

또한, 개별 사업장의 노사관계 이슈(해고, 비정규직, 교섭기피, 단협 체결 지연 등) 외에도 구조조정 반대, 민영화 반대, 정부 정책 반대 등 정치적 목적의 연대파업들도 다수 나타나고 있다. 이슈 대응을 위해 관행적으로 총파업을 우선적으로 활용하고 있으며, 근로조건 개선보다는 파업의 명분과 동기가 약한 국가차원의 법·제도 개선(예컨대 2007년의 FTA, 노사관계로드맵, 비정규직 보호법안 등)을 둘러싼 노정간 갈등까지 지속되고 있다.

3 김대환(2008), 『노사관계 합리화의 과제와 방안』.

발생원인별 노사분규의 추이

구분	전체	체불임금	임금인상	해고	단체협약	기타
1992	235	27	134	4	49	21
1993	144	11	66	1	52	14
1994	121	6	51	3	42	19
1995	88	–	33	1	49	5
1996	85	1	19	–	62	3
1997	78	3	18	–	51	6
1998	129	23	28	3	57	10
1999	198	22	40	–	89	47
2000	250	7	47	2	167	27
2001	235	6	59	–	149	21
2002	322	2	44	8	249	19
2003	320	5	43	3	249	20
2004	462	3	56	–	386	17
2005	287	–	36	–	236	15
2006	138	1	26	3	97	11
2007	115	–	24	–	78	–

* 기타 항목에는 근로조건 개선, 조업단축, 정리해고, 회사 매각에 따른 해고, 희망퇴직자 모집 반대, 기업통합 반대, 인사발령 등이 포함.

* 출처: 노동부, 「노사분규 DB」.

④ 불법 파업이 여전히 발생하고 있으며, 심지어는 과격성을 보이기도 한다.

노사관계가 협력이냐 대립이냐 평가에서 반드시 고려해야 할 요소가 파업의 합법성 여부와 그 양태이다. 최근 들어 불법 파업의 건수가 줄어드는 추세를 보이긴 하지만, 여전히 대규모 시위와 폭력을 동반한 불법파업이 근절되지 않은 상태이다. 교섭대상이 아닌 사항에 대해 교섭을 요구하거나, 노동법상의 쟁의절차를 무시하고 주거침입, 업무방해와 재물손괴, 폭행 등 불법행위가 지속되고 있다. 이렇듯 불법파업이 계속되지만, 정부는 상황논리에 따른 접근법을 택하고 있어 기업 및 국민의 신뢰를 주지 못하고 있으며, 일선 행정기관들의 미온적 대처로 법 경시 풍조마저 확산될 우려까지 있다.

불법분규 건수

구분	2000	2001	2002	2003	2004	2005	2006	2007
불법분규 건수	67	55	66	29	58	17	24	17

* 출처: 노동부, 「노사분규 DB」.

⑤ 이상과 같이 높은 파업성향과 그에 따른 과다한 경제적 손실 등은 여러 요인에서 기인할 수 있지만, 여기에서는 외국의 법적 환경 비교를 통하여 한국의 법적 환경 하에서 잦은 파업이 발생되는 원인을 찾고자 한다. 법적 원인 분석은 파업 원인에 대한 일부분에 대한 설명에 불과하지만, 향후 파업을 실질적으로 줄이기 위한 법제 개선 방향에 중요한 시사점을 줄 수 있기 때문이다.

특히, 기존 연구는 일부 선진국(미국, 프랑스, 독일, 일본)에 대한 분석에 치중하여 해당 국가의 개별적 상황에 따른 특성이 많이 가미된 한계가 있다는 점을 고려, 비교 대상국을 확장하여 OECD 12개국 및 아시아 신흥개도국 4개국 등 총 16개국 비교 분석을 실시하여 좀 더 객관화를 시도하고자 하였다.4

4 대상 국가는 Denmark, Netherlands, Germany, France, Italy, U. K, Ireland, U. S., Canada, Japan, Vietnam, Thailand, Malaysia, Indonesia, Australia, Mexico이다. 유럽 7, 아메리카 3, 아시아 5, 오세아니아 1로 대륙별로 골고루 선정하였다.

2. 파업의 정당성

1) 파업권의 근거

파업에 관한 규율의 차이는 헌법적 근거 유무의 차이에서 비롯되는 측면이 있다. 파업권 보장을 헌법에 명시적으로 규정한다는 것은 당연히 파업권 보장 범위를 넓히려는 시도에 대한 중요한 근거로 작용될 수 있기 때문이다.

파업권 보장과 관련하여서는 3가지 입법례 정도로 구별된다. 법률 차원에서 파업권을 보장하는 입법례(미국, 호주, 캐나다, 인도네시아, 말레이시아), 헌법에 파업권을 명시적으로 인정하는 입법례(일본, 프랑스, 이탈리아, 멕시코), 헌법에 단결권 보장만 규정하고 있으나 해석상 파업권을 보장하는 입법례(독일)[5]가 그것이다.

이러한 헌법규정 차이에 따른 효과를 보면(반드시 논리적 귀결이라고는 할 수 없지만), 첫째, 파업권을 법률상 보장하는 경우에는 파업권의 인정 여부를 자유롭게 결정할 수 있는 듯하다. 이들 국가에서는 파업권에 대한 헌법상 보호를 전제로 하고 있지 않기 때문에 연방법이나 주법에 의해 인정될 수 있고 제한되거나 부정될 수 있으며(캐나다의 브리티시 컬럼비아주, 호주의 빅토리아주에서는 강력한 파업금지법이 있다), 공무원에 대한 파업 금지를 입법하더라도 헌법 위반의 문제로 남지 않는다. 또한 예컨대 호주와 같이 노동조합이 당사자가 되는 기업별 교섭의 결렬의 경우에만 한하여 파업권을 인정하는 등

5 독일의 기본법 제9조 3항은 단결권만을 명시적으로 규정하고 있으나, 1954년 연방헌법재판소는 쟁의권에 대해서도 헌법상 권리로 인정하고 있다.

매우 제한된 영역에서만 파업권을 인정하는 경우도 있다.6

둘째, 파업권이 명시되어 있지는 않지만 해석을 통해 헌법적 권리로 도출하는 경우에도 파업권 주체에 대한 제한을 둘 수 있다. 독일에서 파업권은 개별 근로자가 아니라 노동조합만이 행사할 수 있는 것으로 이해되고 있으며, 따라서 노동조합이 아닌 일반 근로자들에 의한 파업(쟁의단)은 금지되고 있다.

셋째, 헌법에 명시적으로 규정하고 있더라도 무조건적인 보호는 행해지는 것은 아니다. 예컨대, 일본에서는 공공 부문 근로자에 대한 파업권을 금지하고 있으며, 최고재판소는 그것에 대한 합헌성을 일관되게 인정하고 있다.

우리나라도 일본과 같이 파업권을 헌법상 기본권으로 분류하고 있지만, 일본보다 파업권의 인정 범위가 넓다고 볼 수 있다. 공무원에 한해서만 파업권을 부정하고 있기 때문이다.

2) 단체교섭의 대상

단체교섭의 대상에 관한 문제는 쟁의행위의 정당성 판단, 교섭거부의 부당노동행위, 노동위원회의 조정·중재 등과 밀접하게 연관되어 있어 그 기준 설정이 매우 중요하다. 그러나 우리나라는 입법에 명확한 기준을 두지 않은 채, 해석을 통해 근로조건과 관련 있는 사항이 교섭대상이 된다는 정도로 이해하고 있다. 이렇듯 명확한 기준이 없어 단체교섭 대상을 둘러

6 김삼수(2002), 「호주의 노동법 개정과 노사관계제도」, 『산업노동연구』Vol. 8, No. 1, 한국산업노동학회.

싼 노사간 의견충돌이 자주 발생한다. 즉, 노동계는 쟁의행위 대상 범위의 확대를 통한 단체행동권의 충실한 보장을 위해 권리분쟁사항, 조합활동사항, 인사·경영사항, 근로조건과 관련된 법·제도 개정문제도 단체교섭 및 쟁의행위의 대상이 되어야 한다는 입장인 반면, 경영계는 의무적 교섭사항 및 쟁의행위 대상은 근로조건 결정에 관한 사항(이익분쟁)에 한정되어야 한다는 입장이다.

이와 관련하여 다수 국가가 노사간의 분쟁을 위하여 입법으로 단체교섭의 대상을 명확히 하고 있다.

미국 NLRA 제8조 (d)7는 교섭사항으로 '임금, 시간 및 기타 고용조건'을 명시하고 있으며, 판례 법리에 의해 의무적 교섭사항, 임의적 교섭사항, 위법교섭사항으로 구분하고 의무적 교섭사항에 한하여 사용자의 교섭의무를 인정하고 있다. 다만, 의무적 교섭사항의 범위는 '근로조건의 결정'에 관한 사항에 국한되지 않고 보다 넓게 보는 측면이 있다(숍제도, 조합비 공제, 고충·중재절차, 교섭절차 등 포함). 경영사항의 경우에는 판례 중에 경영결정 그 자체에 대해서는 교섭의무를 부정한 사례가 많이 있으며, 다만, 경영결정이 고용에 미치는 결과, 즉 임금, 근로시간, 작업량, 해고 등에 대해서는 의무적 교섭사항으로 보고 있다.8

영국 노동조합 및 노동관계(통합)법(TULRCA) 제178조는 단체교섭의 대상사항을 규정하고 있다. 즉, ① 고용조건 또는 근로자가 근로하여야 함에

7 단체교섭이라 함은 합리적인 시간에 만나 임금, 시간 및 기타 고용조건, 또는 합의의 교섭 또는 협약 하에서 발생하는 어떠한 문제, 그리고 일방 당사자의 요구가 있는 경우에는 합의를 포함하고 있는 서면계약의 이행에 관하여 성실하게 협의하여야 하는 사용자 및 피용자들의 대표의 상호의무의 이행을 말한다(8조 (d)).

8 미국에서 의무적 교섭사항에 대한 사용자의 교섭거부는 부당노동행위에 해당하고 그에 따른 파업은 부당노동행위 대항파업(unfair labor practices strike)으로 일반적 파업과는 달리 파업근로자의 영구적 대체가 불가능하기 때문에 중요한 의미를 가진다.

있어서의 신체적(육체적) 조건, ② 1인이나 2인 이상 근로자의 채용 또는 불채용, 고용 내지 고용의무의 종료 또는 정지, ③ 근로자간 또는 근로자집단간의 작업 내지 직무의 배분, ④ 직장규율(징계), ⑤ 근로자의 노동조합 조합원 자격의 유무, ⑥ 노동조합 임원(officials)에 대한 편의제공, ⑦ 위와 관련된 어느 사항에 관한 교섭 방법 및 기타 절차에 관한 사항이다. 즉, 경영사항과 관련해서는 규정이 없다.

프랑스 노동법전 L.131-1조는 고용조건, 근로조건, 사회적 보장에 관한 근로자들의 단체교섭의 권리를 명시하고 있다. 구체적으로 기업별교섭의 경우 임금·근로시간에 대한 연차 교섭의무를 사용자에게 부과하고 있고(노동법전 L.132-27조), 산별교섭의 경우 임금에 관해서는 매년 교섭할 의무를, 직무분류의 변경 필요성에 관해서는 5년마다 교섭할 의무를 사용자단체와 노동조합에게 부과하고 있다(노동법전 L.132-12조).

신흥개도국 중 말레이시아 IRA(Industrial Relation Act) 제13조에서도 근로자의 승진, 근로조건에 결정적이지 않는 조직 내에서의 전배, 결원시 채용, 정리해고 기준, 해고 및 복직, 업무배치 사항으로 한정하고 있다.

다만, 일본의 경우에는 단체교섭의 대상에 대하여 노동법에서 명문으로 밝히지 않고 해석에 맡기고 있다. 결국, 헌법과 노조법이 근로자에게 단체교섭권을 보장한 목적에서 판단하고 있는데, 일반적으로 '구성원인 근로자의 근로조건 기타 대우와 당해 단체적 노사관계의 운영에 관한 사항으로 사용자가 처분 가능한 것'이라고 표현하고 있다.

이렇듯 국가마다 시대적 특성에 따라 단체교섭 사항에 대하여는 각기 달리 정하고 있다. 그러나 다수 국가의 공통된 특징이 있다면, 경영사항이나 기업정책상의 결정에 관한 사항(사업폐쇄·정지·이전, 합리화, 투자 등)에 대해서는 단체교섭의 의무부과 대상에서 제외하고 있으며 따라서 쟁의행위의 대상으로도 보고 있지 않는 경향에 있다. 보통 경영사항에 대해서는 Works Council에 의한 참여를 통해 의견을 교환하는 방식을 취하기 때문이라고 생각된다.

3) 목적의 정당성

각 국가의 노사관계 실태, 전체적인 법질서의 상이함으로 인해 파업 목적의 정당성 판단이 국가마다 다르게 나타나고 있다. 유형별로 보면, 파업을 단체협약과 연결하여 직접적으로 관련되지 않는 사항에 관하여는 파업의 정당성을 부정하는 유형과 정반대로 이를 긍정하는 유형으로 나눌 수 있다.

독일, 프랑스, 이탈리아, 영국, 일본, 말레이시아 등에서는 근로조건의 유지·개선이나 단체협약 체결과 직접적으로 관련되지 않는 사항에 대하여는 파업의 정당성을 부정하고 있다. 결국, 단체협약 체결을 목적으로 하지 않는 정치파업, 권리파업,[9] 동정파업은 불법으로 인정된다. 특히, 스페인에서는 헌법에 명시적으로 정치적 동기에 의한 파업은 불법파업이라고 규정하고 있다(헌법 제28.2항). 태국에서도 명시적으로 정치와 관계없는 행위만 면책대상이라고 규정하고 있다(노동관계법 제99조). 다만, 프랑스와 같이 순수정치파업은 불법이지만, 근로자들의 직업이익에 영향을 미치는 것은 예외적으로 인정(판례)하는 국가도 있으며, 이탈리아처럼 헌법질서의 파괴와 같이 합법적 권력의 자유로운 행사를 저해할 목적으로 한 정치파업은

9 권리파업이란 단체협약이나 법령 등에 의한 권리를 관철할 목적으로 행하는 파업을 의미한다.

형사처벌이 가능하지만 그렇지 않은 정치파업에 대해서는 위헌판결(1974.12.27. 판결 290호)을 받아 형사처벌이 불가능한 국가도 있다.

반면, 미국의 경우에는 단체협약 체결과 쟁의행위를 관련시키지 않고 있으며 따라서 파업 목적의 정당성을 넓게 인정하는 경향에 있다. 즉, 법 13조의 특별한 규정이 없는 한 파업의 권리를 축소 제한할 수 없다는 규정을 통하여 파업권을 폭넓게 보장하고 있다. 실제로 정치파업이 거의 발생하지는 않으나, 적법한 것으로 인정하는 경향이며(판례), 권리분쟁도 보통 적법한 파업의 목적이 된다. 다만, 조합의 부당노동행위를 지지하는 파업, 또는 고용주의 부당노동행위를 유발하는 파업은 불법적 목적을 가진 파업이 된다(8조 (b)(4)).

한국은 보통 정치파업에 대해 판례는 정당성을 부정하는 경향이지만, 학설은 경제적 정치파업에 대해서는 정당성을 인정하는 주장이 다수의 입장이다. 정치파업의 정당성에 대해 노사간 의견대립도 심하다. 노동계는 근로조건과 관련된 정치파업은 필수불가결하다고 주장하고 있으며, 근로자의 경제·사회적 지위 향상을 위하여 노조가 국가정책에 입장을 대변할 수 있는 정치파업은 당연히 정당하다는 논리이다. 반면, 경영계는 사용자의 처분가능성이 없는 정치적 이슈는 사용자의 손해만을 유발할 뿐 파업의 대상이 될 수 없다는 입장이다. 그 외에 권리분쟁 파업, 동정파업, 2차 보이콧에 대한 정당성에 대해서도 유사한 다툼이 있다.

이렇듯 파업 목적의 정당성에 대해서는 명확한 기준이 없고 해석이 불명확하다는 것이 우리나라의 현실이다. 따라서 파업 목적과 관련하여 합리적인 판단에서가 아니라 힘의 논리에 의해서 기준을 정하려는 성향이 강하고, 이는 또 따른 노사갈등 요인으로 작용하고 있다.

4) 방법의 정당성

파업의 방법과 관련하여서는 태업과 같은 부분파업이나 직장점거가 정당성을 인정받는지가 주요 쟁점이 될 수 있다.

태업 등과 관련하여서는 독일, 프랑스, 미국에서는 명문 규정은 없으나 판례를 통해 정당성을 부정하고 있다. 법에서 예정하고 있는 파업의 개념(집단적 업무거부행위로 해석)을 벗어나는 행위로 판단하고 있기 때문이다. 반면, 일본에서는 부분파업, 태업 등에 대해서는 노무의 소극적인 태양으로 보아 정당성을 인정하고 있다.

직장점거와 관련하여서도 독일, 미국, 이탈리아에서는 판례를 통해 근로를 제공하지 않으면서 사용자의 시설을 점거하는 행동은 사용자의 관리권을 침해한다는 이유로 위법으로 인정받고 있다. 특히, 이탈리아에서는 노무의 정상적인 수행을 방해할 목적으로 행한 직장점거의 경우에는 형사벌이 부과된다(형법전 제508조 제1항). 또, 멕시코와 같이 파업을 하게 되면 누구도 사업장을 출입할 수 없으며 사업장 밖으로 떠나야 한다고 명시적으로 규정하고 있는 국가도 있다(연방노동법 제935조).

반면, 일본에서는 기업별 노조의 특성으로 인해 판례가 부분적·병존적 직장점거는 정당성을 인정하지만, 전면적·배타적 직장점거의 정당성은 부정하고 있다. 프랑스에서도 평온한 직장점거는 형법상의 주거침입죄가 성립되지 않고, 사용자는 민사상 소유권에 기한 퇴거명령 신청을 법원에 청구할 수 있을 뿐이라고 한다(학설).

우리나라는 부분파업, 파상파업, 태업 등은 정당한 파업의 유형으로 인정하고 있으며, 직장점거와 관련하여서는 생산, 기타 주요업무에 관련되는 시설과 이에 준하는 시설에 대해서는 직장점거를 금지시키고 있다(노조법 제42조 제1항).

요컨대, 파업의 방법과 관련하여서는 우리나라와 일본이 거의 유사한 규율을 하고 있으며, 독일이나 미국에 비해 상대적으로 넓게 정당성을 인정하고 있다고 볼 수 있다.

5) 절차의 정당성

파업이 미치는 기업경쟁력에 미치는 파급효과가 크다는 전제로 인해 파업 개시를 위한 사전 절차에 대한 원칙 및 규정들을 두어 합리적인 해결 방안을 찾아내는 것도 매우 중요하다.

파업의 개시요건과 관련하여 미국에서는 사용자의 단체교섭 의무를 전제로 하고 있어 단체교섭의 결렬이라는 요건을 갖출 필요 없이 파업을 개시할 수 있지만,[10] 대부분의 국가가(독일, 덴마크 등) 쟁의행위 최후수단성의 원칙에 기하여 파업 돌입 전에 단체교섭을 행하여야 한다는 원칙이 확립되어 있으며, 우리나라도 이 원칙이 판례로 확립되어 있다.

그 외에 일정 절차상의 규제를 채택하는 방식도 있다.

첫째, 쟁의행위의 예고제를 취하여 파업에 대한 대비책을 마련하도록 하거나 최종적으로 합리적인 해결을 도모할 수 있는 기회를 부여하고 있다. 캐나다와 호주에서는 파업개시 72시간 전에 서면에 의한 파업예고를 하도록 의무화되어 있다. 신흥개도국 중 인도네시아에서도 파업실시 7일 전에 노동조합이 서면으로 경영자와 노동성 지방사무소에 파업사실을 통

10 다만 노동조합은 성실교섭의무를 부과하기 때문에 교섭 협상 전에 우위를 점하기 위한 위력적인 파업행사는 부당노동행위가 될 수 있다.

지할 의무를 부과시키고 있다(신노동법 제140조). 멕시코도 파업 개시 최소 6일 전에 통보하도록 하고 있다(연방노동법 제920조 제3항). 태국에서도 갑작스런 파업은 불가능하고 24시간 전에 문서로 노동쟁의 조정관에게 파업 개시를 통고해야 한다(노사관계법 제34조 제2항).

둘째, 파업의 민주성 확보를 위해 쟁의행위 찬반투표를 의무적으로 실시하도록 하는 국가(영국, 아일랜드, 일본, 캐나다, 호주, 말레이시아, 태국 등)도 많다.[11] 실제 ILO에서도 민주적 통제가 이루어진다는 측면에서 찬반투표제 실시를 부정하지 않고 있다.[12] 일본에서는 조합원 또는 조합원의 직접·무기명 투표에 의해 선출된 대의원의 직접·무기명투표에 의해 과반수 찬성을 필요로 하고 있다(노조법 제5조 제2항 제8호). 말레이시아는 조합원 2/3 이상의 찬성을 요구하기도 한다(TUA 제25조).

영국도 1984년 노동조합법(Trade Union Act) 개정을 통해 파업의 개시를 위하여 비밀투표를 통하여 조합원 과반수의 찬성을 얻는 것을 요건으로 하였다. 그 후 파업찬반투표 실시 과정에서 부정 사례 등이 등장하자 투표의 공정성을 위해 1993년 노동조합 개혁 및 근로자 권리에 관한 법률(The Trade Union Reform and Employment Rights Act)을 제정하여 법정 투표용지 사용 및 우편투표제를 의무화하였다. 아일랜드에서도 투표의 공정성을 위하여 강제 또는 방해를 받지 않으면서 투표하고, 투표시에 공정한 기회가 주어지도록 하기 위하여 적정한 단계를 거치도록 하고 있다(노사관계법 제14조 제2항). 신흥개도국 중에 베트남에서는 파업찬반투표 절차를 까다롭게 가져가고 있다.

11 의무규정이 없는 독일에서는 노동조합의 규약에서 파업찬반 투표를 규정하도록 하고 있다. 또한, 파업찬반투표 규정이 규약에 없는 경우라도 찬반투표를 하지 않은 경우에 다수설은 정당성을 부정한다(박종희, 「독일쟁의행위법제에 관한 소고」, 『고려법학』, 고려대학교 법학연구원, 2004).

12 이승욱 외(2000), 『쟁의행위 정당성의 국제비교』, 한국노동연구원.

즉, 사업장 전체의 파업의 경우에는 당해 사업체의 노동자집단의 3분의 1, 사업체의 일부분에 의한 파업에 대해서는 당해 부분의 노동자집단 과반수의 노동자의 제의가 필요하고, 이후 노동조합 집행위원회가 무기명 투표 또는 서명에 의해 당해 노동자집단에 대한 찬성자의 인원수를 확정하고 과반수 노동자의 찬성을 얻은 후에 결정하도록 하고 있다(제172조 제2항).

다만, 파업찬반 투표에 대한 실시를 모든 파업에 적용하는 것이 아니라 일부 유형에 한정하는 국가 유형도 있다. 미국에서는 파업찬반투표는 대통령의 판단으로 파업이 '허용되거나 계속된다면 국민의 건강이나 안전을 위태롭게 할 것'이라고 판단되는 파업에 대처하기 위한 절차와 관련하여서만 요구하고 있으며(LMRA §206, 29. U.S.C. §176(1998)), 캐나다에서도 노동위원회가 공익에 관련될 때에만 찬반투표를 요구하고 있다.[13]

우리나라는 조합원의 직접·비밀·무기명 투표에 의한 조합원 과반수의 찬성으로 결정하지 아니하면 쟁의행위를 행할 수 없다고 규정하고 있으나, 이 규정 위반이 정당성 판단으로 이어지는지 여부는 학설상 다툼이 있다. 그로 인해 민주노총의 2008년 7월 2일 총파업을 위한 찬반 투표에서 실질적으로 부결(2차 투표결과 합산시 전체 조합원 대비 찬성률 37.0%)되었음에도 불구하고 파업을 강행하기도 하였다.[14] 파업 찬반투표에 대한 성격 규명이 시급한 상황이다.

---

13 Donald D. Carter, Geoffrey England(2001), Labor Law in Canada. Kluwer Law International.

14 남용우(2008), 「2008년 하반기 노사관계 전망」, 『경영계』 7/8월 합본호.

3. 파업에 대한 사용자의 권리

쟁의행위로 인해 불리한 입장에 서게 되는 사용자에게도 형평의 원칙상 세력의 균형을 회복시킬 수 있는 대항수단이 인정되어야 하며, 특히, 노동조합의 쟁의권 남용에 대항하여 취할 수 있는 '사용자의 대항권'[15]에 대하여도 정립될 필요가 있다. 즉, 헌법상의 영업의 자유 및 경영권 보장의 내용의 하나로써 사용자의 대항권도 인정되어야 한다. 이와 관련하여 일본의 최고재판소 판례[16]도 "사용자는 파업중이라도 업무 수행 자체를 정지해야 하는 것은 아니며 조업저지를 목적으로 하는 근로자측의 쟁의수단에 대해서는 조업을 계속하기 위해 필요하다고 하는 대항조치를 취할 수 있다"고 하는 것은 매우 시사적이다.

이러한 대항 수단으로서 사용자는 사업장에 대한 직장폐쇄, 아니면 대체가능한 근로자들을 통해 조업을 지속하든지의 방법을 선택할 수 있어야 한다. 이에 직장폐쇄 및 대체근로와 관련된 외국법제와의 비교 검토가 필요하다.

1) 직장폐쇄

직장폐쇄는 근로자의 쟁의행위와 배치되는 것으로 사용자의 쟁의행

15 일반적으로 사용자의 대항권은 방어적 의미의 직장폐쇄는 물론 외부대체인력의 허용, 노조전임자 임금 지급 요구 쟁의행위 금지, 무노동 무임금 원칙 등까지 포함하여 언급하고 있다.

16 山陽電氣軌道事件— 最二小判 昭53.11.15. 刑集 32권 8호.

위로 볼 수 있다. 이러한 직장폐쇄를 근로자의 파업권과 동격으로 취급할 수 있는지에 관하여 입장 대립이 있다.

직장폐쇄에 대하여 외국에서는 실정법에 관련 규정을 두기보다는 해석론에 맡기는 것이 일반적이지만, 대부분의 국가가 노동조합의 파업행위에 대항하는 방어적 직장폐쇄에 대하여는 합법성을 인정하고 있다. 다만, 예외적으로 프랑스와 같이 원칙적으로 계약파기로 보아 인정되지 않지만 불법파업의 경우에만 직장폐쇄를 인정하는 국가도 있다.[17]

또한, 정당파업의 경우보다 불법파업의 경우에 직장폐쇄 권한을 상대적으로 두텁게 보호하고 있다. 특히, 명백하게 위법한 파업이 상당기간 지속되는 경우에는 근로관계를 종료할 수 있는 직장폐쇄(이른바 해소적 직장폐쇄)까지 인정되는 국가(독일)도 있다. 그 외에 미국이나 캐나다에서는 사용자가 교섭상 지위를 강화하기 위하여 행하는 공격적 직장폐쇄 및 선제적 직장폐쇄도 인정하고 있다(미국(NLRB v. Truck Drivers Local Union No.449).

반면, 일본의 경우에는 사용자가 주장 관철의 목적으로 공격적 · 보복적으로 행하는 직장폐쇄에 대하여 판례가 보통 불법으로 해석하고 있다. 그렇지만 일본 노동관계조정법 7조에서는 직장폐쇄(일본에서는 작업소 폐쇄로 불림)에 대하여 "사용자가 그 주장을 관철하는 것을 목적으로 행하는 대항행위로써 업무의 정상적인 운영을 저해하는 것을 말한다"라고만 규정하고 있어 필요에 따라서는 선제적 직장폐쇄를 인정할 가능성도 있음을 말해주고 있다.

17 프랑스는 구체적으로 직장폐쇄의 요건을 한정하고 있다. 파업의 형태와 방법에 있어 정당성을 상실하여 파업권 남용에 해당되는 경우, 직장점거 등으로 파업불참 근로자의 취로가 사실상 불가능한 경우, 폭력 · 파괴행위 등으로 기업질서와 안전유지 필요가 있는 경우이다(노사관계제도선진화연구위원회, 『노사관계법 · 제도 선진화 방안』, 노동부연구용역보고서, 2003).

반면, 우리나라는 노동조합이 행하는 파업의 정당성과 관련해서는 세부적으로 규정하기를 꺼려하는 점이 있는 반면, 오히려 사용자가 행하는 직장폐쇄의 정당성에 대하여는 법에 명시적으로 요건을 제한하고 있다. 즉, 노조법 제46조 제1항에서 "사용자는 노동조합이 쟁의행위를 개시한 이후에만 직장폐쇄를 할 수 있다"고 하여 선제적 직장폐쇄를 명시적으로 금지하고 있다. 이러한 점에서 일본과 차이가 있으며, 그만큼 직장폐쇄의 요건이 매우 엄격하다고 할 수 있다. 또한, 불법 쟁의행위에 대해서는 직장폐쇄가 가능하지 않다는 해석이 제기되는 등 실무상의 혼선이 발생하고 있는 등 외국의 경향과 반대로 가는 측면이 있다.

2) 대체 근로

OECD국가들은 대체로 파업시 대체근로를 허용하고 있다. ILO는 업무중단에 의해 긴박한 위기가 초래될 수 있는 서비스 내지 산업에 한해 그 정상적인 운영을 보장할 필요성이 있는 경우에만 허용한다는 입장을 밝히고 있으나, 독일, 프랑스, 영국, 미국(판례에 의해 허용), 캐나다, 일본, 말레이시아 등은 일반 산업에까지 대체근로를 인정하고 있다.

대체근로시 고용형태에 대한 제한도 두지 않고 있다. 다만, 프랑스는 외부기업과의 도급(하청 계약)을 통한 대체나 무기의 근로계약 체결을 통한 대체는 가능(노동법전 L125-3)하지만, 대체근로를 위해 파견근로계약이나 유기근로계약을 체결하는 것은 금지되어 있다(노동법전 L.124-2-3조, L.122-3조). 독일도 파견근로자를 투입하는 것은 금지하고 있다(파견근로자 규율에 관한 법 제11조 제5항). 이탈리아도 계약직 노동자 채용을 금지하고 있다(2001 위임입법

368호 제3조 제1항). 또 캐나다와 같이 대체근로의 목적을 노조의 대표적 역량을 훼손시키지 않는 범위로 한정(LRA 제94조)하고 있는 국가도 있다.

다만, 신흥개도국에서는 여전히 대체근로를 금지하고 있는 입법도 나타나는데, 인도네시아나 멕시코는 정당한 파업에 대해서는 회사 소속이 아닌 근로자로 대체 근로를 시키는 것은 금지되어 있다(신노동법 제144조).

한편, 미국에서는 파업참가자의 복귀시 이들의 자리를 마련하기 위해 대체 채용한 근로자를 해고할 의무를 부담하지 않고 있어(NLRB v. Mackay Radio and Telegraph Co(1938)), 파업참가자가 복직의사를 밝혔으나 대체근로로 인해 동등한 풀타임의 일자리가 없을 때에는 적절한 공석이 발생할 때까지 기다려야 한다. 그러나 일본에서는 대체근로자가 있음을 이유로 파업참가자를 해고하는 것은 부당노동행위에 해당하여 금지하기도 한다.

우리나라는 쟁의행위 기간 동안 해당 사업과 관계없는 자를 채용 또는 대체하거나, 도급 또는 하도급을 줄 수 없으며, 근로자 파견도 금지하고 있다. 다만, 2007년 법 개정으로 필수공익사업에 한하여 쟁의행위기간 동안 해당 사업 파업참가자의 100분의 50을 초과하지 않는 범위 내에서만 채용 또는 대체하거나 도급 또는 하도급이 가능하도록 하였지만, 여전히 일반 사업까지는 확장하지 않고 있다.

대부분의 국가가 무기대등의 원칙에 따라 민간 부문에까지 대체근로를 인정하고 있지만, 우리나라는 아직도 대체근로를 부정하고 있어 사용자의 방어권을 인정하는 데에는 소극적인 태도를 보이고 있다고 할 수 있다.

4. 파업에 따른 피해최소화 조치

1) 공익을 보호하기 위한 파업권 제한

공공서비스와 같은 산업은 기업의 내부문제뿐만 아니라 일반 공중의 편의에도 매우 큰 영향을 미치기 때문에 일반 공중의 시설이용권을 존중하여 파업권에 대해 제한을 가하는 경우가 많다. 이에 대하여 우리나라에서는 기존에는 필수공익사업에 대해 직권중재제도를 규정하고 있었으나, 2007년 직권중재제도를 폐지하고 필수공익 사업에 '필수업무 유지의무'를 부과하는 방식으로 법을 개정하였다.

외국의 경우를 보면, 최소한 서비스 사업을 설정하고 이것에 대해서는 파업기간 중에도 유지되어야 한다는 유형(독일, 이탈리아, 캐나다, 베트남, 인도네시아, 멕시코), 중재방식을 통해 국가가 직접 개입하면서 그 기간 동안 파업을 금지시키는 유형(미국, 호주, 태국), 파업시 노조에 대하여 예고의무를 부과하는 유형(일본, 프랑스, 말레이시아) 등이 있다.

첫째 유형으로 독일은 필수적인 공공서비스는 파업기간 중에도 계속하여 유지되어야 한다는 것이 법원과 다수 학설의 입장이며, 최소한의 서비스를 파업기간 중에도 제공하여야 하는 사업의 예로서는 병원, 전기 또는 수도공급 사업, 쓰레기 처리, 장례서비스, 우편 등을 설정하고 있다. 이탈리아에서도 불가결한 공공서비스 부문에서의 파업에 대하여는 최소서비스의 보증의무를 부과하고, 만약 이를 위반한 근로자에 대해서는 징계가 가능하도록 하고 있다. 불가결한 공공서비스란 사람의 생명, 건강 및 자유, 이동의 자유, 사회보장, 교육 및 통신의 자유와 같이 헌법상 인격권을 구성하는 권리의 향수를 보장하는 서비스(1조)를 의미한다(불가결한 공공서비스(servizi pubblici essenziali) 부문에서의 파업규제법(1990년 6월 12일 법률146호)). 신흥개도국 중 베트남에서는 공공서비스에 종사하는 사업체 또는 국민경제나 국방 등에 필요불가결한 사업체로서 정부가 규정하는 일부 사업체의 "노동자집단"은 파업을 할 수 없다고 규정하고 있다(노동법전 제174조).

둘째 유형으로 미국은 대통령이 '발생하거나 계속하는 것을 허용할 경우 국민의 건강 또는 안전을 저해하게 될 것'이라고 생각하는 경우에는 대통령의 권한을 발동하게 된다. 이 후 조사위원회의 보고서를 접수한 후 대통령은 법무장관에 대하여 파업을 중지하는 방법을 모색하도록 지시할 수 있고, 법원은 국민의 건강 및 안전과 관련되어 있다고 인정되면 중지명령을 내릴 수 있다(LMRA 제206조).

호주에서는 노사관계위원회가 국민의 신체나 국민경제에 중대한 피해가 우려될 경우에는 강제중재를 실시하고 그 기간 동안 쟁의행위를 정지시킬 수 있다. 일본에서도 지방공영기업노동관계법을 통해 지방공영기업이 경영하는 철도사업, 궤도사업, 자동차운송사업, 전기사업, 가스사업, 수도사업, 공업용 수도사업, 지방공영기업법에 지정된 사업 등에 대해서는 강제중재를 하도록 되어 있다(법 제11조). 신흥개도국에서 태국은 철도, 항만, 전신·전화, 에너지·전력, 수도, 연료유의 제조·정제, 병원·진료소 및 성령에서 정해진 사립대학·학교, 협동조합, 운전·운전관련업·관광업, 연료유 판매업 등의 공익사업에서는 파업은 금지되고 노동관계위원회의 강제중재에 위임하고 있다(노동관계법 제23조).

셋째 유형으로 일본에서는 공익사업에 대해 쟁의행위를 하기 위해서는 개시일 10일 전까지 노동위원회 및 후생노동대신 또는 도도부현 지사에게 이를 예고할 의무를 부과하고 있다(노동관계조정법 제37조). 공익사업은 운수, 우편·전기통신, 수도·전기·가스공급, 의료·공중위생사업을 고려하고 있다. 프랑스에서는 공공기관에서 파업을 하는 경우에는 파업 개시 5일 전에 상급기관 또는 이해관계가 있는 기업의 책임자에게 예고를 하도록 되어 있다(노동법전 L. 521-3조). 말레이시아는 필수공익사업의 근로자는 파업을 시작하기 42일 전에 사용자에게 파업예고를 통보해야 한다(IRA 제43조).

우리나라는 기존의 중재방식을 버리고 필수업무를 유지하는 방식으로 전환을 시도하여 필수공익사업의 업무 중에서 유지하여야 할 최소업무 내용을 법령에 열거하고, 구체적인 수준은 당사자 사이의 합의에서 정하도록 하였다. 그러나 금번의 법 개정은 일단 방식 전환에 따른 긍정적 및 부정적 영향 분석에 대해서는 별론으로 하더라도, 필수유지 업무의 범위 및 유지해야 할 수준을 둘러싼 노사 갈등을 예견하고 있다. 또한 필수유지업무 방식을 취하고 있는 국가들과 비교하여 그 범위 및 수준이 상대적으로 협소하여 공공의 이익 보호를 소홀히 하였다는 평가도 가능하다.

2) 불법파업에 대한 조치

불법파업의 경우에는 모든 국가에서 민사 및 형사상의 면책이 인정되지 않는 것은 당연하며, 그에 추가하여 회사 내에서 징계책임까지 가능하다. 예컨대 미국에서는 어떠한 경우라도 불법파업에 참여한 종업원에 대해서는 해고가 가능하다. 그러나 한국은 불법 파업에 대응한 여러 법적 조치에 무감각하다는 평가를 많이 받고 있다. 파업 철회와 단체협약 타결 조건으로 위로금 명목의 금전보상 요구 등 무노동무임금 원칙이 미정착되거나, 파업 후 노사합의시 형사처벌, 손해배상 청구소송 취하 요구의 관행화로

민형사상 책임도 면제된다는 인식이 팽배하다. 더욱이 관련 법규 위반과 구속을 투쟁경력으로 내세우는 경향이 만연되어 있고, 불법행위로 인해 해고된 근로자의 복직투쟁과 요구가 지속되고 있다.

이에 대해 외국에서는 사전적인 피해 최소화 방안으로서 불법파업을 신속하게 중지시키는 방안을 모색하고 있다.

독일에서는 사용자가 위법한 파업이 발생할 가능성이 있는 경우에 항구적인 중지 및 중단가처분을 법원에 신청이 가능하고, 파업이 위법하고 근로자가 이를 알 수 있었던 경우 근로자는 즉시 해고도 가능하다(독일 민법 제626조).

미국에서는 단체협약상 규정에 기하여 중재대상이 되는 사항에 관하여 파업을 한 경우에는 파업에 대한 중지명령이 판례상 예외적으로 허용되고 있다. 또한 단체협약 위반을 이유로 노동조합에 소송하는 것을 인정하고 있으며, 제8조 (b)(4)에 의해 금지된 파업(2차 보이콧 등)에 의해 손해를 받은 모든 당사자에 의한 소송을 인정하고 있다.

영국에서는 시민대항권을 인정하여 불법파업으로 인하여 시민이 제품이나 서비스를 공급받지 못했을 경우 법원에 불법파업을 중단시켜 달라는 가처분 신청권을 인정하고 있다(TURERA, 1993).

인도네시아에서는 파업이 폭력이나 구타를 수반하거나 파업불참자에 대한 강제나 업무방해가 있는 경우에는, 사용자가 경고를 발하는 것과 동시에 즉시 노동성에 연락해서 필요한 경우는 경찰이나 군대의 출동을 요청할 수 있다. 또한 불법파업 근절을 위해 위법파업시 7일간 2회 이상의 서면에 의한 호소를 해도 직장복귀를 거부한 경우에 자주퇴직을 한 것으로 간주한다(노동성 장관결정 2003년 제233호).

멕시코에서도 노동중재위원회로부터 불법파업으로 인정될 경우, 파업에 참가한 근로자들은 24시간 내에 사업장으로 복귀하게 되어 있으며 만약 복귀가 행해지지 않는 경우에는 새로운 근로자로 대체할 수 있도록 하고 있다.

5. 한국 법제 개선을 위한 제언

이상 한국 파업의 문제점과 외국의 파업구조에 대한 국제비교를 통하여 파업과 관련된 한국 법제의 문제점을 제시하였다.

요약하면, 파업건수가 지속적으로 줄고는 있으나 국제 비교 측면에서 볼 때 여전히 많은 편이며, 파업성향 또한 높은 수준이다. 그리고 외환위기 이후 파업의 발생 이슈가 다양해지고 있으며 경영사항 및 정치적 사항에 대해서까지 파업의 목적으로 삼고 있는 경우가 등장하고 있다. 방법적 측면에서도 불법파업이 여전히 발생하고 있으며 폭력행사 등으로 인해 파업에 따른 직간접의 산업손실 또한 매우 높은 편이다.

그러나 이러한 문제점이 끊임없이 제기되고 있음에도 불구하고 여전히 다른 나라에 비하여 파업권을 넓게 보장하고 있거나 명확한 기준이 없는 경우가 많다. 더욱이 사용자의 대항권 인정에 대해서는 매우 소극적인 태도를 취하고 있으며, 또 파업의 피해최소화 조치와 관련하여도 사후조치 위주의 방식을 채택하여 실효성에 의문이 있다.

한국과 외국의 파업관련 법제 비교

구분		한국	외국
정당성	근거	헌법에 명시	• 법률보장: 미국, 호주, 캐나다, 인도네시아, 말레이시아 • 헌법에 명시: 일본, 프랑스, 이탈리아, 멕시코 • 헌법해석을 통해 인정: 독일
	교섭 대상	규정 無	• 규정 有: 미국, 영국, 프랑스, 말레이시아 • 규정 無: 일본 ※ 대부분 국가가 경영사항을 교섭대상에서 제외(해석)
	정치 파업	판례: 정당성 부정 노사 의견대립	• 부정(판례): 독일, 프랑스, 이탈리아, 영국, 일본, 말레이시아 • 금지 규정 有: 스페인, 태국
	직장 점거	주요업무 시설 직장점거 금지	• 일체 금지: 독일, 미국, 이탈리아, 멕시코 • 전면적 점거만 부정: 일본
	절차	찬반투표의 정당성 인정여부 논란	• 예고제: 캐나다, 호주, 인도네시아, 멕시코, 태국 • 찬반투표 의무: 영국, 아일랜드, 일본, 캐나다, 호주, 말레이시아, 태국, 베트남
사용자 권리	직장 폐쇄	노조 쟁의행위 개시 이후에만 가능	• 대부분 국가가 직장폐쇄를 인정 • 불법파업시 해소적 직장폐쇄 인정: 독일 • 선제적 직장폐쇄 인정: 미국, 캐나다
	대체 근로	필수공익사업만 일정 범위 인정	• 일반 사업까지 인정: 독일, 프랑스, 영국, 미국, 캐나다, 일본, 말레이시아 • 파견이나 계약직 금지: 프랑스, 이탈리아, 캐나다 • 대체근로 금지: 인도네시아, 멕시코
피해 최소화	공익 보호	필수업무 유지의무	• 최소서비스 사업 규정: 독일, 이탈리아, 캐나다, 베트남, 인도네시아, 멕시코 • 중재방식: 미국, 호주, 태국 • 예고의무 부과: 일본, 프랑스, 말레이시아
	불법 파업 조치	형사, 민사, 징계책임 인정	• 중지명령/가처분 인정: 독일, 미국, 영국 • 즉시해고/퇴직간주 인정: 독일, 인도네시아 • 대체근로 허용: 멕시코

따라서 다음과 같이 법제 개신이 필요하다.

① 파업의 정당성과 관련하여 실무상의 혼선을 주는 것은 명확한 기준을 마련함과 동시에 정당성의 인정 범위를 외국과의 유사한 수준으로 변경하여야 할 것이다.

우선, 단체교섭 대상의 법정 기준을 명시하고 구체화할 필요가 있다. 즉, 근로조건에 관한 사항과 집단적 노사관계에 관한 사항에 대하여만 교섭사항이라는 것을 규정함으로써 경영·인사권 사항에 대하여는 교섭사항이 아님을 밝혀야 한다. 기업의 경영권도 헌법상 권리로 당연히 인정될 수 있으며, 이에 따라 경영권과의 조화를 도모하기 위해서 단체교섭권이 제한되는 것은 당연하다. 추가로 법령, 단체협약 등의 해석과 이행에 관한 권리분쟁 사항도 교섭사항에서 제외하여야 할 것이다.

둘째, 파업 목적의 정당성에 대해서도 법률 차원의 명확한 기준 마련이 시급하다. 노동계와 경영계간의 힘의 논리로 파업 목적의 정당성을 판단하는 것은 노사의 갈등만 부추길 뿐이다. 특히, 정치파업에 대해서는 엄격한 기준을 마련하여야 한다. 우리나라 판례가 정치파업의 정당성을 부정하고 있음에도 불구하고 최근 정치파업을 통한 영향력 행사가 늘어나고 있다. 이것은 법원의 해석만으로는 정치파업을 제어할 수 없다는 문제점을 그대로 보여주는 것이다. 결국, 한시적으로라도 정치파업의 금지 또는 제한 규정을 둘 필요가 있다.

셋째, 전투적이고 비민주적 파업을 근절하기 위한 안전장치를 확보하여야 한다. 특히, 주요업무 시설에 대해서만 직장점거를 금지하는 방식을 개정하여 일체의 직장점거를 금지하여야 할 것이다. 직장점거를 통해 파업 불참자들에 대한 심리적·물리적 압박을 가하는 경우가 많으며 이로 인해 폭력, 협박 등 불법행위를 촉발하고 있다. 또한, 출입저지 투쟁 등으로 인해 거래선과의 거래가 원활히 행해지지 않고 있어 경영상의 손실까지 우려된다. 즉, 현행의 주요업무 시설에 대한 직장점거 금지만으로는 직장점거를 통한 여러 불법행위를 차단하는 데에는 한계가 있다.

넷째, 파업의 민주성이 담보될 수 있도록 절차 기준을 강화하여야 한다. 따라서 단순한 의결정족수 규정만 두는 것은 부족하고 파업찬반 투표 실시과정에 대한 공정성 확보를 위한 입법을 마련하여야 한다. 이것은 조합의 지시에 일방적으로 휘둘릴 것이 아니라 개별 조합원의 정확한 의견을 담아내는 측면에서 당연한 조치이다. 공정한 투표가 이루어지도록 여러 단계를 거치도록 하거나, 법정 투표용지 사용 및 우편투표제 방식도 고려할 만하다. 또한, 우리나라는 파업찬반 투표 부결임에도 불구하고 집행부의 의지에 따라 파업을 강행하는 사례도 발생하는 바, 이러한 파업찬반 투표 의결정족수 미달인 경우에는 당연히 불법파업이 된다고 규정하여야 한다.

한편, 이러한 파업권에 대한 제한 입법은 헌법에 위반된다는 주장도 있을 수 있다. 그러나 앞에서 헌법에 명시적으로 파업권을 보장하고 있는 국가라고 하더라도 파업의 목적 · 방법 · 절차에 대한 여러 제한을 가하고 있기 때문에 헌법위반이라는 주장은 설득력이 약하다. 또한 경영권이라는 헌법상 권리를 보장하는 측면에서 파업권에 대하여 제한을 가하는 것은 당연하다고 볼 수 있다.

② 경영권도 헌법상의 권리의 하나로 인정되는 측면을 고려하여, 그리고 무기대등성 차원에서 파업권과 균형을 이루기 위해 사용자의 대항권도 마땅히 인정되어야 한다.

노동 3권을 통해 근로자들에게만 실력행사를 인정한다는 것은 노사간의 교섭력 균형을 상실하게 할 위험이 있으며, 일방에게만 실력행사를 허용하고 상대방에게는 대항행위를 금시한다면 투쟁이라는 개념 또한 애초에 성립하기가 어려워지기 때문이다. 구체적으로 사용자의 대항권 확보를 위해서는 다음과 같이 입법 개정이 이루어져야 할 것이다.

첫째, 기업은 현재의 소극적 직장폐쇄만이 아니라 경우에 따라서는 선제적 직장폐쇄 및 소멸적 직장폐쇄의 권리도 인정될 수 있는 현행법의 직장폐쇄 요건을 완화하여야 한다. 또한 불법파업에 대해서는 더욱 두터운 직장폐쇄권을 보장하는 외국의 입법례를 보듯이 불법파업에 대한 직장폐쇄 인정 여부에 대한 무의미한 논란을 끝내고, 당연히 직장폐쇄권을 인정하여야 할 것이다.

둘째, 전 사업장에서 대체근로를 허용하게 함으로써 파업으로 인한 기업의 손실 최소화를 도모하여야 한다. 대부분 국가의 입법례가 필수공익사업만이 아니라 일반 사업에까지 대체근로를 허용하고 있다. 대체근로가 업무수행을 거부하는 근로자측의 쟁의행위에 대한 최소한의 대항수단이기 때문에 일반 사업에까지도 확장함은 당연하다.

③ 공공의 서비스를 보장하는 측면에서 피해 최소화를 위한 방안을 모색하여야 한다.

공공 서비스 이익을 보장하는 측면에서 현행법의 필수유지 업무의 범위를 확장시켜야 하며, 필수유지 업무가 계속 지속될 수 있도록 업무의 보증의무를 부과하고 위반한 근로자에 대해서는 징계 또는 즉시해고가 가능하도록 하여야 할 것이다. 또한, 필수유지업무의 유지 및 운영 수준, 대상 직무 등에 대하여 노사 당사자 협정을 통해 정하는 방식도 개선되어야 한다. 필수유지업무의 수준 등의 사항은 당사자 이익의 조정 문제가 아닌 객관적인 제3자를 통해 규범적으로 판단해야 할 영역이며, 또 원만하지 않은 현재의 노사관계에 비추어 이러한 협정 체결과 관련된 노사 갈등이 더욱 촉발될 소지가 있기 때문이다.

무엇보다도 불법파업에 대해 보다 실효성 있고 엄격한 대책들이 중요하다. 사후배상 방식의 형사처벌 규정이 오히려 투쟁 열사를 만드는 양상이며, 민사상의 손해배상은 오히려 노사 간의 갈등 심화만을 초래하는 경향이 있기 때문에, 현행의 법제 하에서는 불법파업을 제어하는 기능이 유명무실한 측면이 있다.

따라서 노조·조합원에 대한 사후 처벌방식보다는 기업의 재산권 보호를 우선하고 신속하게 피해를 구제하는 측면에서 중지명령이나 가처분 방식을 인정하여야 한다.

구체적으로 불법파업 여부에 대한 판정을 신속히 내리기가 어려운 측면을 고려하여, 사용자는 명확한 불법파업뿐만 아니라 불법파업의 발생 가능성이 있는 경우에까지 항구적인 중단 가처분을 신청할 수 있는 방법이 필요하다. 그리고 이러한 중지명령이나 가처분 결정이 인정되면, 직장복귀 명령이 내려져야 하고 만약, 이러한 직장복귀 명령을 거부한 근로자에 대하여는 즉시 해고도 가능하도록 근거조항이 마련되어야 한다. 한편, 공공부문과 관련하여서는 파업에 대한 불편을 느끼는 정도가 매우 크기 때문에, 불법파업으로 공공의 피해가 발생할 경우 일반 시민에게도 법원에 피해구제 신청 및 가처분 신청이 가능하도록 하여야 할 것이다.

이러한 방식의 입법이 자칫 노동계를 자극하여 오히려 또 다른 갈등요인으로 촉발될 위험도 있다. 그러나 현재와 같이 힘의 논리에 의해서 무분별한 파업이 남용되는 상황을 극복하고 이를 바탕으로 기업 및 국가의 경쟁력 강화를 추구하고자 한다면 반드시 거쳐야 할 관문으로 생각된다. 다시 강조한다면, 공정한 게임의 룰이 반드시 성작되기 위해시 현재의 파업의 남용이나 불법파업을 근절시키기 위해 반드시 필요한 제도적 장치이다.

참고문헌

김대환(2008), 「노사관계 합리화의 과제와 방안」, 전경련 연구용역보고서.

노사관계제도선진화연구위원회(2003), 「노사관계법 · 제도 선진화 방안」, 노동부연구용역보고서.

이승길(2005), 「미국의 노동법제」, 한국경영자총협회.

이승욱 외(2000), 「쟁의행위 정당성의 국제비교」, 한국노동연구원.

이장원 외(2005), 「한국의 파업구조와 특징에 관한 연구」, 노동부정책연구용역보고서.

이정 외(2004), 「선진국의 대체근로에 관한 연구」, 한국경영자총협회 연구조사자료.

김삼수(2002), 「호주의 노동법 개정과 노사관계제도」, 『산업노동연구』 Vol. 8, No. 1.

남용우(2008), 「2008년 하반기 노사관계 전망」, 『경영계』 7/8월 합본호.

박종희(2004), 「독일쟁의행위법제에 관한 소고」, 『고려법학』, 고려대학교 법학연구원.

이성희(2008. 6), 「2000년 이후 노사분쟁 발생 추이와 노사관계 변화」, 『노동리뷰』 제42호.

조준모 · 김기승(2006), 「노동조합의 파업이 기업성과에 미치는 효과에 관한 동태적 분석,」 『한국경제연구』, 제17권.

國際勞働法フォーラム(1996), 『フランス勞働法研究』.

大內伸哉(2003), 『イタリアの勞動と法 傳統と改革のハーモニー』, 日本勞動研究機構.

小宮文人(2001), 『イギリス勞動法』, 信山社.

秀典(1999), 『アメリカ勞使關係法』, 信山社.

齊藤善久(2007), 『ベトナムの勞働法と勞働組合』, 明石書店.

吉田美喜夫(2007), 『タイ勞働法研究序說』, 晃洋書房;立命館大學法學部叢書.

勞働問題等相談室(2005), 『インドネシア新勞動法』, nnA.Indonesia.

Ole hasselbalch/Per Jacobsen(2005), Labor Law in Denmark, Kluwer Law International.

A. T. J. M. Jacobs(2004), Labor Law in the Netherlands, Kluwer Law International.

Tiziano Treu(2007), Labor Law in Italy(Second Revised Edition), Kluwer Law International.

Stephen Hardy(2007), Labor Law in Great Britain(Third Revised Edition), Kluwer Law International.

Gary Byrne, Michael Kennedy(2006), Employment Law, Law Society of Ireland Manual.

Donald D. Carter, Geoffrey England(2001), Labor Law in Canada, Kluwer Law International.

Brian Brooks(2003), Labor Law in Australia, Kluwer Law International.

M.N.D'CRUZ(2005), A Handbook of MALAYSIAN LABOUR LAWS.

Alfredo Montoya Melgar(2001), Derecho del Trabajo.

Ca' mara de Diputados del H(2006), Congreso de la Unio'n.

제4부_ 결론

제11장_ 결론: 고용창출형 환경을 위한 제안

남성일

1. 개별적 근로관계

1) 고용유연화: 해고관련 법제 개편

현행 해고규제 규정은 일자리를 가지고 있는 근로자를 보호하는 데만 치중하여 노동시장으로 진입을 시도하는 취업희망자의 취업을 가로막는 역효과를 가져오고 있다. 이 같은 역효과를 줄이기 위해서 단기적으로는 현재의 '긴박한 경영상의 필요'라는 요건을 삭제하고 **'인원정리가 필요한 경우' 경영상의 해고가 가능하도록** 법이 개정될 필요가 있다. 그리고 근로자대표와의 사전협의 조항은 근참법 내의 협의사항으로 규율하도록 하고 다만, 인원정리의 필요성에 대해 근로자에게 정보의 제공과 설명의무를 두도록 하는 것이 바람직하다. 또한 도산절차에 있는 기업에 대해서는 정리해고 규정을 적용하지 않도록 한다.

현행 법리는 사업의 양도시 양수인이 자신의 회사로 근로자들을 일단

승계해야 하는 것으로 해석하고 있다. 그러나 이는 기업변동을 어렵게 하는 요인이 되고 있고 결과적으로 구조조정을 통한 고용창출력 회복에 걸림돌이 되고 있다. 따라서 양수인도 정리해고권자로 인정하지만 양수인의 구상을 따르는 양도인의 정리해고권을 인정하는 쪽으로 수정되어야 할 것이다.

변경해지제도는 사용자가 근로관계의 해지와 함께 변경된 근로조건의 내용으로 근로관계를 존속시키고자 하는 청약을 하고, 만약 이를 근로자가 거부하면 근로관계가 해지되도록 하는 제도이다. 현재 우리는 이 제도가 없으나 도입할 필요가 있다. 다만 이 제도가 해고 압박수단이나 근로조건 저하 수단으로 남용되는 것을 막는 제도적 장치가 보완되어야 할 것이다.

근로자의 능력에 따른 고용관계 종료에 관하여 현행 제도는 객관적으로 중대한 경우에만 해고가 가능한 것으로 보고 있으나 근로계약의 등가성이 파괴되었다고 판단될 경우 해고가 가능하도록 개선하는 것 또한 장기과제로 검토할 시점이 되었다고 판단된다. 이 경우 등가성의 파괴 여부에 대한 객관적 기준 마련이 병행되어야 할 것이다. 결국 고용법 체계는 장기적으로 당사자 일방의 의사에 따라 고용관계가 종료될 수 있는 임의고용(employment at will) 원칙하에 재정립될 필요가 있다.

2) 해고제한 규정의 적용 제외

현행 근로기준법의 해고제한 규정은 5인 이상 사업장의 모든 영구직 근로자(permanent workers)에 대해 포괄적으로 적용되고 있다. 이는 물론 근로자 보호라는 원칙에 있어 차별을 둘 수 없다는 정신에 기초하고 있으나 현실에 적용된 결과 새로운 고용 창출을 억제하는 부작용을 낳고 있어 개선이 요청된다. 우선 사업장 규모별로 **상용근로자 10인 이하의 소규모 사업장에 대해서는 이 규정 적용을 제외할 필요**가 있다(독일의 예). 그리고 기타 사업장의 경우 고용보호를 받을 수 있는 요건을 '2년 이상 근속자'로 제한하는 것이 바람직하다. 2년 미만 근속 근로자는 기업특수 인적자본이 아직 본격적으로 형성되지 않았다고 할 수 있고 따라서 고용보호를 통한 안정성 확보의 인센티브가 작다고 할 수 있다. 이러한 제도변경이 고용창출에 긍정적 효과를 가져오는지 보기 위하여 우선 **2년 미만 근속 근로자에 대한 해고제한 적용유예를 3년 한시규정으로** 운영하는 것을 제안한다.

3) 임금 유연화: 변동임금의 확대

현행 법제에서는 임금의 많은 부분이 고정급화되어 고용경직성과 함께 노동시장 유연성을 크게 떨어뜨리고 있다. 따라서 임금 유연성을 저해하는 법규를 개정하여 기업의 임금 조정능력을 강화할 필요가 있다. 임금 유연화는 근로자의 고용지속성에 도움을 줄 것이다.

우선 임금 중 평균임금에서 제외되는 임금으로 변동임금(variable pay)을 운영할 수 있도록 법을 개정하는 것이 필요하다. 즉 **지급주기가 3개월을 초과하는 임금은 평균임금에서 제외하도록** 하는 것이 바람직하다.

또한 통상임금은 소정근로의 대가성을 명료하게 하는 방향으로 개선될 필요가 있다. 즉 법에 통상임금의 근거를 명시하는 한편 시행령에 지급주기가 1개월을 초과하는 임금 등 구체적으로 제외할 임금을 명시하는 것이 필요하다.

4) 시간외근로에 대한 할증임금 적용제외

현행 근로기준법은 모든 근로자에 대해 근로시간제도와 할증임금을 적용한다. 그러나 근무의 속도에 대해 자기통제권을 가진 근로자에게 시간외 근로의 할증임금을 적용하는 것은 과보호에 해당하며 도덕적 해이를 낳을 수 있다. 따라서 근무시간과 속도에서 자기통제권이 없는 근로자를 위해서는 보호하되 직종과 소득을 고려하여 일정범위의 근로자에게는 할증임금 적용을 제외하는 것이 바람직하다. 구체적으로 모든 관리감독자와 사무, 영업, 연구개발직은 연봉수준에 관계없이 적용제외자로 하고, 기타 직종의 경우 **연봉기준 상위 25%의 근로자에 대해서 할증임금 적용제외자로** 하는 것이 바람직하다.

5) 최저임금제도의 개선

현행 최저임금제는 과도한 인상률, 산입범위의 제한, 결정절차의 정치화 등 여러 문제점으로 개선의 필요성이 제기되고 있다. 이 중 특히 최저임금의 산입범위가 지나치게 제한되어 있어 실제 총지급액은 최저임금보다 약 25% 많음에도 불구하고 제대로 반영되지 않는 문제를 안고 있다.

따라서 최저임금의 산입범위를 현실화할 필요가 있으며, 또 55세 이상 근로자에 대해서는 최저임금 적용을 제외하거나 감액적용할 수 있도록 하는 것도 고려할 필요가 있다.

그리고 산업별 지역별 임금격차가 크기 때문에 최저임금에도 이를 반영할 필요가 있다. 또한 결정방식도 현행 노사공익위원회 결정방식으로부터 업종별, 지역별 최저임금제를 도입하면서 광역자치단체별로 결정하는 방식으로 전환될 필요가 있다.

6) 기간제 근로 기간제한 철폐

현행 비정규직 근로에 관한 법제는 비정규직 근로는 바람직하지 않고 정규직 근로가 바람직하므로 비정규직을 규제하여 정규직으로 전환하자는 입장에서 기간제 근로 기간을 최장 2년으로 제한하고 있다. 그러나 본래 취업형태는 직무의 성격과 요청되는 숙련도에 따라 다양하게 결정되고 그에 대한 선택은 기업과 근로자가 하는 것이다. 더욱이 정보기술의 발달로 인한 일자리 성격의 변화와 그에 따라 비정규직이 늘어나는 글로벌 트렌드를 법으로 규제하는 것은 일자리 창출을 법으로 막는 것과 같은 역효과를 가져오고 있다. 기간제 근로에 대한 2년 기간제한이 대표적 예라고 할 수 있다.

따라서 **기간제 근로에 대해서는 기간제한을 철폐하고 당사자간 합의에 따라 갱신가능하도록** 하는 것이 바람직하다. 다만 불합리한 오남용에 대하여 적절한 규제방안을 강구할 수 있을 것이다.

7) 차별 구제

취업형태를 불문하고 동일한 직장에서 동일한 업무를 하는 경우 임금의 차별이 있어서는 안 된다는 일반원칙이 지켜지는 것은 중요하다. 그러나 차별에 대한 판단은 합리적이고 정교한 기준을 필요로 한다. 동일한 직무를 수행한다 하더라도 장기근속을 전제로 한 정규직의 기업에 대한 충성도와 그간의 공헌도에 대한 보상이 일시적으로 취업한 비정규직의 그것과 같을 수는 없다. 또 현재의 임금은 미래의 노력을 자극하기 위한 인센티브를 포함할 수 있고 그 크기는 취업형태에 따라 달라질 수 있다. 구체적인 차별판단 기준은 당해 근로자에 대한 기업의 인재활용 구조에 따라 다를 수 있어 획일적 기준을 법으로 만들기는 어려우므로 **차별제소에 대한 구제는 개별 사안별로 검토하되 행정지도를 통하는 것이 현실적**이다.

8) 파견근로 규제완화

과거 파견근로의 경제적 기능에 대한 이해가 부족하던 시절 각국의 법제는 규제 위주였으나 근로자 파견이 고용창출 및 실업 감소에 기여하는 것으로 평가받으면서 각국 법제는 모두 규제를 완화하는 방향으로 변화하고 있다. 그러나 우리나라는 1998년 파견법이 입법된 이래 국제적으로도 매우 희귀한 포지티브 리스팅 시스템(파견이 허용되는 직종만 몇 개 나열하는 방식)을 여전히 유지하고 있어 고유의 순기능을 못하고 있다. 따라서 파견근로의 규제완화 필요성은 정부에 의해서도 지속적으로 제기되고 있다.

개선방향은 현재의 포지티브 시스템은 폐지하여 소수의 업무를 제외한 전체업무가 파견이 가능하도록 하는 **네거티브 시스템으로 전환하는 것이 필요**하다. 그리고 파견기간 또한 현실적으로 파견근로자의 고용안정을 침해하고 있는 현행 2년의 기간제한을 폐지하고 파견근로자, 파견기업, 사용기업의 상호동의가 있는 경우 갱신이 가능하도록 하는 것이 바람직하다.

그리고 파견을 포함한 각종 인재사업이 활성화되기 위해서는 현행 규제위주의직업안정법이 대폭 개정될 필요가 있다. 세계적 경쟁이 가속화되고 있는 경제상황과 산업의 다양화·전문화 추세 및 고용활성화 측면을 감안하여 직업소개·근로자공급·파견·용역·도급 등과 관련되는 현재의 규제위주의 개별화된 규율을 노무공급에 관한 통일적 법률로 정비하여 금융산업에 대비되는 노융산업(勞融産業)을 활성화할 필요가 있다. 특히 **직업안정법에서 규정하는 근로자공급사업 조항은 폐지되어야** 마땅하다.

2. 집단적 노사관계

1) 교섭단위의 결정

동일한 조직대상을 두고 복수의 노조(복수노조)가 설립되거나 조직대상이 다르지만 한 회사 내에 여러 개의 노조(다수노조)가 설립되는 것이 현실화되고 있다. 노조설립은 자유이지만 단체교섭은 사용자라는 상대가 있는 만큼 합리적인 틀이 만들어져야 한다. 우선 교섭이 관장하는 범위와 관련하여 **교섭단위는 1사 1교섭단위 체제를 원칙으로 하는 것이 필요하다. 다만 노사합의가 있는 경우 교섭단위를 달리 할 수 있다.** 즉 한 회사(혹은 한 사용주)를 교섭단위로 하는 것을 원칙으로 한다. 이와 같이 1사 1교섭단위를 제안하는 까닭은 그것이 지금까지의 관행 및 국제적인 추세와 맞을 뿐 아니라 관련 판례와도 일치하기 때문이다.

우리나라의 단체교섭은 주로 기업단위로 결성되어 활동해온 기업별 노조 체제에 맞추어 사업(장)별로 행해져왔다. 공장제 생산이 주를 이루는 산업혁명 이래 산업별 내지 직종별 노동조합의 역사가 오랜 구미국가들에서조차 최근 산업구조가 고도화되고 생산체계가 소품종 다량생산에서 다품종 소량생산 방식으로 전환됨에 따라 사업(장)별 교섭을 통한 근로조건 결정 내지 생산성 향상교섭이 급격히 증가하고 있다.

그리고 기업내 동종 근로자 과반수가 하나의 단체협약을 적용받게 될 경우 다른 근로자에게도 단체협약상 근로조건을 적용함으로써 기업내 근로조건을 통일시키는 단체협약의 사업(장)별 일반적 구속력 제도하에서도 동종근로자의 의미를 대법원 판례는 당해 단체협약의 적용이 예상되는 자라고 널리 풀이함으로써 기업단위의 근로조건 형성을 상정하고 있다. 다만 노사간 합의가 있을 경우에는 다른 형태의 교섭단위(가령 초기업단위의 교섭)를 가능하게 함으로써 노사간 자율에 의한 교섭단위의 다양화를 예외적으로 가능토록 한다.

2) 교섭대표권의 인정

교섭단위의 확정과 함께 동일 교섭단위내에서 복수노조 혹은 다수노조가 있는 경우 누가 교섭대표권을 갖는가가 정해져야 한다. **각 교섭단위 내에서 교섭대표권은 교섭단위내 조합원의 과반수 지지를 얻는 노동조합이 갖도록**

한다. 교섭대표권 투표는 조직대상 10% 이상의 조합원을 가진 노동조합들을 대상으로 하되 일차투표에서 과반수를 얻은 노동조합이 없는 경우 2차로 종 다수 결선투표를 실시하여 결정한다. 그리고 공정한 투표관리를 위하여 객관적인 기구의 감독을 받도록 한다. 객관적 기구는 근로감독관, 노동위원회, 선거관리위원회 및 별도로 세워진 독립적 기구 등을 포함한다.

교섭대표권 인정을 위한 쟁의행위는 금지한다. 아울러 교섭대표자는 대표권을 갖지 못한 노동조합에 대하여 공정한 대표자로서의 배려의무를 갖는다.

교섭결과는 교섭단위내 조합원에 대하여 그 효력이 있는데, 이는 노동조합은 조합원의 대표라는 원칙에 입각한 것이다. 기업내 근로조건의 통일이 필요할 경우에는 단체협약의 일반적 구속력제도를 활용할 수 있을 것이다.

투표 참가대상을 조직대상 10% 이상의 조합원을 가진 노조로 한정한 것은 투표시 노조의 난립을 통한 교섭의 혼란을 방지하기 위함이며, 교섭대표자에게 공정대표 의무를 부과함으로써 단체협약상 근로조건에 관한 규범적 부분만이 아니라 교섭에 참가하지 못한 타 노조의 인적 · 물적 기반과 운영에 관한 채무적 부분까지 배려하여 교섭에 임하도록 한다.

3) 노조전임자 임금지급 금지

전임자 임금지급 금지는 1997년 법제화된 이래 지금까지 노사간 첨예한 대립으로 그 시행이 계속 유예되고 있다. 이제 2010년 시행을 앞두고 노사는 물론 공익의 입장도 아직 수렴하고 있지 못하다. 대화의 상대방으로서 능력 있고 합리적인 근로자 대표가 필요하다는 주장도 있으나 이는 노동조합이 취약한 경우에 타당할 뿐 이미 막강한 노조가 있거나, 복수노조가 예상되는 미래에는 순기능보다 역기능을 가져올 가능성도 적지 않다. 특히 대기업 노조의 전임자에 대한 급여지원은 노동운동의 과격화를 초래하는 사례로 지적받고 있다. 그리고 대기업 노조의 경우 전임자 급여를 조합비로 충분히 충당할 수 있는 위치에 있다. 따라서 복수노조 교섭창구 단일화 방안과 연계하여 추진원칙을 확실히 할 필요가 있다.

노조 전임자 임금지급은 2010년부터 금지하되 규모가 큰 노동조합부터 시작하여 규모별로 순차적으로 적용을 확대하는 것이 바람직하다. 우선 2010년 1월 1일 현재 **공기업 및 500인 이상 조합원을 가진 노동조합의 경우 2010년부터 전임자 임금지급을 금지하고, 300인 이상 노동조합은 2013년부터, 100인 이상 노동조합은 2015년부터, 그리고 100인 미만 노동조합은 2017년부터 전임자 임금지급을 금지**하는 것을 제안한다. 이렇게 함으로써 규모가 영세한 노동조합이 7년 정도의 준비기간을 갖도록 하되 궁극적으로 노조전임자의 임금은 자체적으로 해결하도록 해야 한다.

전임자 임금지급 금지와 함께 보완장치로 사용자의 초기업 노조전임자에 대한 급여지원을 금지하여야 한다. 또한 노조전임자는 전임기간 중 휴직한 것으로 간주하고, 근로자는 전임자임을 이유로 승급 그 밖의 신분에 관한 불이익한 처우를 해서는 안 된다는 규정을 신설할 필요가 있다.

4) 단체교섭 대상의 명시

단체교섭은 임금 및 기타 근로조건을 대상으로 한다. 그러나 노동조합의 성향 및 힘에 따라 기업경영의 전반적 사항까지 교섭대상으로 요구하는 경향이 있다. 따라서 기업의 경영권을 인정한 대법원의 최근 판례를 참조해서 단체교섭 대상의 기준을 법적으로 명확하게 할 필요가 있다. 즉 근로조건에 대한 사항과 집단적 노사관계에 대한 사항은 교섭사항의 기준을 명시하고, 이른바 경영 인사권의 본질적 사항에 대한 제한이나 침해를 가져오는 사항은 제외하도록 한다. 또한 법령, 단체협약 등의 해석과 이행에 관한 권리분쟁 사항은 제외할 필요가 있다.

5) 노동조합의 부당노동행위 규제

노동조합에 의한 부당노동행위를 법으로 정하여 규제해야 한다는 주장이 설득력을 얻고 있다. 사용자뿐 아니라 노동조합의 부당노동행위도 구체적으로 규정하는 것은 노사관계의 건전성과 합리성을 높이게 될 것이다. 노조의 부당노동행위로는 근로자의 노동권 행사를 제한하거나 강제하는 행위, 노조가입을 위협하거나 약속하는 행위, 비조합원에 대한 차별을 사용자에게 요구하거나 강제하는 행위, 사용자에게 전임자 급여지급 등 금품을 받거나 강요하는 행위, 교섭질서를 장해하거나 강요하는 행위, 쟁의를 염두에 둔 노조의 불성실한 교섭 및 교섭 거부, 2차적 쟁의행위를 들 수 있다. 부당노동행위에 대한 구제는 근로자, 개별 조합원, 경영자, 기업 등 피해 당사자가 손해배상이나 원상회복을 요구할 수 있도록 하는 것이 바람직하다.

6) 대항권의 강화

무기대등성 차원에서 사용자의 대항권은 강화될 필요가 있다. 현재 거의 모든 나라에서 사용자의 생산권 보장 차원에서 대체근로가 폭넓게 허용되고 있으나 우리나라는 그렇지 못하다. 따라서 공익사업장은 물론 전 사업장에서 대체근로 및 하도급을 허용하여 파업으로 인한 기업의 손실을 최소화하는 것이 바람직하다. 또한 직장폐쇄의 요건을 완화하여 사용자 권리를 보장하고, 공공의 서비스 이익을 보장하는 측면에서 필수유지 업무의 범위를 확대할 필요가 있다.

7) 불법파업 규제강화

불법파업에 대한 보다 실효성 있는 규제방안이 만들어질 필요가 있다. 사후배상 방식의 형사처벌 규정은 오히려 '투쟁열사'를 양산하는 경향이 있으며 민사상의 손해배상 역시 노사간의 갈등을 심화시키는 부작용이 있다. 따라서 노동조합 및 조합원에 대한 사후 처벌 위주의 방식에서 탈피하여 불법파업이 발생한 경우 기업의 재산권 보호를 우선으로 한 중지명령이나 중재권 등 사전예방 차원의 장치가 보다 실효성이 있다. 예컨대 직장복귀명령을 거부하는 경우 즉시해고가 가능하도록 한다. 또한 공공부문에서 불법파업 가능성이 있는 경우 중단가처분 신청권을 일반시민에게도 부여한다.

3. 정책개선 과제

1) 청년고용을 위한 정책: 교육체제의 정비

기술진보의 속도가 빠르면서도 국제적인 경쟁이 심화되고 있는 현대 경제에 있어서는 근로자의 기능 가운데 적응성(adaptability)과 창의성(creativity)의 중요성이 증가하고 있다. 그러나 우리나라 교육 환경에서는 개인의 적응성과 창의성이 배양되기보다는 오히려 반복학습에 따른 부작용이 심화되고 있다. 창의적 사고력, 판단력 및 적응력 제고를 위해서는 **대학의 선발에 있어서 다양한 능력의 학생을 뽑을 수 있도록 다양한 방식을 사용**하게 해야 할 것이다. 그리고 대학의 교육환경 개선을 통해 강의식 교육보다는 사고력과 창의성을 제고하는 교육이 진행될 수 있는 여건도 조성하여야 한다. 이를 위해 OECD 국가 평균의 63% 수준에 머물러 있는 3차 교육기관의 학생 일인당 교육비 지출을 대폭 증가시킬 필요가 있다.

2) 청년고용 정책: 산학연계를 통한 School-To-Work Transition 활성화

실질적인 산학 연계에 있어서는 커뮤니티 자원에서의 대학과 산업간의 연계를 강화하는 전략이 필요하다. 채용 활성화라는 측면에서는 기업 소재 지역의 대학 재학생에 대하여 직장 및 직업을 체험하는 인턴제를 활성화할 필요가 있다. 그리고 인턴제의 실효성을 높이기 위해서는 **인턴제를**

1~2년 단위의 과목으로 설정하여 기업으로 하여금 인턴 학생에 대한 학점을 부여하는 방식을 검토할 필요가 있다. 이러한 제도를 통해 기업은 잠재적인 근로자에 대한 능력을 평가할 수 있는 기회를, 학생(근로자)은 잠재적인 직장에 대한 정보를 수집할 수 있는 기회를 부여받게 됨으로써 직무와 근로자간 결합 생산성(match quality)이 제고될 수 있으며, 인턴기간을 잠재적 근로자에 대한 훈련기간으로 활용할 경우 졸업과 함께 기업의 수요에 부합되는 근로자가 공급될 수 있다는 장점도 기대할 수 있다.

또한 이공계 기피 양상을 완화하기 위해서는 이공계 기피의 가장 중요한 요인으로 작용하고 있는 이공계 경력의 단절성을 개선할 필요가 있다. 즉 이공계 인력의 관리직 전환을 용이하게 하는 한편, 이공계 재교육, 즉 재훈련의 효과성을 높이기 위한 산학연계를 강화할 필요가 있다.

3) 성과연동형 임금체계 활성화

임금 유연성을 강화하는 기업 차원의 정책으로 개별기업의 연공형 임금체계를 성과연동형 임금체계로 전환하는 것이 필요하다. 이를 위해 호봉제 형태의 연공적 기본급을 능력급과 연봉제로 개정하여 **고과승급(merit pay) 기능을 강화하도록** 한다. 고과승급은 동기유발효과가 인센티브보다 큰 것으로 알려지고 있다. 그리고 기본급 성격의 제 수당은 모두 기본급으로 통합하여 기본급 기능을 강화시킬 필요가 있다. 제 수당을 통합하면 기본급은 통상임금과 일치하게 되므로 통상임금과 관련한 낭비적 분쟁을 줄일 수 있을 뿐 아니라 직무가치를 반영하는 임금으로 전환도 용이하다. 마지막으로 고정상여는 단계적으로 기본급으로 통합하고 일시금 형태의 업적

상여를 도입하여 성과연동성을 강화할 필요가 있다.

4) 유연안전성(flexicurity) 강화

이상의 제도 및 정책을 통하여 노동시장 유연성을 강화함과 동시에 그로 인해 발생할 수 있는 근로자의 생활불안을 최소화시키는 사회안전망의 확대가 필요하다. 이를 위해 고용보험의 실질적 적용범위를 넓히는 한편 보험혜택을 현실화하는 것이 필요하다. **장기적으로 실업급여는 실직 전 평균임금의 80%까지 보장해주는 방향으로 확대**하되 적극적 노동시장 정책을 통하여 급여기간을 단축하고 빠르게 재취업을 유도하는 정책이 필요하다. 즉 선결조건으로서 적극적 취업알선, 교육훈련을 통한 취업능력 강화 등 **노동시장 정책의 전달체계가 강화되어야** 할 것이다.

NLP 연구진 약력

김대일

University of Chicago, 경제학 박사
서울대학교 경제학부 교수 (현)
한국개발연구원 연구위원 (전)
Rice University 교수 (전)
논문: 「외환위기 이후 노동시장의 변화와 시사점」(2007) 등 다수
저서: 『경제개방이 우리나라 노동시장에 미친 효과』(2004) 등 수 권

김영문

University of Freiburg, 법학 박사
전북대학교 법과대학 교수 (현)
국민경제자문회의 위원 (전)
노사정위원회 특수형태근로특별위원회 공익위원 (전)
논문: 「제3자 관련 근로관계의 노동법적 문제와 해결방안」(2007) 등 다수
저서: 『사회법연구 I』(2007) 등 수 권

김재훈

서울대학교 대학원 법학과, 법학박사
서강대학교 법학부 교수 (현)
중앙노동위원회 심판담당 공익위원 (현)
노사정위원회 비정규대책위원회 공익위원 (현)
논문: 「임금관련 제도의 유연안정화법리」(2006) 등 다수
저서: 『공무원 노사관계: 단체교섭 구조를 중심으로』(2006) 등 수 권

김태정

성균관대학교 대학원 법학과, 법학 박사
삼성경제연구소 인사조직실 수석연구원
법무부 법무자문위원회 연구위원 (전)

논문: 「중고령자의 고용 확보와 연령차별 금지 법리」(2008) 등 다수
저서: 『SERI 전망 2008』(공저, 2007) 등 수 권

남성일

University of Rochester, 경제학 박사
서강대학교 경제대학원장 (현)
국민경제자문회의 위원 (전)
노사정위원회 금융특별위원회 공익위원 (전)
논문: 「21세기 노동조합의 기능변화와 한국노조의 전환과제 연구」(2006) 등 다수
저서: 『한국의 노동 어떻게 할 것인가?』(2007) 등 수 권

박기성

University of Chicago, 경제학 박사
한국노동연구원장 (현)
성신여자대학교 경제학과 교수
한국노동연구원 연구위원 (전)
논문: 「Industrial Relations and Economic Growth in Korea」(2007) 등 다수
저서: 『한국의 숙련형성』(1992) 등 수 권

박준성

서울대학교 대학원 경영학과, 경영학 박사
성신여자대학교 경영학과 교수 (현)
한국 노사관계학회 회장 (현)
노사정위원회 비정규직특별위원회 공익위원 (전)
논문: 「한국기업 임금체계의 역사적 변화에 관한 연구」(2008) 등 다수
저서: 『임금관리 이론과 실무』(2004) 등 수 권

박호환

University of Illinois at Urbana Champaign, 노사관계학 박사
아주대학교 경영학부 교수 (현)
(사)한국조정중재협회 회장 (현)
서울지방노동위원회 공익위원 (현)

논문: 「사적조정중재의 활성화 방안」(2007) 등 다수
저서: 『학문으로서 노사관계학의 기원과 발달』(역)(1999) 등 수 권

이인재
New York University, 경제학 박사
인천대학교 경제학과 교수 (현)
한국노동경제학회 연구이사 (현)
노사정위원회 노사관계선진화위원회 공익위원 (현)
논문: 「Unions and the Use of Flexible Staffings in Korea」(2005) 등 다수
저서: 『Family Structure and Labor Market』(2008) 등 수 권

이정일
서강대학교, 경영학 박사
삼성경제연구소 인사조직실 수석연구원 (현)
논문: 「새로운 10년을 위한 인사 노사 7대 과제」(2007) 등 다수
저서: 『한국경제 생존 프로젝트, 경제특구』(2003, 공저) 등 수 권

이종훈
Cornell University, 경제학 박사
명지대학교 경영학과 교수 (현)
중앙노동위원회 공익위원 (현)
한국개발연구원 연구위원 (전)
논문: 「비정형근로 유형 선택에 대한 이론적 모형」(2006) 등 다수
저서: 『한국의 고용과 인적자원개발』(2004) 등 수 권

장상수
慶應義塾大學, 경영학 박사
삼성경제연구소 인사조직실장 (현)
행정안전부 자체평가위원 (현)
성균관대학교 경영대학원 겸임교수 (전)
논문: 「국제경쟁력 결정요인」, 「neo technology theory의 검증」(1988) 등 다수
저서: 『IMF와 실업』(1998) 등 수 권